中国语言资源保护工程

中国语言资源集·浙江　编委会

主任

朱鸿飞

主编

王洪钟　黄晓东　叶　晗　孙宜志

编委

（按姓氏拼音为序）

包灵灵　蔡　嵘　陈筱姁　程　朝　程永艳　丁　薇

黄晓东　黄沚青　蒋婷婷　雷艳萍　李建校　刘力坚

阮咏梅　施　俊　宋六旬　孙宜志　王洪钟　王文胜

吴　众　肖　萍　徐　波　徐　越　徐丽丽　许巧枝

叶　晗　张　薇　赵翠阳

教育部语言文字信息管理司
浙 江 省 教 育 厅　指导

中国语言资源保护研究中心　统筹

中国语言资源集

浙江

语音卷一

王洪钟　黄晓东
叶晗　孙宜志　主编

ZHEJIANG UNIVERSITY PRESS
浙江大学出版社
·杭州·

图书在版编目（CIP）数据

中国语言资源集. 浙江. 语音卷 / 王洪钟等主编
. — 杭州：浙江大学出版社，2023.5
ISBN 978-7-308-23126-8

Ⅰ. ①中… Ⅱ. ①王… Ⅲ. ①吴语－方言研究－浙江
②吴语－语音－方言研究－浙江 Ⅳ. ①H17

中国版本图书馆CIP数据核字(2022)第185775号

审图号:浙S〔2022〕27号

中国语言资源集·浙江（语音卷）

王洪钟　黄晓东　叶　晗　孙宜志　主编

出 品 人	褚超孚
丛书策划	陈　洁　包灵灵
丛书统筹	包灵灵　陆雅娟
责任编辑	董　唯　陆雅娟
责任校对	黄静芬　包灵灵
责任印制	范洪法
封面设计	周　灵
出版发行	浙江大学出版社
	（杭州市天目山路148号　　邮政编码　310007）
	（网址：http：//www.zjupress.com）
排　　版	杭州林智广告有限公司
	杭州朝曦图文设计有限公司
印　　刷	杭州宏雅印刷有限公司
开　　本	787mm×1092mm　1/16
印　　张	88.75
字　　数	1490千
版 印 次	2023年5月第1版　2023年5月第1次印刷
书　　号	ISBN 978-7-308-23126-8
定　　价	360.00元（共三册）

总　序

教育部、国家语言文字工作委员会(以下简称"国家语委")于 2015 年 5 月发布《教育部　国家语委关于启动中国语言资源保护工程的通知》(教语信〔2015〕2 号),启动中国语言资源保护工程(以下简称"语保工程"),在全国范围内开展以语言资源调查、保存、展示和开发利用等为核心的各项工作。

在教育部、国家语委统一领导下,经各地行政主管部门、专业机构、专家学者和社会各界人士共同努力,至 2019 年年底,语保工程超额完成总体规划的调查任务。调查范围涵盖包括港澳台在内的全国所有省份、123 个语种及其主要方言。汇聚语言(含方言)原始语料文件数据 1000 多万条,其中音视频数据各 500 多万条,总物理容量达 100 TB,建成世界上最大规模的语言资源库和展示平台。

语保工程所获得的第一手语料具有原创性、抢救性、可比性和唯一性,是无价之宝,亟待开展科学系统的整理加工和开发应用,使之发挥应有的重要作用。编写《中国语言资源集(分省)》(以下简称"资源集")是其中的一项重要工作。

早在 2016 年,教育部语言文字信息管理司(以下简称"语信司")就委托中国语言资源保护研究中心(以下简称"语保中心")编写了《中国语言资源集(分省)编写出版规范(试行)》。2017 年 1 月,语信司印发《关于推进中国语言资源集编写的通知》(教语信司函〔2017〕6 号),要求"各地按照工程总体要求和本地区进展情况,在资金筹措、成果设计等方面早设计、早谋划、早实施,积极推进分省资源集编写出版工作","努力在第一个'百年'到来之际,打造标志性的精品成果"。2018 年 5 月,又印发了《关于启动中国语言资源集(分省)编写出版试点工作的通知》(教语信司函〔2018〕27 号),部署在北京、上海、山西等地率先开展资源集编写出版试点工作,并明确"中国语言资源集(分省)编写出版工作将于 2019 年在全国范围内全面铺开"。2019 年 3 月,教育部办公厅印发《关于部署中国语言资源保护工程 2019 年度汉语方言调查及中国语言资源集编制工作的通知》(教语信厅函〔2019〕2 号),要求"在试点基础上,在全国范围内开展资源集编制工作"。

为科学有效开展资源集编写工作,语信司和语保中心通过试点、工作会、研讨会等形式,广泛收集意见建议,不断完善工作方案和编写规范。语信司于 2019 年 7 月印发了修订后的《中国语言资源集(分省)实施方案》和《中国语言资源集(分省)编写出版规范》(教语信司函〔2019〕30 号)。按规定,资源集收入本地区所有调查点的全部字词句语料,并列表对照排列。该方案和规范既对全国做出统一要求,保证了一致性和可比性,也兼顾各地具体情况,保持了一定的灵活性。

各省份语言文字管理部门高度重视本地区资源集的编写出版工作,在组织领导、管理监督和经费保障等方面做了大量工作,给予大力支持。各位主编认真负责,严格要求,专家团队团结合作,协同作战,保证了资源集的高水准和高质量。我们有信心期待《中国语言资源集》将成为继《中国语言文化典藏》《中国濒危语言志》之后语保工程的又一重大标志性成果。

语保工程最重要的成果就是语言资源数据。各省份的语言资源按照国家统一规划规范汇集出版,这在我国历史上尚属首次。而资源集所收调查点数之多,材料之全面丰富,编排之统一规范,在全世界范围内亦未见出其右者。从历史的眼光来看,本系列资源集的出版无疑具有重大意义和宝贵价值。我本人作为语保工程首席专家,在此谨向多年来奋战在语保工作战线上的各位领导和专家学者致以崇高的敬意!

曹志耘

2020 年 10 月 5 日

序

　　《中国语言资源集·浙江》是"中国语言资源保护工程·浙江"项目的成果汇编,是集体工作的结晶。内容包括四部分:语音卷、词汇卷、语法卷、口头文化卷。

　　"少小离家老大回,乡音无改鬓毛衰",乡音即方言。许多人自孩提时代就用方言思考问题、交流思想、获取信息、认识世界。说哪种方言成为我们的特征之一。了解自己所说的方言,也是我们认识自身、认识世界的要求。

　　在运用方言的同时,我们创造了丰富多彩的以方言为载体的地域文化。例如浙江的越剧、婺剧、道情、山歌等都用当地方言表现,儿歌、童谣、谜语、谚语等也都用当地方言承载。方言是我们每个人拥有的宝贵的文化资源。

　　每种汉语方言的语音、词汇和语法都自成系统、各具特色,是汉语的具体呈现,在历朝历代都是学术研究的主要对象之一。孔子曾说"诗书执礼,皆雅言也",说明三千多年前我们的先辈就关注到了方言与共同语的差异问题。西汉扬雄《𫐐轩使者绝代语释别国方言》就调查记录了当时全国方言的词汇。今天,方言学的研究更是得到重视,我们研究各种方言现象并从中提炼理论,丰富语言学的研究。

　　方言形成的主要原因是语言的分化。地域的区隔导致交际密度降低,久而久之就会导致语言发展的速度、发展的方向不同,从而形成方言。随着社会的发展,这种由地域的阻隔导致交际困难的现象急剧减少,方言在加快消失。可以预计,在不久的将来很多方言将成为我们记忆深处温馨的回忆,对个人和学术研究都是很遗憾和可惜的事情。为了保护方言资源,在张振兴等学术前辈的呼吁和推动下,教育部在 2015 年启动了以曹志耘教授为首席专家的中国语言资源保护工程,运用汉语方言学传统的纸笔记录的方式并结合现代音像摄录的方式调查和保存各地汉语方言,在全国调查了约1200个汉语方言点,实现了全国34个省份全覆盖。这项工程的意义在于:

(1)准确记录各地方言;

(2)发掘方言中保存的文化信息;

(3)运用现代多媒体技术和计算机技术保存方言文化,传承后世。

这是功在当代利在千秋的大事。

浙江方言资源丰富,自然成为中国语言资源保护工程实施的重要省份。在教育部语信司的统一部署和语保中心的专业指导下,浙江省成立了以浙江省语委办为领导核心的调查研究团队。在语保中心的领导下,浙江省语委办根据省内方言专业人员的实际情况,先后组建了20多个调查团队。自2015年开始,浙江语保团队就奋战在各个县市区方言田野调查的一线,调查、摄录、整理语料,参加语保中心组织的中期检查、预验收和验收,并于2020年年初圆满完成了任务。根据语信司和语保中心的规划,我们将纸笔记录的材料整理出版,形成"中国语言资源集·浙江"系列。

浙江省位于中国东南沿海、长江三角洲地区,东临东海,南接福建,西与安徽、江西相连,北与上海、江苏接壤,总面积10.55万平方公里。截至2019年,浙江省下辖11个地级市(其中杭州、宁波为副省级城市),下分90个县级行政区,包括37个市辖区、20个县级市、32个县、1个自治县。

浙江的汉语方言种类众多。从方言种类上看,有吴语、徽语、闽语、畲话、客家方言、赣方言、官话方言。吴语为浙江的主要方言,分布在浙江的各个县市,使用人口占浙江人口的百分之九十五以上。《中国语言地图集》将浙江吴语分为五片,分别为太湖片、台州片、金衢片、上丽片、瓯江片。

徽语分布在淳安、建德。淳安、建德明清时期属严州府,与皖南徽州地区相邻,钱塘江的北源——新安江水系将严州府与徽州府相连。严州又是杭州的上游门户,从徽州走水路经过严州到杭州,是最为便捷的通道。可见,浙江的徽语区历史上与皖南的徽语区联系密切。

闽语分布在苍南、泰顺、平阳、文成、洞头、玉环、瑞安等地。浙江的闽方言主要分为两类。一类是闽南方言,学术界称为"浙南闽语",分布在苍南、平阳、洞头、玉环等地,是浙江闽方言的主要种类。"浙南闽语"是明清以来福建泉州、漳州一带闽南方言区的人民移居到浙江形成的。另一类是闽东方言,主要分布在泰顺和苍南,在泰顺称为"蛮讲",在苍南称为"蛮话"。一般认为浙江的闽东方言是唐代以来福建闽东区的人民移居到浙江形成的。

浙江的畲话是浙江畲族人使用的方言。浙江畲族人"大分散小聚居"。政府在畲族人口较多的县或乡镇设置民族自治政府。例如有景宁畲族自治县、文成周山畲族乡、武义柳城畲族镇等。浙江畲族家谱显示,浙江的畲族人主要是从福建辗转迁徙到现居地的。在与汉族人的长期接触中,浙江畲族人的畲话汉语化,目前学术界一般认为浙江的畲话属于客家方言。

赣方言、客家方言和官话方言以方言岛的形式分布。浙江的客家方言岛主要分布在金华、衢州、丽水、温州一带,大多是福建闽西汀州的移民移居到浙江形成的。浙江的赣方言岛主要分布在衢州各县市,以南丰话居多,例如常山县招贤镇的南丰话。浙江的官话方言岛比较出名的有江山廿八都官话、开化华埠的土官话以及安吉的河南话、湖北话、安庆话等。

此外,闽语和畲话有些地方也呈岛状分布。

浙江汉语方言不仅种类多,内部差异也很大。例如同属吴方言金衢片的相邻的金华和汤溪,它们的方言语音特点迥然不同,说金华话的人与说汤溪话的人也不能相互通话。基于这种特点,浙江语言资源保护工程的布点基本上为一县一点,调查地点统一选取县市区政府驻地的乡镇,有的县市区内部方言差异较大,或包含晚近撤并的旧县,则根据具体情况增加调查地点,总共有88个方言调查点,包括吴语80个点,徽语4个点,闽语3个点,畲话1个点。

接到编纂任务后,在浙江省语委领导下,浙江语保团队成立了编纂团队。先由各点调查负责人根据统一规范在原有的纸笔记录材料的基础上初校,然后主编进行汇总并二校、三校。为了与常规方言出版物习惯保持一致,主要做了如下改动:一是将原来的纸笔记录的零声母符号"ø"去掉,二是将声调调值统一改为上标,三是进行了用字的初步统一。2020年12月底,语保中心组织专家对《中国语言资源集·浙江》初稿进行了检查和审议,提出了宝贵意见。主编根据专家意见对书稿进行了修改和加工,然后由各点负责人分别核校,如是者三,最后汇总校对,形成本丛书。

本丛书共 4 卷 11 册。

语音卷(3 册):包括各调查点的音系、1000 个单字的字音对照。

词汇卷(4 册):包括 1200 条方言词语。

语法卷(1 册):包括 50 条语法例句。

口头文化卷(3 册):包括歌谣、故事等。

运用现代语言学的理论和方法对浙江方言进行大规模的调查,主要有如下四次:20 世纪 20 年代我国现代语言学的奠基人之一赵元任先生,调查了全国 33 个地点的吴方言,其中浙江有 14 个,调查成果汇集成《现代吴语的研究》一书,该书成为现代方言学的经典之作;20 世纪 50 年代到 60 年代,以傅国通、郑张尚芳、方松熹、蔡勇飞、鲍士杰等人组成的方言调查组对浙江方言进行了调查,最终成果《浙江省语言志》于 2015 年由浙江人民出版社出版;21 世纪初,曹志耘教授主持编写《汉语方言地图集》,对全国的汉语方言进行了调查,成果由商务印书馆于 2008 年出版;本次调查是第四次。

本次的调查与以往的区别如下:

一是组织严密周到。本次调查是全国调查的浙江部分,教育部语信司司长亲自领导,并设立了教育部语信司中国语言资源保护研究中心,从技术规范、调查条目、人员培训、质量控制都有统一明确的标准。调查任务承担者大多为具有博士学位的高校方言学教师;调查材料经过了语保中心组织的专家的中检、预验收和验收三次核实检查。

二是调查项目更多。

三是采取了现代的多媒体技术和计算机信息技术。

因此,本丛书有如下特点:

一是内容丰富。本丛书收录了"中国语言资源保护工程·浙江"项目所有方言调查点的纸笔调查材料。

二是收录了大量的成篇语料。

浙江语言资源保护工程的实施以及本丛书的编纂自始就得到中国语言资源保护研究中心的指导。教育部语信司领导和语保工程首席专家多次到浙江指导工作,省语委领导有方,做了很多协调和后勤服务的工作,各县、市、区语委在帮助物色方言发音人、寻找录音摄像的合适场所等方面做了很多工作,各点方言发音合作人克服酷暑对我们的工作大力协助,来自外省的语保核心专家对调查材料、音视频以及各种形式要件再三核实。这些是我们调查材料和音视频材料符合语保要求的有力保障。值此丛书出版之际,我们心中涌起对他们的感激之情。

编委会

2023 年 3 月 31 日

调查点分布图

1:3 300 000

江苏省　上海市

安徽省

江西省

福建省

长兴　湖州
安吉
孝丰　武康　德清
临安　余杭　杭州
昌化　於潜　新登　富阳　萧山　绍兴　上虞　慈溪　镇海
分水　桐庐　　　　诸暨　　余姚　宁波
淳安　建德　浦江　　嵊州　奉化　象山
遂安　寿昌　兰溪　金华　义乌　东阳　新昌　宁海
开化　龙游　　　武义　永康　磐安　天台　三门
常山　衢州　汤溪　　　　　　临海　椒江
衢江
江山　遂昌　宜平　缙云　仙居　黄岩
松阳　丽水　　　　　温岭
龙泉　云和　青田　永嘉　乐清　玉环
景宁　　　温州　　洞头
庆元　景宁畲　文成　瑞安
泰顺　　　平阳　苍南
泰顺闽　　苍南闽

嘉兴　嘉善
桐乡　平湖
崇德　海宁　海盐

岱山
定海
普陀

东

海

图例
● 吴语点
▲ 徽语点
■ 闽语点
◆ 畲话点

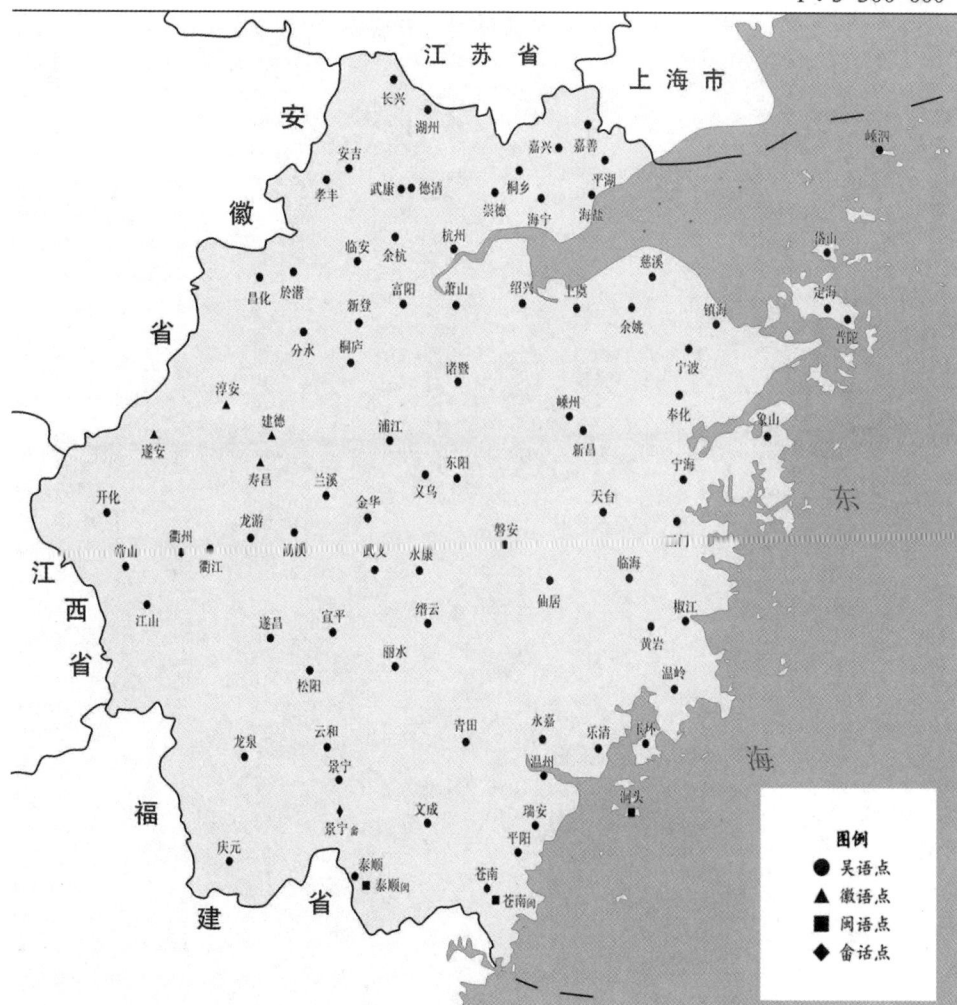

地图审核号：浙S〔2022〕27号

总 目 录

语 音 卷

词 汇 卷

语 法 卷

口头文化卷

目 录

概　述

一、方言点

本卷收入浙江省境内 88 个汉语方言点的语音材料。方言点排列顺序如下。

吴语

太湖片：杭州、嘉兴、嘉善、平湖、海盐、海宁、桐乡、崇德、湖州、德清、
　　　　武康、安吉、孝丰、长兴、余杭、临安、昌化、於潜、萧山、富阳、
　　　　新登、桐庐、分水、绍兴、上虞、嵊州、新昌、诸暨、慈溪、余姚、
　　　　宁波、镇海、奉化、宁海、象山、普陀、定海、岱山、嵊泗

台州片：临海、椒江、黄岩、温岭、仙居、天台、三门、玉环

金衢片：金华、汤溪、兰溪、浦江、义乌、东阳、永康、武义、磐安、缙云、
　　　　衢州、衢江、龙游

上丽片：江山、常山、开化、丽水、青田、云和、松阳、宣平、遂昌、龙泉、
　　　　景宁、庆元、泰顺

瓯江片：温州、永嘉、乐清、瑞安、平阳、文成、苍南

徽语：建德徽、寿昌徽、淳安徽、遂安徽

闽语：苍南闽、泰顺闽、洞头闽

畲话：景宁畲

今已撤并的旧县"崇德、武康、孝丰、昌化、於潜、新登、分水、汤溪、寿
昌、遂安"等 10 个方言点，分别排在其现在所归属的县（市、区）后；旧县"宣
平"大部今属武义，因两地方言归属不同，故另行排序。

二、本卷内容

本卷内容包括各调查点的音系 1000 个单字的字音对照。文后收入参考文献

及附录。

　　"第一章　各地音系"主要描写中国语言资源保护工程浙江省88个调查点的音系。内容包括调查点概况、方言发音人、声韵调、连读变调、异读、小称及其他音变等内容。

　　每个调查点为一节。各点根据"方言区—方言片—方言小片"排序；方言区按在当地重要性排列，即先列吴语调查点，再列徽语和闽语调查点，最后列畲话调查点；属于同一片（小片）的，则大致以代表方言点为基点由近及远排列。

　　"概况"介绍调查点和发音人。首先介绍调查点的地理人口、历史沿革、方言分布、地方曲艺等情况；再介绍提供语料的老年男性发音人（简称"方言老男"）、青年男性发音人（简称"方言青男"）以及口头文化发音人的具体情况，包括姓名、出生年月、出生地、家庭背景、文化程度、职业、个人经历、方言背景等。

　　"声韵调"用无线表列出方言老男的声母、韵母和声调。说明声韵调的数量，并对音值进行详细说明。

　　"连读变调"列表展示方言中的连调变调情况。每种连调模式都附有例词，并配有文字说明。

　　"异读"分为"新老异读"和"文白异读"两类。"新老异读"介绍方言老男和方言青男的读音差异；"文白异读"则介绍方言文白异读现象。需要指出的是，受语料数量所限（尤其是单字较少），目前所见的新老异读和文白异读规律有限，有的甚至不成系统。

　　"小称"描写方言中的小称现象，如儿缀型、儿尾型、鼻化型、变调型等；"其他音变"介绍方言中的特殊或重要的音变现象，例如合音、弱化、舒声促化、促声舒化、量词变调（婺州方言中较常见）等。小称及其他音变的内容各地多寡不同，各调查点根据实际情况进行介绍。"小称"部分的例词中，"儿"统一不写作小字。

　　"第二章　字音对照"主要以表格形式展示88个调查点的单字音。为便于比较，语料以表格形式排列，体例基本仿照《汉语方音字汇》（北京大学中国语言文学系语言学教研室，1989）。字目以《中国语言资源调查手册·汉语方言》（简称《调查手册》）中"单字"所列的1000个汉字为准，并标注了每个字的中古音韵地位，以便于古今比较。本章只列方言老男的单字音，包括文白异读、又读等信息，是对第一章中的声韵调、异读部分的具体展示。

　　字音对照表中方言点之间用单线分隔，方言小片之间用虚线分隔，方言片之间用粗线分隔，方言区之间用双线分隔。每页横排字目，竖排调查点。字目以《调查手册》之“二　单字”为序。调查点以本卷“第一章　各地音系”的先后为序。每个表格均排 8 个字目。字目列出中古音，如“多”字下列“果开一平歌端”（“果开一”和“平歌端”分行）。

本卷附录一包括发音合作人、调查点、调查人、协助调查者、调查设备、调查时间等方面的内容。附录二包括方言点及撰稿人信息等内容。

三、用字

有本字可写者一律写本字。

合音字有通用俗字形的，采用俗字，如“覅”“甮”“偠”等；无通用俗字的，用原形加“[　]”表示，例如绍兴的“弗用”合音作 foŋ^{53}，写作“[弗用]”。

同音字在字后加上标等号“$^{=}$”表示，例如衢江“这里”义的“瞎$^{=}$埲 xaʔ^{5}təʔ^{0}”。

有音无字采用“□”表示，例如兰溪“柚子”义的“□p^{h}ɔ^{334}～儿”。

个别含义特殊、方言学界习用的繁体字与异体字，参考《汉语方言词汇（第二版）》（北京大学中国语言文学系语言学教研室，1995）、《吴语婺州方言研究》（曹志耘等，2016）等书的体例予以保留，前者如“睏”“隑”等，后者如“煠”“搨”等。

方言中不说的字，字音对照表中作“（无）”。

四、标音

轻声用“^{0}”表示。

送气符号“h”及调值数字统一上标。

不在音标上加附加符号（鼻化符号、长音符号除外）。实际音值一律在各点音系说明里详细交代。

零声母符号［ø］一律不标。

五、文白异读

在“第一章　各地音系”之“贰　声韵调”部分，为节省篇幅，文白异读统一用下画线表示，下画单线表示白读，下画双线表示文读。例如：b 肥、v 肥。

在“第一章　各地音系”之“肆　异读”部分，“/”前为白读，后为文读。例

如：肥 bi^{113} / vi^{113} | 间 kã^{534} / | 瞎 / çiɑ^{423}。其中，"肥"字白读、文读齐全；"间"字只有白读；"瞎"字只有文读。

在"第二章　字音对照"中，文白异读分别用小号字"白""文"表示（先列白读，后列文读）。例如"肥"字：bi^{31}白、vi^{31}文。

六、注释

释例用小号字表示，并用"～"代替被注释的内容。一字多音者，释例置于相应的音标之后。为节省篇幅，释例一律从简，一般不超过两字。个别难以理解的方言用例采用脚注形式释义。

本书约定使用以下简称：

文：文读

白：白读

又：又读

老：老派的读法

新：新派的读法

旧：过去的读法

今：现在的读法

小：小称音

名：名词

动：动词

形：形容词

量：量词

代：代词

声殊：声母特殊

韵殊：韵母特殊

调殊：声调特殊

音殊：声韵调中有二者或三者均特殊

七、其他编写说明

为呈现调查原貌，各调查点的相关数据均以调查时的情况为准，发音人信息均以发音人口述为准。

第一章 各地音系

第一节　杭州方音

壹　概况

一、调查点

1. 地理人口

杭州是浙江省省会，杭州方言以分布在上城区 [①] 的杭州话最具代表性。上城区位于杭州市区中心偏南，东界贴沙河与江干区接壤，南沿望江路经吴山、万松岭与江干区、西湖区相连，西濒西湖，北至庆春路与下城区为邻。面积 6.87 平方公里，辖 7 个街道，分别是：清波街道、涌金街道、湖滨街道、清泰街道、小营巷街道、横河街道、城站街道。上城区所辖范围几经变动，截至 2015 年年底，全区户籍人口 32.79 万。当地居民主要为汉族；回族、满族等少数民族散居各地，人口很少。[②]

2. 历史沿革

秦王政二十五年（前 222），于今杭州地置钱唐县，属会稽郡。今上城区境域属钱唐县。之后，钱唐县归属皆有所变更。隋开皇九年（589），废钱唐郡，置杭州，州治始设余杭县，次年迁至钱唐县，杭州之名始此。唐武德四年（621），改钱唐县为钱塘县。至唐末，今上城区均为杭州钱塘县辖地。

南宋建炎三年（1129），高宗避金兵自扬州南渡至杭州，以州治为行宫，升杭州为临安府。绍兴八年（1138），南宋正式定都临安，临安府治所在钱塘、仁和两县升赤县（京都），今上城区域为赤县所辖地。元至元二十一年（1284），自扬州迁江淮行省治于杭州，次年改称江浙行省，杭州为省治始此。

1949 年 5 月 3 日，杭州解放，杭州市为浙江省会。原杭州市第一至第八区依次改为上城、中城、下城、西湖、江干、艮山、笕桥、拱墅等区，上城区名由此始。1950 年 6 月，上城区撤销归市直辖。1952 年 11 月，复设上城区。之后，因

---

① 本书所涉及的上城区的地域范围以《杭州市上城区志》记录的 1992 年年末上城区的行政区划为准。

② 杭州市上城区地方志编委会. 杭州市上城区志. 北京：方志出版社，2015：1-69.

行政区划的变更，上城区所辖范围有所调整。[①]

3. 方言分布

杭州当地民众普遍认为，上城区的杭州话是最具代表性的杭州方言，也是本地普遍通用的方言。近年来大多数人也都说带有杭州腔调的普通话。日常生活中，当地杭州人在相互交谈时常常是七分杭州话夹杂着三分普通话。当地少数民族大都已不说自己民族的语言，日常交流一般说杭州话或普通话。

4. 地方曲艺

杭州主城区代表性的戏曲是越剧和小热昏。小热昏是广泛流行于江浙一带的吴语曲艺谐谑形式，又名"小锣书"，俗称"卖梨膏糖的"，是一种马路说唱艺术，始于清光绪年间，以讽刺的手法揭露社会的阴暗面。为避免当局迫害，人们把这一说唱内容和形式化成"贾雨村言""满嘴荒唐话"的说唱艺术，称为"小热昏"。2006 年 5 月，杭州小热昏被列入第一批国家级非物质文化遗产代表性项目名录。此外，它还被列入首批浙江省民族民间艺术保护名录。

二、方言发音人

1. 方言老男

周杰人，1957 年 8 月出生于杭州上城区湖滨街道，一直在本地生活和工作，保安，初中文化程度，说杭州话和不太标准的普通话。父母均为杭州上城区人，说杭州话。

2. 方言青男

谢浩宇，1984 年 3 月出生于杭州上城区小营巷街道，一直在本地生活和工作，基层干部，本科文化程度，说杭州话和不太标准的普通话。父母均为杭州上城区人，说杭州话。

3. 口头文化发音人

谢浩宇，男，1984 年 3 月出生于杭州上城区小营巷街道，一直在本地生活和

---

① 杭州市上城区地方志编委会. 杭州市上城区志. 北京：方志出版社，2015：39–40.

工作，基层干部，本科文化程度，说杭州话和不太标准的普通话。父母均为杭州上城区人，说杭州话。

贰　声韵调

一、声母（27个，包括零声母在内）

p 八兵	pʰ 派片	b 爬病肥味	m 麦明	f 飞风副蜂	v 肥饭味问
t 多东	tʰ 讨天	d 甜毒	n 脑南		l 老蓝连路
ts 早张竹纸	tsʰ 刺寸抄春	dz 字坐茶船		s 丝三山手	z 事顺十热
tɕ 酒九	tɕʰ 清轻	dʑ 全谢权	ȵ 年泥热软	ɕ 想响	
k 高	kʰ 开	g 共	ŋ 熬	x 好灰	
Ø 月安王药					

说明：

（1）[b][d][dz][dʑ][g]等并非真浊音，而是清音浊流。

（2）零声母音节起首有较明显的同部位摩擦成分。有人将"厚"记作[ɦei¹³]，这里一律处理为零声母。

二、韵母（36个，包括自成音节的[m][n]在内）

ɿ 师丝试	i 写米戏飞	u 过苦五	y 雨油
ʮ 猪			
a 茶鞋	ia 牙写	ua 瓦	
ɔ 宝饱	iɔ 笑桥		
ɛ 开排南山	iɛ 鞋盐年	uɛ 快	
ei 赔对豆走		uei 鬼	
əu 歌坐			
		uo 半短官	yo 权
aŋ 糖硬争	iaŋ 响讲	uaŋ 床王双横	
əŋ 深根灯升争横	iŋ 心新病星	uəŋ 寸滚春	yŋ 云
oŋ 东	ioŋ 兄用		

aʔ 塔鸭十辣八出色白		uaʔ 热活刮骨出
iɛʔ 靴鸭贴热七药锡		yɛʔ 月橘局
oʔ 托郭壳北国谷六绿	ioʔ 吃肉	
əl 二		
m 母		
n 姨		

说明：

（1）［a］［aŋ］行韵母的［a］实际音值为［ʌ］。

（2）［aʔ］行韵母的［a］实际音值近于［ɐ］。

（3）［iɛʔ］行韵母的［ɛ］舌位略后，但不到［ə］或［ɐ］，介于两者之间。

（4）［y］拼［ts］组读作［ʮ］。

三、声调（7个）

阴平	334	东该灯风通开天春
阳平	213	门龙牛油铜皮糖红
阴上	53	懂古鬼九统苦讨草买老五有
阴去	45	冻怪半四痛快寸去
阳去	13	卖路硬乱洞地饭树动罪近后
阴入	5	谷百搭节急哭拍塔切刻
阳入	2	六麦叶月毒白盒罚

说明：

（1）阴平以平为主，尾略升。

（2）阴上高降，亦可记作［52］。

（3）阴去为高升，前略平，但以升为主。

（4）阳去为低升调。

（5）阴入［5］和阳入［2］，均为促音。

叁 连读变调

一、两字组连读变调表

杭州方言两字组的连读变调规律见下表。表中首列为前字本调，首行为后字本调。每一格的第一行是两字组的本调组合；第二行是连读变调，若连读调与单字调相同，则此行空白；第三行为例词。同一两字组若有两种以上的变调，则以横线分隔。具体如下。

杭州方言两字组连读变调表

前字 \ 后字	阴平 334	阳平 213	阴上 53	阴去 45	阳去 13	阴入 5	阳入 2
阴平 334	334 334 33 45 星 星	334 213 33 45 灰 尘	334 53 33 开 水	334 45 33 冬 至	334 13 33 45 松 树	33 5 山 谷	334 2 33 5 公 历
阴平 334	334 334 55 相 亲	334 213 55 梳 头	334 53 33 45 端 午	334 45 55 0 钞 票	334 13 55 13 天 亮		334 2 33 开 学
阳平 213	213 334 22 45 台 风	213 213 22 45 洋 油	213 53 22 45 苹 果	213 45 22 油 菜	213 13 22 45 河 岸	213 5 22 毛 竹	213 2 22 5 农 历
阳平 213	213 334 22 爬 山		213 53 22 洪 水				
阳平 213			213 53 13 头 颈				
阴上 53	53 334 55 0 剪 刀	53 213 55 0 眼 前	53 53 55 0 冷 水	53 45 55 0 韭 菜	53 13 55 0 水 稻	53 5 55 0 喜 鹊	53 2 55 0 小 麦
阴上 53	53 334 55 养 猪	53 213 55 倒 霉	53 53 有 喜	53 45 55 炒 菜	53 13 55 捣 臼	53 5 55 3 享 福	53 2 55 满 月
阴上 53			53 53 33 起 火				

续表

前字＼后字	阴平 334	阳平 213	阴上 53	阴去 45	阳去 13	阴入 5	阳入 2
阴去 45	45 334/53 菜锅	45 213/53 太阳	45 53 屁股	45 45/53 对照	45 13/53 炮仗	45 5 教室	45 2/5 副业
	45 334/55 退休	45 213 放牛	45 53 / 33 45 懊恼	45 45/55 种菜	45 13/55 做寿		45 2/55 放学
		45 213/55 化脓		45 45/33 厌憎	45 13/55 0 漂亮		
阳去 13	13 334/53 棒冰	13 213/53 弄堂	13 53 露水	13 45/53 地震	13 53 旱地	13 5 稻谷	13 2/5 大麦
	13 334 定婚	13 213 上坟		13 45 断气		13 5/22 自杀	13 2 汏浴
阴入 5	5 334 杀猪	5 213 说媒	53 53 粟米	53 45 出殡	53 13/45 柏树	53 5 一百	5 2 发热
	5 334/0 北京	53 213/45 出来	53 53/45 客馆		5 13 割稻		53 2/5 结实
		5 213/0 客人					
阳入 2	2 334/45 蜜蜂	2 213/45 石头	2 53/45 白果	2 45 白菜	2 13/45 月亮	2 5 蜡烛	2 5 日食
		2 213 落材	2 53 落雨				

二、两字组连读变调规律

杭州方言两字组的连读变调有以下几个特点：

（1）阴平［334］作前字时一般读作［33］，部分读作［55］。

（2）阳平［213］作前字时一般读作［22］。

（3）阴上［53］作前字时一般读作［55］。

（4）阴去［45］作前字时一般不变调，或读作［55］。

（5）阳去［13］作前字时基本不变调。

（6）阴入［5］作前字时读作［3］或不变调。

（7）阳入［2］作前字时不变调。

（8）前字不变、后字变的情况，如：阳入［2］在阴平［334］、阳平［213］、阴上［53］、阳去［13］前不变调，后字都变读为［45］。

（9）前后字都变的情况，如：阴入［5］在阳平［213］、阴上［53］、阳去［13］前都读作［3］，后字都变读为［45］。

（10）前后字都不变的情况，如：阳去［13］作前字时，前后字大都不变调。

肆　异读

一、新老异读

杭州方言中，新老派方言存在一些异读情况，声母和韵母方面都有体现。下文中"／"前为老派，后为新派。

1. 音系

（1）音系中，老派的［aʔ］［uaʔ］韵母对应新派的［əʔ］［uəʔ］韵母，开口度略有差异。例如：鼻 baʔ^2／bəʔ^2｜搭 taʔ^5／təʔ^5｜阔 kʰuaʔ^5／kʰuəʔ^5｜滑 uaʔ^2／uəʔ^2。

（2）老派的［ʮ］韵母，新派读［u］韵母。例如：租 tsʮ^{334}／tsu^{334}｜猪 tsʮ^{334}／tsu^{334}｜锄 dzʮ^{213}／dzu^{213}｜书 sʮ^{334}／su^{334}。

2. 其他

其他方面的异读在声母和韵母方面都有体现。例如：味 bi^{13}／mi^{13}｜溪 tɕʰi^{334}／ɕi^{334}｜交 ko^{334}／tɕiɔ^{334}｜解 ka^{53}／tɕiɛ^{53}｜靴 ɕiɛʔ^5／ɕyɛʔ^5｜野 i^{53}／ia^{53}｜鞋 a^{213}／iɛ^{213}｜肺 fi^{45}／fei^{45}｜雪 ɕiɛʔ^5／ɕyɛʔ^5｜握 oʔ^5／uəʔ^5｜铅 kʰɛ^{334}／tɕʰiɛ^{334}｜镯 dʑyɛʔ^2／dzoʔ^2。

二、文白异读

杭州方言的文白异读主要体现在声母和韵母方面。下文中"／"前为白读，后为文读。

1. 声母

（1）部分非组字白读为［p］组声母，文读为［f］组声母。微母个别字白读为［b］声母，文读为［v］声母或零声母。例如：防 baŋ²¹³ / vaŋ²¹³｜肥 bi²¹³ / vei²¹³｜尾 mi⁵³ / uei⁵³｜味 bi¹³ / vi¹³｜问 məŋ¹³ / vəŋ¹³。

（2）个别日母字白读为［ȵ］声母，文读为［z］声母，韵母也随之有所改变。例如：热 ȵiɛʔ² / zuaʔ²｜让 ȵiaŋ¹³ / zaŋ¹³｜肉 ȵioʔ² / zoʔ²。

（3）部分见组二等字白读为［k］组声母，文读为［tɕ］组声母（疑母字文读一般为零声母），韵母也随之有所改变。例如：戒 ka⁴⁵ / tɕiɛ⁴⁵｜敲 kʰɔ³³⁴ / tɕʰiɔ³³⁴｜蟹 xa⁵³ / ɕiɛ⁵³｜外 ŋa¹³ / uɛ¹³。

（4）个别溪母字白读为［tɕʰ］声母，文读为［ɕ］声母。例如：溪 tɕʰi³³⁴ / ɕi³³⁴。

2. 韵母

（1）个别果摄开口一等字白读为［a］韵母，文读为［əu］韵母。例如：破 pʰa⁴⁵ / pʰəu⁴⁵。

（2）个别假摄开口三等字白读为［ia］韵母，文读为［i］韵母。例如：写 ɕia⁵³ / ɕi⁵³。

（3）部分咸摄开口一等字白读为［uo］韵母，文读为［ɛ］韵母。例如：贪 tʰuo³³⁴ / tʰɛ³³⁴｜潭 duo²¹³ / dɛ²¹³。

（4）个别山摄合口一、二等字白读为［uo］韵母，文读为［uɛ］韵母。例如：关 kuo³³⁴ / kuɛ³³⁴。

（5）部分梗摄开口二等字白读为［aŋ］（个别为［uaŋ］）韵母，文读为［əŋ］或［oŋ］韵母。例如：猛 maŋ⁵³ / moŋ⁵³｜生 saŋ³³⁴ / səŋ³³⁴｜坑 kʰaŋ³³⁴ / kʰəŋ³³⁴｜梗 kuaŋ⁵³ / kəŋ⁵³｜争 tsaŋ³³⁴ / tsəŋ³³⁴。

（6）个别通摄合口三等字白读为［ioŋ］韵母，文读为［oŋ］韵母，声母也随之有所改变。例如：浓 ȵioŋ²¹³ / noŋ²¹³。

三、其他异读

杭州方言中，还存在其他异读现象。例如：雀 tɕʰiɔ⁴⁵ / tɕʰyɛʔ⁵｜出 tsʰuaʔ⁵ / tsʰaʔ⁵｜还 uaʔ² / aʔ²｜鼻 baʔ² / biɛʔ²｜别 baʔ² / biɛʔ²｜哑 a⁵³ / ia⁵³｜茄 dʑia²¹³ / dʑiɛ²¹³。

伍 小称

杭州方言小称主要表现为"儿"缀型和"子"缀型两类。

1. "儿"缀型

"儿"缀型小称中的"儿"读自成音节的[əl]。
杭州方言儿化特别丰富，不仅是名词，动词也经常儿化。例如：

（1）名词

虫儿 dzoŋ²²əl⁴⁵ 蝴蝶儿 u²²diɛʔ²əl⁴⁵ 知鸟儿₍蝉₎ tsʅ³³n̩iɔ⁴⁵əl⁵³

虾儿 ɕia³³əl⁴⁵ 兔儿 tʰu⁴⁵əl⁵³ 鸭儿 iɛʔ⁵əl⁰

梨儿 li²²əl⁴⁵ 黄豆儿 uaŋ²²dei⁴⁵əl⁵³ 黄瓜儿 uaŋ²²kua³³əl⁴⁵

叶□儿₍叶片₎ iɛʔ²pʰɛ⁴⁵əl⁵³ 花儿 xua³³əl⁴⁵ 木头儿 moʔ²dei⁴⁵əl⁵³

钉头儿₍钉子₎ tiŋ³³dei⁴⁵əl⁵³ 棒儿 baŋ¹³əl⁵³ 笛儿 diɛʔ²əl⁴⁵

帕儿₍手绢儿₎ pʰa⁴⁵əl⁵³ 掠儿₍梳子₎ liɛʔ²əl⁴⁵ 袜儿 maʔ²əl⁴⁵

小伢儿₍小孩儿₎ ɕiɔ⁵⁵ia²²əl⁰ 男伢儿₍男孩儿₎ nɛ²²ia²²əl⁴⁵

（2）动词

搞搞儿 kɔ⁵⁵kɔ³³əl⁰ 跳索儿 tʰiɔ⁴⁵soʔ⁵əl⁰ 唱歌儿 tsʰaŋ⁵⁵kəu³³əl⁴⁵

打架儿 ta⁵⁵tɕia⁴⁵əl⁵³ 吹腮儿₍吹牛₎ tsʰuci⁵⁵sɛ³³əl⁴⁵ 淲卤儿₍丢脸₎ ti³³lu⁵⁵əl⁰

"儿"缀型动词一般为三音节形式。

2. "子"缀型

杭州方言中，动植物名、器具名中很多都是"子"缀词。例如：

桃子 dɔ²²tsʅ⁴⁵ 杏子 aŋ¹³tsʅ⁵³ 枣子 tsɔ⁵⁵tsʅ⁰ 茄子 dʑia²²tsʅ⁵³

鸽子 kaʔ⁵tsʅ⁰ 蚊子 vəŋ²²tsʅ⁴⁵ 虱子 saʔ³tsʅ⁴⁵ 馅子₍馅儿₎ ɛ¹³tsʅ⁵³

锅子 ku³³tsʅ⁴⁵ 梯子 tʰi³³tsʰʅ⁴⁵ 帐子₍蚊帐₎ tsaŋ⁴⁵tsʅ⁵³ 马子₍马桶₎ ma⁵⁵tsʅ⁰

簿子₍本子₎ bu¹³tsʅ⁵³ 毽子 tɕiɛ⁴⁵tsʅ⁵³

第二节　嘉兴方音

壹　概况

一、调查点

1. 地理人口

嘉兴市位于浙江省东北部，市区包括南湖区和秀洲区。嘉兴市区周边地区分别为嘉善县、平湖市、海盐县、海宁市、桐乡市和苏州市吴江区。截至 2022 年 8 月，全市总面积 986.7 平方公里。其中秀洲区 547.7 平方公里，下辖 3 个区、5 个镇、户籍人口 39.6 万；南湖区 439 平方公里，下辖 4 个镇、9 个街道，户籍人口 50.88 万。[①]

2. 历史沿革

嘉兴历史悠久，是新石器时代马家浜文化发祥地，早在 7000 年前该地就有先民从事农牧渔猎活动。春秋时期称为长水、槜李，吴越两国在此反复争夺，战国属楚，秦置由拳县、海盐县，属会稽郡。三国属吴，赤乌五年（242）改称嘉兴。1949 年 5 月 7 日嘉兴解放，分设嘉兴县、嘉兴市，后撤并频繁。1983 年 8 月，撤销嘉兴地区行政公署，分设嘉兴市、湖州市，嘉兴市设城区和郊区，下辖嘉善、平湖、桐乡、海宁、海盐 5 县。[②]

3. 方言分布

嘉兴方言属于吴语浙北区太湖片杭嘉湖小片，全境通行。此外，有来自绍兴的移民，说绍兴话；有来自苏北的移民，说苏北话。

---

① 参见：嘉兴市秀洲区人民政府网，http://www.xiuzhou.gov.cn/col/col1677757/index.html，中共南湖区委南湖区政府网，http://www.nanhu.gov.cn/col/col1570210/index.html，2022 年 8 月 31 日获取。
② 参见：中共嘉兴市委嘉兴市人民政府网，https://www.jiaxing.gov.cn/col/col1536190/index.html，2022 年 8 月 31 日获取。

4. 地方曲艺

嘉兴流行的曲艺主要为越剧。此外，杭剧、海盐摊簧、平湖铰子书也在嘉兴流行。

二、方言发音人

1. 方言老男

黄永春，1951 年 10 月出生于嘉兴南湖区建设街道。职工，初中文化程度，说嘉兴话和普通话，主要说嘉兴话。父亲、母亲和配偶都为嘉兴人，说嘉兴话。

2. 方言青男

张宁宇，1986 年 8 月出生于嘉兴南湖区新嘉街道。基层干部，本科文化程度，说嘉兴话和普通话，主要说嘉兴话。父亲、母亲和配偶都为嘉兴人，说嘉兴话。

3. 口头文化发音人

许瑞芬，女，1951 年 7 月出生于嘉兴南湖区建设街道。职工，初中文化程度，说嘉兴话和普通话，主要说嘉兴话。父亲、母亲和配偶都为嘉兴人，说嘉兴话。

史怡雯，女，1989 年 11 月出生于嘉兴南湖区建设街道。职工，本科文化程度，说嘉兴话和普通话，主要说嘉兴话。父亲、母亲和配偶都为嘉兴人，说嘉兴话。

贰 声韵调

一、声母（27 个，包括零声母在内）

p 八兵	pʰ 派片	b 病爬	m 麦明味问	f 飞风副蜂	v 饭肥温王
t 多东	tʰ 讨天	d 甜毒	n 脑南	l 老蓝连路	
ts 资早租张 竹争装纸	tsʰ 刺草抽拆 抄初车春			s 丝三酸山 双手	z 字贼祠茶 事船十愁
tɕ 鸡寄酒主 九	tɕʰ 溪器清轻 柱权	dʑ 骑期全 柱权	ȵ 年泥热软	ɕ 西洗想书 响	ʑ 移衣谢斜

k 高官　　　　kʰ 开看　　　　ɡ 共葵　　　ŋ 熬颜　　　　x 好烘

ø 月活县安
　云用药

说明：

（1）浊擦音先清后浊。例如：[v]的实际发音[fv]。

（2）[f][v]在合口呼韵母前分别为[ɸ][β]。

（3）阴调类开口呼音节前有喉塞尾，阳调类有[ɦ]。

（4）来自疑母的开口呼零声母音节有时有[ŋ]，特别是在口语词中，有时无。音系表中立了[ŋ]声母。

（5）匣母读零声母，逢上声、去声、入声归阴调类。

二、韵母（42个，包括自成音节的[m][ŋ]在内）

ʮ 鼠柱

ɿ 师丝试猪　　　　　　i 戏二飞　　　　　u 婆乌　　　　y 雨鬼

ᴀ 牙鞋排　　　　　　　iᴀ 写　　　　　　uᴀ 快

o 瓦茶

ᴇ 开山　　　　　　　　ie 盐　　　　　　uᴇ 关

ə 南短　　　　　　　　　　　　　　　　uə 官　　　　yə 权靴

ɔ 宝饱　　　　　　　　iɔ 笑桥

ou 歌坐过苦　　　　　　iu 油

ei 赔对豆走　　　　　　　　　　　　　uei 会

ᴀ̃ 糖床双讲硬争　　　　iᴀ̃ 响　　　　　uᴀ̃ 王横

əŋ 深春灯升　　　　　　iŋ 新心病星　　　uəŋ 滚　　　yəŋ 云

oŋ 东　　　　　　　　　ioŋ 用兄

ᴀʔ 盒塔鸭法辣八白尺　　iᴀʔ 贴药　　　　uᴀʔ 刮

oʔ 托郭壳学北谷六绿　　ioʔ 局

əʔ 十直色出　　　　　　ieʔ 接急热节锡　uəʔ 活骨国　 yeʔ 月橘

m̩ 母

ŋ̍ 五

说明：

（1）［ou］中的［o］较高、较短。

（2）［ye?］中的［e］偏央。

（3）［ei］中的［i］为［ɪ］。

三、声调（7个）

阴平	42	东该灯风通开天春
阳平	242	门龙牛油铜皮糖红
上声	544	懂古鬼九
阴去	224	冻怪半四痛快寸去
阳去	113	卖路硬乱洞地饭树买老五有统苦讨草动罪近后
阴入	5	谷急刻百搭节拍塔切六麦叶月
阳入	13	毒白盒罚

说明：

（1）阴平［42］有时为［44］。

（2）阳去［113］有点近［213］。

（3）阳入［13］为短调。

（4）上声［544］的起点有时不到［5］。

叁　连读变调

一、两字组连读变调表

嘉兴方言两字组的连读变调规律见下表。表中首列为前字本调，首行为后字本调。每一格的第一行是两字组的本调组合；第二行是连读变调，若连读调与单字调相同，则此行空白；第三行为例词。同一两字组若有两种以上的变调，则以横线分隔。具体如下。

嘉兴方言两字组连读变调表

前字＼后字	阴平 42	阳平 242	上声 544	阴去 224	阳去 113	阴入 5	阳入 13
阴平 42	42 42 33 33 丝 瓜 42 42 33 33 香 菇	42 242 33 42 灰 尘	42 544 33 21 开 水	42 224 33 21 香 菜	42 113 33 21 杉 树	42 5 33 阴 历	42 13 33 5 中 学
阳平 242	242 42 21 33 黄 瓜 242 42 21 台 风	242 242 21 33 前 年	242 544 21 33 田 埂 242 544 24 42 苹 果	242 224 13 42 芹 菜	242 113 13 42 黄 豆	242 5 21 前 日	424 13 21 5 蝴 蝶
上声 544	544 42 33 剪 刀	544 242 33 42 水 潭 544 242 21 彩 虹	544 544 33 33 枣 子	544 224 33 33 韭 菜	544 113 33 33 水 稻	544 5 33 小 麦	544 13 33 5 解 毒
阴去 224	224 42 33 衬 衫	224 242 33 42 灶 头	224 544 24 21 帐 子	224 224 24 21 再 见	224 113 24 21 对 面	224 5 33 案 桌	224 13 33 5 教 学
阳去 113	113 42 21 24 牡 丹 113 42 21 地 方 113 42 33 订 婚	113 242 21 242 彩 虹 113 242 21 33 杏 梅 113 242 21 42 弄 堂	113 544 13 21 大 水 113 544 21 13 冷 水 113 544 24 21 露 水	113 224 24 21 地 震 113 224 21 24 女 婿	113 113 24 21 雾 露		
阴入 5	5 42 5 33 跌 蛛 5 42 21 33 肉 猪	5 242 21 33 木 头	5 544 21 八 鸟	5 224 5 21 福 建	5 113 21 绿 豆	5 5 搭 脉	5 13 21 5 日 食 5 13 5 竹 笛

续表

后字 前字	阴平 42		阳平 242		上声 544		阴去 224		阳去 113		阴入 5		阳入 13	
阳入 13	13 21 活	42 33 狮	13 21 石	242 4 头	13 21 侄	544 24 子	13 21 习	224 13 惯	13 21 疾	113 13 病	13 21 昨	5 日	13 白	13 5 虱
			13 21 石	242 33 榴										

二、两字组连读变调规律

嘉兴方言两字组的连读变调有以下几个特点：

（1）阴平作前字变［33］，阴平作后字时一般不变，仍然为［42］。前字为阴入和阳入时后字阴平变［33］。

（2）阳平作前字一般变［21］，逢后字阴去和阳去为［13］。

肆　异读

一、新老异读

嘉兴方言的新老异读主要表现在以下两点：

（1）宕摄和江摄阳声韵老派韵母主要元音鼻化，新派主要元音不鼻化。例如：疮 $ts^h\tilde{A}^{224}/ts^h\alpha\eta^{224}$。

（2）深臻曾梗老派为［ŋ］尾，新派为［n］尾。例如：

老派：身＝升＝声 $s\eta^{42}$；新派：身＝升＝声 $s\partial n^{42}$。

二、文白异读

嘉兴方言的文白异读主要体现在声母和韵母方面。下文中"／"前为白读，后为文读。

1. 声母

（1）见系开口二等字白读［k］组声母，文读［tɕ］组声母。例如：交 ko^{42} / $tɕio^{42}$。

（2）从母字白读擦音，文读塞擦音。例如：层 zən²⁴² / 匠 dʑiã¹¹³。

（3）微母字白读［m］声母，文读［v］声母。例如：尾 mi¹¹³ / vi¹¹³。

2. 韵母

（1）蟹摄合口三等和止摄合口三等字白读［y］或［ɿ］，文读［uei］。例如：吹 tsʰɿ⁴² / tsʰuei⁴² | 龟 tɕy⁴² / kuei⁴²。

（2）梗摄二等字白读［ã］类韵母，文读［ən］类韵母。例如：耕 kã⁴² / kən⁴² | 拆 tsʰʌʔ⁵ | 择 zəʔ¹³。

伍　其他音变

嘉兴方言有少量的合音现象。例如：［勿啊］vʌ²¹ |［勿要］vɛ³³ |［我拉］ŋʌ²¹。

第三节　嘉善方音

壹　概况

一、调查点

1. 地理人口

嘉善县隶属浙江省嘉兴市，位于浙江省北部，嘉兴市东北部，江浙沪两省一市交会处。东邻上海市青浦、金山两区，南连平湖市、南湖区，西接秀洲区，北靠苏州市吴江区和上海市青浦区，是浙江省接轨上海的第一站。全县面积507.68平方公里，辖3街道6镇，分别是：魏塘街道、罗星街道、惠民街道、西塘镇、姚庄镇、大云镇、陶庄镇、干窑镇、天凝镇。截止到2018年年底，全县户籍人口39.9万，主要为汉族。[①] 少数民族人口极少，多系因工作、婚姻迁入。

2. 历史沿革

嘉善建县于明宣德五年（1430），分嘉兴县东北境之迁善、永安、奉贤3个乡和胥山、思贤、麟瑞3乡之部分置县。因旧有迁善六乡俗尚敦庞、少犯宪辟，故曰嘉善。定治魏塘，隶嘉兴府。清循明制。1912年废府，嘉善属钱塘道。1927年废道，嘉善直属省辖。

1949年5月，嘉善解放，隶属浙江省第一专员公署，11月改属嘉兴专署。1951年3月，嘉善枫泾镇区及姚家、夏家两村划归江苏省松江县。1958年后变更较为频繁，曾一度并入上海市，又并入嘉兴市。1961年恢复县置。[②] 1983年8月，实行市辖县制，属嘉兴市。

3. 方言分布

嘉善境内方言属吴语太湖片苏沪嘉小片。嘉善方言内部一致性较强，即便如此，各乡镇之间仍存在一些当地人凭语感可直接感知的细微差异。

---

① 参见：《2020年浙江统计年鉴》，http://tjj.zj.gov.cn/col/col1525563/index.html，2022年8月31日获取。
② 徐规，陈桥驿，潘一平，等. 浙江分县简志. 杭州：浙江人民出版社，1984：751–752.

4. 地方曲艺

嘉善有远近闻名的嘉善田歌。嘉善田歌由七种不同曲调组成，既能单曲演唱，也能以"田歌班"的形式数曲联唱。其曲调极富江南水乡特色，歌词多用吴音俚语，谐音双关，与明代冯梦龙编的吴地《山歌》有直接传承关系，与《乐府诗集》中的南朝"吴声歌曲"也有明显的血缘关系。

2008 年，嘉善田歌被列入第二批国家级非物质文化遗产代表性项目名录。

二、方言发音人

1. 方言老男

郎国帆，1964 年 9 月出生于嘉善魏塘镇，一直在当地生活和工作，职工，初中文化程度，说嘉善话和不太标准的普通话。父母均为嘉善魏塘镇人，说嘉善话。

2. 方言青男

郎佳俊，1991 年 9 月出生于嘉善魏塘镇，除上大学外，一直在当地生活和工作，职工，本科文化程度，说嘉善话、不太标准的普通话。父母均为嘉善魏塘镇人，说嘉善话。

3. 口头文化发音人

钟爱文，女，1954 年 8 月出生于嘉善魏塘镇，职工，大专文化程度，说嘉善话和不太标准的普通话。

徐越，女，1963 年 4 月出生于嘉善魏塘镇，教师，研究生文化程度，说嘉善话和不太标准的普通话。

孟雅琴，女，1969 年 4 月出生于嘉善魏塘镇，教师，本科文化程度，说嘉善话和不太标准的普通话。

贰 声韵调

一、声母（26个，包括零声母在内）

p 八兵	pʰ 派片	b 爬病肥	m 麦明味问	f 飞副	v 肥饭味问
t 多东	tʰ 讨天	d 甜毒	n 闹南		l 老蓝连路
ts 早张竹 装纸	tsʰ 草抽初 车春			s 丝三酸山书	z 字贼坐茶床
tɕ 九酒	tɕʰ 清轻	dʑ 谢权全	ȵ 年泥软热月	ɕ 想响	
k 高	kʰ 开	g 共	ŋ 熬		x 好灰蜂风
Ø 县安王 用药					

说明：

（1）鼻边音分两套，一套出现在阴调字，一套出现在阳调字。例如"雨美猫县夜"读紧喉，"遇漫"带浊流。

（2）声母［f］［v］拼［u］韵时，有变体［ɸ］［β］，［β］弱化后与部分匣母字同音。例如"武雾符＝户沪互"。［β］虽然是变体，但其双唇特征很典型。

（3）部分［dʑ］声母字，更老一派读［z］声母。例如"谢全"。

（4）［tɕ］组声母舌位稍偏前。

（5）全浊擦音声母"清音浊流"特征有时较明显。

（6）［z］类声母略带塞化色彩。

（7）零声母阳调类音节的起始处带有明显的磨擦成分，开齐合撮四呼分别对应［ɦ］［j］［w］［ɥ］。

二、韵母（44个，包括自成音节的［ɚ］［m̩］［ŋ̍］在内）

ɿ 猪师丝试	i 米戏二飞耳	u 歌坐过苦母五	y 雨鬼鱼
ʮ 柱住主			
a 牙排鞋	ia 写	ua 快	
ɛ 开赔对山	iɪ 盐年	uɛ 鬼	

ɔ 宝饱　　　　　　iɔ 笑桥

ə 豆走　　　　　　iə 油

ø 南半短官　　　　　　　　　　　　　　　yø 权靴

o 茶瓦　　　　　　io 唷肉~~, 小孩语

ã 糖床双讲　　　　iã 旺火~　　　　　uã 王

æ̃ 硬争　　　　　　iæ̃ 响　　　　　　uæ̃ 横

ən 深根寸春争升灯　in 心新云病星　　uən 滚

oŋ 东　　　　　　　ioŋ 用兄

aʔ 百　　　　　　　iaʔ 药　　　　　　uaʔ 刮

ɜʔ 辣鸭十出直色尺白　iɜʔ 吃　　　　　uɜʔ 筷

　　　　　　　　　ieʔ 七一节锡接急贴热

øʔ 设刷　　　　　　　　　　　　　　　　yøʔ 橘学局

　　　　　　　　　ioʔ 月　　　　　　uoʔ 活郭骨学壳北
　　　　　　　　　　　　　　　　　　六绿

ɚ 儿二耳
m̩ 母姆亩
ŋ̩ 五儿鱼

说明：

（1）［i］韵与双唇音［p］［pʰ］［b］相拼时舌位略前，介于［i］［ɿ］之间。

（2）［u］韵跟唇音以外的声母相拼时，有时是［ᵊu］。

（3）［o］韵与非零声母相拼时，有时是［ᵘo］。

（4）［ə］韵舌位略高略后。

（5）［ɔ］韵舌位略高略展。

（6）［ɜ］［uɜ］两韵中的［ɜ］舌位略高，接近［ɐ］。

（7）［ua］［uɜ］［uæ̃］［uã］［uən］［uaʔ］等韵遇零声母时，韵头实际读作［ʋ］，有的变为声母［v］。

（8）［ã］［iã］［uã］中的［a］舌位略后，多数情况下可分别读作［aŋ］［iaŋ］［uaŋ］。

（9）韵尾［n］舌位略后。

（10）［in］韵更老一派读［iᵊn］。

（11）［ioŋ］韵也可以记作［yoŋ］。

（12）［aʔ］［ɜʔ］分立是老派特征，新派倾向于合并为［ɜʔ］，本书老派仅个别字保留老派读音。例如"百 paʔ ≠ 拨 pɜʔ"。一些字存在［aʔ］［ɜʔ］两读，例如"白阿"。

（13）［ioʔ］韵是老派音，新派读作［yøʔ］韵，本文老派仅个别字保留老派读音。例如"月"。

（14）［øʔ］韵是老派音，新派读作［ɜʔ］韵。例如"设杂舌"。

（15）自成音节的［m］［ŋ］两韵是白读韵，［ɚ］韵是文读韵。

（16）［iã］韵只有"旺火~"一个字，［io］韵只有"唷""肉~~：小孩语"两个字。

三、声调（7个）

阴平	53	东该灯风通开天春猫
阳平	132	铜皮糖红门龙牛油
阴上	44	懂古鬼九美
阴去	334	冻怪半四痛快寸去统苦讨草县
阳去	113	洞地饭树卖路硬乱动罪近后买老五有
阴入	5	谷百搭节急哭拍塔切刻
阳入	2	六麦叶月毒白盒罚

说明：

（1）阳平［132］强调时调值是［31］。

（2）阴去⌊334］快读时调值为［35］。

（3）阳去［113］强调时调值为［213］。

（4）部分全阴上字读阴去调。例如"姐所伞整"。

（5）部分阴去字读阴上调。例如"贝制世"。

叁 连读变调

一、两字组连读变调表

嘉善方言两字组的连读变调规律见下表。表中首列为前字本调，首行为后字本调。每一格的第一行是两字组的本调组合；第二行是连读变调，若连读调与单字调相同，则此行空白；第三行为例词。同一两字组若有两种以上的变调，则以横线分隔。具体如下。

嘉善方言两字组连读变调表

前字＼后字		阴平 53	阴上 44	阴去 334	阳平 132	阳去 113	阴入 5	阳入 2
阴平 53		53/35　53 天　公	53/35　44/53 清　爽	53/35　334/53 冬　至	53/35　132/53 千　梨	53/35　113/53/ 冰　雹	53/55　5/4 山　谷	53/55　2 山　药
阴上 44		44/55　53 水　缸	44/55　44/0 水　果	44/55　334/0 韭　菜	44/55　132/53 水　潭	44/55　113/0 早　稻	44/55　5 喜　鹊	44/55　2/5 小　麦
阴去 334	次清上	334/44　53 起　初	334/44　44/35 巧　果	334/44　334/35 体　泰	334/44　132/53/ 口　头	334/44　113/35/ 处　理	334/44　5 起　脚	334/44　2/5 腿　肉
	清去	334/55　53/0 翘　须	334/55　44/0 烫　水	334/55　334/0 记　性	334/55　132/0 灶　头	334/55　113/0 芋　艿	334/44　5 跳　虱	334/44　2/5 快　活
阳平 132		132/13　53 河　江	132/13　44/53 雷　响	132/13　334/53 芹　菜	132/13　132/53/ 前　年	132/13　113/53/ 咸　蛋	132/13　5 墙　脚	132/13　2 阳　历
阳去 113		113/22　53 里　厢	113/22　44/35 冷　水	113/22　334/35 上　昼	113/22　132/53 稻　柴	113/22　113/53 眼　泪	113/22　5 冷　粥	113/22　2 大　麦
阴入 5	全清	5　53 搭　蛛	5　44/0 百　响	5　334/0 角　票	5　132/53 甲　鱼	5　113/0 柏　树	5　5/4 隔　壁	5　2 积　极
	次清	5　53 塔　尖	5　44/35 铁　板	5　334/35 缺　口	5　132/53/ 插　头	5　113/35/ 蛐　蟮	5/4　5 吃　瘪	5/3　2/4 泼　辣
阳入 2		2　53 落　苏	2　44/35 栗　子	2　334/35 白　菜	2　132/53/ 辣　茄	2　113/35/ 日　里	2　5 狭　窄	2　2/5/ 特　别

说明：

（1）后带斜杠"/"的，表示其调值可读相应低调。

（2）次清上字和次清入字在单字调中分别归入阴去和阴入，但在两字组连读变调中又与清去和全清入保持区别。所以两字组连读变调实际上有 81 种组合，归并后共有 26 种连调模式。

（3）连调中后字位置出现的"0"是轻声。

（4）每一种组合都只有一种主要变调模式，但都无法回避地存在一些例外。例如：头发、兔毛、次品、菜票、痛快、退票名、次货、睏觉、手表。

（5）此两字组连读变调规律主要适用于广用式两字组，是词调，不适用于句子。

二、两字组连读变调规律

（1）就变调类型论，舒声调以前后字都变调为主，入声调以前后字都不变调为主。

（2）调类合流明显。任何一个调类作前字或后字时最多不超过三种调值变化。前字相同，整个两字组变调模式基本都相同。后字阴阳调的调值基本趋同，表现为阳调趋同于阴调。

（3）调类复原突出。次清上与清去在单字调中调值相同，都是[334]；次清入与全清入在单字调中调值也相同，都是[5]，但在连读变调中又与清去、全清入保持区别。

（4）就调值说，有两种情况：一是不超出7个单字调；二是出现了7个单字调之外的新调值。这种新调值主要有：[35]由阴平变来，出现在前字；由阴上、阴去、阳去变来，出现在后字。[13]由阳平变来，只出现在前字。[22]由阳去变来，只出现在前字。[3]和[4]由阴入和阳入变来。[0]只出现在后字。

（5）轻声只出现在前字清上、清去和全清入组合的后字。

肆　异读

一、新老异读

嘉善方言的新老异读集中体现在以下几个方面。下文中“/”前为老派，后为新派。例如：

（1）遇合三鱼韵字，老派和新派韵母不同，老派倾向于读[ʮ]韵，新派倾向于读[ɿ]韵。例如：除 zʮ^{132} / zɿ^{132} | 书 sʮ^{53} / sɿ^{53} | 如 zʮ^{132} / zɿ^{132}。

（2）“哑姐府喊”等阴上字，老派读阴去调，新派读阴上调。“盖世制”等阴去字，老派读阴上调，新派读阴去调。

（3）老派和新派的[dʑ]母字，更老一派分[dʑ][ʑ]两母，“权舅球旧”等字读［dʑ］母，"全谢徐寻"等字读［z］母。

（4）老派和新派还存在以下一些零星读音差异：

例字	老派	新派	例字	老派	新派
茄	ga¹³²	ga³¹	靴	çyø⁵³	çieʔ⁵
夏~天	o³³⁴	o¹¹³	把量	po³³⁴	bo¹¹³
系联~	çi⁵³	çi³³⁴	拨	pɿʔ⁵	puoʔ⁵
遇裕	y¹¹³	y³³⁴	泼	pʰɿʔ⁵	pʰuoʔ⁵
该	kɛ⁴⁴	kɛ⁵³	折	tsɿʔ⁵	tsuoʔ⁵

二、文白异读

嘉善方言的文白异读大致可归纳为声母异读、韵母异读、声母韵母异读、声母声调异读四种类型。下文中"/"前为白读，后为文读。

1. 声母异读

（1）部分微母字，白读［m］声母，文读［v］声母。例如：蚊 mən¹³² / vən¹³² | 问 mən¹¹³ / vən¹¹³ | 物 mɿʔ² / vɿʔ²。

（2）部分日母字，白读［ȵ］声母，文读［z］声母。例如：人 ȵin³¹ / zən³¹ | 认 ȵin¹¹³ / zən¹¹³。

（3）见系开口二等字，白读［k］组声母，文读为［tɕ］组声母。例如：交 kɔ⁵³ / tɕiɔ⁵³ | 敲 kʰɔ⁵³ / tɕʰiɔ⁵³ | 讲 kã⁵⁵ / tɕiã⁵⁵。

（4）有的疑母字白读［ȵ］声母，文读零声母。例如：遇 ȵy¹¹³ / y¹¹³。

2. 韵母异读

（1）假开二白读［o］韵，文读［a］［ia］韵。例如：爬 bo³¹ / ba³¹ | 马 mo¹¹³ / ma¹¹³ | 夏 o¹¹³ / ia¹¹³。

（2）假开三一般白读［ia］韵，文读［iɪ］韵。例如：爷 ia¹³² / iɪ¹³² | 夜 ia³³⁴ / iɪ³³⁴。

（3）遇合三一般白读［ɥ］或［i］韵，文读［u］韵或［y］韵。例如：处 tɕʰɥ³³⁴ / tɕʰu³³⁴ | 去 tɕʰi³³⁴ / tɕʰy³³⁴。

（4）止合三部分字白读［y］韵，文读［uɛ］韵。例如：鬼 tɕy⁵⁵ / kuɛ⁵⁵ | 贵 tɕy³³⁵ / kuɛ³³⁵ | 跪 dʑy¹¹³ / guɛ¹¹³。

（5）其他：学 oʔ² / yøʔ²。

伍 小称

嘉善方言中的小称主要有鼻尾小称和连调小称两种。

1. 鼻尾小称

"儿[ŋ]"与前一音节发生了合音，作为前一音节的韵尾，从而得以留下些许痕迹。例如：丫头儿 o³⁵dən³¹ | 歇儿歇儿 ɕin⁵⁵ɕin⁰ | 背脊儿 pɛ⁴⁴tɕin⁵³。

2. 连调小称

嘉善方言中的小称调主要表现在连调中，单字调中仅"盖、个"等个别残迹。

（1）两字组小称连调

两字组小称连调按前字声母的清浊、韵母的舒入分为清舒、浊舒、清入、浊入4类。前字舒声读升调，清声母读高升调，浊声母读低升调；前字入声不变；后字一律读高平[55]。由此构成[35 55]、[13 55]、[5 55]（前字送气实际为[54 55]，前字不送气为[45 55]）、[2 55]4种固定的读音模式。例如：

前字	后字	小称变调	语音变调	例子
阴上	阴上		55　0	水果 sʅ ku
	阴去		55　0	小费 ɕiɔ fi
	阳去		55　0	小米 ɕiɔ mi
阴去	阴平	35　55	44　53	杏珠 杏子 æ̃ tsʅ
	阴上		55　0	杏子 æ̃ tsʅ
	阳平		55　0	半条 pø diɔ
	阳去		55　0	半路 pø lu
	阴入		44　5	半桌 pø tso
	阳入		44　2	半日 pø ȵie
阳去	阴平	13　55	22　35	纽珠 ȵiɔ tsʅ
	阴上		22　35	簿子 bu tsʅ
	阳去		22　13	贰两 ȵi liæ̃

续表

前字	后字	小称变调	语音变调	例子
阴入	阴上	5 55	5 35	壳子 kʰoʔ tsɿ
	阴去		5 35	缺口 tɕʰyoʔ kʰə
	阴入		5 4	隔壁 kɜʔ pie
	阳入		3 4	泼辣 pʰɜʔ la
阳入	阴上	2 55	2 35	石板 zaʔ pɛ
	阴去		2 35	镬盖 oʔ kø
	阳去		2 13	侄女 zɜʔ ȵy
	阴入		2 5	木壳喻高大不灵活的人 moʔ kʰo
	阳入		2 5	特别 dɜʔ bie

前字平声无，原因不详。但极有可能原先存在以前字的平仄分，前字平声的小称已经消失，而前字仄声的小称保留至今。

（2）三字组小称连调

三字组小称连调以两字组为基础构成，从结构上可分为"简单型、综合型、叠加型"三类。

简单型：前两个字的两字组小称变调，加第三个字的本调（55 调变 53）。理论上应有 28（4×7）种调值排列格式，实际语言中只找到 7 种调值排列：

小称变调	语音变调	举例
35 55 31	无	小鬼头 ɕiɔ tɕy də
35 55 5	无	蚬子壳 ɕii tsɿ kʰoʔ
35 55 2	无	蚬子肉 ɕii tsɿ ȵioʔ
13 55 31	33 35 31	老鬼头 lɔ tɕy də
13 55 53	无	长生果花生 zæ sən ku
13 55 2	33 13 2	耳朵沫耳屎 ȵi tu mɜʔ
2 55 53	2 35 53	袜底酥—种酥饼 mɜʔ ti su

综合型：第一个字加后两个字的两字组小称变调。第一个字阴舒声变 35 调，阳舒声变 13 调。理论上应有 8（2×4）种调值排列格式，实际语言中只找到 4 种调值排列：

小称变调	语音变调	举例
35 35 55	53 55 0	裤子带裤带 kʰu tsɿ ta

小称变调	语音变调	举例
13 35 55	31 55 0	裙带豆_{豇豆} dʑin ta də
35 13 55	55 33 0	醋大蒜 tsʰu da sø
13 13 55	13 31 0	毛豆子 mɔ də tsɿ

叠加型：前两个字的两字组小称变调，加末字小称调。共 4（4×1）种调值排列：

连读小称调	语音变调	举例
13 55 55	无	纽珠洞_{扣眼} ȵiə tsɿ doŋ
35 55 55	55 55 0	小狗洞 ɕiɔ kə doŋ
5 55 55	5 13 55	蛐蟮浼_{蚯蚓粪便} tɕʰioʔ zø u
2 55 55	无	肉饼子_{肉饼} ȵioʔ pin tsɿ

陆　其他音变

前字阳去、后字舒声的两字组中存在一种由小称变调泛化而来的变调，变调格式为［35 0］，少数尚存相应的语音变调。例如：

阳去＋阴平：　饭瓜_{南瓜} vɛ ko ｜ 蛋芳_{蛋黄} dɛ fã ｜ 面筋 miɛ tɕin ｜ 闹钟 nɔ tsoŋ ｜ 电珠 diɿ tsɿ ｜ 电灯 diɿ təŋ ｜ 卫生 uɛ sən ｜ 认真 ȵin tsən ｜ 寡妇 ko vu ｜ 上海 zaŋ he ｜ 校长 iɔ tsæ ｜ 队长 dɛ tsæ ｜ 地板 di pɛ ｜ 代表 dɛ piɔ

阳去＋阳平：　地蒲_{瓠瓜} di bu ｜ 贰毛_{幼毛} ȵi mɔ ｜ 柜台 dʑy dɛ ｜ 路条 lu diɔ ｜ 露台 lu dɛ ｜ 电筒 diɿ doŋ ｜ 大人 du ȵin ｜ 嘉善 ka zø ｜ 病人 bin ȵin ｜ 病房 bin vã

第四节　平湖方音

壹　概况

一、调查点

1. 地理人口

平湖市位于浙江省东北部，隶属浙江省嘉兴市。平湖市南濒杭州湾，东北与上海市金山区交界，西与嘉兴市接壤，西南与海盐县为邻，西北与嘉善县相接。辖当湖街道、乍浦镇、新仓镇、独山港区（独山港镇）、新埭镇、广陈镇、林埭镇、钟埭街道、曹桥街道9个镇（街道）。[①] 截至2017年年底，平湖市共有15.15万户，总人口49.63万。[②] 平湖市少数民族均为散居，多数是近年来婚嫁迁入人口，共涉及回族、壮族、布衣族、苗族、土家族等27个民族。

2. 历史沿革

平湖历史悠久，据大坟塘遗址出土文物证实，早在6000年前已有先民在此劳动生息。春秋时为越国武原乡地。秦王政二十五年（前222）置海盐县，今平湖市境为海盐县一部分。秦末或西汉初，县治陷为柘湖，移治武原乡地域（今平湖市当湖街道东湖一带）。东汉永建二年（127）县治陷为当湖，迁治齐景乡故邑山（今乍浦附近）。东晋咸康七年（341），县治从故邑山移治马嗥城（今海盐县武原镇东南）。明宣德五年（1430）从海盐县分出大易、武原、齐景、华亭四乡，建为平湖县，县治设当湖镇，属嘉兴府，隶浙江承宣布政使司，因其地汉时陷为当湖，"其后土脉坟起，陷者渐平，故名平湖"。以后，建置长期不变，境域基本稳定。

中华人民共和国成立后，平湖县境行政建制有三次变动。1950年，调整区乡规模时，划骑莲乡10个村归海盐县、埭乘乡4个村归嘉善县；1958年，建立人

---

① 参见：平湖市人民政府网，http://www.pinghu.gov.cn/col/col1229431192/index.html，2022年8月12日获取。

② 参见《2018年浙江统计年鉴》，http://tjj.zj.gov.cn/col/col1525563/index.html，2022年8月12日获取。

民公社时，海盐县西塘公社和嘉兴县钟埭、曹桥公社划入县内；1961年，西塘公社仍划归海盐县。

1991年6月，经国务院批准，撤销平湖县，设立平湖市。2000年，进行了行政村区划调整，将原来的286个行政村调整为138个。2004年，进行撤镇乡建街道和部分行政区划的调整，将原来的10个乡镇调整为3个街道、7个镇，即当湖街道、钟埭街道、曹桥街道，乍浦镇、新埭镇、新仓镇、黄姑镇、全塘镇、广陈镇和林埭镇。2009年撤销全塘镇、黄姑镇建制，合并设立独山港镇。①

3. 方言分布

平湖话属吴语太湖片苏嘉湖小片。平湖方言内部有城关音、乍浦音、新埭音、新仓音的区别。

4. 地方曲艺

主要是平湖钹子书，为国家级非物质文化遗产。

平湖钹子书以平湖方言演出，集说、唱、演于一体，而以说表见长。其演唱形式较为简单，常用一面钹子、一根竹筷、一块醒木为伴奏乐器，边敲边唱。后来增加了二胡、弦子、琵琶、扬琴等伴奏乐器，逐渐形成规模。平湖钹子书以单档方式演唱，曲调包括长调、慢调、急调、哭调等，节奏明快，富有地方特色，乡土气息浓厚，具有较高的艺术价值。唱词以七字句为主，带有吟诵风格，句末往往出现拖音，余音袅袅，别有韵味。

在漫长的岁月中，平湖民间艺人创作出了《杨家将》《八义侠》《天宝图》《五龙图》《彩妆楼》等百余部传统长篇作品，其中有不少一部就能演唱数月之久。

二、方言发音人

1. 方言老男

龚国铭，1951年12月出生于平湖城关镇，一直在本地生活和工作，教师，大专文化程度，说平湖话和不太标准的普通话。父母均为平湖城关镇人，说平湖话；配偶平湖城关镇人，说平湖话。

---

① 参见：平湖市人民政府网，http://www.pinghu.gov.cn/art/2020/11/28/art_1229438644_59017701.html，2022年8月12日获取。

2. 方言青男

于晨哲，1986年3月出生于平湖城关镇。大部分时间在本地生活和工作，基层干部，本科文化程度，说平湖话和普通话。父母均是平湖城关镇人，说平湖话。

3. 口头文化发音人

龚国铭，男，1951年12月出生于平湖城关镇，教师，大专文化程度。
黄萌萌，女，1997年5月出生于平湖城关镇，学生，本科文化程度。
邵婷婷，女，1980年2月出生于平湖城关镇，教师，本科文化程度。
马旻斐，女，1990年11月出生于平湖城关镇，基层干部，本科文化程度。

贰　声韵调

一、声母（26个，包括零声母在内）

p 八兵	pʰ 派片	b 爬病肥	m 麦明味问	f 飞风副蜂	v 肥饭味问活温
t 多东	tʰ 讨天	d 甜毒	n 脑南		l 老蓝连路
ts 早酒竹争装纸	tsʰ 草清拆抄春			s 三想山手书	z 坐谢茶床船十
tɕ 九	tɕʰ 轻	dʑ 权	ȵ 年泥热软月	ɕ 响	
k 高	kʰ 开	g 共	ŋ 熬	h 好灰	
Ø 县安王云用药					

说明：

［v］声母有时摩擦较轻，近［ʋ］。

二、韵母（42个，包括自成音节的［m］［ŋ］在内）

ɿ 猪师丝试	i 米戏二飞	u 歌坐过苦	y 雨鬼
ʮ 除书鼠			
a 牙鞋	ia 写	ua 快	
ɛ 开山	iɛ 盐年	uɛ 关惯	

e 赔对		ue 灰
o 茶瓦		yo 靴
ɔ 宝饱	iɔ 笑桥	
ø 南半短官		yø 权
ɘ̞ɯ 豆走	iɘ̞ɯ 油	
ã 硬争横张量伤	iã 响	uã 门裂
ɑ̃ 糖床双讲		uɑ̃ 王
ən 深根寸春灯争	in 心新病星	uən 滚 yn 云
oŋ 东	ioŋ 兄用	
aʔ 盒塔鸭法辣白	iaʔ 药	uaʔ 刮
oʔ 托郭壳北谷六		yoʔ 月橘局
əʔ 十活出直色	iəʔ 接急热七一锡	uəʔ 骨国
m 母		
ŋ 五儿		
əl 二儿		

说明：

（1）［y］韵略带摩擦。

（2）［a］韵舌位较后。

（3）［ɛ］［iɛ］二韵中的［ɛ］舌位略高，近［ɛ］，且［ɛ］前略带［i］，实际近［i̯ɛ］。

（4）［e］韵略带关的动程，实际发音为［eɪ］。

（5）［o］韵前面有不太明显的［u］，末尾唇形较展。

（6）［ø］韵末尾唇形略展。

（7）［iã］韵中的［a］舌位较高，且略有关的动程；［uã］韵拼零声母时，偶尔作［vã］。

（8）［yn］韵实际为［yᵊn］。

（9）［oŋ］［ioŋ］二韵中的［ŋ］韵，舌位略前。

（10）［aʔ］［iaʔ］［uaʔ］三韵中的［a］实际为［ɐ］。

（11）［əʔ］韵中的［ə］舌位偏前偏高。

三、声调（7个）

阴平	53	东该灯风通开天春

阳平	31	门龙牛油铜皮糖红
阴上	44	懂古鬼九
阴去	334	冻怪半四
阳去	213	卖路硬乱洞地饭树痛快寸去统苦讨草买老五有动罪近后
阴入	5	谷百搭节急
阳入	23	六麦叶月毒白盒罚哭拍塔切刻

说明：

（1）阴平［53］在单字调中末尾略低，实际为［52］。

（2）阳平［31］实际前面略升，为［231］。

（3）阴上［44］有时略曲折，近［434］。

（4）阴去［334］有时略高，近［445］。

（5）阴入［5］和阳入［23］均为短促调。

叁　连读变调

一、两字组连读变调表

平湖方言两字组的连读变调规律见下表。表中首列为前字本调，首行为后字本调。每一格的第一行是两字组的本调组合；第二行是连读变调，若连读调与单字调相同，则此行空白；第三行为例词。同一两字组若有两种以上的变调，则以横线分隔。具体如下。

平湖方言两字组连读变调表

后字前字	阴平53		阳平31		阴上44		阴去334		阳去213		阴入5		阳入23	
阴平53	53 44 飞	53 机	53 44 清	31 0 明	53 44 天	44 0 井	53 44 书	334 0 记	53 44 工	213 0 厂	53 44 钢	5 0 笔	53 44 生	23 0 日
	53 开	53 车	53 开	31 门			53 开	334 店	53 军	213 0 队				
									53 生	213 病				

续表

前字＼后字	阴平 53	阳平 31	阴上 44	阴去 334	阳去 213	阴入 5	阳入 23
阳平 31	农 31/24 · 村 53	眉 31/24 · 毛 31/53	团 31/24 · 长 44/53	难 31/24 · 过 334/0	牛 31/24 · 奶 213/53 名 31/24 · 字 213/0 排 31/24 · 队 213	毛 31/24 · 笔 5/0	农 31/24 · 业 23/0
阴上 44	火 44 · 车 53	水 44 · 池 31/53	手 44 · 表 44/53	海 44 · 带 334/0 写 44 · 信 334	水 44 · 稻 213/53 起 44/21 · 码 213 手 44/44 · 艺 213/0 写 44 · 字 213	粉 44 · 笔 5	体 44 · 育 23/5
阴去 334	背 334/44 · 心 53/0	酱 334/44 · 油 31/0	报 334/44 · 纸 44/0 放 334/44 · 火 44	意 334/44 · 见 334/0 算 334/44 · 账 334	政 334/44 · 治 213/0 救 334/44 · 命 213	政 334/44 · 策 5	四 334/44 · 月 23/5 做 334/44 · 贼 23
阳去 213	老 213/21 · 师 53 地 213/24 · 方 53/0 汽 213/44 · 车 53/0	码 213/21 · 头 31/53 大 213/24 · 门 31/0 草 213/21 · 鞋 31	老 213/21 · 虎 44 代 213/24 · 表 44/0	满 213 · 意 334 饭 213/24 · 店 334/0	养 213/21 · 老 213 大 213/24 · 路 213/0 跳 213/44 · 舞 213/0 买 213/21 · 票 213/334	美 213/21 · 国 5 办 213/24 · 法 5/53	老 213/24 · 实 23/0 树 213/24 · 叶 23/5

续表

后字 前字	阴平 53	阳平 31	阴上 44	阴去 334	阳去 213	阴入 5	阳入 23
阴入 5	5　　53 国　　家	5　　31 　　53 骨　　头	5　　44 3 黑　　板 5　　44 3　　53 发　　展	5　334 3 织　　布	5　　213 3　　44 谷　　雨 5　　213 3 质　　量 5　　213 3　　334 发　　票	5　　5 3 节　　约	5　　23 3　　5 作　　业
阳入 23	23　53 立　　冬	23　31 石　　头	23　　44 　　334 局　　长	23　334 肉　　店	23　213 　　334 月　　亮	23　5 蜡　　烛	23　　23 　　5 越　　剧

说明：

阳入字作前字时常读作短促的［21］调。

二、两字组连读变调规律

平湖方言两字组的连调具有如下特点：

（1）前后字均变调。

（2）连调模式存在趋同现象。例如阴平、阴上、阴去作前字常读作［44］调，阳平、阳去作前字常读作［24］调。

肆　异读

一、新老异读

根据目前调查的材料，平湖话新老派差异主要为：

1. 声母

老派分尖团，例如：酒 tsiəɯ⁴⁴ ≠ 九 tɕiəɯ⁴⁴ | 清 tsʰin⁵³ ≠ 轻 tɕʰin⁵³ | 想 siã⁴⁴ ≠ 响 ɕiã⁴⁴。新派尖团合流，例如：酒 = 九 tɕiəɯ⁴⁴ | 清 = 轻 tɕʰin⁵³ | 想 = 响 ɕiã⁴⁴。

2. 韵母

臻曾摄个别入声字老派读作［uəʔ］韵，新派则归入［oʔ］韵。例如"骨、国"老派均读［kuəʔ⁵］，新派均读［koʔ⁵］韵。

二、文白异读

根据目前调查的材料，平湖话比较重要的文白异读规律主要体现在以下几点。下文中"/"前为白读，后为文读。

1. 声母

（1）非组个别字白读［b］［m］声母，文读［v］声母。例如：肥 bi³¹ / vi³¹ | 晚 mɛ²¹³ / vɛ²¹³ | 问 mən²¹³ / vən²¹³ | 尾 mi²¹³ / vi²¹³ | 味 mi²¹³ / vi²¹³ | 物 məʔ²³ / vəʔ²³。

（2）日母个别字白读［n̪］声母或自成音节［ŋ］，文读［z］声母或零声母。例如：人 n̪in³¹ / zən³¹ | 日 n̪iəʔ²³ / zəʔ²³ | 儿 ŋ³¹ / əl³¹ | 二 n̪i²¹³ / əl⁴⁴ | 耳 n̪i²¹³ / əl²¹³。

（3）见晓组（疑母字除外）开口二等字白读多为［k］组声母，文读为［tɕ］组声母。例如：交 kɔ⁵³ / tɕiɔ⁵³ | 奸 kɛ⁵³ / tɕiɛ⁵³ | 孝 xɔ³³⁴ / ɕiɔ³³⁴。

（4）其他：谱 pu⁴⁴ / pʰu²¹³ | 鸟 tiɔ⁴⁴ / n̪iɔ²¹³ | 钱 diɛ³¹ / ziɛ³¹ | 侧 tsəʔ⁵ / tsʰəʔ²³。

2. 韵母

（1）部分止摄合口三等字白读［y］韵，文读［ue］韵。如：龟 tɕy⁵³ / kue⁵³ | 围 y³¹ / ue³¹。

（2）部分梗摄开口二等阳声韵字白读［ã］韵，文读［ən］韵。如：争 tsã⁵³ / tsən⁵³。

（3）其他，如：拖 tʰa⁵³ / tʰu⁵³ | 大 du²¹³ / da²¹³。

第五节　海盐方音

壹　概况

一、调查点

1. 地理人口

海盐县位于浙江省北部杭嘉湖平原，东濒杭州湾，西南临海宁市，北连平湖市和嘉兴市南湖区、秀洲区。全县陆地土地总面积 584.96 平方公里，海湾面积 487.67 平方公里。境内陆地海岸自澉浦镇（南北湖风景区）永乐村起至海盐经济开发区（西塘桥街道）东港村止，全长 53.48 公里，是浙北海岸线最长的县（市）。[①] 截至 2016 年年底，全县共有 12.34 万户，总人口 38.03 万。[②]

2. 历史沿革

海盐县是马家浜文化、崧泽文化、良渚文化发祥地之一，距今 6000 多年前，县境内就有先民从事农牧渔猎活动。秦王政二十五年（前 222）置县，因"海滨广斥，盐田相望"而得名。建县以来，海盐曾四徙县治，六析其境。秦末，县治陷为湖（柘湖），迁至武原乡（今平湖市东门外）。东汉永建一至六年（126—131）中，县治又陷为湖（当湖），南迁至齐景乡故邑山旁（今乍浦附近）。东汉建安五至八年（200—203），析海盐西南境、由拳南境置海昌县（今海宁市）。东晋咸康七年（341），县治迁至马嗥城（今海盐县武原街道东南）。南朝梁天监六年（507），析县东北境置前京县。南朝梁中大通六年（534）至大同元年（535），再析县东北境置胥浦县。唐开元五年（717），迁县治于今地。唐天宝十年（751），割海盐北境、嘉兴东境、昆山南境置华亭县。元元贞元年（1295），升为海盐州。明洪武二年（1369），复降为县。明宣德五年（1430），析武原、齐景、华亭、大易 4 个乡置平湖县。1949 年 5 月 7 日，海盐县解放。1950 年 5 月，狮岭乡 3 个

①　参见：海盐县人民政府网，http://www.haiyan.gov.cn/col/col1512877/index.html，2022 年 8 月 5 日获取。

②　参见：《2017 年浙江统计年鉴》，http://tjj.zj.gov.cn/col/col1525563/index.html，2022 年 7 月 29 日获取。

村划属海宁县，平湖县 10 个村划属海盐县。1958 年 11 月 21 日，撤销海盐县建制，区域并入海宁县，其中西塘、海塘、元通 3 个公社划归平湖县。1961 年 12 月 15 日，复置海盐县，辖 2 个镇 16 个公社，狮岭公社仍属海宁县。1983 年，撤社建乡。1985 年 8 月，澉浦、通元、西塘桥 3 个乡撤乡建镇。随着经济发展，又有欤城、百步、长川坝、石泉 4 个乡撤乡建镇，欤城、长川坝更名为于城、秦山。1999 年，调整乡镇行政区划，辖 9 个镇 3 个乡。2001 年 10 月，乡镇行政区划再次调整，辖武原、沈荡、澉浦、秦山、通元、西塘桥、于城、百步 8 个镇。2018 年，调整部分镇行政区划，全县 8 个镇调整为 4 个街道 5 个镇，即武原、西塘桥、望海、秦山 4 个街道，沈荡、百步、于城、澉浦、通元 5 个镇。[①]

3. 方言分布

海盐话属吴语太湖片苏嘉湖小片。境内方言可分为三片：（1）中部方言，包括武原、城西、欤城、沈荡等地，特点是"火""河"等读［hu］［ɦu］，"酒"等读［tse］，等等；（2）南部方言，包括通元、官堂、长川坝、六里堰、澉浦等地，特点是"火""河"等读［hu］［ɦu］，"酒"等读［tɕiɤ］，等等；（3）北部方言，包括海塘、西塘等乡镇，特点是"火""河"等读［fu］［v］，"酒"等读［tse］，等等。

4. 地方曲艺

主要有骚子歌。骚子文书是以文学本子（手抄本）为基础，用海盐方言说唱为主要表现形式来叙述故事、塑造人物、表达思想感情、反映社会生活的综合性说唱艺术。其表演主要采用站唱、拆唱，也有走唱或坐唱等形式，风格独特。骚子歌是海盐民间待佛仪式的歌谣，与我国戏曲鼻祖四大声腔之一的"海盐腔"有着一定的渊源。[②]

二、方言发音人

1. 方言老男

王国翼，1952 年 1 月出生于海盐武原镇。主要在海盐生活和工作，教师，大

---

① 参见：海盐县人民政府网，http://www.haiyan.gov.cn/col/col1512878/index.html，2022 年 8 月 5 日获取。

② 参见：海盐县人民政府网，http://www.haiyan.gov.cn/art/2019/5/20/art_1229499268_59073603.html，2022 年 8 月 12 日获取。

专文化程度，说海盐话和不太标准的普通话。

2. 方言青男

朱垸熠，1992 年 12 月出生于海盐武原镇。除上大学外，一直在海盐生活和工作，基层干部，本科文化程度，说海盐话、普通话。

3. 口头文化发音人

沈永康，男，1944 年 11 月出生于海盐武原镇，教师，中师文化程度。
徐玉英，女，1954 年 1 月出生于海盐武原镇，农民，小学文化程度。
张圣英，女，1951 年 1 月出生于海盐武原镇，职工，初中文化程度。
王国翼，男，1952 年 1 月出生于海盐武原镇，教师，大专文化程度。

贰　声韵调

一、声母（25 个，包括零声母在内）

p 八兵	pʰ 派片	b 爬病肥	m 麦明味问	f 飞风副蜂	v 肥饭味问
t 多东	tʰ 讨天	d 甜毒	n 脑南		l 老蓝连路
ts 早酒竹 争装主	tsʰ 草拆抄 初春			s 三山双手书	z 坐茶床船十
tɕ 主九	tɕʰ 清轻	dʑ 全谢柱权	ȵ 热软	ɕ 想响	
k 高根	kʰ 开	g 共		x 好灰	
ø 熬月安 王云药					

说明：

（1）[b][d][dʑ][g]声母逢上声为内爆音[ɓ][ɗ][dʑ][ɠ]，逢其他阳调类则为吴语中常见的清音浊流[pɦ][tɦ][tɕɦ][kɦ]；[v][z]声母逢上声为真浊擦音[v][z]，逢其他阳调类则为吴语中常见的清音浊流[fɦ][sɦ]。内爆音、真浊擦音只出现在单字音或首字位置上；在非首字位置上则为清音浊流。[①]

---

① 参见：陈忠敏. 论吴语海盐话古全浊上声字声母 // 复旦大学汉语言文字学科《语言研究集刊》编委会. 语言研究集刊（第八辑）. 上海：上海辞书出版社，2011：148-175.

（2）[x]声母发音部位较后。

（3）阳调类的零声母音节前面，往往带有与音节开头元音同部位的摩擦成分。

二、韵母（42个，包括自成音节的[m][n]在内）

ɿ 猪师丝试	i 米二飞耳	u 歌坐过苦	y 雨鬼
ɑ 牙瓦排鞋	iɑ 写	uɑ 快	
ɛ 开山	iɛ 盐年	uɛ 关惯还	
e 赔对豆走		ue 威罪灰	
o 茶	io 油		
ɔ 宝饱	iɔ 笑桥		
ɤ 南半短		uɤ 官	yɤ 靴权
ã 糖床双	iã 旺	uã 王讲	
ɛ̃ 硬争	iɛ̃ 响	uɛ̃ 横	
ən 深根寸春升争	in 心新病星	uən 滚	yn 云
oŋ 东	ioŋ 兄用		
aʔ 盒塔鸭法辣白	iaʔ 贴	uaʔ 刮	
ɔʔ 活骨托壳北哭			yɔʔ 月橘局
əʔ 十出直色	iəʔ 接急热七一锡	uəʔ 阔扩	
m̩ 姆			
n̩ 五儿			
əl 耳儿			

说明：

（1）[u][y]二韵唇形有时略展。[u]韵与[t]组声母相拼时，实际音值为[ᵊu]。

（2）[ɑ][iɑ][uɑ]三韵中的[ɑ]舌位较前。

（3）[iɛ]韵中的[ɛ]舌位较高，实际音值为[e]。

（4）[ã][iã][uã]三韵实际带不太明显的[ŋ]尾。

（5）[iɛ̃]韵中的[ɛ]舌位较低。少数[iɛ̃]韵字有[iã]的异读，应是受普通话影响，这里一律记作[iɛ̃]。

（6）[ən][in][uən][yn]四韵中的[n]与[n]韵舌位略后；[oŋ][ioŋ]儿韵中的[ŋ]舌位略前。

（7）［aʔ］［iaʔ］［uaʔ］三韵中的［a］舌位较高较后，实际音值为［ɐ］。

（8）［ɔʔ］韵中的［ɔ］有时读作［ᵘɔ］。

（9）［iəʔ］韵中的［ə］舌位较前较高。

（10）［uəu］韵有时读作［ɔʔ］韵，但发音人认为"阔""哭"不同音。

三、声调（7个）

阴平	53	东该灯风通开天春
阳平	31	门龙牛油铜皮糖红
上声	423	懂古鬼九统苦讨草买老五有动罪近后
阴去	334	冻怪半四痛快寸去
阳去	213	卖路硬乱洞地饭树
阴入	5	谷百搭节切
阳入	23	六麦叶月毒白盒罚哭拍塔切刻

说明：

（1）阳平［31］前头略升，末尾有时较高，实际为［231］或［232］。

（2）上声［423］升的部分不太明显；逢［b］［d］［dʑ］［g］［v］［z］声母时，调值有时略低，近［312］，但很不稳定，这里一律记作［423］。

（3）阴去［334］升的部分常常不太明显。

（4）阴入［5］和阳入［23］均为短促调；其中阴入［5］略降，实际调值为［54］。

叁　连读变调

一、两字组连读变调表

海盐方言两字组的连读变调规律见下表。表中首列为前字本调，首行为后字本调。每一格的第一行是两字组的本调组合；第二行是连读变调，若连读调与单字调相同，则此行空白；第三行为例词。同一两字组若有两种以上的变调，则以横线分隔。具体如下。

海盐方言两字组连读变调表

后字／前字	阴平 53	阳平 31	上声 423	阴去 334	阳去 213	阴入 5	阳入 23
阴平 53	53　53 开　车 53　53 55 飞　机	53　31 开　门 53　31 55　21 清　明	53　423 　　21 工　厂	53　334 开　店 53　334 　　21 书　记	53　213 生　病 53　213 　　21 车　站	53　5 55 钢　笔	53　23 55　5 生　日 53　23 55　21 开　学
阳平 31	31　53 24 良　心	31　31 24　53 农　民	31　423 24　53 门　口	31　334 24　53 驼　背	31　213 24　53 名　字 31　213 24 排　队	31　5 24　21 颜　色 31　5 24 留　级	31　23 24　21 农　业
上声 423	423　53 53 火　车	423　31 53 草　鞋	423　423 53　53 手　表 423　423 53　213 老　虎 423　423 53　334 水　果	423　334 53　53 水　库 423　334 53 写　信 423　334 53 满　意	423　213 53　334 手　艺 423　213 53 写　字 423　213 13　21 社　会	423　5 53 赌　博 423　5 21 道　德	423　23 53　5 转　业 423　23 21 技　术
阴去 334	334　53 55　21 汽　车 334　53 33 唱　歌	334　31 55　21 算　盘 334　31 33 过　年	334　423 55　21 报　纸 334　423 55 放　火	334　334 55　21 会　计 334　334 55 种　菜	334　213 55　21 政　治 334　213 55 救　命 334　213 55　334 过　夜	334　5 55　21 信　息	334　23 55　21 四　月 334　23 55 中　毒
阳去 213	213　53 13　21 地　方 213　53 55　21 用　功	213　31 55　21 大　门	213　423 13　21 代　表 213　423 55　21 糯　米	213　334 13　21 位　置 213　334 21 饭　店	213　213 13　21 电　话	213　5 21 办　法	213　23 21　5 树　叶

续表

后字 前字	阴平 53	阳平 31	上声 423	阴去 334	阳去 213	阴入 5	阳入 23
阴入 5	5　53 国　家	5　31 5　53 骨　头	5　423 5　334 黑　板	5　334 节　气	5　213 334 质　量	5　5 节　约	5　23 5 复　习
		5　31 发　财	5　423 23　213 发　展				
			5　423 发　火				
阳入 23	23　53 立　冬	23　31 石　头	23　423 213 墨　水	23　334 213 力　气	23　213 木　匠	23　5 蜡　烛	23　23 5 十　六

说明：

阳入字在阴平、阳平、上声、阳去前，实际常读作短促的［21］调。

二、两字组连读变调规律

海盐方言两字组的连读变调具有如下特点：

（1）前后字均变调。

（2）连调模式存在趋同现象。阴平、上声作前字时常读作［53］调；阴平、阴去、阳去作前字时常读作［55］调；后字无论为哪个调，均可能读作［21］调。

肆　异读

一、新老异读

根据目前调查的材料，海盐话个别字存在新老差异，例如："埋"老派读［ma³¹］，新派读［ma³¹］或［ma⁵³］；"个"老派读［kəʔ⁵］，新派读［kəʔ⁵］或［kə³³⁴］。

二、文白异读

根据目前调查的材料，海盐话比较重要的文白异读规律主要有以下几点。下文中" / "前为白读，后为文读。

1. 声母

（1）非组个别字白读［b］［m］声母，文读［v］声母。例如：肥 bi³¹ / vi³¹ | 晚 mɛ⁴²³ / vɛ⁴²³ | 问 mən²¹³ / vən²¹³。

（2）日母个别字白读［ȵ］声母或自成音节［n̩］，文读［z］声母或零声母。例如：人 ȵin³¹ / zən³¹ | 日 ȵiəʔ²³ / zəʔ²³ | 儿 n̩³¹ / əl³¹。

（3）见晓组（疑母字除外）开口二等字白读多为［k］组声母，文读为［tɕ］组声母。例如：交 kɔ⁵³ / tɕiɔ⁵³ | 奸 kɛ⁵³ / tɕiɛ⁵³ | 孝 xɔ³³⁴ / ɕiɔ³³⁴。

2. 韵母

（1）部分止摄合口三等字白读为［y］韵，文读为［ue］韵。如：鬼 tɕy⁴²³ / kue⁴²³ | 贵 tɕy³³⁴ / kue³³⁴ | 围 y³¹ / ue³¹。

（2）部分梗摄开口二等阳声韵字白读为［ɛ̃］韵，文读为［ən］韵。如：争 tsɛ̃⁵³ / tsən⁵³ | 生 sɛ̃⁵³ / sən⁵³。

（3）部分梗摄开口二等入声韵字白读为［aʔ］韵，文读为［əʔ］韵。如：格 kaʔ⁵ / kəʔ⁵ | 额 aʔ²³ / əʔ²³。

第六节　海宁方音

壹　概况

一、调查点

1. 地理人口

海宁市为嘉兴市下辖县级市。地处浙江省北部，杭州湾北岸，嘉兴市南面。东邻海盐，南濒钱塘江，与绍兴上虞区、杭州钱塘区隔江相望，西接杭州临平区、钱塘区，北连桐乡、嘉兴秀洲区。南离嘉兴城区40公里，东距上海100公里。内陆面积699.92平方公里，总面积863平方公里。下辖4个街道、8个镇：硖石街道、海洲街道、海昌街道、马桥街道，许村镇、长安镇、周王庙镇、盐官镇、斜桥镇、丁桥镇、袁花镇、黄湾镇，市政府驻海洲街道海州西路226号。截止到2016年年底，全县常住人口68.16万。[①] 民族主要为汉族，少数民族人口极少，多系因工作、婚姻迁入。

2. 历史沿革

海宁历史悠久，是良渚文化发源地之一，距今已有4000余年的历史。在春秋战国时期，海宁是越、吴、楚的属地。三国吴黄武二年（223），析海盐、由拳，置盐官县，属吴郡，为海宁建县之始。南朝陈武帝永定二年（558），置海宁郡，寓"海洪宁静"之意。隋开皇九年（589），割吴郡盐官（今海宁）等五县置杭州，盐官始属杭州。唐贞观四年（630），复置盐官县。元元贞元年（1295），升盐官州，天历二年（1329）改名海宁州，属杭州路。明洪武二年（1369），降为县，属杭州府。清乾隆三十八年（1773），复升为州。1912年，改州为县。1949年5月，海宁解放，隶属浙江省嘉兴专区。1986年11月，撤海宁县，设海宁县级市，属嘉兴市。[②]

---

① 参见：《2017年浙江统计年鉴》，http://tjj.zj.gov.cn/col/col1525563/index.html，2022年8月31日获取。

② 徐规，陈桥驿，潘一平，等. 浙江分县简志. 杭州：浙江人民出版社，1984：809-811；1986年11月《国务院关于同意浙江省撤销海宁县设立海宁市给浙江省人民政府的批复》。

3. 方言分布

海宁境内的方言主要为海宁方言,属吴语太湖片苏沪嘉小片,西部与杭州余杭区交界处有部分村庄说吴语太湖片苕溪小片方言。

4. 地方曲艺

境内地方曲艺主要有唱词和道白均使用海宁方言的海宁皮影戏。海宁皮影戏于南宋时传入,既保留了北方皮影戏的声腔、造型、舞美等表演样式,又融入了海宁当地民间小调、手工技艺和生活习俗等地方元素,伴以笛子、二胡等江南丝竹,节奏明快悠扬,曲调高亢、激昂,为民间婚嫁、寿庆、祈神等场合的重要节目。

2005 年 5 月 18 日,海宁皮影戏被列入浙江省第一批省级非物质文化遗产代表性项目名录;2006 年 5 月 20 日,被列入第一批国家级非物质文化遗产代表性项目名录。

二、方言发音人

1. 方言老男

徐伟平,1953 年 7 月出生于海宁硖石镇。一直在当地生活和工作,职工,初中文化程度,说海宁话和不太标准的普通话。父母均为海宁硖石镇人,说海宁话。

2. 方言青男

陈贤彪,1984 年 5 月出生于海宁硖石镇。除上大学外,一直在当地生活和工作,教师,研究生文化程度,说海宁话和不太标准的普通话。父母均为海宁硖石镇人,说海宁话和不太标准的普通话。

3. 口头文化发音人

夏忠杰,男,1959 年 10 月出生于海宁硖石镇,基层干部,中师文化程度,说海宁话和不太标准的普通话。

陈韵超,女,1961 年 10 月出生于海宁硖石镇,职工,高中文化程度,说海宁话和不太标准的普通话。

贰　声韵调

一、声母（26个，包括零声母在内）

p 八兵	pʰ 派片	b 爬病肥	m 麦明问	f 飞风副蜂	v 肥饭味问
t 多东	tʰ 讨天	d 甜毒	n 闹南		l 老蓝连路
ts 资早酒竹纸	tsʰ 刺草抽车春	dz 祠		s 丝酸双书手	z 字贼坐茶十
tɕ 九	tɕʰ 清轻	dʑ 谢权全	ȵ 年泥软热	ɕ 想响	
k 高	kʰ 开	g 共		h 好灰	
∅ 月活安王药					

说明:

（1）鼻音、边音分两套，一套读紧喉，一套带浊流。前者出现在阴调字中，后者出现在阳调字中。

（2）[f][v]跟[u][əu]韵相拼时，有音位变体[ɸ][β]。

（3）[tɕ]组声母舌位稍偏前。

（4）零声母阳调类音节的起始处带有明显的磨擦成分，开齐合撮四呼分别对应[ɦ][j][w][ɥ]。

二、韵母（36个，包括自成音节的[m̩][ŋ̍]在内）

ɿ 猪师丝试	i 雨米戏飞鬼二	u 伙火货五
a 牙排鞋	ia 写	ua 快
ɛ 开山	iɛ 廿念验	uɛ 关弯还惯
ɔ 宝饱	iɔ 笑桥	
	ie 靴盐年权	ue 鬼官
o 茶瓦		
əu 歌坐过苦		
əɯ 走豆二	iəu 油	
ei 赔对南半短		

ã 糖床双硬争	iã 响	uã 王讲横
əŋ 深根寸春灯升争	iŋ 心新云病星	uəŋ 滚
oŋ 东	ioŋ 兄用	
aʔ 盒塔鸭法辣白尺八	iaʔ 贴药	uaʔ 刮
əʔ 十出直色	ieʔ 接急热节七一锡	uəʔ 活
oʔ 骨郭学北国谷六绿	ioʔ 局橘月	
ŋ 五		
m 姆		

说明：

（1）［u］韵舌位略前，唇形略展。

（2）［əu］韵中［ə］舌位略低略后。

（3）［u］韵与［əu］韵互补，拼唇音、唇齿音和零声母时是［u］韵，拼其余声母时是［əu］韵。

（4）［ɔ］韵舌位略高。

（5）［ie］韵中的［e］舌位稍低。

（6）［o］韵舌位略高，近［ɷ］，有时是［uɷ］。

（7）［ã］［uã］中的［ã］舌位略前，有时读作［aŋ］［uaŋ］。

（8）［əʔ］舌位略低略后，实际音值近［ɜʔ］。

（9）［əʔ］［aʔ］两韵有时可互读。

（10）自成音节的［m］［ŋ］两韵是文读韵。

三、声调（7个）

阴平	55	东灯风通开天春
阴上	53	懂古鬼九统苦讨草
阳上	231	动罪近后买老五有
阴去	35	冻怪半四痛快寸去该
阳去	13	洞地饭树卖路硬乱铜皮糖红门龙牛油
阴入	5	谷百搭节急哭拍塔切刻
阳入	2	六麦叶月毒白盒罚

说明:

（1）阴平［55］实际调值有时略低,近［44］。

（2）阳去［13］缓读时实际调值近［113］,个别字调值稍高,近［224］。

（3）阴去［35］有时是［335］。

叁　连读变调

一、两字组连读变调表

海宁方言两字组的连读变调规律见下表。表中首列为前字本调,首行为后字本调。每一格的第一行是两字组的本调组合;第二行是连读变调,若连读调与单字调相同,则此行空白;第三行为例词。同一两字组若有两种以上的变调,则以横线分隔。具体如下。

海宁方言两字组连读变调表

前字＼后字	阴平 55	阴上 53	阴去 35	阳上 231	阳去 13 浊平	阳去 13 浊去	阴入 5	阳入 5
阴平 55	55 55 天 公	55 53 55 烧 酒	55 35 55 冬 至	55 231 55/ 冰 雹	55 今	13 55/ 年	55 5 蝙 蝠	55 2 阴 历
阴上 53	53 55 55 水 沟	53 53 55 滚 水	53 35 55 0 韭 菜	53 231 55 0 水 稻	53 13 55/ 水 潭	53 13 55 0 酒 酿	53 5 55 蚤 虱	53 2 55 省 力
阴去 35	35 55 55 菜 花	35 53 55 烫 水	35 35 55 53 对 过	35 231 55 53/ 运 道	35 55 救	13 53/ 命	35 5 55 彩 色	35 2 55 四 月
阳上 231	231 55 13 55 牡 丹	231 53 13 0 柿 子 — 231 53 13 55 稻 草	231 35 33 0 满 意 — 231 35 33 53 上 昼 — 231 55 13 0 里 向	231 231 13 0 道 士	231 13 13 33 稻 柴 — 231 13 33 33 稻 田	231 13 13 0 旱 地	231 5 33 美 国	231 2 13 后 日

续表

后字 / 前字		阴平 55	阴上 53	阴去 35	阳上 231	阳去 13 浊平	阳去 13 浊去	阴入 5	阳入 5
阳去 13	浊平	河 13/33　浜 55	田 13/33　埂 53/55	驼 13/33　背 35/55	杨 13/33　柳 231 55/	池 13/33	潭 13 55/	芦 13/33　粟 5 33	阳 13/33　历 2 33
阳去 13	浊去	地 13/33　方 55 53	露 13/33　水 53	事 13/33　故 35 53	洞 13/33　眼 231 53/	旧 13/33	年 13 53/		
阴入 5		菊 5　花 55	橘 5　子 53 0	一 5　世 35 0	屋 5　里 31 0	竹 5　头 13 55/	柏 5　树 13 0	格 5　歇 5	搭 5　脉 2
阳入 2		活 2　狲 55	白 2　果 53 0	鼻 2　涕 35 0	日 2　里 231 0	木 2　头 13 33	绿 2　豆 13 0	墨 2　笔 5	昨 2　日 2 0
阳入 2			蚀 2　本 53	白 2　菜 35		学 2　堂 13 33	月 2　亮 13 31		

说明：

（1）调值后带斜杠"/"的，表示该调值可读相应低调。

（2）后字位置的"0"代表轻声。

（3）前字浊上、浊去和浊入都有不止一种连读变调模式。

（4）每一种组合的变调模式都无法回避地存在一些例外。例如53和54的组合均有不变调的词语"霍险""国道"。

（5）此两字组连读变调规律主要适用于广用式两字组，是词调，不完全适用于句子中。

二、两字组连读变调规律

（1）就变调类型论，不管是前字还是后字，舒声都以变调为主，入声都以不变调为主。

（2）调类合流现象明显。两字组连读有49种组合，归并后共有26种连调模式。前字相同，整个两字组变调模式基本都相同。

（3）调类复原现象突出。在单字调中，浊平和浊去调值相同，合并为阳去；在两字组连读变调中，不管是前字还是后字，浊平和浊去均存在区别。例如当前字阳去，后字除入声外，浊平和浊去变调不同。当后字阳去，前字阴上、阳上和阴入、阳入时，浊平和浊去的变调也不同。

（4）后字阴阳调合并趋势明显。从后字阴阳调调值看，后字阳调的调值有向阴调合并的趋势，导致后字阳调时常常有两种调值可读。例如前字阴平，后字阳上和阳去的组合"冰雹""今年"既可读［55 55］，也可读［55 33］。

（5）部分变调模式为前字单字调调型的扩展，如前字阴平，后字除入声外，变调模式均为［55 55］，显然是单字调［55］的扩展。

（6）轻声只出现在前字阴上、阳上和阴入、阳入的后字。

肆　异读

一、新老异读

海宁方言的新老异读集中体现在韵母和文白异读等方面。例如：

（1）老派音系中的［əɯ］［iəɯ］两韵，新派分别读［ə］［iə］两韵，例如"豆走油"。其中有的［əɯ］韵字，新派读［e］韵，例如"锯雷"，老派读［kəɯ⁵³ləɯ¹³］、新派读［ke³⁵le¹³］。

（2）老派音系中的［ei］韵，新派读［e］韵。例如"对虾赔南半短贝"。

（3）老派音系中部分［ε］韵字，新派读［e］韵。例如"开减"字，老派读［kʰε⁵⁵kε⁵³］，新派读［kʰe⁵⁵ke⁵³］。

（4）"二耳儿"等日母字，老派读白读音［əɯ］韵，新派读文读音［ɚ］韵。

（5）老派文白异读的字多，新派文白异读的字少。例如"姐"字，老派文读为［tɕi⁵³］、白读为［tɕia⁵³］，新派只有相当于老派文读音的一读［tɕi⁵³］。类似的还有"亏"字，老派文读为［tɕʰi⁵⁵］、白读为［kʰue⁵⁵］，新派只有［kʰue⁵⁵］一读；"味"字老派文读为［vi¹³］、白读为［mi¹³］，新派只有［vi¹³］一读。还有一种现象是老派习惯读白读音，新派习惯读文读音，例如"八"字，老派读［poʔ⁵］，新派读［paʔ⁵］。

（6）老派和新派间还存在以下一些零星的读音差异：

例字	老派	新派	例字	老派	新派
钢、江	kuã⁵⁵	kã⁵⁵	个	kəɯ³⁵	kəʔ⁵
讲	kuã⁵³	kã⁵³	泼	pʰəʔ⁵	pʰoʔ⁵
锯	kəɯ⁵³	ke³⁵	末	məʔ²	moʔ²

续表

例字	老派	新派	例字	老派	新派
芋	i³⁵	ɿ¹³	阔	kʰuəʔ⁵	kʰoʔ⁵
溪	ɕi⁵⁵	ɕieʔ⁵	或	uəʔ²	oʔ²
瞎	həʔ⁵	haʔ⁵	撒	tsʰəʔ⁵	tsʰaʔ⁵

二、文白异读

海宁方言的文白异读大致可归纳为声母异读、韵母异读、声母韵母异读三种类型。下文中"/"前为白读，后为文读。

1. 声母异读

（1）微母"问味网尾晚"等字，一般白读[m]声母，文读[v]声母。例如：味 mi¹³ / vi¹³ | 问 məŋ¹³ / vəŋ¹³ | 尾 mi²³¹ / vi²³¹ | 网 moŋ²³¹、mã²³¹ / uã²³¹ | 晚 mɛ²³¹ / vɛ²³¹。

（2）奉母"肥"，一般白读[b]声母，文读[v]声母。例如：肥 bi¹³ / vi¹³。

（3）日母"人日"等字，一般白读[n̠]声母，文读[z]声母。例如：人 n̠in³¹ / zəŋ³¹ | 日 n̠ieʔ² / zəʔ²。

（4）假开三麻韵字，姐 tɕia⁵³ / tɕi⁵³。

2. 韵母异读

（1）日母"耳儿"等字，一般白读是自成音节的[ŋ]，文读[əɯ]韵。例如：耳 ŋ²³¹ / əɯ²³¹ | 儿 ŋ¹³ / əɯ¹³。

（2）梗江宕通摄"争声梦棒旺"等字，一般白读鼻化韵，文读鼻尾韵。例如：争 tsã⁴⁴ / tsəŋ⁴⁴ | 声 sã⁴⁴ / səŋ⁴⁴ | 梦 mɑ¹³ / moŋ¹³ | 棒 bã²³¹ / boŋ²³¹ | 旺 iã¹³ / uã¹³。

3. 声母韵母异读

（1）效开二见组"交孝胶教敲咬"等字，一般白读[k]组声母拼[ɔ]韵，文读[tɕ]组声母拼[iɔ]韵。例如：交 kɔ⁵³ / tɕiɔ⁵³ | 孝 ɕiɔ³⁵ / hɔ³⁵。

（2）止合三见组"龟鬼贵亏柜"等字，一般白读[tɕ]组声母拼[i]韵，文读[k]组声母拼[ue]韵。例如：鬼 tɕi⁵³ / kue⁵³ | 贵 tɕi³⁵ / kue³⁵。

（3）影组"喂围纬~子"等字，一般白读零声母拼[i]韵，文读零声母拼[ue]韵。例如：围 i^{13} / ue^{13}。

（4）其他如溪母字：亏 k^{h}ue^{55} / tɕ^{h}i^{55}；帮母字：八 poʔ^{5} / paʔ^{5}。

伍　小称

海宁方言中尚存以下两种小称残迹：

（1）儿缀小称：囡儿。

（2）鼻尾小称：昨日儿 zoʔ^{2}n̠iŋ^{31} | 个日儿子_{前天} kəʔ^{5}n̠iŋ^{13}tsʅ^{0} | 磨儿 moŋ^{213} | 歇儿歇儿_{歇歇} ɕiŋ^{55}ɕiŋ^{0}。

第七节　桐乡方音

壹　概况

一、调查点

1. 地理人口

桐乡市隶属浙江省嘉兴市。位于浙江省北部、杭嘉湖平原腹地，居上海、杭州、苏州"金三角"中心。总面积 727 平方公里，辖 8 个镇、3 个街道，分别为：崇福镇、大麻镇、洲泉镇、河山镇、石门镇、乌镇镇、濮院镇、屠甸镇，梧桐街道、凤鸣街道、高桥街道。截至 2018 年年底，全市共有 19.18 万户，总人口 70.13 万。[①] 绝大多数为汉族，个别少数民族人口因工作、婚嫁迁入。[②]

2. 历史沿革

市境周时名御儿，属越国。秦王政二十五年（前 222），置会稽郡，下设由拳、乌程等县，今市境属由拳县。三国吴黄龙三年（231），由拳县"野稻自生，改为禾兴"（元《至元嘉禾志》）。赤乌五年（242），改禾兴县为嘉兴县，属吴郡，今市境隶属嘉兴。后晋天福三年（938），吴越王钱元瓘析嘉兴县西南境崇德、南津、语儿等七乡置崇德县。宣德五年（1430），析崇德东境募化、梧桐等六乡置桐乡县，设县治于梧桐乡凤鸣市（今梧桐街道）。清代时，崇德、桐乡两县同隶属嘉兴府。

1949 年 5 月，桐乡、崇德先后解放。中华人民共和国成立后，崇德、桐乡两县同隶属嘉兴专区。1958 年 11 月，崇德、桐乡两县合并，称桐乡县。1993 年，桐乡撤县设市，隶属嘉兴市。[③]

3. 方言分布

桐乡市境内的方言主要为桐乡话和崇德话，均属吴语太湖片苏嘉湖小片。前

者主要分布于原桐乡县境内，后者主要分布于原崇德县境内。

4. 地方曲艺

境内流行桐乡花鼓戏和越剧。花鼓戏又名"挑香担"，属小戏。因其题材源于农村生活，剧情短小精悍，曲调流畅活泼，且以方言演唱，深受人们喜爱。[①]

二、方言发音人

1. 方言老男

姚文洲，1955 年 10 月出生于桐乡梧桐镇。一直在本地生活和工作，文艺工作者，高中文化程度，说桐乡话和普通话。父母均为桐乡人，说桐乡话；配偶出生于桐乡梧桐镇，说桐乡话和普通话。

2. 方言青男

倪一震，1984 年 7 月出生于桐乡梧桐镇，上学前一直生活于此。基层干部，本科文化程度，说桐乡话和普通话。父亲为桐乡梧桐镇人，说桐乡话和不太标准的普通话；母亲为桐乡濮院镇人，说桐乡话和濮院话；配偶桐乡梧桐镇人，说桐乡话、乌镇话和普通话。

3. 口头文化发音人

席丽萍，女，1957 年 10 月出生于桐乡梧桐镇，演员，高中文化程度。
张幸华，女，1955 年 12 月出生于桐乡梧桐镇，基层干部，初中文化程度。

贰　声韵调

一、声母（25 个，包括零声母在内）

p 八兵	pʰ 派片	b 爬病肥	m 麦明问味	f 飞风副蜂灰	v 饭肥味
t 多东	tʰ 讨天	d 甜毒	n 脑南		l 老蓝连路

---

① 桐乡市《桐乡县志》编纂委员会. 桐乡县志. 上海：上海书店出版社，1996：1172.

ts 早酒竹	tsʰ 草清抽			s 三想山手书	z 坐茶床船顺十
争装纸	拆春				
tɕ 九	tɕʰ 轻	dʑ 权	ȵ 年泥热软	ɕ 响	
k 高	kʰ 开	g 共		h 好	
Ø 熬月温					
王云药					

说明：

（1）［v］声母有时摩擦较轻，近［ʋ］。

（2）［tɕ］组声母带舌叶色彩。

（3）［h］声母发音部位略前。

（4）阳调类的零声母音节前面，带有与音节开头元音同部位的摩擦成分。

二、韵母（39个，包括自成音节的［m］［ŋ］在内）

ɿ 猪师丝试	i 雨米赔二飞鬼耳	u 鹅河
a 牙排鞋	ia 写	ua 快
ɛ 开		uɛ 顽惯
ᴇ 南	iᴇ 盐	uᴇ 官宽
o 茶瓦		
ɔ 宝饱	iɔ 笑桥	
		uei 回会
əu 歌坐过苦		
ɤɯ 豆	iɤɯ 靴走油	
ã 硬争	iã 响	uã 横
õ 糖床王双讲	iõ 旺	
əŋ 寸春灯深	iŋ 新云	uəŋ 滚
oŋ 东	ioŋ 兄用	
aʔ 盒塔鸭法辣白	iaʔ 贴药	uaʔ 刮
əʔ 十出直色	iəʔ 接急热月七橘锡	uəʔ 瓦活骨国
ɔʔ 八郭壳学北谷六绿	iɔʔ 局	
m 母		

| ŋ | 五儿 |
| əl | 儿耳 |

说明：

（1）[i]韵舌位较低，接近[ɪ]；与[f][v]声母相拼时为[ᵊi]。

（2）[u]韵唇形不圆，且带明显摩擦，有时双唇颤动。

（3）[a][ia][ua][aʔ][iaʔ][uaʔ]六韵中的[a]舌位略后，实际音值为[ʌ]。

（4）[ɛ][uɛ]二韵中的[ɛ]舌位较低，末尾略有关的动程。

（5）[iɛ]韵中的[ɛ]舌位较高，接近[e]。

（6）[o]韵舌位较高，实际音值为[ʊ]。

（7）[əu]韵中的[u]唇形不圆；[ə]不太明显，实际音值为[ᵊu]。

（8）[ɤɯ][iɤɯ]二韵中的[ɯ]带圆唇色彩。

（9）[iã]韵实际音值为[iãŋ]。

（10）[ɒ̃][iɒ̃]二韵中的[ɒ]舌位略高。

（11）[iɔ][iɔŋ][iɔʔ]三韵中的[i]带圆唇色彩。

（12）[oŋ][ioŋ]二韵中的[o]舌位略高。

（13）鼻尾[ŋ]和[ŋ]韵舌位较前；[ioŋ]韵中的[ŋ]略近[m]。

（14）[uəʔ]韵中的[ə]舌位较后。

（15）[ɔʔ][iɔʔ]二韵中的[ɔ]舌位略高；[ɔʔ]韵实际音值为[ᵘɔʔ]，与零声母相拼时更接近[ᵘɔʔ]。

三、声调（8个）

阴平	44	东该灯风通开天春
阳平	13	门龙牛油铜皮糖红
阴上	53	懂古鬼九统苦讨草
阳上	242	买老五有动罪近后
阴去	334	冻怪半四痛快寸去
阳去	213	卖路硬乱洞地饭树
阴入	5	谷百搭节急哭拍塔切刻
阳入	23	六麦叶月毒白盒罚

说明：

（1）阴上［53］比较短促。

（2）阴去［334］前头略降，但降幅不到一度。

（3）阳去［213］降幅不太明显。

（4）阴入［5］为短促调，且略降，实际调值为［54］。

（5）阳入［23］为短促调，末尾略降。

叁　连读变调

一、两字组连读变调表

桐乡方言两字组的连读变调规律见下表。表中首列为前字本调，首行为后字本调。每一格的第一行是两字组的本调组合；第二行是连读变调，若连读调与单字调相同，则此行空白；第三行为例词。同一两字组若有两种以上的变调，则以横线分隔。具体如下。

桐乡方言两字组连读变调表

后字＼前字	阴平 44	阳平 13	阴上 53	阳上 242	阴去 334	阳去 213	阴入 5	阳入 23
阴平 44	44　44 飞　机 ― 44　44 33 开　车	44　13 开　门 ― 44　13 　　44 清　明	44　53 　　44 工　厂	44　242 　　44 兄　弟	44　334 　　53 车　票 ― 44　334 　　44 书　记 ― 44　334 开　店	44　213 生　病 ― 44　213 　　44 车　站 ― 44　213 　　53 军　队	44　5 　　0 钢　笔	44　23 　　0 生　日 ― 44　23 开　学
阳平 13	13　44 21 农　村	13　13 21 眉　毛	13　53 21 门　口 ― 13　53 21 寻　死	13　242 21 朋　友	13　334 　　53 名　字 ― 13　334 21 　　44 同　意 ― 13　334 　　53 芹　菜	13　213 53 名　字 ― 13　213 排　队	13　5 　　0 毛　笔 ― 13　5 21 留　级	13　23 　　0 茶　叶 ― 13　23 21 洋　袜

续表

前字＼后字	阴平 44	阳平 13	阴上 53	阳上 242	阴去 334	阳去 213	阴入 5	阳入 23
阴上 53	53 44 火 车	53 13 走 棋 53 13 44 草 鞋	53 53 44 0 水 果 53 53 44 手 表	53 242 44 0 水 稻	53 334 水 库 53 334 44 海 带	53 213 44 0 手 艺 53 213 写 字	53 5 0 赌 博 53 5 33 享 福	53 23 转 业 53 23 0 伙 食
阳上 242	242 44 尾 巴 242 44 21 棒 冰 242 44 24 0 老 师	242 13 44 被 头 242 13 0 柱 头 242 13 受 凉 242 13 21 53 上 头	242 53 24 0 老 虎 242 53 44 老 板 242 53 动 手	242 242 养 老 242 242 24 0 道 理	242 334 满 意 242 334 24 0 市 镇	242 213 24 0 马 路	242 5 满 足 242 5 21 犯 法	242 23 0 老 实 242 23 21 技 术
阴去 334	334 44 33 唱 歌 334 44 33 53 汽 车	334 13 33 过 年 334 13 33 53 酱 油	334 53 33 报 纸	334 242 33 送 礼	334 334 33 种 菜 334 334 53 会 计	334 213 33 334 过 夜 334 213 33 救 命	334 5 33 正 式	334 23 33 5 副 业 334 23 53 中 毒
阳去 213	213 44 21 射 尿 213 44 21 53 地 方	213 13 21 53 面 盆 213 13 21 问 题	213 53 21 大 腿	213 242 21 糯 米 213 242 21 53 大 雨	213 334 21 路 费 213 334 21 53 位 置	213 213 21 大 寿 213 213 路 命	213 5 21 办 法	213 23 21 树 叶
阴入 5	5 44 3 国 家	5 13 3 发 财 5 13 3 44 骨 头	5 53 3 黑 板 5 53 3 0 缺 点	5 242 3 黑 马 5 242 3 53 谷 雨 5 242 55 0 接 受	5 334 3 节 气	5 213 3 铁 路 5 213 3 44 质 量	5 5 3 节 约	5 23 3 节 日

续表

后字 前字	阴平 44		阳平 13		阴上 53		阳上 242		阴去 334		阳去 213		阴入 5		阳入 23	
阳入 23	23	44	23	13 44	23	53	23	242	23	334	23	213	23	5	23	23
	木	工	麦	田	墨	水	物	理	力	气	立	夏	蜡	烛	十	六

说明:

阳入字做前字,有时接近[21],主要出现在阴平、阳平、阴上、阴去、阳去等调类字之前。

二、两字组连读变调规律

桐乡方言两字组的连读变调具有如下特点:

(1)前后字均变调。

(2)连调模式存在趋同现象。

一方面,同一调类的前字在不同调类的后字之前往往读为一种或两种共同的调值。例如阳平字和阳去字作前字多读作[21]调,阴上字作前字多读作[44]调,阳上字作前字多读作[24]调,阴去字作前字多读作[33]调。

另一方面,阳平、阴上、阳上、阴去、阳去等调类的字作后字时常读作[44]调。

肆　异读

一、新老异读

根据目前调查的材料,桐乡方言新老派差异主要表现在:

1. 声调

老派次浊上声读阳上调[242],新派次浊上声读阴上调[53]。

2. 声母

(1)老派分尖团。例如:酒 $tsɤɯ^{53}$ ≠ 九 $tɕiɤɯ^{53}$ | 清 $ts^hiŋ^{44}$ ≠ 轻 $tɕ^hiŋ^{44}$ | 想 $siã^{53}$ ≠ 响 $ɕiã^{53}$。新派尖团合流,例如:酒 = 九 $tɕiɯ^{53}$ | 清 = 轻 $tɕ^hiŋ^{44}$ | 想 = 响 $ɕiã^{53}$。

（2）晓母字老派读［f］［h］［ɕ］三个声母，而新派只有［h］［ɕ］两个声母。

3. 韵母

（1）老派山摄字存在［ɛ］韵和［ɐ］韵、［uɛ］韵和［uɐ］韵的对立，新派则分别合并为［ɛ］韵和［uɛ］韵。

（2）老派部分梗摄字读为［ã］韵，与部分宕摄字、江摄字读作［õ］韵相对立，新派则合并为［ã］韵。

（3）老派宕摄字存在［iã］韵和［iõ］韵对立，新派则合并为［iã］韵。

二、文白异读

根据目前调查的材料，桐乡方言比较重要的文白异读规律主要有以下几点。下文中"／"前为白读，后为文读。

1. 声母

（1）非组个别字白读［b］［m］声母，文读［v］声母或零声母。例如：肥 bi¹³ / vi¹³ | 晚 mɛ²⁴² / vɛ²⁴² | 问 mən²¹³ / vən²¹³ | 尾 mi²⁴² / m²⁴² | 味 mi²¹³ / vi²¹³。

（2）日母个别字白读［ɳ］声母或自成音节［ŋ］，文读［z］声母或零声母。例如：儿 ŋ¹³ / əl¹³ | 耳 ɳi²⁴² / əl⁵³。

（3）见晓组（疑母字除外）开口二等字白读多为［k］组声母，文读为［tɕ］组声母。例如：许 hɛ⁴⁴ / ɕi⁵³ | 解 ga²⁴² / tɕia⁵³ | 孝 xɔ³³⁴ / ɕiɔ³³⁴。

（4）其他：怀 ga¹³ / ua¹³ | 窗 tɕʰiõ⁴⁴ / tsʰõ⁴⁴ | 侧 tsəʔ⁵ / tsʰəʔ⁵。

2. 韵母

（1）部分止摄合口三等字白读［i］韵，文读［uei］韵。如：费 fi³³⁴ / uei²¹³ | 胃 vi²¹³ / uei²¹³ | 围 i¹³ / uei¹³。

（2）其他：锄 zʮ¹³ / zəu¹³ | 忙 moŋ¹³ / mõ¹³ | 棒 boŋ²⁴² / bõ²⁴²。

伍　小称

词汇中偶有小称现象的残留，如：屋里儿 ɔʔ³liŋ⁴⁴。

第八节 崇德方音

壹 概况

一、调查点

1. 地理人口

崇福镇（原崇德县县府所在地）位于浙江省桐乡市西南部。地处杭嘉湖平原中部，京杭大运河穿镇而过。总面积 100.1 平方公里，2017 年人口约 10.18 万，另有流动人口约 3 万。绝大多数为汉族，个别少数民族人口因工作、婚嫁迁入。①

2. 历史沿革

春秋战国时名御儿，附近为吴越战场。西汉后御儿亦称语儿。隋大业六年（610）开挖的古运河直穿语儿，来往人舟逐渐增多，人口结集而成聚落。唐乾符六年（879）正式建立义和镇，至今已有 1100 多年历史。后晋天福三年（938）析嘉兴县西部崇德等七乡置崇德县，义和即为县治。② 宣德五年（1430），析崇德东境募化、梧桐等六乡置桐乡县，设县治于梧桐乡凤鸣市（今梧桐街道）。清代时，崇德、桐乡两县同隶属嘉兴府。③

1949 年 5 月，桐乡、崇德先后解放。中华人民共和国成立后，崇德、桐乡两县同隶属嘉兴专区。1958 年 11 月，崇德、桐乡两县合并，称桐乡县，但仍保留崇福镇。1993 年，桐乡撤县设市，隶属嘉兴市。④

3. 方言分布

崇德话属吴语太湖片苏嘉湖小片。崇德境内（现崇福镇）的方言内部基本无差异。

---

① 桐乡市地名委员会. 桐乡市地名词典. 桐乡：桐乡市地名委员会，2017：275.
② 张冰华. 崇福镇志. 上海：上海书店出版社，1994：3.
③ 参见：桐乡市人民政府网，http://www.tx.gov.cn/col/col1631296/index.html，2022 年 8 月 13 日获取.
④ 张冰华. 崇福镇志. 上海：上海书店出版社，1994：3.

4. 地方曲艺

有地方曲艺"三跳"，仅余少数民间艺人。"三跳"原系崇福镇四郊地方曲种，以三块竹片为演唱道具，乡人称其为"劝书"，寓有"劝人为善"之意。这是一种为当地人喜爱的说唱艺术。艺人大多为镇郊农民，农闲时外出演出。[1]

二、方言发音人

1. 方言老男

杜秋熊，1950 年 9 月出生于崇福镇。一直在本地生活和工作，职工，大专文化程度，说崇福话和不太标准的普通话。父亲出生于海宁，幼年来崇福，只说崇福话；母亲出生于绍兴，幼年来崇福，只说崇福话；配偶出生于崇福镇，说崇福话、不太标准的普通话。

2. 方言青男

吴昊，1981 年 3 月出生于崇福镇。基层干部，本科文化程度，说崇福话和普通话。父母均为崇福人，说崇福话和不标准的普通话；配偶出生于湖北，说普通话和襄阳话。

3. 口头文化发音人

徐建人，男，1958 年 2 月出生于崇福镇，基层干部，大专文化程度。
胡金林，男，1957 年 12 月出生于崇福镇，基层干部，现已退休，大专文化程度。
蔡淑敏，女，1961 年 6 月出生于崇福镇，职工，高中文化程度。
杜秋熊，男，1950 年 9 月出生于崇福镇，职工，大专文化程度。

贰　声韵调

一、声母（26 个，包括零声母在内）

p 八兵　　　pʰ 派片　　　b 爬病肥　m 麦明味问　f 飞风副蜂　v 肥饭味问

---

[1]　张冰华. 崇福镇志. 上海：上海书店出版社，1994：202.

t 多东	tʰ 讨天	d 甜毒	n 脑南	l 老蓝连路
ts 早酒竹装纸	tsʰ 草拆初春			s 三双手书　　z 坐茶床船顺
tɕ 鸡九	tɕʰ 清轻	dʑ 权近	ȵ 年泥热软	ɕ 想响　　ʑ 全谢
k 高根	kʰ 开客	g 狂共		h 好灰
Ø 熬月安王云 用药				

说明：

[v] 声母有时摩擦较弱，近 [ʋ]。

二、韵母（35个，包括自成音节的 [m] [ŋ] 在内）

ɿ 猪师丝试	i 雨米赔对戏二耳	u 歌过苦
ɑ 牙排鞋	iɑ 写借	uɑ 怪快
ɛ 开山		
ᴇ 南半短		uᴇ 官
	iɪ 盐年权	ui 灰亏
o 坐茶瓦		
ɔ 宝饱	iɔ 笑桥	
ɤɯ 豆走	iɤɯ 靴油	
ã 糖床双硬争	iã 响	uã 王讲横
əŋ 深根寸春灯争	iŋ 心新云病星	uəŋ 滚
oŋ 东	ioŋ 兄用	
aʔ 盒塔鸭法辣白	iaʔ 贴药	uaʔ 刮
ɔʔ 八骨托壳北谷	iɔʔ 局	uɔʔ 活国
əʔ 十出直色	iəʔ 接急热七一锡	
m 姆		
ŋ 五儿		
əl 耳儿		

说明：

（1）[i] 韵略带摩擦。

（2）[u] 韵唇形很展，有时略鼓腮；与 [p] 组声母相拼时，双唇常颤。

（3）[ɑ] 韵舌位略前，实际音值介于 [ʌ] 和 [ɑ] 之间。

（4）[ui]韵中的[u]常不太明显。

（5）[o]韵舌位略高。

（6）[ɔ]韵舌位较低，实际音值近[ɒ]。

（7）[ɤɯ][iɤɯ]二韵中的[ɯ]唇形略圆。

（8）[ci][ioŋ][iɔʔ]三韵中的[i]带圆唇色彩。

（9）[ã][iã][uã]三韵中的[a]鼻化色彩较弱。

（10）[ɔʔ]韵中的[ɔ]舌位略高，位于[ɔ]和[o]之间。

三、声调（7个）

阴平	44	东该灯风通开天春
阳平	13	门龙牛油铜皮糖红卖路硬乱洞地饭树
阴上	53	懂古鬼九统苦讨草买米老藕
阳上	242	动罪近桶
阴去	334	冻怪半四痛快寸去
阴入	5	谷百节急哭塔切刻
阳入	23	六麦叶月毒白盒罚

说明：

（1）阳平[13]有时前头略降，但降幅不到一度。

（2）阴去[334]略高，实际调值介于[334]与[445]之间。

（3）阴入[5]为短促调，略升，但升幅不到一度。

（4）阳入[23]为短促调。

（5）"□给"读[pəʔ⁵³]，[53]未列入单字调。

叁　连读变调

一、两字组连读变调表

崇德方言两字组的连读变调规律见下表。表中首列为前字本调，首行为后字本调。每一格的第一行是两字组的本调组合；第二行是连读变调，若连读调与单字调相同，则此行空白；第三行为例词。同一两字组若有两种以上的变调，则以横线分隔。具体如下。

崇德方言两字组连读变调表

前字＼后字	阴平 44	阳平 13	阴上 53	阳上 242	阴去 334	阴入 5	阳入 23
阴平 44	44　44 飞　机 44　13 开　门	44　13 　　44 清　明	44　53 　　44 工　厂	44　242 　　44 公　社	44　334 　　44 书　记 44　334 开　店	44　5 　　4 钢　笔	44　23 　　4 生　日
阳平 13	13　44 21 农　村 13　44 21　334 地　方	13　13 21　44 农　民 13　13 排　队 13　13 21　334 大　门 13　13 21 大　路	13　53 21　44 牙　齿 13　53 21 代　表	13　242 21　44 城　市 13　242 21　53 味　道	13　334 21　44 难　过 13　334 21 饭　店 13　334 21　53 位　置	13　5 21　4 毛　笔 13　5 留　级 13　5 21 办　法	13　23 21　4 农　业 13　23 21 树　叶
阴上 53	53　44 55　0 火　车 53　44 打　针	53　13 55　0 草　鞋 53　13 走　棋 53　13 33 扫　地	53　53 55　0 手　表 53　53 养　老	53　242 55　0 水　稻	53　334 55　0 水　库 53　334 写　信	53　5 55　0 粉　笔 53　5 享　福	53　23 55　0 体　育 53　23 转　业
阳上 242	242　44 动　工	242　13 上　坟 242　13 24　0 象　棋	242　53 动　手 242　53 24　0 市　长	242　242 犯　罪	242　334 受　气 242　334 24　0 市　镇	242　5 犯　法 242　5 24　0 道　德	242　23 24　0 动　物
阴去 334	334　44 33　334 汽　车 334　44 33 唱　歌	334　13 33　334 酱　油 334　13 33 过　年	334　53 33 报　纸	334　242 33 制　造	334　334 33 会　计	334　5 33　334 政　策	334　23 33　334 副　业 334　23 33 中　毒

续表

前字＼后字	阴平 44	阳平 13	阴上 53	阳上 242	阴去 334	阴入 5	阳入 23
阴入 5	53 44 国家	53 13 发财	53 53 黑板	53 242 接受	53 334 节气	53 553 节约	53 23 发热
		53 1344 骨头			53 33444 出去	53 5334 出国	53 2353 作业
阳入 23	23 44 读书	23 1344 石头	23 53 石板	23 242 活动	23 334 力气	23 553 蜡烛	23 2353 越剧
		23 13 立夏					

说明：

（1）阳入字做前字，实际调值接近［21］。

（2）阴入和阳入字仍读短促调。

二、两字组连读变调规律

崇德话两字组的语音变调有以下几个特点：

（1）前后字均变调。

（2）前字在很大程度上决定了后字的声调：前字调类相同，则后字声调也趋同。前字为阴平、阳平、阴上、阴去时，这一特点尤为明显。

（3）阳平古浊平和阳平浊去字连读变调表现有所不同。

肆　异读

一、新老异读

根据目前调查的材料，崇德话新老派差异主要为：

1. 声调

阳平老派读作［13］，有时候前面略降，但降幅不到一度；新派则为［213］。

2. 韵母

老派的[ε][ɛ]二韵，新派合为[ε]韵。

二、文白异读

根据目前调查的材料，崇德话比较重要的文白异读规律主要有以下几点。下文中"/"前为白读，后为文读。

1. 声母

（1）非组个别字白读[b][m]声母，文读[v]声母。例如：肥 bi¹³ / vi¹³ | 晚 mε⁵³ / vε²⁴² | 问 mən¹³ / vən¹³ | 味 mi¹³ / vi¹³。

（2）日母个别字白读[ȵ]声母或自成音节[ŋ]，文读[z]声母或零声母。例如：儿 ŋ¹³ / əl¹³ | 耳 ȵi⁵³ / əl⁵³。

（3）见晓组（疑母字除外）开口二等字白读多为[k]组声母，文读为[tɕ]组声母。例如：解 gɑ²⁴² / tɕiɑ⁵³ | 江 kuã⁴⁴ / tɕiã⁴⁴ | 孝 xɔ³³⁴ / ɕiɔ³³⁴。

（4）其他：怀 gɑ¹³ / uɑ¹³ | 窗 tɕʰiã⁴⁴ / tsʰã⁴⁴ | 侧 tsəʔ⁵ / tsʰəʔ⁵。

2. 韵母

（1）部分止摄合口三等字白读[i]韵，文读[ui]韵。如：贵 tɕi³³⁴ / kui³³⁴ | 围 i¹³ / ui¹³。

（2）其他：活 uɔʔ²³ / uɛ¹³ | 棒 bɔŋ²⁴² / bã²⁴² | 学 ɔʔ²³ / iɔʔ²³ | 额 aʔ²³ / əʔ²³ | 声 sã⁴⁴ / səŋ⁴⁴。

伍　小称

词汇中偶有小称现象的残留，如：屋里儿 ɔʔ³liŋ⁵³。

第九节　湖州方音

壹　概况

一、调查点

1. 地理人口

湖州市是浙江省下辖地级市。地处浙江省北部，太湖南岸，浙苏皖三省交汇处。东邻嘉兴，南接杭州，西依天目山，北濒太湖，与无锡、苏州隔湖相望，是环太湖地区因湖而得名的城市。全市面积 5820.13 平方公里，辖 2 区 3 县：吴兴区、南浔区和德清县、长兴县、安吉县，市政府驻地吴兴区仁皇山新区。截止到 2017 年年底，市区人口 111.70 万。[①] 主要为汉族，少数民族人口极少，多系因工作、婚姻迁入。

2. 历史沿革

楚考烈王十五年（前 248），置菰城县，此为湖州建置之始。秦王政二十五年（前 222），秦灭楚改乌程县，属会稽郡，东汉永建四年（129）后属于吴郡。三国宝鼎元年（266）分吴郡的乌程、阳羡、永安、余杭、临水五县和丹阳郡的故鄣、安吉、原乡、於潜四县置吴兴郡，治乌程。此为吴兴设置郡级政区之始，也是吴兴名称之始。晋太康三年（282），分乌程东乡置东迁。隋开皇九年（589），废吴兴郡，并东迁入乌程，属苏州。仁寿二年（602），置湖州，治乌程，此为湖州之名出现之始。宋太平兴国七年（982），析乌程县东南十五乡置归安县，和乌程并为湖州治。1912 年并乌程、归安为吴兴县，属钱塘道。[②]

1949 年 4 月 28 日湖州解放后，先后设浙江第一专区、嘉兴专区和嘉兴地区，治湖州。随后于吴兴县城区置吴兴市，1950 年改为湖州市。1958 年后变更较为频繁。1983 年，撤嘉兴地区，建湖州、嘉兴两个省辖市。[③]

---

① 参见：《2018 年浙江统计年鉴》，http://tjj.zj.gov.cn/col/col1525563/index.html，2022 年 8 月 31 日获取。

② 徐规，陈桥驿，潘一平，等. 浙江分县简志. 杭州：浙江人民出版社，1984：731-734。

③ 参见：湖州市人民政府网，http://www.huzhou.gov.cn/col/col1229213501/index.html，2022 年 8 月 31 日获取。

3. 方言分布

湖州境内方言属吴语太湖片苕溪小片。长兴、安吉境内移民主要说河南话、湖北话、安庆话和苏北话。此外三县境内均有少许闽语分布。

4. 地方曲艺

湖州地方传统戏剧为用湖州话演唱的湖剧。湖剧主要流行于浙江湖州、嘉兴各地及余杭、临安等地，也流行于江苏吴江、宜兴，安徽广德等地，已有百年左右的历史。特点是带有浓郁的江南水乡情调，语言柔和，曲调清新，表演细腻，多为悲欢离合的家庭爱情戏。2011 年被列入第三批国家级非物质文化遗产名录。

二、方言发音人

1. 方言老男

冯伟民，1955 年 12 月出生于湖州吴兴区，一直在本地生活和工作，职工，高中文化程度，说湖州话和不太标准的普通话。父母均为湖州吴兴区人，说湖州话。

2. 方言青男

魏霈侃，1985 年 2 月出生于湖州吴兴区，研究生文化程度，基层干部，说湖州话和普通话。父母均为湖州吴兴区人，说湖州话。

3. 口头文化发音人

崔少俊，1982 年 12 月出生于湖州吴兴区，教师，本科文化程度，说湖州话和不太标准的普通话。父母均为湖州吴兴区人，说湖州话。

贰　声韵调

一、声母（28 个，包括零声母在内）

| p 八兵 | pʰ 派片 | b 爬病肥 | m 味问麦明 | f 飞风 | | v 肥饭味问 |
| t 多东 | tʰ 讨天 | d 甜毒 | n 闹南 | | | l 老蓝连路 |

ts 资早张 竹纸	tsʰ 刺草寸 车春	dz 祠茶柱城		s 丝酸山双书	z 字贼坐事床
tɕ 酒九	tɕʰ 清抽轻	dʑ 权	ȵ 年泥软热	ɕ 想手响	ʑ 全谢
k 高	kʰ 开	g 共	ŋ 熬	x 好灰	
Ø 活县安 王药					

说明：

（1）鼻、边音分两套，一套读紧喉，一套带浊流。前者出现在阴调字中，后者出现在阳调字中。例如"猫"读紧喉，"毛"带浊流。

（2）［f］［v］跟［u］韵相拼时，有音位变体［ɸ］［β］。

（3）［tɕ］组声母舌位稍偏前，拼［i］时明显有舌叶色彩。

（4）全浊擦音声母"清音浊流"特征相对较明显。

（5）零声母阳调类音节的起始处带有明显的磨擦成分，开齐合撮四呼分别对应［ɦ］［j］［w］［ɥ］。

二、韵母（37 个，包括自成音节的［ɚ］［m］［n］［ŋ］在内）

ɿ 猪师丝试	i 雨米戏二飞鬼	u 破婆坞
a 牙排鞋	ia 写	ua 快
ɛ 南山半短	ie 盐年权	uɛ 鬼官
ɔ 宝饱	iɔ 笑桥	
əu 歌坐过苦	iʉ 靴走油	uo 茶瓦
ei 开赔对		uei 快灰
øʉ 豆		
ã 糖床双讲硬	iã 响	uã 王横
ən 深根寸春灯升争	in 心新云病星	uən 滚
oŋ 东	ioŋ 兄用	
aʔ 盒塔鸭法辣白尺	iaʔ 药	uaʔ 刮
əʔ 十出直色	ieʔ 接急热节月七一锡	uəʔ 活骨国
	ioʔ 局	uoʔ 八学北谷六绿托郭
ɚ 耳		

n	尔芋耳
ŋ	午五
m	无

说明：

（1）[i]韵有点高顶出位，带有一点[ɿ]的音色。

（2）[u]韵与[əu]韵互补，拼唇音和零声母时是[u]韵，拼其余声母时是[əu]韵。拼零声母时有时两可。例如：单字中"雾"是[u]，词语"雾露"中的"雾"是[əu]。

（3）[ɔ]韵舌位略高。

（4）[ie]韵中的[e]舌位稍高，近[ɪ]。

（5）[uo]韵中[o]舌位略高，近[ʊ]，有时是[ᵘʊ]。

（6）[ei]韵中的[e]舌位略低，近[ɛ]。

（7）[øu]韵中的[ø]略后，实际音值接近[ɵu]。

（8）[ã][iã][uã]三韵中的鼻化有时较弱，并带一点鼻尾，有时可记作[ãŋ][iãŋ][uãŋ]或[aŋ][iaŋ][uaŋ]。

（9）[ã]韵中部分宕摄字，可读[ɔ̃]韵。例如"壮装疮霜章尝"。

（10）[in]韵中的[n]鼻音色彩较淡，接近[iⁿ]。

（11）[əʔ]舌位低略后，实际音值近[ɜʔ]。

（12）[ieʔ]中的[e]有时舌位略低，接近[iɛʔ]。

（13）[uoʔ]拼唇音时，实际音值为[ᵘoʔ]。

（14）自成音节的[m][n][ŋ]是白读韵，[ɚ]韵是文读韵。

三、声调（8个）

阴平	44	东该灯风通开天春
阳平	112	门龙牛油铜皮糖红
阴上	523	懂古鬼九统苦讨草买老五有
阳上	231	动罪近后
阴去	35	冻怪半四痛快寸去卖路硬乱
阳去	24	洞地饭树
阴入	5	谷百搭节急哭拍塔切刻
阳入	2	六麦叶月毒白盒罚

说明：

（1）阳平［112］有时读成［13］或［113］。单字中个别次浊平字念阴平，例如"黏研"；个别次浊平字念阴去［35］调，例如"炎盐"。

（2）阴上［523］也可记为［512］，偶然也会读成［522］。例如"矮"。

（3）阳上［231］也可记为［342］，偶然也会读成［2312］。例如"近市"。

（4）阴去［35］和阳去［24］的主要区别在于起点，阴去略高，阳去略低。

（5）阳入［2］，实际音值是［23］或［21］，喉塞尾明显比阴入弱，有时实际音值是［23］。

（6）个别清入字念阳入调。例如"鸭"。个别清入字念舒声，例如"挖"。

叁　连读变调

一、两字组连读变调表

湖州方言两字组的连读变调规律见下表。表中首列为前字本调，首行为后字本调。每一格的第一行是两字组的本调组合；第二行是连读变调，若连读调与单字调相同，则此行空白；第三行为例词。同一两字组若有两种以上的变调，则以横线分隔。具体如下。

湖州方言两字组连读变调表

后字 前字	阴平 44		阳平 112		阴上 523		阳上 231		阴去 35		阳去 24		阴入 5		阳入 2	
阴平 44	44	44	44	112 44	44	523 44	44	231 44	44	35 44	44	24 44	44	5 4	44	2 4
	中	秋	沙	泥	端	午	冰	雹	天	气	山	洞	钢	笔	阴	历
阳平 112	11 33	44 35	112 33	112 35	112 33	523 35	112 33	231 35	12 33	35 35	112 33	24 35	112 33	5 5	112 33	2 3
	台	风	拳	头	田	埂	牛	奶	油	菜	蚕	豆	毛	竹	阳	历
阴上 523	523 53	44 13	523 53	112 13	523 53	523 13	523 53	231 13	523 53	35 13	523 53	24 13	523 53	5 2	523 53	2 2
	剪	刀	老	爷	冷	水	早	稻	韭	菜	古	代	喜	鹊	小	麦
阳上 231	231 35	44 13	231 35	112 13	231 35	523 13	231 35	231 13	231 35	35 13	231 35	24 13	231 13	5 2	231 13	2 2
	棒	冰	被	头	稻	草	道	士	上	去	社	会	稻	谷	满	月

续表

前字＼后字	阴平 44	阳平 112	阴上 523	阳上 231	阴去 35	阳去 24	阴入 5	阳入 2
阴去 35	35　44 33　35 菜　心	35　112 33　35 面　盆	35　523 33　35 露　水	35　231 33　35 汉　语	35　35 33　35 雾　露	35　24 33　35 旱　地	35　5 33 利　息	35　2 33 下　落
阳去 24	24　44 33　35 大　江	24　112 33　35 问　题	24　523 33　35 地　主	24　231 33　35 地　道	24　35 33　35 地　震	24　24 33　35 电　话	24　5 33 自　杀	24　2 33　3 大　麦
阴入 5	5　44 53 菊　花	5　112 53 骨　头 5　112 35 客　人	5　523 53 橘　子 5　523 5　44 脚　爪	5　231 13 国　道	5　35 客　栈 5　35 53 尺　寸	5　24 13 百　泰 5　24 31 柏　树	5　5 4 隔　壁	5　2 4　5 法　律
阳入 2	2　44 53 活　狲	2　112 11 食　堂 2　112 53 蜜　糖	2　523 53 麦　秆 2　523 35 日　早	2　231 13 实　在	2　35 53 实　际	2　24 31 疾　病 2　24 35 绿　豆	2　5 白　虫	2　2 3 昨　日

说明：

（1）前字阴平，后字阴平，前字调值有时是［34］或［43］。

（2）湖州方言 8 个单字调，两字组有 64 种组合，归并后有 23 种变调模式。

（3）前字阳平后字阳平、阳上、阳去的升势调值不太稳定，有［35］［24］［13］的变化。

（4）此两字组连读变调规律主要适用于广用式两字组，是词调，不适用于句子。

二、两字组连读变调规律

（1）就变调规律说，舒声调基本是前字调型的延伸。前字调值相同，两字组变调模式就相同。

（2）就变调类型说，舒声调以前后字都变调为主，入声调以前后字都不变调为主。

（3）就调值说，有两种情况：一是不超出 8 个单字调；二是出现了 8 个单字调之外的新调值，如［33］由阳平、阴去、阳去变来，只出现在前字，［53］由阴上变来，出现在前字，[13]主要出现在后字。

（4）就变调后的分合情况说，以合并为主，并且主要表现在后字阴阳调值的合并上，但有时后字阳调比阴调调值稍低。例如前字阴平，后字阳平、阳上、阳去的调值有时略低，实际音值接近[44 33]。此外，前字阳平，后字阳平、阳上的组合与前字阳上，后字阳平、阳上的组合完全合并。

肆　异读

一、新老异读

湖州方言的新老异读主要体现在以下几个方面。例如：

（1）老派音系分[uə ʔ][uo ʔ]两韵，新派[uə ʔ]韵并入[uo ʔ]韵，如"活骨国"等字，老派[uə ʔ]韵，"六绿托郭"等字读[uo ʔ]韵，新派全部都读[uo ʔ]韵。

（2）老派音系中的鼻化韵[ã][iã][uã]，新派读鼻尾韵[ɑŋ][iɑŋ][uɑŋ]。

（3）老派音系中的文读韵[ɚ]，新派读[ɤ]韵。例如"如褥日"。

（4）老派和新派还存在以下一些零星读音差异：

例字	老派	新派	例字	老派	新派
锯名	køɐ^{35}	tɕi^{35}	鼻	bə ʔ^2	bie ʔ^2
射	zei^{112}	suo^{35}	柱	zɿ^{231}	tsəu^{35}
簿	bu^{231}	pu^{35}	递	di^{24}	ti^{35}
步	bu^{24}	pu^{35}	蚁	mi^{35}	n̩ʑɿ^{523}
输	sɿ^{44}	səu^{44}	治	dzɿ^{231}	tsɿ^{35}
杜	dəu^{231}	təu^{523}	寺	zɿ^{112}	sɿ^{35}

二、文白异读

湖州方言的文白异读大致可归纳为声母异读、韵母异读、声母韵母异读三种类型。下文中"/"前为白读，后为文读。

1. 声母异读

（1）微母"网肥尾味蚊闻问未"等字，白读[m]声母，文读[v]声母。例如：网 mən^{132} / vən^{132} | 肥 bi^{112} / vi^{112} | 味 mi^{35} / vi^{24}。

（2）日母 "人任认忍仁韧日" 等字，白读 [n̥] 声母，文读 [z] 声母。例如：人认 n̥in¹¹² / zən¹¹² | 日 n̥ieʔ² / zəʔ²。

2. 韵母异读

（1）假开二帮组、照组及泥母、澄母 "巴疤怕爬琶杷" 等字，白读 [uo] 韵，文读 [a] 韵。例如：疤 puo⁵³ / pa⁵³ | 爬 buo³¹ / ba³¹ | 怕 pʰuo³³⁴ / pʰa³³⁴。

（2）假开二麻母的 "马骂渣差沙纱晒查茶虾" 等字，白读 [uo] 韵，文读 [a] [ia] 韵。例如：马 muo⁵²³ / ma⁵²³ | 虾 xuo⁴⁴ / çia⁴⁴。

（3）匣母字 "学"，白读 [uoʔ] 韵，文读 [ioʔ] 韵。例如：学 uoʔ² / ioʔ²。

3. 声母韵母异读

（1）古见系开口二等 "架嫁界江讲觉角" 等字，白读 [k] 组声母拼 [a] [ã] 韵，文读 [tç] 声母拼 [ia] [iã] 韵。例如：嘉 ka⁴⁴ / tçia⁴⁴ | 讲 kã⁵²³ / tçiã⁵²³。

（2）效开二见组 "交胶教觉酵窖敲咬" 等字，白读 [k] 声母拼 [ɔ] 韵，文读 [tç] 声母拼 [iɔ] 韵。例如：交 kɔ⁴⁴ / tçiɔ⁴⁴ | 敲 kʰɔ⁵³ / tçiɔ⁴⁴ | 咬 ŋɔ⁵²³ / iɔ⁵²³。

（3）咸开二和山开二的见组 "奸拣裥嵌颜眼" 字，白读 [k] 声母拼 [ɛ] 韵，文读 [tç] 声母拼 [iɪ] 韵。例如：奸 kɛ⁵³ / tçiɪ⁵³。

（4）止合三 "龟鬼贵围跪柜" 等字，白读为 [tç] 声母拼 [i] 韵，文读为 [k] 声母拼 [uei] 韵。例如：鬼 tçi⁵²³ / kuei⁵²³ | 贵 tçi³⁵ / kuei³⁵。

"围喂纬" 等字，白读零声母拼 [i] 韵，文读零声母拼 [uei] 韵。例如：喂 i³⁵ / uei³⁵ | 围 i¹¹² / uei¹¹²。

（5）"快" 字有时也分文白读，例如：kuei³⁵ / kua³⁵。

伍　小称

湖州方言中的小称主要有鼻尾小称和连调小称两种：

1. 鼻尾小称

"儿 [ŋ]" 与前一音节发生合音，作为前一音节的韵尾，从而得以留下些许痕迹。例如：

磨儿子 moŋ³³tsɿ³⁵

前个日儿子_{前天}ziɛ^{11}kə$ʔ^5$n̠in^{13}tsɿ^{33}

舒意些儿 sɿ^{55}i^{55}ɕin^{55}

弗好弄些儿 fə$ʔ^5$xɔ^{53}noŋ^{44}ɕin^{53}

粘得牢些儿 n̠iɛ^{44}də$ʔ^2$lɔ^{44}ɕin^{44}

2. 连调小称

连调小称主要有［55 55］、［55 55 55］和［5 0］三种变调模式。例如：

（1）［55 55］式

爷爷_{父亲}ia^{55}ia^{55}	阿爷_{父亲}a^{55}ia^{55}	娘娘_{姑妈}n̠iã^{55}n̠iã^{55}
阿姆_{祖母}a^{55}m^{55}	姆妈 m^{55}ma^{55}	哥哥 ka^{55}ka^{55}
爹爹_{爷爷}tia^{55}tia^{55}	阿爹_{公公}a^{55}ti^{55}	媳妇 ɕi^{55}u^{55}
毛毛_{婴儿}m^{55}m^{55}	丫头_{女孩}o^{55}tei^{55}	奶奶_{乳房、乳汁}na^{55}na^{55}
阿鱼_{小孩语}a^{55}ŋ^{55}	妈妈_{零食，小孩语}ma^{55}ma^{55}	肉肉_{小孩语}n̠io^{55}n̠io^{55}
汤汤_{小孩语}tʰã^{55}tʰã^{55}		

（2）［55 55 55］式

新娘子 ɕin^{55}n̠iã^{55}tsɿ^{55}	细丫头 ɕi^{55}uo^{55}tei^{55}	毛毛头_{婴儿}mɔ^{55}mɔ^{55}tei^{55}

（3）［5 0］式

鲫鱼 tɕie$ʔ^5$ŋ^0

甲鱼 tɕia$ʔ^5$ŋ^0

特价 də$ʔ^5$ka^0

　　［55 55］和［55 55 55］的小称连调，主要用于亲属称谓、指人名词和小孩语，这在湖州方言中比较突出。［5 0］的小称连调与杭州、余杭等方言一致，但例子比较少。

第十节　德清方音

壹　概况

一、调查点

1. 地理人口

德清县隶属于浙江省湖州市。位于浙江省北部，湖州市南部。东邻桐乡市，南毗杭州市余杭区、临平区，西界湖州市安吉县，北与湖州市郊接壤。南距杭州城区 47 公里，北距湖州城区 42 公里。全县总面积 937.92 平方公里。辖 5 个街道、8 个镇，分别是：武康街道、舞阳街道、阜溪街道、下渚湖街道、康乾街道，乾元镇、新市镇、钟管镇、洛舍镇、雷甸镇、禹越镇、新安镇、莫干山镇。截止到 2017 年年底，全县人口 62.7 万。[①] 县政府驻武康街道。人口主要为汉族，少数民族人口极少，多系因工作、婚姻迁入。

2. 历史沿革

夏代时为古防风氏国。唐天授二年（691），析武康置武源县。景云二年（711）改名临溪县。天宝元年（742），定名德清县，属吴兴郡。乾元元年（758）后属湖州。南宋宝庆元年（1225）后属安吉州。元属湖州路，明清属湖州府。民国初属钱塘道，1927 年后由省直辖。[②]

1949 年 5 月 2 日，德清解放，德清隶属嘉兴专区，武康县隶属临安专区。1953 年武康县改属嘉兴专区。1958 年武康并入德清，属嘉兴专区。县城设在城关镇（今乾元镇）。1970 年，嘉兴专区改为嘉兴地区，隶属不变。1983 年隶属湖州市。1994 年，县治从城关镇（今乾元镇）迁至武康镇（今武康街道）。[③]

---

① 参见：《2018 年浙江统计年鉴》，http://tjj.zj.gov.cn/col/col1525563/index.html，2022 年 8 月 31 日获取。
② 徐规，陈桥驿，潘一平，等. 浙江分县简志. 杭州：浙江人民出版社，1984：36-39.
③ 参见：1993 年 11 月《关于浙江省德清县人民政府驻地迁移的批复》。

3. 方言分布

德清方言属吴语太湖片苕溪小片，境内除吴语外，有少量闽语分布。

4. 地方曲艺

德清主要有用德清方言演唱的传统民间曲艺德清三跳。因艺人演出时所用的主要道具是三段毛竹板，即三跳板，故名三跳。三跳表演形式简单，可一人手敲竹板独自演唱，也可两人搭档表演。以说唱古今通俗小说为主，流传于德清、湖州、桐乡一带的农村。

此外还有极富特色的用德清方言演出的如"扫蚕花地"等表演唱。

二、方言发音人

1. 方言老男

余敏强，1961 年 10 月出生于德清乾元镇（原城关镇）。一直在当地生活和工作，职工，高中文化程度，说德清话和不太标准的普通话。父母均为德清乾元镇人，说德清话。

2. 方言青男

钱程新，1987 年 1 月出生于德清乾元镇（原城关镇），除上大学外，一直在当地生活和工作。职工，本科文化程度，说德清话和不太标准的普通话。父母均为乾元镇人，说德清话。

3. 口头文化发音人

唐小英，男，1950 年 6 月出生于德清乾元镇（原城关镇）。职工，小学文化程度，说德清话和不太标准的普通话。

贰　声韵调

一、声母（28 个，包括零声母在内）

p 八兵　　　　pʰ 派片　　　b 爬病肥　m 麦明味问　f 飞风副蜂　　　v 饭肥味问

t 多东	tʰ 讨天	d 甜毒	n 闹南		l 老蓝连路
ts 早张竹纸主	tsʰ 刺草初车春	dz 床城		s 丝三酸山双	z 字贼坐茶船
tɕ 酒九	tɕʰ 清抽轻	dʑ 全权	ȵ 年泥软热	ɕ 想手响	ʑ 谢
k 高	kʰ 开	g 共	ŋ 熬	x 好灰	
∅ 月县王用药					

说明：

（1）鼻、边音分两套，一套读紧喉，一套带浊流。前者出现在阴调字，后者出现在阳调字。例如"老路"读紧喉，"蓝连"带浊流。

（2）[f][v]跟[u]韵相拼时，有音位变体[ɸ][β]。

（3）[tɕ]组声母舌位稍偏前。

（4）浊音有清化现象，尤以[v]的清化最明显。例如"饭万"。

（5）[dz][z]两母有时可互读。

（6）零声母阳调类音节的起始处带有明显的磨擦成分，开齐合撮四呼分别对应[ɦ][j][w][ɥ]。

二、韵母（34个，包括自成音节的[ɚ][m̩][n̩][ŋ̍]在内）

ɿ 猪师丝试	i 雨米戏飞鬼	u 破婆步
a 牙排鞋	ia 写	ua 快
ɛ 开赔对山	ie 靴盐年权	uɛ 鬼
ɔ 宝饱	io 笑桥	
əu 歌坐过苦五	iɤ 走油	uo 茶瓦
øu 豆南半短官		
ã 糖床双讲硬	iã 响讲	uã 王横
en 根寸春灯升争	in 心深新云病星	uen 滚
oŋ 东	ioŋ 兄用	
aʔ 盒塔鸭法辣白尺	iaʔ 药	uaʔ 刮
əʔ 十出直色	ieʔ 接急热节月七一锡	
	ioʔ 局	uoʔ 八活骨郭壳学北六
ɚ 耳		
m̩ 尾母		

n 儿二耳
ŋ 鱼

说明：

（1）［i］韵有点高顶出位，带有一点［ɿ］的音色。

（2）［u］舌位略前，唇形略展。

（3）［u］韵与［əu］韵互补，拼唇音和零声母时是［u］韵，拼其余声母时是［əu］韵。

（4）［ɔ］韵舌位略高。

（5）［ie］韵中的［e］舌位稍高，近［ɪ］。

（6）［uo］韵中［o］舌位略高，近［ɷ］，有时是［ᵘɷ］。

（7）［øu］中的［ø］略后，实际音值接近［ɵu］。

（8）［ã］［iã］［uã］中的鼻化有时较弱，并带一点鼻尾，有［ãŋ］［iãŋ］［uãŋ］或［aŋ］［iaŋ］［uaŋ］的变体。

（9）［en］［in］［uen］中鼻尾［n］略弱，元音略带鼻化，有［ẽ］［ĩ］［uẽ］、［ẽn］［ĩn］［uẽn］的变体。

（10）［əʔ］舌位略低略后，实际音值近［ɜʔ］。

（11）［ɚ］为文读音韵母，［m］［n］［ŋ］为白读音韵母。

三、声调（7个）

阴平	44	东该灯风通开天春
阳平	113	门龙牛油铜皮糖红洞地饭树
阴上	52	懂古鬼九统苦讨草买老五有
阳上	143	动罪近后
阴去	334	冻怪半四痛快寸去卖路硬乱
阴入	5	谷百搭节急哭拍塔切刻
阳入	2	六麦叶月毒白盒罚

说明：

（1）阳平［113］，也可记为［114］，末尾与阴去不相上下。

（2）阴上［52］，也可记为［51］。

（3）阳上［143］，有时读成［142］或［242］。

（4）阳入实际音值为［23］。

叁　连读变调

一、两字组连读变调表

德清方言两字组的连读变调规律见下表。表中首列为前字本调，首行为后字本调。每一格的第一行是两字组的本调组合；第二行是连读变调，若连读调与单字调相同，则此行空白；第三行为例词。同一两字组若有两种以上的变调，则以横线分隔。具体如下。

德清方言两字组连读变调表

后字／前字	阴平 44	阳平 113	阴上 52	阳上 143	阴去 334	阴入 5	阳入 2
阴平 44	44　44 天　公	44　113 44 沙　泥	44　52 44 身　体	44　143 44 冰　雹	44　334 44 车　票	44　5 4 蝙　蝠	44　2 4 生　日
阳平 113	113　44 11　35/44 毛　灰 ——— 113　44 21　35 明　朝	113　113 11　35/44 眉　毛	113　52 11　35/44 蚊　子 ——— 113　52 21　35 苹　果	113　143 11　13 渠　道	113　334 11　35/44 油　菜 ——— 113　334 21　35 芹　菜	113　5 11 菩　萨	113　2 11 洋　袜
阴上 52	52　44 52　0 火　烧	52　113 35　0 火　油	52　52 35　0 母　狗	52　143 35　0 水　稻	52　334 35　0 水　坝	52　5 35 手　帕	52　2 35 后　日
阳上 143	143　44 35　0 棒　冰	143　113 35　0 柱　头	143　52 35　0 稻　草	143　143 35　0 上　去	143　334 35　0 满　意	143　5 35 稻　谷	143　2 35 上　学
阴去 334	334　44 33　35 菜　蔬	334　113 33　35 灶　头	334　52 33　35 兔　子	334　143 33　35 送　礼	334　334 33　35 会　计	334　5 33　35 会　得	334　2 33 要　么
阴入 5	5　44 53/35 一　千	5　113 53 鲫　鱼	5　52 53 霍　险⁼	5　143 53 谷　雨	5　334 35 合　算	5　5 4 一　百	5　2 5 发　热
阳入 2	2　44 53/35 蜜　蜂	2　113 53/31 日　头	2　52 53 镬　子	2　143 53 十　五	2　334 13 白　菜	2　5 翼　刮	2　2 2　3 腊　月

说明：

（1）斜杠"∕"前后的是又读。

（2）后字位置的"0"代表轻声。

（3）前字阴平，后字阴平，前字调值有时是［34］或［43］。

（4）此两字组连读变调规律主要适用于广用式两字组，是词调，不适用于句子。

二、两字组连读变调规律

（1）就变调分合情况看，两字组连读变调以合并为主。7个单字调，两字组连读变调有49种组合，归并后共有23种连调模式。

（2）舒声调的组合以前后字都变调为主，有入声的组合以前后字都不变调为主。

（3）舒声调基本是前字调型的延伸，仅前字阴上除外。

（4）轻声主要出现在前字阴上、阳上，后字舒声的组合中。

（5）除轻声外，还出现了较多个单字调之外的新调值。例如：阴平［44］后字时主要变［35］；阳平［113］前字时变［11］，后字时主要变［35］［0］；阴上［52］，阳上［143］前字时均变［35］，后字时变［35］［53］［0］。

（6）阴阳调类合并趋势明显，虽然有时阳调比阴调调值会稍低一点。例如：前字阴平，后字不管阴阳，舒声前一律变［44］，入声前一律变［4］。前字阴上和阳上，后字不管阴阳，舒声前一律变［35 0］，入声前一律变［35 5］［35 2］。

（7）前字阳平偶有调类复原现象，单字调浊去归浊平，连调中前字浊去没有［21 35］的变调，而前字浊平还有［21 35］。

肆　异读

一、新老异读

德清方言的新老异读主要表现在韵母和声调等方面。例如：

（1）老派音系分［i］［ie］两韵，新派合并为一个［i］韵。故老派"靴盐权年"等字，读［ie］韵，"雨米飞西"等字读［i］韵，新派全部都读［i］韵。

（2）咸山摄"贪谭"等字，老派读［øʉ］韵，新派读［ε］韵。

（3）老派音系中的鼻化韵[ã][iã][uã]，新派读鼻尾韵[ɑŋ][iɑŋ][uɑŋ]。

（4）有的字老派有新老两种读音，新派只有一种读音。例如"走"字，老派有[tɕiɤ⁵²][tsɤ⁵²]两读，新派只有[tsɤ⁵²]一读。

（5）"讲柜贵"等字老派分文白读，新派不分文白读。只有相当于老派文读音的一读。

（6）"鸭屋握"等字，老派读阴入，新派读阳入。

（7）老派和新派间还存在以下一些零星的读音差异：

例字	老派	新派	例字	老派	新派
极	dʑieʔ²	tɕieʔ²	匠	ziã¹⁴³	tɕiaŋ³³⁴
侧	tsəʔ⁵	tsʰəʔ⁵	闩	søɤ⁴⁴	səʔ⁵
降	iã³³⁴	dʑiaŋ¹¹³	别	bieʔ²	bəʔ²
雀	tɕʰiaʔ⁵	tɕʰieʔ⁵	泼	pʰəʔ⁵	pʰuoʔ⁵

二、文白异读

德清方言的文白异读大致可归纳为声母异读、韵母异读、声母韵母异读、声母声调异读四种类型。下文中"/"前为白读，后为文读。

1. 声母异读

奉微母"肥网蚊闻问未"等字，白读[b]声母或[m]声母，文读[v]声母。例如：肥 bi¹¹³ / vi¹¹³ | 网 moŋ⁵² / uã⁵² | 网 mã⁵² / uã⁵²。

2. 韵母异读

（1）匣母字"学"，白读[uoʔ]韵，文读[ioʔ]韵。例如：学 uoʔ² / ioʔ²。

（2）止合三"围喂纬"等字，白读[i]韵，文读[uei]韵。例如：围 i¹¹³ / uɛ¹¹³ | 喂 i³³⁴ / uɛ³³⁴ | 纬 i¹¹³ ~子 / uɛ¹¹³ ~度。

3. 声母韵母异读

（1）部分古见系开口二等"讲江觉角"等字，白读[k]组声母拼[ã]韵，文读[tɕ]声母拼[iã]韵。例如：讲 kã⁵² / tɕiã⁵²。

（2）效开二见组"交教敲咬"等字，白读[k]声母拼[ɔ]韵，文读[tɕ]声母拼[iɔ]韵。例如：交 kɔ⁴⁴ / tɕiɔ⁴⁴ | 敲 kʰɔ⁴⁴ / tɕiɔ⁴⁴ | 咬 ŋɔ⁵² / iɔ⁵²。

（3）止合三"龟鬼贵跪柜"等字，白读[tɕ]声母拼[i]韵，文读[k]声母拼[uɛ]韵。例如：鬼 tɕi⁵² / kuɛ⁵² | 贵 tɕi³³⁴ / kuɛ³³⁴。

（4）日母"人任认忍仁韧日"等字，白读[n̠]声母，文读[z]声母。例如：人认 n̠in¹¹³ / zen¹¹³ | 日 n̠ieʔ² / zəʔ²。

4. 声母声调异读

微母"味尾"等字，白读[m]声母阴调，文读[v]声母阳调。例如：味 mi³³⁴ / vi¹¹³ | 尾 m¹⁴³ / vi¹⁴³。

伍　小称

德清方言中的小称主要有鼻尾小称和儿缀小称两种，均属小称残迹现象。

1. 鼻尾小称

鼻尾小称只发现个别，例如：屋里儿 uoʔ²lin⁵³。

2. 儿缀小称

儿缀小称数量不多，本次调查共发现儿缀小称词 10 余个：茄儿、筷儿、筷笼儿、褂儿、姑娘儿、阿爹儿_{已婚中年男性}、阿娘儿_{已婚中年女性}、囡儿、外孙囡儿、侄儿、毛⁼儿_{女阴}、虾儿、白话儿_{故事}、谷儿、树头儿_{知了}、华⁼息⁼儿_{蚯蚓}。

第十一节　武康方音

壹　概况

一、调查点

1. 地理人口

武康现一般指浙江省湖州市德清县武康街道，位于浙江省北部，德清县西南部。南望杭州市，西接天目山，北眺湖州市区，地理位置重要。武康街道与阜溪街道、舞阳街道共为原武康镇，1958 年前武康镇为武康县县治。武康街道现为德清县政府所在地，区域面积 59 平方公里，辖居仁等 12 个社区及对河口等 2 个行政村，户籍人口 6.5 万，2017 年常住人口近 10.3 万。主要为汉族，个别少数民族人口多系因工作、婚姻迁入。①

2. 历史沿革

夏代时为古防风氏国。东汉初平四年（193）置永安县，属吴郡。晋太康元年（280）改永康，永康元年（300）改武康。隋开皇九年（589）并入余杭，仁寿二年（602）复置。唐乾元元年（758）后属湖州。南宋宝庆元年（1225）后属安吉州。元属湖州路，明清属湖州府。民国初属钱塘道，1927 年后由省直辖。②

1949 年 5 月 2 日，武康解放，隶属临安专区。1953 年改属嘉兴专区。1958 年 4 月并入德清，成为德清县武康镇，属嘉兴专区。1994 年德清县治从城关镇（今乾元镇）迁至武康镇（今武康街道）。③

3. 方言分布

武康方言属吴语太湖片苕溪小片，境内除吴语外，在上柏凤凰村和城山村等地有少量闽语分布。

---

① 参见：德清县人民政府网，http://www.deqing.gov.cn/art/2022/8/22/art_1229212617_56161463.html，2022 年 8 月 25 日获取。
② 参见：1993 年 11 月《关于浙江省德清县人民政府驻地迁移的批复》。
③ 参见：1993 年 11 月《关于浙江省德清县人民政府驻地迁移的批复》。

4. 地方曲艺

流行的地方曲艺主要有湖剧、德清三跳等，还有极富特色的用武康方言演唱的如"扫蚕花地""六样机"等表演唱。

二、方言发音人

1. 方言老男

凌志国，1958 年 7 月出生于德清武康镇。一直在当地生活和工作，职工，高中文化程度，说武康话和不太标准的普通话。父母均为德清武康镇人，说武康话。

2. 方言青男

李列伟，1991 年 2 月出生于德清武康镇。除上大学外，一直在当地生活和工作。工商业者，大专文化程度，说武康话和不太标准的普通话。父母均为德清武康镇人，说武康话。

3. 口头文化发音人

余洁，男，1977 年 3 月出生于德清武康镇。职工，大专文化程度，说武康话和不太标准的普通话。

王红琴，女，1965 年 3 月出生于德清武康镇。职工，初中文化程度，说武康话和不太标准的普通话。

贰　声韵调

一、声母（28 个，包括零声母在内）

p 八兵	pʰ 派片	b 爬病	m 麦明问	f 飞风副蜂	v 饭肥味问
t 多东	tʰ 讨天	d 甜毒	n 闹南		l 老蓝连路
ts 资早张竹纸	tsʰ 草寸车春抽	dz 茶城		s 三山双书手	z 字贼坐柱床
tɕ 酒九	tɕʰ 清轻	dʑ 全权	ȵ 年泥软热	ɕ 想响	ʑ 谢

k 高　　　　kʰ 开　　　g 共　　　ŋ 熬　　　x 好灰

ø 月活县王药

说明：

（1）鼻、边音分两套，一套读紧喉，一套带浊流。前者出现在阴调字，后者出现在阳调字。例如"猫妹"读紧喉，"毛蛮"带浊流。

（2）声母［f］［v］拼［u］［ø］［oŋ］等韵时，实际读变体［ɸ］［β］，双唇擦音的发音特点比周边方言更典型。

（3）［tɕ］组声母舌位稍偏前。

（4）全浊擦音声母"清音浊流"特征有时较明显。

（5）［dz］［z］两母有时可互读。

（6）零声母阳调类音节的起始处带有明显的磨擦成分，开齐合撮四呼分别对应［ɦ］［j］［w］［ɥ］。

二、韵母（34 个，包括自成音节的［m］［n］［ŋ］在内）

ɿ 猪师丝试	i 雨米戏飞	u 歌坐过苦
a 牙鞋	ia 写	ua 快
ɛ 开排赔对山	iɪ 靴权盐年	uɛ 鬼
ɔ 宝饱	iɔ 笑桥	
ø 豆走南半短官	iø 油	
o 茶瓦		
ã 糖床双讲硬争	iã 二响	uã 王横
en 深根寸春灯升争	in 心新云病星	uen 滚
oŋ 东	ioŋ 用兄	
aʔ 百		
ɜʔ 辣鸭法十出直色白	iɜʔ 吃	uɜʔ 刮
	ieʔ 七一节锡接急热月	
	iø 缺	
	ioʔ 学局	uoʔ 活托骨学北国六绿
ɚ 儿		

m 尾

n 耳儿

ŋ 五

说明：

（1）[i]韵与双唇音[p][pʰ][b]相拼时舌位略前，介于[i][ɿ]之间。

（2）[u]舌位略前，唇形略展，跟唇音以外的声母相拼时，有时是[ᵊu]。

（3）[ɔ]舌位略高略展。

（4）[uɛ][uen]等韵母在零声母后读作[ʋɛ][ʋen]。

（5）老派鼻化韵分[ã][iã][uã]和[õ][iõ][uõ]两套，新派合并为[ã][iã][uã]，有时是[aŋ][iaŋ][uaŋ]，仅个别字保留老派的读音，如"望"。

（6）[en][in][uen]中鼻尾[n]较弱，舌位略后，前面的元音稍带鼻化色彩，实际有[ẽ][ĩ][uẽ]、[ẽn][ĩn][uẽn]的变体。

（7）[in]韵中的[i]，有时舌位略低，接近[ɪ]。

（8）[ŋ]有时是[m]和[ŋ]的协同发音，单字音中"五鱼芋"发音时双唇闭口，词汇中没有发现此现象。

（9）[aʔ][ɜʔ]分立是老派特征，新派倾向于合并为[ɜʔ]，本节老男仅个别字保留老派读音。

（10）自成音节的[m][n][ŋ]是白读韵，[ɚ]是文读韵。

三、声调（7个）

阴平	44	东该灯风通开天春
阳平	113	门龙牛油铜皮糖红洞地饭树卖
阴上	53	懂古鬼九统苦讨草有
阳上	242	动罪近后买老五
阴去	224	冻怪半四痛快寸去路硬乱
阴入	5	谷百搭节急哭拍塔切刻
阳入	2	六麦叶月毒白盒罚

说明：

（1）阳平[113]，有时也可记为[114]，终点有时较高。

（2）阴上[53]是个高降调，强调时也可记为[52]。

（3）阳上［242］是个凸调，有时也读成［142］或［243］。

（4）阴去［224］，有时也可记作［24］。

（5）阳入［2］，实际音值更接近［23］。

叁　连读变调

一、两字组连读变调表

武康方言两字组的连读变调规律见下表。表中首列为前字本调，首行为后字本调。每一格的第一行是两字组的本调组合；第二行是连读变调，若连读调与单字调相同，则此行空白；第三行为例词。同一两字组若有两种以上的变调，则以横线分隔。具体如下。

武康方言两字组连读变调表

后字／前字	阴平 44	阳平 113	阴上 53	阳上 242	阴去 224	阴入 5	阳入 2
阴平 44	44　44 天　公	44　113 　　44 冰　雹	44　53 　　44 工　厂	44　242 　　44 孙　女	44　44 　　44 车　票	44　5 铅　笔	44　4 生　日
阳平 113	113　44 11 毛　灰	113　113 11　35/55 树　藤	113　53 11　13/ 大　水	113　242 11　13/ 味　道	113　224 11　35 芹　菜	113　5 11 菩　萨	113　2 11 阳　历
阴上 53	53　44 55/35　53 火　烧 53　113 55/35　53 枕　头	53　113 35　0 火　油 53　53 55/35 水　果	53　35 35　0 冷　水	53　242 35　0 水　稻	53　224 35　0 瓦　片 53　224 55/35　53 韭　菜	53　5 35 晓　得	53　2 35 小　麦
阳上 242	242　44 13/　53 牡　丹	242　113 13/　31 老　妈	242　53 35 老　虎	242　242 13　31 马　桶	242　224 13/　53 满　意	242　5 13/ 稻　谷	242　2 13/ 上　学
阴去 224	224　44 33　35 菜　蔬	224　113 33　13/ 算　盘	224　53 33　35 兔　子	224　242 33　35 送　礼	224　224 33　35 意　见	224　5 33 会　得	224　2 33 要　么
阴入 5	5　44 53/35 结　婚	5　113 53 鲫　鱼	5　53 53 蛇　蛋	5　242 53 谷　雨	5　224 53/35 合　算	5　5 4 一　百	5　2 4　5 发　热

续表

后字 前字	阴平 44		阳平 113		阴上 53		阳上 242		阴去 224		阴入 5		阳入 2	
阳入 2	2 蜜	44 53/35 蜂	2 月	113 31/ 亮	2 热	53 水	2 十	242 53 五	2 白	224 53 菜	2 邋	5 遢	2 日	2 3 食

说明：

（1）斜杠"/"前后的是又读。后带斜杠"/"的，表示其调值可读相应高调。

（2）后字位置的"0"代表轻声。

（3）此两字组连读变调规律主要适用于广用式两字组，是词调，不适用于句子。

二、两字组连读变调规律

（1）就变调分合情况看，两字组连读变调以合并为主。7个单字调，两字组连读变调有49种组合，归并后共有30种连调模式。

（2）舒声调的组合以前后字都变调为主，有入声的组合以前后字都不变调为主。

（3）舒声调的变调基本是前字调型的延伸，仅前字阴上偶有除外。

（4）有调类分化现象。单字调中次浊上归阴上、次浊去归阴去，两字组连调中次浊上与阴上、次浊与归阴去有时保持区分。

（5）不论是前字还是后字，阴阳调都有趋同的趋势，后字更为明显。

（6）轻声主要出现在前字阴上、后字舒声的部分组合中。

（7）除轻声外，还出现了较多个单字调之外的新调值。例如：［11］由阳平变来，主要出现在后字，［13］由阳上变来，主要出现在前字，阳平变来主要出现在后字。［35］由阳上变来，出现前后字，其他调变来出现在后字。

肆　异读

一、新老异读

（1）咸山摄"完贪占"等字，老派读［ø］韵，新派读［ɛ］韵。例如"完"字，老派读［ø^{113}］韵，新派读［uɛ^{113}］韵。

（2）"灯等凳藤能层"等字，老派读[en]韵，新派读[in]韵。

（3）个别字老派有文白两种读音，新派只有相当于老派文读音的一种读音。例如"监奸"字，老派文读[tɕir⁴⁴]、白读[kɛ⁴⁴]，新派只有[tɕir⁴⁴]一读。

（4）有些周边方言有文白异读的"江棒更三~梗坑耕"等字，老派读白读音，新派读文读音。例如"江"字老派读[kã⁵³]，新派读[tɕiã⁴⁴]。"棒"字老派读[boŋ²⁴²]，新派读[bã²⁴²]。

（5）"鸭屋握"等字，老派读阴入，新派读阳入。

（6）老派和新派还存在以下一些零星读音差异：

例字	老派	新派	例字	老派	新派
柱	zʅ²⁴²	dzu¹¹³	入	zɜʔ²	luoʔ²
竖	zʅ²⁴²	su²²⁴	泼	pʰɜʔ⁵	pʰuoʔ⁵
磨	mu¹¹³	mo¹¹³	祸	uo⁵³	u¹¹³
局	dʑioʔ²	dʑiøʔ²	夺	duoʔ²	dɜʔ²
曲	tɕʰioʔ⁵	tɕʰiøʔ⁵	刮	kuɜʔ⁵	kuoʔ⁵
约	iɜʔ⁵	iøʔ⁵	卒棋子	tsɜʔ⁵	tsuoʔ⁵
药	iɜʔ²	ieʔ²	律	lieʔ²	liøʔ²
脚	tɕiɜʔ⁵	tɕieʔ⁵	橘	tɕieʔ⁵	tɕiøʔ⁵
物、佛	vɜʔ²	vuoʔ²	各	kuoʔ⁵	kɜʔ⁵

二、文白异读

武康方言的文白异读大致可归纳为声母异读、韵母异读、声母韵母异读三种类型。下文中"/"前为白读，后为文读。

1. 声母异读

（1）微母"网尾问"等字，一般白读[m]声母，文读[v]声母。例如：尾 m²⁴² / vi²⁴² | 问 men²²⁴ / ven²²⁴。

（2）日母"人日"等字，一般白读[n̠]声母，文读[z]声母。例如：人 n̠in¹¹³ / zen¹¹³ | 日 n̠ieʔ² / zɜʔ²。

2. 韵母异读

（1）日母"耳儿"等字，一般白读[n]，文读[ɚ]。例如：耳 n²²⁴ / ɚ²²⁴ | 儿 n¹¹³ / ɚ¹¹³。

（2）匣母"学" io$ʔ^2$ / uo$ʔ^2$。

（3）梗开二"争" tsen^{44} / ts$ã^{44}$。

3. 声母韵母异读

古见组字残有文白异读。例如：交 k$ɔ^{44}$ / tɕi$ɔ^{44}$｜监奸 k$ɛ^{44}$ / tɕiɿ^{44}｜跪 dʑi^{242} / gu$ɛ^{242}$。

伍　小称

武康方言中的小称主要有鼻尾小称和儿缀小称两种，均属小称残迹现象。

1. 鼻尾小称

鼻尾小称只发现个别，例如：屋里儿 uo$ʔ^5$lin^{53}。

2. 儿缀小称

儿缀小称数量比德清方言少。例如：茄儿、蟹儿、筷儿、褂儿、马゠儿_{女阴}、阿娘儿_{已婚妇女}、小人儿、姑娘儿。

第十二节　安吉方音

壹　概况

一、调查点

1.地理人口

安吉县隶属于浙江省湖州市，位于浙江省西北部。东靠湖州市郊及德清，南接余杭和临安，西邻安徽宁国、广德，北靠长兴[①]，距离湖州城区 70 多公里。县域面积为 1886 平方公里，下辖 8 镇 3 乡 4 街道，分别是：梅溪镇、天子湖镇、鄣吴镇、杭垓镇、孝丰镇、报福镇、章村镇、天荒坪镇，山川乡、溪龙乡、上墅乡，递铺街道、昌硕街道、灵峰街道、孝源街道。[②]截至 2018 年年底，户籍人口为 46.4 万。[③]当地居民主要为汉族，有极少数的畲族人口。

2.历史沿革

安吉建县始于东汉中平二年（185），明正德元年（1506），安吉升为州，清乾隆三十九年（1774），安吉降州为县。1958 年，孝丰县撤销县制并入安吉县，安吉时属嘉兴专区（1970 年改称嘉兴地区），1983 年撤销嘉兴地区设立湖州、嘉兴两市后，安吉隶属湖州市。[④]

3.方言分布

安吉县是个移民较多的城市，境内方言较复杂。（1）安吉话是安吉县内最主要的方言，属太湖片苕溪小片，主要分布在递铺、孝丰、梅溪、安城、报福等地。（2）官话方言岛使用人口众多，官话区从县境东北至西南，内分河南话、湖

---

① 参见：安吉县人民政府网，http://www.anji.gov.cn/col/col1229212004/index.html，2022 年 8 月 9 日获取。
② 参见：安吉县人民政府网，http://www.anji.gov.cn/col/col1229211450/index.html，2022 年 8 月 10 日获取。
③ 参见：《2016 年浙江统计年鉴》，http://tjj.zj.gov.cn/col/col1525563/index.html，2022 年 8 月 9 日获取。
④ 参见：安吉县人民政府网，http://www.anji.gov.cn/col/col1229211449/index.html，2022 年 8 月 10 日获取。

北话、安庆话和苏北话，其中河南话使用人口最多。（3）上八府话：包括台、绍、宁、温等吴语方言，使用人口分布于县境中部以南，互相交错。（4）安吉境内杭垓镇的唐舍、报福镇的中张和章村镇的郎村等地，还有千人左右使用畲话。

4. 地方曲艺

安吉无本地特色的曲艺形式，有的多为历史移民带来的外来曲艺。[①]

二、方言发音人

1. 方言老男

章云天，1948年4月出生于安吉昌硕街道，一直在本地生活和工作，农民，小学文化程度，说安吉话与普通话。父母、配偶均为安吉递铺街道人。父母只说安吉话，配偶说安吉话与普通话。

2. 方言青男

吴章伟，1983年2月出生于安吉递铺街道，一直在本地生活和工作，教师，本科文化程度，说安吉话与普通话。父母、配偶均为安吉递铺街道人。父母只说安吉话，配偶说安吉话与普通话。

3. 口头文化发音人

章美莉，女，1955年3月出生于安吉递铺街道，一直在本地生活和工作，农民，初中文化程度，说安吉话与普通话。

张丹妮，女，1986年6月出生于安吉递铺街道，一直在本地生活和工作，教师，本科文化程度，说安吉话与普通话。

---

① 参见：安吉新闻网，http://ajnews.zjol.com.cn/ajnews/system/2017/02/24/021076462.shtml，2022年8月10日获取。

贰　声韵调

一、声母（28个，包括零声母在内）

b 八兵	pʰ 派片	b 病爬	m 麦明味问	f 飞风副蜂味	v 肥饭
t 多东	tʰ 讨天	d 甜毒	n 脑南		l 老蓝连路
ts 早租张竹争	tsʰ 刺草抽拆	dz 祠茶		s 丝三酸山双	z 字贼坐事
装纸主	抄初车春	柱城		手书	床船顺十
tɕ 酒九	tɕʰ 清轻	dʑ 权	ȵ 年泥热软	ɕ 想响	ʑ 全谢
k 高	kʰ 开	g 共	ŋ 熬	h 好灰	
∅ 活安温月王					
云用药					

说明：

（1）浊声母只是清音浊流，与低调相连，带有浊音色彩。

（2）零声母在阳调类前有较重的摩擦。

（3）[h]有时带有唇齿或双唇摩擦，音值近[f]或[ɸ]。

二、韵母（39个，包括自成音节的[m][n][ŋ][əl]在内）

ɿ 猪师丝试	i 米戏二飞雨盐年权	u 苦过	y 靴
a 牙排鞋	ia 写	ua 快	
ɛ 开南山半短		uɛ 官	
ʊ 歌坐茶瓦			
	iu 油		
ɔ 宝饱	iɔ 笑桥		
e 赔对		ue 鬼	
ɪɛ 豆走			
ã 硬争	iã 响	uã 横	
ɔ̃ 糖床双讲	iɔ̃ 降	uɔ̃ 王	
əŋ 根寸春灯升深	iŋ 新云病星心	uəŋ 滚	yəŋ 均裙

oŋ 东	ioŋ 兄用	
ɐʔ 盒塔鸭法辣<u>八</u>	iɛʔ 接急热节七一药锡	uɐʔ 刮
əʔ 十出直色尺		uəʔ 活骨国　　yəɣʔ 橘局月
oʔ 托郭学北谷六绿<u>八</u>		
m̩ 母尾		
n̩ 芋		
ŋ̍ 儿		
əl 二		

说明：

（1）部分字的［ʊ］在语流中有时接近［u］。

（2）流摄中的［ɪ］，音值接近［ɪ］。

（3）［ue］的实际音值接近［ueɪ］。

（4）［əʔ］发音时，舌位有时会低一点，音值接近［ɜʔ］。

（5）［ɐʔ］发音时，音值接近［aʔ］。

（6）［oʔ］有时近［uoʔ］。

（7）［əŋ］组有前后鼻音的自由变体。

（8）［yəɣʔ］韵中的［ɣ］的舌位比［y］低，故处理为［ɣ］。

三、声调（8个）

阴平	55	东该灯风通开天春
阳平	22	门龙牛油铜皮糖红
阴上	52	懂古鬼九统苦讨草买老五有后
阳上	243	动罪近
阴去	324	冻怪半四痛快寸去
阳去	213	卖路硬乱洞地饭树
阴入	5	谷百搭节急哭拍塔切刻
阳入	23	六麦叶月毒白盒罚

说明：

（1）阴平［55］略低，近［44］。

（2）阳平［22］有时接近［21］。

（3）阳去［213］有时接近［223］。

（4）阳入［23］近［24］，是个短调。

（5）曲折调在词中通常只念前半段。

（6）匣母上声跟次浊走，归阴上［52］，而不是阳上［243］，如：后、祸、厚、项。

叁　连读变调

一、两字组连读变调表

安吉方言两字组的连读变调规律见下表。表中首列为前字本调，首行为后字本调。每一格的第一行是两字组的本调组合；第二行是连读变调，若连读调与单字调相同，则此行空白；第三行为例词。同一两字组若有两种以上的变调，则以横线分隔。具体如下。

安吉方言两字组连读变调表

前字＼后字	阴平 55	阳平 22	阴上 52	阳上 243	阴去 324	阳去 213	阴入 5	阳入 23
阴平 55	55 55 飞机	55 22 55 今年	55 52 55 工厂	55 243 55 师范	55 324 55 车票	55 213 55 山洞	55 5 猪血	55 23 5 生活
	33 55 开车	55 22 开门	33 52 浇水	55 243 加重	55 324 开店	55 213 生病	55 5 33 拉客	55 23 消毒
阳平 22	22 55 22 农村	22 22 皮鞋	22 52 门口	22 243 22 肥皂	22 324 22 脾气	22 213 22 厨柜	22 5 毛笔	22 23 牛肉
		24 22 抬头	22 22 桃子		22 324 还账			
阴上 52	52 55 21 火车	52 22 21 老人	52 52 21 火腿	52 243 21 改造	52 324 21 好看	52 213 21 本事	52 5 2 粉笔	52 23 体育
	52 55 32 起风		52 52 32 保底	52 243 32 请罪	52 324 32 写信	52 213 32 写字	52 5 32 请客	

续表

前字＼后字	阴平55	阳平22	阴上52	阳上243	阴去324	阳去213	阴入5	阳入23
阳上243	243 55 24 52 棒冰 243 55 22 坐车	243 22 24 52 稻田 243 22 24 受凉	243 52 24 稻草 243 52 22 动手	243 243 22 犯罪	243 324 24 52 罪过 243 324 22 受气	243 213 24 52 社会	243 5 24 道德 243 5 22 犯法	243 23 24 动物
阴去324	324 55 32 213 背心 324 55 跳高	324 22 32 213 算盘 324 22 拜年	324 52 32 213 报纸 324 52 32 放手	324 243 32 213 报社	324 324 32 213 帐子	324 213 32 故事	324 5 32 23 计策 324 5 32 送客	324 23 32 放学
阳去213	213 55 21 213 地方 213 55 21 调兵	213 22 21 213 地球	213 52 21 代表	213 243 21 213 味道 213 243 21 调动	213 324 21 213 饭店	213 213 21 地洞	213 5 21 大雪	213 23 21 树叶
阴入5	5 55 3 北方	5 22 铁门	5 52 黑板	5 243 213 发动	5 324 213 发票	5 213 213 一定	5 5 3 节约	5 23 作业
阳入23	23 55 2 213 石灰 23 55 2 读书	23 22 2 213 白糖 23 22 2 入门	23 52 2 墨水	23 243 2 213 活动	23 324 2 213 白菜	23 213 2 立夏	23 5 2 绿色	23 23 2 特别

二、两字组连读变调规律

安吉方言两字组如果为一个词，则当前字为非入声时，其声调模式通常是前字调决定后字调。分为几种情况：

（1）前字调为阴平［55］时，两字组调通常为［55＋55］或［55＋5］。

（2）前字调为阳平［22］时，两字组调通常为［22＋22］或［22＋2］。

（3）前字调为阴上［52］时，两字组调通常为［52＋21］（前字调音值接近［54］）。

（4）前字调为阳上［243］时，前字调读半上［24］，两字组调通常为［24+52］或［24+5］。

（5）前字调为阴去［324］时，前字调读半去［32］，两字组调通常为［32+213］或［32+23］。

（6）前字调若为阳去［213］，当后字调为阴声韵时，前字调念［21］，两字组调通常为［21+213］，后字调为阴入时，两字组调通常为［21+5］，后字调为阳入时，两字组调通常为［21+23］。当前字为入声时，其声调模式与前后字都有关系。

（7）前字调为阴入［5］，后字调为阴平或阴入时，两字组调通常为［3+55］或［3+5］；后字调为阳平时，两字组调通常为［5+22］；后字调为阴上时，两字组调通常为［5+52］；后字调为阳上、阴去、阳去，两字组调通常为［5+213］；后字调为阳入时，两字组调通常为［5+23］。

（8）前字调为阳入［23］，后字调为阴平时或阴入时，两字组调通常为［2+55］或［2+5］；后字调为阳平、阳上、阴去、阳去时，两字组调通常为［2+213］；后字调为阴上时，两字组调通常为［2+52］；后字调为阳入时，两字组调通常为［2+23］。

若两字组组成动宾、主谓短语时，两字调通常为单字调的组合。不过，动宾结构中，如果前后字都是［5/55+55/5］，则前字的调值通常变成［3/33］。前字如果是词头，后字为高调，前字通常也要读低调［3/33］。例如：阿爹 $a^{33}tia^{55}$ | 小张 $\varsigma i\mathfrak{o}^{32}ts\tilde{a}^{55}$。

肆　异读

一、新老异读

安吉方言的新老异读主要体现在声调与韵类方面。下文中"/"前为老派，后为新派。

（1）声调方面，老派有 8 个声调，新派为 7 个声调。新派阳上基本归阳去。例如：动 $do\mathfrak{y}^{243}$ / $do\mathfrak{y}^{213}$。新派次浊去声字归阴去。例如：卖 ma^{213} / ma^{412}。阴去调都为降升调，但新派的降升幅度与老派不一样。例如：冻 $to\mathfrak{y}^{324}$ / $to\mathfrak{y}^{412}$。

（2）韵类方面，老派果摄基本读［ʊ］，假摄除见组、精组主元音为［a］外，

其余主要念 [ʋ]。新派果摄与假摄有部分字开始与遇摄相混，念 [u]。例如：婆 bʋ²² / bu²² | 把 pʋ⁵² / pu⁵²。

（3）部分鱼韵字老派读为 [i]，新派读为 [y]。例如：吕 li⁵² / ly⁵²。

（4）部分流摄字老派读为 [əɪ]，新派则读为 [e]，与蟹摄或止摄字相混。例如：狗 kəɪ⁵² / ke⁵²。

（5）咸摄、山摄、宕摄、梗摄、曾摄入声字老派读为 [əʔ] 或 [uəʔ]，新派读为 [ɐʔ] 或 [uɐʔ]。例如：割 kəʔ⁵ / kɐʔ⁵ | 活 uəʔ²³ / uɐʔ²³。

（6）山摄见组、精组合口三四等老派读为 [i] 或 [ieʔ]，新派有少数读为 [y] 或 [yɐʔ]。例如：圈 tɕʰi⁵⁵ / tɕʰy⁵⁵ | 雪 ɕieʔ⁵ / ɕyɐ ʔ⁵。

（7）山摄合口四等、臻摄合口三等及部分通摄合口三等入声字老派读为 [ɣəʔ]，新派读为 [yeʔ]。例如：血 ɕɣəʔ⁵ / ɕyeʔ⁵。

（8）部分宕摄、通摄合口入声字老派读为 [oʔ]，新派读为 [uəʔ]。例如：绿 loʔ²³ / luəʔ²³。

（9）老派通摄非入声字读为 [oŋ]，新派唇音则大部分变为 [əŋ]。例如：风 foŋ⁵⁵ / fəŋ⁵⁵。

二、文白异读

安吉方言的文白异读主要体现在声母和韵母方面。下文中 "/" 前为白读，后为文读。

（1）部分日母字白读声母为 [n̠]，文读为零声母或其他声母。例如：二 n̠i²¹³ / əl²¹³ | 人 n̠iŋ²² / zəŋ²²。

（2）个别见组字白读为 [k]，文读为 [tɕ]。例如：甲 kɐʔ⁵⁵ / tɕieʔ⁵⁵。

（3）个别梗摄字白读为 [ã]，文读为 [əŋ]。例如：生 sã⁵⁵ / səŋ⁵⁵。

伍　小称

安吉方言中儿化现象较少见。

安吉方言中有形容词性的鼻尾小称。"儿"与前面的音节"些"结合，变成 [ɕiŋ⁵⁵]，语流中，其声调符合两字调的音变规律。例如：轻些儿 tɕʰiŋ⁵⁵ɕiŋ⁵⁵ | 白些儿 bɐʔ²ɕiŋ²¹³ | 胖些儿 pʰɔ̃³²ɕiŋ²¹³。

声调方面，安吉方言有小称连调［55 55］，主要用于亲属称谓、指人名词和小孩语①。例如：姆妈 m⁵⁵ma⁵⁵｜奶奶 nɛ⁵⁵nɛ⁵⁵｜妹妹 me⁵⁵me⁵⁵。

陆　其他音变

一、三字调组的音变情况

三字调的声调模式通常是由前字决定的。如前字调为阴平或阴入，则后字通常是［55］，如：胖头鱼 pʰɔ⁵⁵dəɪ⁵⁵ŋ⁵⁵｜铅角子 kʰɛ⁵⁵koʔ⁵tsɿ⁵⁵；如前字调为阳平［22］，则后字通常也是［22］。例如：茅草棚 mɔ²²tsʰɔ²²bã²²｜棉花絮 mi²²hʊ²²ɕi²²。

如三字组为动宾词组或主谓词组，则按内部结构先确定音节段，结合紧密的两字组先变调，剩下的单个字不变调。例如：肚皮痛 du²⁴bi⁵²tʰoŋ³²⁴。

动词、名词、形容词重叠时，后一个通常读轻声。

二、特殊语流音变

安吉话中有部分晓母字在语流中会发生由 h 到 f 的音变。例如：肚里货 du²⁴li⁵²fu²¹｜老虎 lɔ⁵²fu²¹｜结婚 tɕiɛʔ³fən⁵⁵｜打呼噜 tã³²fu⁵⁵lu⁵⁵。

---

① 徐越. 浙北杭嘉湖方言中的小称音. 杭州师范学院学报，2007（5）：83.

第十三节　孝丰方音

壹　概况

一、调查点

1. 地理人口

孝丰镇隶属于浙江省湖州市安吉县，位于安吉县中部，为原孝丰县的旧县城。东接递铺，西邻杭垓，北、东北毗邻鄣吴、皈山，南接报福。全镇总面积为191.4平方公里，下辖15个行政村、6个社区。[①] 截至2020年年底，总人口约5.7万，其中外来人口1.4万，居民人口约0.71万。[②] 当地居民主要为汉族，也有极少数的畲族。

2. 历史沿革

孝丰镇历史悠久，在东汉中平二年（184）至唐开元二十六年（738），为安吉县治。明成化二十三年（1487）孝丰县建立，旧县城在今孝丰镇。1958年，孝丰设城郊（后称丰城）、青山、报福、永太、塘浦、鄣吴6个人民公社。[③] 同年，孝丰撤销县制并入安吉县，现为安吉县的一个镇。

3. 方言分布

孝丰是个移民较多的城镇，人口杂居。孝丰话属吴语太湖片苕溪小片。孝丰镇内除孝丰话以外，还有绍兴话、温州话、台州话、东阳话、永康话等吴语，以及安庆话、湖北话、河南话等其他方言。

---

① 参见：安吉县人民政府网，http://www.anji.gov.cn/col/col1229211450/index.html，2022年8月10日获取。
② 参见：安吉县人民政府网，http://www.anji.gov.cn/art/2020/10/9/art_1229518645_3765645.html，2022年8月10日获取。
③ 参见：安吉新闻网，http://ajnews.zjol.com.cn/ajnews/system/2013/11/22/017339561.shtml，2022年8月10日获取。

4. 地方曲艺

孝丰无本地特色的曲艺形式，有的多为历史移民带来的外来曲艺[①]。

二、方言发音人

1. 方言老男

刘勤，1951 年 9 月出生于孝丰镇，一直在本地生活和工作，教师，大专文化程度，说孝丰话和普通话。父母、配偶均为孝丰镇人，均说孝丰话与普通话。

2. 方言青男

查金良，1986 年 6 月出生于孝丰镇城北社区，主要在本地生活和工作，基层干部，本科文化程度，说孝丰话与普通话。父母均为孝丰镇人，均会说孝丰话。

3. 口头文化发音人

朱云，女，1983 年 8 月出生于孝丰镇北街社区，护士，本科文化程度，说孝丰话与普通话。

贰　声韵调

一、声母（28 个，包括零声母在内）

p 八兵	pʰ 派片	b 病爬肥	m 麦明味问	f 飞风副蜂味	v 肥饭
t 多东	tʰ 讨天	d 甜毒	n 脑南		l 老蓝连路
ts 早租张竹争装纸主	tsʰ 刺草抽拆抄初车春	dz 祠茶柱城		s 丝三酸山双手书	z 字贼坐事床船顺十
tɕ 酒九	tɕʰ 清轻	dʑ 权	ȵ 年泥热软	ɕ 想响	ʑ 全谢
k 高	kʰ 开	g 共	ŋ 熬	h 好灰	
∅ 活县安温月王云药					

① 参见：安吉新闻网，http://ajnews.zjol.com.cn/ajnews/system/2017/02/24/021076462.shtml，2022 年 8 月 10 日获取。

说明：

（1）浊声母只是清音浊流，与低调相连，带有浊音色彩。

（2）零声母在阳调类前有较重的摩擦。

（3）[z][v][ʑ]发音时带有较强的气流。

二、韵母（41个，包括自成音节的[m̩][ŋ̍][əl]在内）

ɿ 猪师丝试	i 米戏二飞雨	u 歌坐过苦	y 靴
a 牙排鞋	ia 写	ua 快	
ɛ 山		uɛ 关惯	
ɔ 宝饱	iɔ 笑桥		
e 开赔对南半短		ue 鬼官	
	iɪ 盐年权		
ʊ 茶瓦	iu 油		
ɤɪ 豆走			
ã 硬争	iã 响	uã 横	
ɔ̃ 糖床双讲		uɔ̃ 王	
əŋ 根寸春灯升深	iŋ 新云病星心	uəŋ 滚	
oŋ 东	ioŋ 兄用		
aʔ 盒塔鸭法辣八白尺	iaʔ 药	uaʔ 刮	
	ieʔ 接贴急热节七一锡		
əʔ 十出直色		uəʔ 活骨国	yəʔ 月
oʔ 学	ioʔ 橘局	uoʔ 托郭壳北谷六绿八	
m̩ 母			
n̩ 芋			
ŋ̍ 五			
əl 二			

说明：

（1）果摄有部分字读[ʊ]，还有一些字在语流中有[u][ʊ]两读；[u]部拼

[k]声母，有时接近[ɯɯ]。

（2）流摄中的[ɪə]，音值接近[ɪɐ]。

（3）[ɔ̃]发音时，舌位有时会低一点，音值接近[ɒⁿ]。

（4）[ən]组有前后鼻音的自由变体。

（5）[uoŋ]音值近[ʊɔʔ]，[ioʔ]发音时，韵腹开口度有时要大一点，近[iɔʔ]。

（6）[yəʔ²³]在音节前或圆唇元音后念[yəʔ²³]，在非圆唇元音后念[ieʔ²³]。

三、声调（8个）

阴平	44	东该灯风通开天春
阳平	22	门龙牛油铜皮糖红
阴上	52	懂古鬼九统苦讨草买老五有后
阳上	243	动罪近
阴去	324	冻怪半四痛快寸去卖路硬乱
阳去	213	洞地饭树
阴入	5	谷百搭节急哭拍塔切刻
阳入	23	六麦叶月毒白盒罚

说明：

（1）阳平[22]有时接近[21]。

（2）阳去[213]有时接近[223]。

（3）阳入[23]近[24]，是个短调。

（4）曲折调在词中通常只念前半段。

（5）匣母上声归阴上[52]，而不是阳上[243]，如：后、祸、厚、项。

叁　连读变调

一、两字组连读变调表

孝丰方言两字组的连读变调规律见下表。表中首列为前字本调，首行为后字本调。每一格的第一行是两字组的本调组合；第二行是连读变调，若连读调与单字调相同，则此行空白；第三行为例词。同一两字组若有两种以上的变调，则以横线分隔。具体如下。

孝丰方言两字组连读变调表

前字＼后字	阴平 44	阳平 22	阴上 52	阳上 243	阴去 324	阳去 213	阴入 5	阳入 23
阴平 44	44 44 飞 机	44 22 (44) 清 明 44 22 开 门	44 52 (44) 身 体 44 52 浇 水	44 243 (44) 公 社 44 243 加 重	44 324 (44) 车 票 44 324 开 店	44 213 (44) 车 站 44 213 生 病	44 5 猪 血	44 23 (5) 生 活 44 23 消 毒
阳平 22	22 44 (22) 农 村	22 22 皮 鞋 22 22 (24) 抬 头	22 52 门 口	22 243 (22) 肥 皂 22 243 徒 弟	22 324 (22) 脾 气 22 324 还 账	22 213 (22) 名 字 22 213 排 队	22 5 毛 笔	22 23 牛 肉
阴上 52	52 44 45 21 点 心 52 44 32 打 针	52 22 45 21 水 池	52 52 45 21 火 腿 52 52 32 保 底	52 243 45 21 水 稻 52 243 32 请 罪	52 324 45 21 海 带 52 324 32 写 信	52 213 45 21 古 代 52 213 32 写 字	52 5 45 粉 笔 52 5 32 请 客	52 23 45 体 育
阳上 243	243 44 24 52 士 兵 243 44 22 24 坐 车	243 22 24 52 市 场 243 22 24 坐 船	243 52 24 市 长 243 52 22 动 手	243 243 24 22 犯 罪	243 324 24 市 镇	243 213 24 52 社 会	243 5 24 道 德 243 5 22 犯 法	243 23 24 动 物
阴去 324	324 44 32 213 背 心 324 44 唱 歌	324 22 32 213 算 盘 324 22 拜 年	324 52 32 报 纸	324 243 32 报 社	324 324 32 213 会 计 324 324 32 算 账	324 213 32 故 事	324 5 32 计 策	324 23 32 放 学
阳去 213	213 44 21 24 地 方 213 44 21 调 兵	213 22 21 24 地 球	213 52 21 代 表	213 243 21 24 地 道 213 243 21 调 动	213 324 21 24 饭 店	213 213 21 24 地 洞	213 5 21 大 雪	213 23 21 树 叶

续表

后字 前字	阴平 44	阳平 22	阴上 52	阳上 243	阴去 324	阳去 213	阴入 5	阳入 23
阴入 5	5　44 北　方	5　22 　　44 铁　门	5　52 黑　板	5　243 发　动	5　324 　　44 发　票	5　213 　　44 速　度	5　5 节　约	5　23 　　5 作　业
		5　22 发　财			5　324 织　布	5　213 发　病	5　5 　　3 出　血	5　23 吃　药
阳入 23	23　44 2 石　灰	23　22 2　　24 白　糖	23　52 2 墨　水	23　243 2 活　动	23　324 2 力　气	23　213 2　　24 立　夏	23　5 2 绿　色	23　23 2 目　录
	23　44 2 立　冬	23　22 2 入　门	23　52 2 墨　水		23　324 2 读　报			23　23 2 入　学

二、两字组连读变调规律

孝丰方言两字组如果为一个词，且后字为非入声，则其声调模式通常是前字调决定后字调。分为几种情况：

（1）前字调为阴平［44］时，两字组调通常为［44＋44］。

（2）前字调为阳平［22］时，两字组调通常为［22＋22］或［22＋2］。

（3）前字调为阴上［52］时，两字组调通常为［45＋21］。

（4）前字调为阳上［243］时，前字调读半上［24］，两字组调通常为［24＋52］。

（5）前字调为阴去［324］时，前字调读半去［32］，两字组调通常为［32＋213］。

（6）前字调为阳去［213］时，前字调念［21］，两字组调通常为［21＋24］。

（7）前字调为阴入［5］时，两字组调通常为［5＋44］，前字如果是词头，则前字要念中低调，如阿爹 a$\mathrm{?}^3$tia^{44}。

（8）前字调为阳入［23］时，两字组调通常为［2＋24］。

若两字组组成动宾、主谓短语，则后字通常不变调。

肆　异读

一、新老异读

孝丰方言的新老异读主要体现在以下韵类中。下文中"／"前为老派，后为新派。

（1）老派咸摄、山摄三四等与止摄不混，读为［iɪ］，新派咸摄、山摄三四等与止摄相混，都读为［i］。例如：年 n̠iɪ^{22} / n̠i^{22}。

（2）果摄字老派基本都读为［u］，新派大部分读为［u］，也有一些字音发为［ɯu］。例如：坐 zu^{243} / zɯu^{243}。

（3）部分假摄字老派读为［ʋ］，与果摄字存在对立，新派则读为［u］，与果摄字无对立。例如：爬 bʋ^{22} / bu^{22}。

（4）部分蟹摄、山摄一等字老派读为［e］或［ue］，新派读为［ei］或［uei］。列如：搬 pe^{44} / pei^{44} | 官 kue^{44} / kuei^{44}。

（5）有部分臻摄合口三等字老派读为［iŋ］，新派读为［yŋ］。例如：均 tɕiŋ^{44} / tɕyŋ^{44}。

（6）老派入声存在［aʔ］与［ɤʔ］、［uaʔ］与［uɤʔ］的对立，新派则都读为［ɐʔ］与［uɐʔ］。例如：闸 zaʔ^{23} / zɤʔ^{23} | 十 zɤʔ^{23} / zɤʔ^{23} | 刮 kuaʔ^{5} / kuɐʔ^{5} | 骨 kuɤʔ^{5} / kuɐʔ^{5}。

（7）老派部分入声字读［uoʔ］，新派则都读［uɤʔ］。例如：绿 luoʔ^{23} / luɤʔ^{23}。

（8）山摄、通摄部分入声字老派读为［ioʔ］，新派常都念为［yɤʔ］。例如：缺 tɕʰioʔ^{5} / tɕʰyɤʔ^{5}。

二、文白异读

孝丰方言的文白异读主要体现在以下几个方面。下文中"／"前为白读，后为文读。

（1）部分日母字白读为［ŋ］，文读为零声母。例如：儿 ŋ^{22} / əl^{22}。

（2）个别古微母字白读为［m］，文读为［v］或［f］。例如：味 mi^{324} / fi^{324}。

（3）部分日母字白读为［n̠］，文读为［z］，韵母也相应地发生变化。例如：人 n̠iŋ^{22} / zəŋ^{22}。

（4）个别梗摄字白读为［ã］，文读为［əŋ］。例如：争 tsã^{44} / tsəŋ^{44}。

伍　小称

孝丰方言中儿化现象较少。

孝丰方言中有鼻尾小称，"儿"与前面的音节"些"结合，变成[ɕiŋ⁴⁴]，语流中，其声调符合两字调的音变规律。例如：轻些儿 tɕʰiŋ⁴⁴ɕiŋ⁴⁴ | 白些儿 baʔ²ɕiŋ²⁴。

声调方面，孝丰方言有小称连调[44 44……]，主要用于亲属称谓、指人名词和小孩语[①]。例如：丫头婆 ʋ⁴⁴dəɪ⁴⁴bu⁴⁴ | 亲姆 tɕʰiŋ⁴⁴m⁴⁴ | 娘娘 ɳiã⁴⁴ɳiã⁴⁴。

陆　其他音变

三字调的声调模式通常由前字决定。若前字调为阴平或阴入，则后字通常是[44]。例如：胖头鱼 pʰɔ⁴⁴dəɪ⁴⁴ŋ⁴⁴ | 铅角子 kʰe⁴⁴kuoʔ⁵tsɿ⁴⁴。若前字调为阳平[22]，则后字通常也是[22]。例如：茅草棚 mɔ²²tsʰɔ²²bã²² | 棉花絮 miɪ²²hʋ²²ɕi²²。

如三字组为动宾词组或主谓词组，则按内部结构先确定音节段，结合紧密的两字组先变调，剩下的单个字不变调。例如：肚皮痛 du²⁴bi⁵²tʰoŋ³²⁴。

动词、名词、形容词重叠时，后一个通常读轻声。

①　徐越．浙北杭嘉湖方言中的小称音．杭州师范学院学报，2007（5）：83.

第十四节　长兴方音

壹　概况

一、调查点

1. 地理人口

长兴县隶属于浙江省湖州市，是浙江的北大门。地处长江三角洲杭嘉湖平原，太湖西南岸。[1]北邻江苏宜兴，西接安徽广德，自古被称为"三省通衢"。[2]全县总面积为 1431 平方公里，辖 4 街道 9 镇 2 乡：画溪街道、龙山街道、太湖街道、雉城街道，洪桥镇、李家巷镇、林城镇、泗安镇、虹星桥镇、小浦镇、和平镇、煤山镇、夹浦镇，水口乡、吕山乡。[3]截至 2016 年年底，户籍人口 63.2 万。[4]汉族占绝大多数，有 31 个少数民族，截至 2015 年 3 月，共有在册少数民族常住人口 4421。[5]

2. 历史沿革

长兴县域在春秋时期属于吴国。吴越争霸时期，吴王阖闾派弟夫概在今雉城东南两里处筑城为王邑，名为长城。秦时，属会稽郡；东汉时，属吴兴郡。五代十国时，后梁开平二年（908），吴王钱镠改长城县为长兴县。1949 年，长兴县人民政府建立。[6]1967 年，长兴县革命委员会成立，属嘉兴地区革命委员会。1980年，长兴县人民政府恢复，隶属于嘉兴地区专员公署。1983 年，长兴县撤专署实

---

① 参见：长兴县人民政府网，http://www.zjcx.gov.cn/col/col1229211248/index.html，2022 年 8 月 10 日获取。

② 参见：长兴县人民政府网，http://www.zjcx.gov.cn/col/col1229211245/index.html，2022 年 8 月 10 日获取。

③ 参见：长兴县人民政府网，http://www.zjcx.gov.cn/col/col1229211245/index.html，2022 年 8 月 10 日获取。

④ 参见：《2017 年浙江统计年鉴》，http://tjj.zj.gov.cn/col/col1525563/index.html，2022 年 8 月 10 日获取。

⑤ 参见：长兴新闻网，http://cxnews.zjol.com.cn/cxnews/system/2015/04/28/019280433.shtml，2022 上年 8 月 10 日获取。

⑥ 参见：长兴县人民政府网，http://www.zjcx.gov.cn/col/col1229211252/index.html，2022 年 8 月 10 日获取。

行市管县，隶属于湖州市。[①]

3. 方言分布

长兴方言属于吴语太湖片苕溪小片，是长兴县的主要方言，其口音大致有两种，一种是以雉城街道为代表的城镇音，另一种是以洪桥镇为代表的城东音，这两种口音总体差异不太大。长兴方言比较完整地保留着浊声母、入声等语音现象，声调有八个，中古平上去入四声依声母清浊各分阴阳。此外，县境内还有其他方言，大致有吴语（如温州话、台州话、宜兴话等）、官话（为来自河南、江苏、安徽、湖北等地的移民所使用）、闽语（平阳话）[②] 三大类。

4. 地方曲艺

长兴的地方曲艺为滩簧戏。滩簧原是流行于长江三角洲及苏北扬州、泰兴、南通的一种曲艺，后嬗变为地方性的戏曲剧种[③]。长兴滩簧的表演形式与越剧等戏剧相似，只是唱腔不同，它以"一花一旦"的"对子戏"为主，用长兴方言演唱，角色、行当及扮相造型极为简略。行当分"旦堂""花脸"两色，伴奏乐器为二胡、鼓板、小锣等。

二、方言发音人

1. 方言老男

乔纪良，1950 年 3 月出生于长兴雉城镇，一直在本地生活和工作，职工，大专文化程度，说长兴话和不太标准的普通话。父母、配偶均为雉城镇人，都只说长兴话。

2. 方言青男

李晟，1991 年 12 月出生于长兴雉城镇，主要在本地生活和工作，职工，大专文化程度，说长兴话和普通话。父母均为雉城镇人，都只说长兴话。

---

① 参见：长兴县人民政府网，http://www.zjcx.gov.cn/col/col1229211247/index.html，2022 年 8 月 10 日获取。
② 参见：长兴新闻网，http://cxnews.zjol.com.cn/cxnews/system/2011/05/10/013715389.shtml，2022 年 8 月 10 日获取。
③ 黄向苗. "长江三角洲（江、浙、沪）滩簧戏学术研讨会"采撷. 浙江艺术职业学院学报，2004（1）：41.

3. 口头文化发音人

舒悦，女，1982年2月出生于长兴雉城镇，一直在本地生活和工作，教师，本科文化程度，说长兴话和普通话。

王兵，男，1937年2月出生于长兴雉城镇，一直在本地生活和工作，文艺工作者，中专文化程度，说长兴话和不太标准的普通话。

贰　声韵调

一、声母（28个，包括零声母在内）

p 八兵	pʰ 派片	b 病爬	m 麦明问	f 飞风副蜂	v 肥饭味
t 多东	tʰ 讨天	d 甜毒	n 脑南泥		l 老蓝连路
ts 早租张竹 　争装纸主	tsʰ 刺草抽拆 　抄初车春	dz 茶柱城		s 丝三酸山双 　手书	z 字贼事床 　船顺十祠
tʃ 酒九	tʃʰ 清轻	dʒ 权骑	ȵ 年热软	ʃ 想响	ʒ 全谢
k 高官	kʰ 开看	g 共茄	ŋ 熬眼	h 好灰	
∅ 月活县安 　温王云药					

说明：

（1）阳调类零声母音节前带有与音节开头元音同部位的轻微摩擦，过去多记作声母[ɦ]，这里统一记作[∅]。

（2）[b][d][dz][dʒ][g]等浊音声母的浊音色彩不明显。

（3）[tʃ][tʃʰ][ʃ]拼读主元音为[i]或[i]介音韵母时，音色近[tɕ][tɕʰ][ɕ]。

二、韵母（38个，包括自成音节的[m̩][n̩][ŋ̍][əl]）

ɿ 猪师丝试	i 盐年权	u 茶瓦
ʅ 雨米戏飞		
a 牙排鞋	ia 写	ua 快怪
ɛ 山胆		uɛ 关惯

ɔ 宝饱　　　　　　　ci 笑桥

　　　　　　　　　　iɣ 靴油

ɯ 开南半短　　　　　　　　　　　　　　uɯ 官宽

ei 赔对豆走　　　　　　　　　　　　　　uei 鬼跪

əu 歌坐过苦

ã 硬争　　　　　　　iã 响娘　　　　　　uã 横歪

ɔ̃ 糖双床王讲

əŋ 深根寸春灯升　　　iŋ 新云病星心　　　uəŋ 滚婚

oŋ 东　　　　　　　　ioŋ 兄用

aʔ 盒塔鸭法辣白尺　　iaʔ 药协　　　　　uaʔ 刮滑

　　　　　　　　　　iɛʔ 接急热节月七一锡

əʔ 十出直色　　　　　　　　　　　　　　uəʔ 活骨国

oʔ 托郭学北谷六绿八　io?ʔ 局肉

m 母

n 二儿

ŋ 五鱼

əl 儿

说明:

（1）[əu]的音值近[ˇu]。

（2）部分[u]韵母舌位略低，实际音值有时近[ʊ]。

（3）[ɯ]韵母在非舌根音后有动程变化，音值近[əɯ]。

（4）[iɣ]音值近[iˣ]，[ɣ]不太圆，部分流摄字与咸、山摄字相混。

（5）[əʔ]的音值近[ɐʔ]。

（6）[ã]的鼻化程度很弱。

三、声调（8 个）

阴平	44	东该灯风通开天春
阳平	12	门龙牛油铜皮糖红
阴上	52	懂古鬼九统苦讨草买老五有后
阳上	243	动罪近

阴去	324	冻怪半四痛快寸去卖路硬乱
阳去	24	洞地饭树
阴入	5	谷百搭节急哭拍塔切刻
阳入	2	六麦叶月毒白盒罚

说明：

（1）阳平为低升调，听感上调值有时近［112］，这里统一记为［12］。

（2）阴去调值有时近［334］，这里统一记为［324］。

（3）阳去调听感上调值有时近［224］，这里统一记为［24］。

（4）阴入喉塞感明显，时长较短。

（5）阳入单字音喉塞感不明显，时长比阴入［5］长，实际调值为［23］，这里统一记作［2］。

叁　连读变调

一、两字组连读变调表

长兴方言两字组的连读变调规律见下表。表中首列为前字本调，首行为后字本调。每一格的第一行是两字组的本调组合；第二行是连读变调，若连读调与单字调相同，则此行空白；第三行为例词。同一两字组若有两种以上的变调，则以横线分隔。具体如下。

长兴方言两字组连读变调表

后字前字	阴平 44		阳平 12		阴上 52		阳上 243		阴去 324		阳去 24		阴入 5		阳入 2	
阴平 44	44 医	44 生	44 冰	12 44 糖	44 工	52 44 厂	44 兄	243 44 弟	44 车	324 票	44 山	24 44 洞	44 猪	5 血	44 蜂	2 5 蜜
	44 32 搬	44 家	44 开	12 门			44 加	243 重	44 开	324 店	44 生	24 病	44 32 拉	5 客	44 消	2 毒

续表

前字＼后字	阴平 44	阳平 12	阴上 52	阳上 243	阴去 324	阳去 24	阴入 5	阳入 2
阳平 12	12 44／33 茶杯	12 12／33 皮球	12 52／33 门板；12 52 寻死	12 243／33 肥皂	12 324／33 棉裤；12 324 还账	12 24 程度	12 5 成绩	12 2 牛肉
阴上 52	52 44／45 广州；52 44 起风	52 12／45 21 好人；52 12 起源	52 52／45 21 火腿；52 52 保底	52 243／45 21 改造；52 243 小道	52 324／45 21 小气；52 324 写信	52 24／45 21 本地；52 24 写字	52 5／45 2 粉笔；52 5 请客	52 2 小麦
阳上 243	243 44／24 21 士兵	243 12／24 21 市场；243 12／24 上楼	243 52／24 21 市长；243 52／21 受苦	243 243／21 犯罪	243 324／24 21 武器；243 324／24 受气	243 24／24 21 部队	243 5／24 2 道德；243 5／21 负责	243 2／24 动物
阴去 324	324 44／32 战争；324 44／32 跳高	324 12／32 24 透明；324 12／32 拜年	324 52／32 24 信纸；324 52／32 放手	324 243／32 24 报社；324 243／32 靠近	324 324／32 24 照相；324 324／32 52 放假	324 24／32 故事	324 5／32 宪法；324 5／32 送客	324 2／32 教育
阳去 24	24 44／21 电灯；24 44／21 漏风	24 12／21 24 地球	24 52／21 24 电表；24 52 大小	24 243／21 24 调动	24 324／21 24 豆浆	24 24／21 地洞；24 24 大树	24 5／21 办法；24 5／21 会客	24 2／21 事业；24 2 病毒
阴入 5	5 44／3 北方	5 12／3 44 竹蓝；5 12 发扬	5 52／3 44 竹板；5 52 吃苦	5 243／21 接受；5 243 接近	5 324／21 国庆；5 324 出嫁	5 24 发病	5 5／3 出血	5 2／3 节目；5 2 吃药

续表

后字 前字	阴平 44	阳平 12	阴上 52	阳上 243	阴去 324	阳去 24	阴入 5	阳入 2
阳入 2	2　　44 石　灰	2　　12 　　24 白　糖	2　　52 　　44 墨　水	2　　243 　　44 杂　技	2　　324 　　21 学　费	2　　24 　　21 实　话	2　　5 绿　色	2　　2 特　别
	2　　12 入　门	2　　52 蚀　本	2　　243 　　24 活　动	2　　324 读　报	2　　24 立　夏			

二、两字组连读变调规律

长兴方言两字组连读变调的总体特点是：阳入调不论作前字还是作后字基本不变调，阴平、阳平调作前字时基本不变调，阴上、阳上、阴去、阳去、阴入五调不论作前字还是作后字均有变调，具体如下：

（1）阴平［44］作前字时，后字如果是入声字，则不变调；后字如果是非入声字，则通常变调为［44］。

（2）阳平［12］作前字时，后字如果是入声字，则不变调；后字如果是非入声字，则通常变调为单字调所无的［33］。

（3）阴上［52］作前字时，通常变调为单字调所无的［45］。后字如果是非入声字，则通常变调为单字调所无的［21］；后字如果是入声字，则都为阳入调［2］。

（4）阳上［243］作前字时，通常变调为［24］。后字如果是非入声字，则通常变调为［21］；后字如果是入声字，则都为阳入调［2］。

（5）阴去［324］作前字时，通常变调为［32］。后字如果是非入声字，则通常变调为［24］；后字如果是入声字，则都为阳入调［2］。

（6）阳去［24］作前字时，通常变调为［21］。后字如果是非入声字，则通常变调为［24］；后字如果是入声字，则都为阳入调［2］。

（7）阴入调［5］作前字时，在阳上、阴去、阳去前不变调，在其他声调前变调为［3］。

此外，长兴方言有语法变调，当两字组组成动宾或主谓结构时，两字调通常为单字调的组合。例如：走棋 tsei^{52}dʑ̩^{12} | 折本 zəʔ^{2}pəŋ^{52}。

肆　异读

一、新老异读

长兴方言的新老异读主要体现在以下韵类中。下文中"/"前为老派，后为新派。

（1）部分止摄合口三等字老派读为[ɯ]，新派读为[ei]。例如：追 tsɯ⁴⁴ / tsei⁴⁴。

（2）部分流摄开口三等字老派读为[iɤ]，新派读为[ɤ]。例如：酒 tʃiɤ⁵² / tʃɤ⁵²。

（3）部分咸摄开口一等字老派读为[ɯ]，新派读为[ɛ]。例如：南 nɯ¹² / nɛ¹²。

（4）部分咸摄、山摄开口二等入声老派读为[aʔ]，新派读为[əʔ]。例如：插 tsʰaʔ⁵ / tsʰəʔ⁵ | 扎 tsaʔ⁵ / tsəʔ⁵。

（5）部分古章组、知组山摄开口三等字老派读为[ɯ]，新派读为[ɛ]。例如：扇 sɯ³²⁴ / sɛ³²⁴。

（6）部分宕摄开口一等、合口一等、江摄开口二等、通摄合口等入声字老派读为[oʔ]，新派读为[uoʔ]。例如：落 loʔ² / luoʔ²。部分宕摄开口三等入声字老派读为[iaʔ]，新派读为[iɛʔ]。例如：药 iaʔ² / iɛʔ²。

（7）部分通摄合口三等字老派读为[ioʔ]，新派读为[yəʔ]。例如：局 dʒioʔ² / dʒyəʔ²。

二、文白异读

长兴方言的文白异读主要体现在声母和韵母方面。下文中"/"前为白读，后为文读。

1. 声母方面

（1）部分日母字白读为[n]，文读为零声母。例如：日 n¹² / əl¹²。

（2）部分古见系开口二等白读为[k]组声母，文读为[tʃ]组声母，韵母也随之有所改变。例如：交 kɔ⁴⁴ / tʃiɔ⁴⁴。

2. 韵母方面

部分梗摄开口二等白读为[ã]，文读为[ən]。例如：生 sã⁴⁴ / sən⁴⁴。

伍 小称

长兴方言中很少有儿化的现象。

长兴方言中有形容词性的鼻尾小称"儿"。"儿"与前面的音节"些"结合，变成[ʃiŋ⁴⁴]，语流中，其声调符合两字调的音变规律。例如：轻些儿 tɕʰiŋ⁴⁴ʃiŋ⁴⁴ / 好些儿 hɔ⁴⁵ʃiŋ²¹。

声调方面，长兴方言有小称连调[44 44]，主要用于亲属称谓、指人名词和小孩语①。例如：姆妈 m⁴⁴ma⁴⁴ | 爹爹 tia⁴⁴tia⁴⁴ | 猪头 tsʅ⁴⁴dei⁴⁴。

---

① 徐越．浙北杭嘉湖方言中的小称音．杭州师范学院学报，2007（5）：83．

第十五节　余杭方音

壹　概况

一、调查点

1. 地理人口

余杭位于浙江省北部，杭嘉湖平原与浙西丘陵山地的过渡地带。余杭区从西、北两面拱卫杭州中心城区，东与德清县接壤，中与拱墅区毗连，西与安吉县、临安区、富阳区、西湖区相接。余杭区区域总面积 942 平方公里，下辖 7 街道 5 镇：余杭街道、仓前街道、闲林街道、五常街道、中泰街道、仁和街道、良渚街道，瓶窑镇、径山镇、黄湖镇、鸬鸟镇、百丈镇。[1] 截至 2015 年年底，人口为 95.09 万。[2] 民族主要为汉族，少数民族多系工作、婚姻迁入。

2. 历史沿革

余杭历史悠久，早在新石器时代就有先民在这里繁衍生息，史称"马家浜文化"和"良渚文化"。余杭之名，春秋时已见诸史籍。据记载：禹会诸侯于江南，至此舍舟登陆，因名余杭（本为禹杭）。

秦时属会稽郡，东汉永建四年（129）后属吴郡。三国吴宝鼎元年（266）后属吴兴郡。隋开皇九年（589）于余杭置杭州，为州治。大业三年（607）改属余杭郡。唐乾元元年（758）后又属杭州。南宋属临安府，元属杭州路，明清属杭州府。1912 年属钱塘道，1927 年后直属浙江省政府。

1949 年余杭解放，新中国成立后归属变化频繁，1961 年余杭县复置，治临平，属杭州市。[3]1994 年 4 月，余杭撤县设市。[4]2001 年，余杭并入杭州市区，

---

[1]　参见：杭州余杭门户网站，http://www.yuhang.gov.cn/art/2023/2/21/art_1229035868_59007438.html，2022 年 8 月 10 日获取。

[2]　参见：《2016 年浙江统计年鉴》，http://tjj.zj.gov.cn/col/col1525563/index.html，2022 年 8 月 10 日获取。

[3]　徐规，陈桥驿，潘一平，等. 浙江分县简志. 杭州：浙江人民出版社，1984：22-25。

[4]　参见：《关于要求撤销余杭县设立余杭市的请示》（浙政发〔1993〕245 号），2022 年 8 月 10 日获取。

成为杭州余杭区。[①]

3. 方言分布

余杭境内的方言主要为余杭方言，属吴语太湖片苕溪小片。境内除吴语外，西部山区如屏风、石马、白宙地、上城埭等村，有少量浙南闽语分布。

4. 地方曲艺

余杭民间有一种竞技舞蹈叫余杭滚灯，至今已有八百余年历史。其集舞蹈、技巧、体育于一体，有九套二十七个表演动作，有独特的艺术构思和典型的地域特色，对探索古代民间舞蹈具有很高的研究价值，现濒临失传。

曾有木偶戏，当地方言叫"已⁼戏儿 $i^{13}\varphi i^{35}n^{33}$"，现已失传。

二、方言发音人

1. 方言老男

叶天法，1952 年 8 月出生于余杭区良渚镇，一直在本地生活和工作，职工，小学文化程度，说余杭良渚话和不标准的普通话。父母均为良渚镇人，说余杭良渚话。

2. 方言青男

金良瓶，1983 年 1 月出生于余杭区良渚镇，一直在本地生活和工作，职工，高中文化程度，说余杭话和不太标准的普通话。父母均为良渚镇人，说余杭良渚话。

3. 口头文化发音人

叶天法，男，1952 年 8 月出生于余杭区良渚镇，一直在本地生活和工作，职工，小学文化程度，说余杭良渚话和不标准的普通话。

金良瓶，男，1983 年 1 月出生于余杭区良渚镇，一直在本地生活和工作，职工，高中文化程度，说余杭话和不太标准的普通话。

---

① 参见:《国务院关于同意浙江省撤销萧山市余杭市设立杭州市萧山区余杭区的批复》国函〔2001〕13 号，2022 年 8 月 10 日获取。

贰　声韵调

一、声母（26个，包括零声母在内）

p 八兵	pʰ 派片	b 爬病<u>肥</u>	m 麦明问	f 飞风副蜂	v 肥饭味
t 多东	tʰ 讨天	d 甜毒	n 闹南		l 老蓝连路
ts 早酒竹装纸	tsʰ 刺草清车春			s 三山双手书	z 贼坐谢茶事
tɕ 九	tɕʰ 轻	dʑ 权	ȵ 年泥软热	ɕ 响	
k 高	kʰ 开	g 共	ŋ 熬	h 好灰	
Ø 月活县王药					

说明：

（1）鼻、边音分两套，一套读紧喉，一套带浊流。前者出现在阴调字，后者出现在阳调字，分布互补，合并为一套音位。

（2）分尖团。

（3）[f][v]跟[u]韵相拼时，有音位变体[ɸ][β]。

（4）[tɕ]组声母舌位稍偏前。

（5）全浊声母清化有时很明显，如"铜动"。

（6）零声母阳调类音节的起始处带有明显的磨擦成分。

二、韵母（37个，包括自成音节的[l][m][n][ŋ]在内）

ɿ 猪师丝试	i 靴雨米戏二飞	u 歌坐过苦
a 牙排鞋	ia 写	ua 快
ɛ 开赔对		uɛ 鬼
ɔ 宝饱	iɔ 笑桥	
øɤ 豆走南短	iɤ 油	
		uo 茶瓦
ã 糖床双讲硬	iã 响	uã 王横
ɛ̃ 山	iɛ̃ 盐年权	

uɣ̃ 乱转断

uõ 半官

iŋ 深心春新云灯病星　　uŋ 滚

oŋ 东　　　　　　　　ioŋ 兄用

aʔ 塔鸭法辣白　　　　iaʔ 药学　　　　　uaʔ 滑划挖

əʔ 十出直色尺盒　　　　　　　　　　　　uəʔ 刮

eʔ 侄　　　　　　　　ieʔ 接急热节月七一锡

oʔ 八活骨郭北国六绿　ioʔ 局

l 而

m 姆尾

n 儿尔耳

ŋ 五午

说明：

（1）[u]舌位略前，唇形略展。

（2）[u]韵拼唇音、唇齿音和零声母时是[u]韵，拼其余声母时实际音值是[ᵒu]韵。

（3）[ɔ]韵舌位略高。

（4）[uo]韵中[o]舌位略高，近[ʊ]，有时是[ᵘʊ]。

（5）[øɣ]的动唇不明显，但跟周边方言的[ø]韵或[ɣ]韵相比明显不同。

（6）[ɛ][uɛ][ɛ̃]韵中的[ɛ]舌位略高，读音近[ᴇ]。

（7）[ɑ̃][iɑ̃][uɑ̃]中的[ɑ]舌位略前，有时也读作[ɑŋ][iɑŋ][uɑŋ]。

（8）[iŋ]韵中的[i]舌位略低，近[ɪ]。

（9）[əʔ]中的[ə]舌位略低略后，实际音值近[ɜʔ]。

（10）[əʔ][aʔ]两韵有时可互读，如"盒"。

（11）[əʔ]韵和[eʔ]韵有时也可以自由变读，如"侄"。

（12）自成音节的[m][n][ŋ]是白读韵，[l]是文读韵。

三、声调（8个）

阴平	44	东该灯风通开天春
阳平	22	门龙铜皮糖红牛油
阴上	53	懂古鬼九统苦讨草买老五有后

阳上	243	动罪近
阴去	423	冻怪半四痛快寸去
阳去	213	卖路硬乱洞地饭树
阴入	5	谷百搭节急哭拍塔切刻
阳入	2	六麦叶月毒白盒罚

说明：

（1）阴平、阳平在听感上起始略带降势。

（2）次浊平字有时会读成阴平调，两字组中也有这种读音现象。

（3）阴去、阳去都为降升调，也可记为［434］和［212］。

（4）入声尤其是次浊入在语流中有时喉塞很弱。

叁　连读变调

一、两字组连读变调表

余杭方言两字组的连读变调规律见下表。表中首列为前字本调，首行为后字本调。每一格的第一行是两字组的本调组合；第二行是连读变调，若连读调与单字调相同，则此行空白；第三行为例词。同一两字组若有两种以上的变调，则以横线分隔。具体如下。

余杭方言两字组连读变调表

前字＼后字	阴平 44	阳平 22	阴上 53	阳上 243	阴去 423	阳去 213	阴入 5	阳入 2
阴平 44	44 44 / 55 55 / 天 公	44 22 / 55 33 / 清 明	44 53 / 55 55 / 天 井	44 243 / 55 33 / 公 社	44 423 / 55 55 / 车 票	44 213 / 55 33 / 车 站	44 5 / 55 / 工 作	44 2 / 55 / 生 活
	44 44 / 55 35 / 当 官	44 22 / 55 13 / 开 门			44 423 / 55 35 / 开 店	44 213 / 55 13 / 生 病		
阳平 22	22 44 / 31 35 / 云 嶂	22 22 / 31 13 / 田 塍	22 53 / 31 35 / 牙 齿	22 243 / 31 13 / 徒 弟	22 423 / 31 35 / 驼 背	22 213 / 31 13 / 毛 病	22 5 / 31 / 头 发	22 2 / 13 / 茶 叶
	22 44 / 33 55 / 爬 山	22 22 / 13 33 / 前 头	22 53 / 33 / 门 口	22 243 / 33 43 / 塘 里			22 5 / 33 / 留 级	22 2 / 33 / 同 学

续表

前字＼后字	阴平 44	阳平 22	阴上 53	阳上 243	阴去 423	阳去 213	阴入 5	阳入 2
阴上 53	53 44 35 0 水沟	53 22 35 0 草鞋	53 53 35 0 火腿	53 243 35 0 起码	53 423 35 0 比赛	53 213 35 0 手艺	53 5 35 赌博	53 2 35 体育
阳上 243	243 44 35 0 尾巴	243 22 35 0 码头	243 53 35 0 老虎	243 243 35 0 养老	243 423 35 0 满意	243 213 35 0 午饭	243 5 35 满足	243 2 35 礼物
	243 44 13 35 后边	53 22 55 33 以前	243 53 55 老板	243 243 33 53 道理	53 423 55 53 以后	243 213 33 31 近路	243 5 33 犯法	243 2 33 老实
		243 22 33 31 稻田			243 423 33 53 市镇			
阴去 423	423 44 53 35 背心	423 22 53 13 算盘	423 53 53 35 报纸	423 243 53 13 对待	423 423 53 35 意见	423 213 53 13 孝顺	423 5 53 政策	423 2 53 四月
阳去 213	213 44 33 35 地方	213 22 33 13 大门	213 53 33 35 大水	213 243 33 13 味道	213 423 33 35 饭店	213 213 33 13 大路	213 5 33 办法	213 2 33 树叶
	213 44 33 53 棒冰		213 53 33 县长	213 243 33 53 大雨	213 423 33 53 事故			
阴入 5	5 44 53 百鸟	5 22 骨头	5 53 发火	5 243 53 谷雨	5 423 35 出去	5 213 13 决定	5 5 4 节约	5 2 节日
阳入 2	2 44 35 立冬	2 22 13 石头	2 53 日子	2 243 53 十五	2 423 35 白菜	2 213 13 立夏	2 5 蜡烛	2 2 2 3 学习
		2 22 31 肉皮						

说明：

（1）后字位置的"0"代表轻声。

（2）余杭方言有 8 个单字调，两字组有 64 种组合，归并后有 39 种变调模式。

（3）除前字阴去、阴入外，每种调类的组合都有不止一种连读变调模式。

（4）此两字组连读变调规律主要适用于广用式两字组，是词调，不完全适用于句子中。

二、两字组连读变调表规律

（1）就变调类型论，舒声调以前后字都变调为主，入声调以前后字都不变调为主。

（2）从变调的主要规律看，前字相同，前字变调相同，后字调型走向一致，调值阴高阳低。

（3）调类合并彻底，次浊上单字调中归阴上，在两字组连读变调中，不论前字还是后字，均同清上。

（4）每一种连调组合中均有一组为主流变调，还有一些其他变调。

（5）就调值说，有两种情况：一是不超出 8 个单字调；二是出现了 8 个单字调之外的新调值。这种新调值主要有：［31］由阳平变来，出现在前字。［35］［13］分别由阴舒和阳舒变来，出现在后字。［55］和［33］由阴平和阳平变来，出现在前后字中。［4］和［3］由阴入和阳入变来。［0］只出现在后字。

（6）轻声只出现在前字阴上组合的后字。

肆　异读

一、新老异读

余杭方言的新老异读主要表现在韵母上。下文中"／"前为老派，后为新派。

（1）老派部分声母分尖团，小≠晓、星≠新；新派基本不分尖团，小 = 晓、星 = 新。

（2）老派音系没有［y］，新派音系受周边吴语影响，一些次常用字读成了［y］韵。例如："区举裕遇"，老派读［i］，新派读［y］。

（3）老派［øɤ］［iɤ］两韵，新派读［ɤ］［iɤ］。例如："豆走南短油"。

（4）老派的［øɤ］［uõ］两韵，新派合并成［ɤ］韵。例如："豆走南短半官"。

（5）老派的［iẽ］韵，新派分化成［yø］［iẽ］两韵。例如："院冤圆盐年权"。

（6）老派的［ieʔ］韵，新派分化成［ieʔ］［yøʔ］两韵。例如："一七节缺雀决"。

（7）老派和新派间还存在以下一些零星的读音差异：

例字	老派	新派	例字	老派	新派
个	kɤ⁴³⁵	koʔ⁵	甘	kuõ⁴⁴	kɛ⁴⁴
可	kʰoʔ⁵	kʰu⁵³	集	zieʔ²	dʑieʔ²
溪	tɕʰi⁴⁴	ɕi⁴⁴	岩	ŋɛ̃²¹³	iɛ̃²²
歪	ua⁴⁴	uɛ⁴⁴	泼	uõ²⁴³	uɛ²¹³

二、文白异读

余杭方言的文白异读大致可归纳为声母异读、韵母异读、声母韵母异读三种类型。下文中"/"前为白读，后为文读。

1. 声母

日母"人入日让儿"等字，一般白读[ȵ]声母，文读[z]声母或[ʑ]声母。例如：日 ȵieʔ² / zəʔ² | 入 zəʔ² / ȵieʔ² | 让 ȵiɑ̃²¹³ / zɑ̃²¹³ | 人 ȵiŋ²² / ziŋ²²。

2. 韵母

微奉端母的个别字存在韵母异读。例如：晚 mɛ⁵³ / uɛ⁵³ | 肥 bi²² / vi²² | 端 tuõ⁴⁴ / tɛ̃⁴⁴ | 儿 n²² / l²²。

3. 声母、韵母

见母"锯交"等字一般白读[k]声母拼[ɛ][ɔ]韵，文读[tɕ]声母拼[i][iɔ]韵。例如：锯 kɛ⁴²³ / tɕi⁴²³ | 交 kɔ⁴⁴ / tɕiɔ⁴⁴。

伍　小称

余杭方言中的小称主要有两字组连调小称、儿尾小称、儿缀小称三种类型。

1. 两字组连调小称

其连调模式为[55 55]，主要出现在称谓词中。例如：奶奶 nɛ⁵⁵nɛ⁵⁵ | 爹爹 ti⁵⁵ti⁵⁵ | 姐姐 tsi⁵⁵tsi⁵⁵ | 姆妈 m⁵⁵mɒ⁵⁵ | 火儿碳 fu⁵⁵n⁵⁵。

由于与前字阴平后字阴平、阴上、阴去的两字组主要变调模式相同，因此有些词语一时难以判断。例如：姑父、孙子、司工厨师、亲眷。

2. 儿尾小称

儿尾小称属于消失中的残迹现象，数量很有限。例如：

闹热儿 $no^{33}\eta i\eta^{35}$　　　　　屋里儿 $u^{55}li\eta^{33}$

背脊儿 $p\epsilon^{53}t\varsigma i\eta^{35}$

好些儿 $xo^{53}\varsigma i\eta^{0}$　　　　　接些儿 $t\varsigma ie\mathrm{?}^{5}\varsigma i\eta^{35}$。

3. 儿缀小称

儿缀小称较为丰富，主要分布在余杭区西部和北部，不同区域间差异明显。良渚镇两字组儿缀词语的变调基本同广用式两字组。个别例外（表中用"——"表示，"/"表示两读），可能是没调查到相应的词语。例如：

前字	变调	一般两字组	儿缀两字组
清平	55 33/55	清明	虾儿、锹儿、包儿、歌儿
浊平	13 33/35	农民	茄儿、瓶儿、牌儿、条儿
	31 13/35	——	环儿、壶儿、虫儿、钳儿
阴上	35 0/31	草鞋	鸟儿、囡儿、块儿、坂儿
	53 33	——	嘴儿
	53 31	——	子儿、梗儿、眼儿、
阳上	33 31/53	稻田	辫儿、
阴去	53 13/35	太阳	盖儿、帕儿、带儿、褶儿
	35 0	下底	犀儿、蟹儿
阳去	33 13/35	大门	袋儿
	31 33	——	画儿
阴入	5 31/53		掠儿、鸭儿、角儿
	5 13		帕儿、筷儿
阳入	2 13	石头	侄儿
	2 31	肉皮	索儿、勺儿、夹儿、肉儿

陆　其他音变

（1）次浊平在单字和两字组后字中常常读阴平。例如：捞 $lɔ^{44}$ | 今年 $kiŋ^{55}n̠iẽ^{55}$ |
明年 $miŋ^{31}n̠iẽ^{35}$。

（2）舒声字和入声字在多音节词语中有时会促化和舒化。例如：吃力 $tɕieʔ^{5}li^{31}$ |
做生活 $tsu^{35}sã^{55}u^{33}$ | 砚瓦 $n̠ieʔ^{2}uo^{13}$ | 屋里_{妻子} $u^{55}liŋ^{31}$。

第十六节　临安方音

壹　概况

一、调查点

1. 地理人口

临安为杭州市下辖临安区，地处浙江省西北部，杭州市西部。东邻余杭区，南连富阳区和桐庐县、淳安县，西接安徽省歙县，北接湖州市安吉县及安徽省绩溪县、宁国市。总面积为3126.8平方公里，下辖5街道13镇：锦城街道、玲珑街道、青山湖街道、锦南街道、锦北街道、板桥镇、高虹镇、太湖源镇、於潜镇、天目山镇、太阳镇、潜川镇、昌化镇、龙岗镇、河桥镇、湍口镇、清凉峰镇、岛石镇，区政府驻地锦城街道。[①] 截至2016年年底，人口为53.2万。[②] 民族主要为汉族，也有部分少数民族，主要为畲族，其他如土家族、苗族、布依族、壮族等少数民族集中分布在昌化镇、岛石镇、龙岗镇、太阳镇、高虹镇、板桥镇、青山湖街道、锦城街道，多系工作、婚姻迁入。

2. 历史沿革

东汉永建十六年（211），分余杭置临水县，因临猷溪水而得名，此为临安建置之始。晋武帝太康元年（280）更名临安县，属吴兴郡。（后梁）开平元年（907）三月，升为安国衣锦城，开平二年（908）正月，临安县改为安国县。（北宋）太平兴国三年（978），安国县复改为临安县。南宋绍兴八年（1138），临安等7县升为京畿县。元时属杭州路。明、清时属杭州府。1912年直属浙江省，后改属吴兴行政督察区、第九行政督察区等。[③]

1949年临安解放，属临安专区，后先后改属嘉兴专区、建德专区等。1958

---

① 参见：杭州市临安区人民政府网，http://www.linan.gov.cn/col/col1366287/index.html，2022年8月9日获取。

② 参见：《2017年浙江统计年鉴》，http://tjj.zj.gov.cn/col/col1525563/index.html，2022年8月10日获取。

③ 徐规，陈桥驿，潘一平. 浙江分县简志. 杭州：浙江人民出版社，1984：229-231。

年，於潜县并入昌化县。1960 年，昌化县并入临安县，成为杭州市辖县。[①]1996年，临安撤县建市。[②]2017 年 8 月，设立杭州市临安区 [③]，成为杭州市"第十区"。

3. 方言分布

临安境内的方言主要为临安话，属吴语太湖片临绍小片。境内除吴语外，有少量官话和畲话分布。

4. 地方曲艺

民间流传着一种由唐代寺院中的俗讲演变而来的传统说唱文学形式——宝卷。宝卷属曲艺类表演形式，以七言和十言韵文为主，语言生动形象，通俗明快，具有较强的艺术感染力。当地传唱较广的主要是劝人为善的"花名宝卷"。

二、方言发音人

1. 方言老男

王炳南，1958 年 9 月出生于临安区锦城街道，一直在本地生活和工作，职工，高中文化程度，说临安话和不太标准的普通话。父母均为锦城镇人，说临安话。

2. 方言青男

章杭，1988 年 10 月出生于临安区锦城街道，主要在本地生活和工作，工商业者，大专文化程度，说临安话和不太标准的普通话。父母均为锦城镇人，说临安话和不太标准的普通话。

3. 口头文化发音人

黄金森，男，1948 年 1 月出生于临安区锦城街道，职工，小学文化程度，说临安话和不标准的普通话。

---

① 　徐规，陈桥驿，潘一平. 浙江分县简志. 杭州：浙江人民出版社，1984：231。
② 　参见：《民政部关于浙江省撤销临安县设立临安市的批复》（民政批〔1996〕79 号），2022 年 8 月 10 日获取。
③ 　参见：《国务院关于同意浙江省调整杭州市部分行政区划的批复》（国函〔2017〕102 号），2022 年 8 月 10 日获取。

贰 声韵调

一、声母（28个，包括零声母在内）

p 八兵	pʰ 派片	b 爬病	m 麦明问味	f 飞风副蜂	v 肥饭问味
t 多东	tʰ 讨天	d 甜毒	n 闹南		l 老蓝连路
ts 早张竹纸主	tsʰ 刺草寸抽抄	dz 茶		s 丝三酸山手	z 字贼坐事十
tɕ 酒九	tɕʰ 清轻	dʑ 城权	ȵ 年泥软热	ɕ 想响	ʑ 谢
k 高	kʰ 开	g 共	ŋ 熬	h 好灰	
∅ 县安温王药					

说明：

（1）鼻、边音分两套，一套读紧喉，一套带浊流。前者出现在阴调字，后者出现在阳调字。分布互补，合并为一套音位。

（2）[f][v]拼合口呼韵母时，有音位变体[ɸ][β]。

（3）[tɕ]组声母舌位稍偏前。

（4）[s][ɕ]有时略带舌叶色彩，如单字中的"双、戏"。

（5）[l]有时发成[dl]，如单字中的"连"。

（6）[dz]有时发成[z]，如词语中的"前年、前头两年、前天"中的"前"，有的读[dz]，有的读[z]。

（7）零声母阳调类音节的起始处带有明显的磨擦成分。

二、韵母（36个，包括自成音节的[m][ŋ]在内）

ʮ 竖柱			y 靴雨
ɿ 猪师丝试	i 戏飞米二	u 火货租	
a 排鞋	ia 写	ua 快	
ɛ 山			
œ 坛			yœ 油权
ɔ 宝饱	iɔ 笑桥		
ɛ 开赔对	ie 盐年	uɛ 鬼	

o 歌坐过茶牙瓦苦

ə 走豆南半短　　　　　　　　　　　　　uə 官

ã 糖讲硬　　　　　　iã 响　　　　　　uã 床王横

eŋ 深寸春灯升争根　　iŋ 心新病星　　　ueŋ 滚

oŋ 东　　　　　　　　ioŋ 兄用云

ɐʔ 鸭十辣托直色白出　ieʔ 一药热锡学　　uɐʔ 刮活　　　yɐʔ 橘月

ɔʔ 北壳　　　　　　　　　　　　　　　uɔʔ 国谷六绿　yɔʔ 局

əʔ 个　　　　　　　　iəʔ 七贴接急节　　uəʔ 骨郭

ɚ 儿

ŋ̩ 五儿

m̩ 母尾

说明：

（1）[ɿ]有时实际音值是[ɿə]。例如单字中的"猪丝试"。

（2）[y]韵唇形略展，专家认为实际音值是[ɥə]。

（3）[u]舌位略前，唇形略展。

（4）[ɔ]韵舌位略高。

（5）[o]韵有时是[ᵘo]。

（6）[ã][uã]中的[ã]舌位略前，有时读作[ɑŋ][uɑŋ]或[ãŋ][uãŋ]。

（7）[eŋ]韵中的[e]开口度略大，接近[ɛ]。

（8）[eŋ][ieŋ][ueŋ]有时还带有鼻化，音值接近[ẽŋ][iẽŋ][uẽŋ]。

（9）[ɔʔ][uɔʔ][yɔʔ]韵中的[ɔ]唇形略展。

（10）[əʔ]舌位略低略后，实际音值近[ɜʔ]。

（11）[ieʔ][ɐiʔ]两韵有时可互读。

（12）自成音节的[m̩][ŋ̩]两韵是白读韵，[ɚ]韵是文读韵。

三、声调（4个）

阴舒	55	东该灯风通开天春懂古鬼九统苦讨草冻怪半四痛快寸去
阳舒	33	动罪近后买老五有洞地饭树卖路硬乱铜皮糖红门龙牛油
阴入	54	谷百搭节急哭拍塔切刻
阳入	12	六麦叶月毒白盒罚

说明：

（1）声调已合并为4个。分别为阴舒［55］、阳舒［33］、阴入［54］、阳入［12］。例如"东＝懂＝冻、通＝统＝痛、铜＝动＝洞"。但偶然会出现接近［35］［53］［13］的调值，例如单字中的"紫"收尾带降势。有的存在两读现象，例如"方、屁"纸笔调查时收尾带降势，摄录时读［55］。"剃"纸笔调查时读［55］，摄录时收尾带升势。"大"有时也带升势，但这种读音差异与古调类之间的对应规律已不明显。

（2）阴舒［55］调值有时略低，也可记为［44］。

（3）阴入、阳入喉塞均比较弱。

叁 连读变调

一、两字组连读变调表

临安方言两字组的连读变调规律见下表。表中首列为前字本调，首行为后字本调。每一格的第一行是两字组的本调组合；第二行是连读变调，若连读调与单字调相同，则此行空白；第三行为例词。同一两字组若有两种以上的变调，则以横线分隔。具体如下。

临安方言两字组连读变调表

前字 ＼ 后字		阴舒 55			阳舒 33			阴入 54	阳入 12
		清平	清上	清去	浊平	浊上	浊去	清入	浊入
阴舒 55	清平	55 55 花 生			55 33 窗 门			55 5 背 脊	55 2 省 力
		55 55 53 35 天 公			55 33 53 13 今 年			55 5 53 钢 笔	
		55 55 53 丝 瓜			55 55 53 杉 树				
	清上 清去	55 55 枣 子			55 33 太 阳			55 5 美 国	55 2 小 麦
		55 55 53 小 坑			55 33 31 水 田				

续表

前字＼后字		阴舒 55			阳舒 33			阴入 54	阳入 12
		清平	清上	清去	浊平	浊上	浊去	清入	浊入
阳舒 33	浊平	33 55 梅 花			33 33 梨 头			33 5 毛 笔	33 2 前 日
		33 55 35 雷 公			33 33 13 池 塘				
		33 55 31 洋 葱			33 33 31 雄 牛				
		33 55 31 35 田 鸡			33 33 31 13 前 年				
	浊上 浊去	33 55 老 姜			33 33 烂 泥			33 5 稻 谷	33 2 后 日
		33 55 53 牡 丹			33 33 31 里 头				33 2 13 满 月
阴入 54	清入	5 55 竹 篮			5 33 鲫 鱼			5 5 一 百	5 2 吃 力
		5 55 35 壁 虎			5 33 13 屋 里				
阳入 12	浊入	2 55 蜜 蜂			2 33 石 头			2 5 六 谷	2 2 昨 日
		2 55 35 历 书			2 33 13 钥 匙				

说明：

（1）临安方言4个单字调，两字组有16种组合，归并后有36种变调模式。

（2）每一种组合的变调模式都无法回避地存在一些例外。

（3）每一种调类组合都有不止一种连读变调模式。

（4）此两字组连读变调规律主要适用于广用式两字组，是词调，不适用于句子中。

二、两字组连读变调规律

（1）就变调类型论，不管是前字还是后字，入声都以不变调为主。舒声前后字都不变、前后字都变、前字变后字不变、前字不变后字变 4 种变调形式都有。

（2）前字调类复原明显，单字调中清平、清上、清去合为阴舒，浊平、浊上、浊去合为阳舒，但在两字组中，前字清平、清上、清去有区别，浊平、浊上、浊去也有区别。

（3）后字调类合流彻底，单字调中清平、清上、清去合并，浊平、浊上、浊去合并，在两字组中也合并。

（4）部分变调模式是前字单字调调型的扩展，如前字阴舒［55］，两字组［55 55］。

（5）就调值说，有两种情况：一是不超出 4 个单字调；二是出现了 4 个单字调之外的新调值。这种新调值主要有：［53］和［35］由阴舒声变来，［31］和［13］由阳舒声变来。

肆　异读

一、新老异读

临安方言的新老异读集中体现在韵母方面。下文中“ / ”前为老派，后为新派。

（1）老派声调已经合并为阴舒、阳舒、阴入、阳入 4 个调。新派尚能分出 7 个调，分别为阴平、阳平、阴上、阴去、阳去（浊上归去）、阴入、阳入。从调值看，老派阴平、阴去归阴上，阳上（浊上）归阳平。

（2）老派的［yœ］韵，新派分［iœ］［yœ］两韵，如“油权”。

（3）老派的［ə］韵，新派分［œ］［ɤ］两韵，如“半短豆走南”。

（4）老派的［uə］韵，新派读［uœ］韵，如“官”。

（5）老派的［o］韵，新派读［uo］韵，如“瓦花瓜”。

（6）老派的［ã］［iã］［uã］韵，新派读［aŋ］［iaŋ］［uaŋ］韵。

（7）老派入声分［iəʔ］［ɕeʔ］韵，新派合并为［ieʔ］韵，如“一药跌七”，老派“一药”读［ɕəʔ］韵，“跌七”读［ieʔ］韵，新派都读［ieʔ］韵。

（8）老派入声分［uoʔ］［uəʔ］韵，新派合并为［uoʔ］韵，如“国谷六绿郭骨”，老派"国谷六绿"读［uɔʔ］韵、"郭骨"读［uəʔ］韵，新派都读［uoʔ］韵。

（9）老派和新派间还存在以下一些零星的读音差异。

例字	老派	新派	例字	老排	新派
雨	y⁵⁵	ʮ⁵⁵	住	dzy³³	dzu³³
书	ɕy⁵⁵	ɕʮ⁵³³	数	ɕy⁵⁵	su⁵⁵
蓝	lɛ³³	ləɤ²¹³	树竖	zʮ³³	zu²¹³
鹅	o³³	ŋo³³	芋	y³³	ŋ²¹³
祸	o³³	əu²¹³	埋	ma³³	məɤ²¹³
靴	ɕy⁵⁵	ɕyɐʔ⁵	块	kʰua⁵⁵	kʰuɛ⁵³³
个	kəʔ⁵⁴	kyœ⁴⁴	骑	dʑi³³	dʑia³⁵

二、文白异读

临安方言的文白异读大致可归纳为声母异读、韵母异读两种类型。下文中" / "前为白读，后为文读。

1. 声母异读

（1）微母"网尾味问晚"等字，一般白读［m］声母、文读［v］声母。例如：尾 m³³ / vi³³ | 味 mi³³ / vi³³ | 晚 mɛ³³ / uɛ³³ | 网 mã³³ / uã³³ | 问 meŋ³³ / veŋ³³。

（2）日母"人日"等字，一般白读［ȵ］声母、文读［z］声母。例如：人 ȵieŋ³³ / zeŋ³³ | 日 ȵiɐʔ² / zɐʔ²。

（3）其他，如奉母字：肥 bi³³ / vi³³；端母字：鸟 tio³³ / ȵio³³。

2. 韵母异读

（1）日母"耳儿"等字，一般白读［ŋ］、文读［ɚ］。例如：耳 ŋ³³ / ɚ³³ | 儿 ŋ³³ / ɚ¹¹³。

（2）止合三"水围"等字，一般白读韵母［ʅ］［y］，文读韵母［ɛ］［uɛ］。例如：水 sʅ³³ / sɛ³³ | 围 y³³ / uɛ³³。

伍 小称

　　临安区锦城街道方言暂时没有发现小称，过去在调查临安区玲珑街道化龙村方言时曾发现其小称调只出现在次浊平，念高升调[355]。例如：

　　门 mən³⁵⁵ | 娘 ȵiã³⁵⁵ | 爷 ia³⁵⁵ | 人 ȵin³⁵⁵ | 犁 li³⁵⁵ | 篮 lɛ³⁵⁵ | 零铃 lin³⁵⁵ | 龙 loŋ³⁵⁵ | 羊 ia³⁵⁵ | 熊 ioŋ³⁵⁵ | 猫 mɔ³⁵⁵ | 牛 ȵiɤ³⁵⁵ | 鹅 ŋo³⁵⁵ | 圆 yœ³⁵⁵ | 驴 lu³⁵⁵ | 狼 la³⁵⁵ | 轮 lən³⁵⁵ | 楼 lɤ³⁵⁵ | 蚊 miŋ³⁵⁵ | 芒 ₘₐ~ma³⁵⁵ | 茸 ȵioŋ³⁵⁵ ₗₒᵤ~ | 蛾 ŋu³⁵⁵ | 兰 lɛ³⁵⁵ ~花。

　　这种小称调在语音形式上已无相应的非小称调，在意义上已无原来指小表爱的功能。小称调在完全丧失小称功能后，突破小称范畴，从而使原来仅用于次浊平的小称调泛化为独立的次阳平。根据《汉语方言调查字表》的收字，发音人用方言能念的次浊平字共 361 个，其中 214 个念[355]调，占总数的一半以上。

第十七节　昌化方音

壹　概况

一、调查点

1. 地理人口

昌化镇隶属于浙江省杭州市临安区，位于浙江省杭州市西部。东临太阳镇，西接龙岗镇，南连河桥镇，北接安徽省宁国市，距离临安城区 47 公里。全镇总面积为 232.63 平方公里，下辖 14 个行政村，分别是：白牛村、后葛村、东街村、西街村、后营村、九龙村、联盟村、上营村、双塔村、孙家村、朱白村、朱穴村、石铺村、九龙村。截至 2018 年年底，全镇户籍人口 2.2 万。[①]

2. 历史沿革

昌化地区历史悠久，从秦朝至隋朝末年，一直为於潜县地，后为昌化县治所在。昌化县始建于唐万岁通天元年（696），时称武隆县。自北宋以来，昌化县的建制和名称基本稳定。1949 年，昌化县属临安专区；1955 年，划属建德专区；1958 年，归属嘉兴专区。1960 年 9 月，昌化县并入临安县，1961 年更名为昌化镇。现为临安区的三大重镇之一。[②]

3. 方言分布

昌化方言属吴语太湖片临绍小片，昌化镇内除昌化方言外，武隆、白牛等地还有人说徽语淳安话。

4. 地方曲艺

昌化境内原有一种特殊的剧种——昌化道士戏，演出节目有启建、迎神、礼忏、设席等，有念、白、唱、舞、做等多种动作穿插表演，民乐伴奏。新中国成

---

① 参见：杭州临安区昌化镇政府网，http://ch.lanews.com.cn/content/2018-04/19/content_6332103. htm，2022 年 8 月 10 日获取.

② 《昌化镇志》编纂委员会. 昌化镇志. 北京：方志出版社，2010：3-59.

立后，该剧种已逐渐匿迹 [1]。

二、方言发音人

1. 方言老男

张南云，1961 年 3 月出生于临安区昌化镇，一直在本地生活和工作，基层干部，高中文化程度，说昌化话和普通话。父母、配偶均为昌化镇人。

2. 方言青男

吴陈焘，1991 年 5 月出生于临安区昌化镇，主要在本地生活和工作，基层干部，大专文化程度，说昌化话和普通话。父母均为昌化镇人。

3. 口头文化发音人

翁三芳，女，1975 年 7 月出生于清凉峰镇（原属于老昌化县），一直在本地生活和工作，农民，高中文化程度，说昌化话和普通话。

公仲木，男，1956 年 9 月出生于临安区昌化镇，一直在本地生活和工作，农民，高中文化程度，说昌化话和普通话。

姚亚平，男，1959 年 10 月出生于临安区昌化镇，一直在本地生活和工作，农民，小学文化程度，说昌化话和不太标准的普通话。

贰　声韵调

一、声母（28 个，包括零声母在内）

p 八兵	pʰ 派片	b 病爬	m 麦明问	f 飞风副蜂	v 肥饭味
t 多东	tʰ 讨天	d 甜毒	n 脑南		l 老蓝连路
ts 资早租张 　竹争装纸	tsʰ 刺草寸拆 　抄初车	dz 侄择		s 丝三酸山双	z 字贼坐祠 　茶事床
tɕ 酒主九	tɕʰ 清抽春轻	dʑ 茄局	ȵ 年泥热软	ɕ 想手书响	ʑ 全谢柱船 　顺十城权

---

[1] 《昌化镇志》编纂委员会 . 昌化镇志 . 北京：方志出版社，2010：305.

k 高挂	kʰ 开看	ɡ 共狂　　ŋ 熬眼	x 好灰

Ø 月活<u>县</u>安温
　王云用药

说明：

（1）浊声母只是清音浊流，与低调相连，带有浊音色彩。

（2）零声母在阳调类前有较重的摩擦。

（3）[v][z][ʑ]及匣母字发音时带有较强的气流。

（4）[dz]声母字很少，调查材料中只有"择、侄"等字，可能是受普通话影响而产生的。

二、韵母（40个，包括自成音节的[m][ŋ][əl]在内）

ɿ 师丝试戏	i 米豆油	u 茶苦	y 猪雨
a 排鞋	ia 茄	ua 快	ye 靴
ɛ 开赔对	ie 写	uɛ 灰块	
ɔ 宝饱	iɔ 笑桥		
ɯ 歌坐过牙瓦			
ei 飞走		uei 鬼	
ɜ̃ 南半短寸		uɜ̃ 管	
	iĩ 盐年		yĩ 权
ũ 讲			
ɔ̃ 山糖床		uɔ̃ 官王双	
ã 硬争	i<u>ã</u> 响讲	uã 横	
əŋ 根灯东	iəŋ 心深新升病星	uəŋ 滚	yəŋ 春云兄用
aʔ 盒塔鸭法辣八白尺	iaʔ 药	uaʔ 刮活	
	iɛʔ 接十急热一学直锡		yɛʔ 月橘局
		uɔʔ 骨托郭壳国	
əʔ 出北色		谷六绿	
m 母			
ŋ 五			
əl 二			

说明：

（1）［u］拼读唇音时，音值近［uʊ］。

（2）［ɯ］发音时，实际音值近于［ɯə］。

（3）［ɛ］韵母舌位近于［ɐ］。

（4）［ɔ］发音时，唇形略展，舌位略低，音值接近［ɑ］。

（5）［ɔ̃］［uɔ̃］中的［ɔ］，唇形略展，舌位略低，音值接近［ɑ］。

（6）［yəŋ］实际音值近［yoŋ］。

三、声调（7个）

阴平	334	东该灯风通开天春
阳平	112	门龙牛油铜皮糖红
阴上	453	懂古鬼九统苦讨草
阴去	544	冻怪半四痛快寸去
阳去	243	卖路硬乱洞地饭树买老五有动罪近后
阴入	5	谷百搭节急哭拍塔切刻
阳入	23	六麦叶月毒白盒罚

说明：

（1）阳平［112］，有时接近［223］。

（2）阴上［453］，有时近［353］。

（3）阴去［544］，有时近［44］。

（4）阳去［243］，结尾声带有时急剧放松，从而带有降尾。

（5）入声调有时并不短促。

（6）曲折调在词中通常只念前半段。

叁　连读变调

一、两字组连读变调表

昌化方言两字组的连读变调规律见下表。表中首列为前字本调，首行为后字本调。每一格的第一行是两字组的本调组合；第二行是连读变调，若连读调与单字调相同，则此行空白；第三行为例词。同一两字组若有两种以上的变调，则以横线分隔。具体如下。

昌化方言两字组连读变调表

后字 前字	阴平 334	阳平 112	阴上 453	阴去 544	阳去 243	阴入 5	阳入 23
阴平 334	334 334 33 45 天　公 334 334 33 开　车	334 112 33 45 清　明 334 112 33 开　门	334 453 33 身　体 334 453 33 浇　水	334 544 33 45 干　菜 334 544 33 开　店	334 243 33 453 鸡　蛋 334 243 33 生　病	334 5 33 猪　血 334 5 33 拉　客	334 23 33 5 生　活 334 23 33 消　毒
阳平 112	112 334 11 农　村	112 112 11 皮　鞋 112 112 11 45 娘　娘	112 453 11 门　口	112 544 11 453 芹　菜 112 544 11 还　账	112 243 11 名　字	112 5 11 毛　笔	112 23 11 牛　肉
阴上 453	453 334 45 53 点　心 453 334 45 打　针	453 112 45 53 草　鞋 453 112 45 走　棋	453 453 45 53 火　腿	453 544 45 53 海　带 453 544 45 写　信	453 243 45 水　稻	453 5 45 粉　笔	453 23 45 5 体　育 453 23 45 整　日
阴去 544	544 334 54 背　心	544 112 54 酱　油	544 453 54 帐　子 544 453 54 24 戒　指	544 544 54 放　屁	544 243 54 报　社 544 243 54 453 炮　仗	544 5 54 23 计　策 544 5 54 爱　国	544 23 54 放　学
阳去 243	243 334 23 453 饭　锅 243 334 23 坐　车	243 112 23 453 面　盘 243 112 24 坐　船	243 453 23 53 户　槛 243 453 24 动　手	243 544 23 大　蒜	243 243 23 道　士 243 243 24 24 犯　罪	243 5 23 453 道　德	243 23 23 5 大　麦
阴入 5	5 334 45 北　方	5 112 45 铁　门 5 112 发　财	5 453 橘　子	5 544 折　扣	5 243 柏　树	5 5 节　约	5 23 5 作　业 5 23 吃　药

后字 前字	阴平 334		阳平 112		阴上 453		阴去 544		阳去 243		阴入 5		阳入 23	
阳入 23	23 2 石	334 灰	23 2 白	112 糖	23 2 麦	453 粉	23 2 读	544 报	23 2 活	243 动	23 2 绿	5 色	23 2 目	23 录

二、两字组连读变调规律

昌化方言两字组组成一个词时，前字如为阴声调或阳去调，则后字的声调通常由前字决定；前字如为阳平、阳入或阴去调，则后字通常保持本调。

（1）前字调为阴平［334］时，两字组调通常为［33 45］或［33 5］（后字为入声时）。

（2）前字调为阴上［453］时，两字组调通常为［45 53］，与阳去相连时，两字组调为［45 243］，与入声字相连时，两字组调通常为［45 5］。

（3）前字调为阳去［243］，后字为阴声字时，两字组调通常为［23 453］；与入声字相连时，两字组调通常为［23 5］。

（4）前字调为阴入［5］时，后字通常要保持高调。当其与阴平、阳平相连时，两字组调为［5 45］；与阴上、阴去、阳入相连时，后字不变调；与阳入相连时，两字组调为［5 5］。

（5）前字调为阳平［112］时，后字通常保持本调；与阴去字相连时，两字组调为［11 453］。

（6）前字调为阳入［23］时，后字通常保持本调。

（7）前字为阴去［544］时，后字通常保持本调。

若两字组组成动宾、主谓短语时，后字通常也不变调。

肆　异读

一、新老异读

昌化方言的方言老派和方言新派的声母、韵母系统基本一致，都是28个声母、39个韵母；调类一致，均为7个调，但具体调值存在一些差异。老派的阴上与阳去基本都带降尾，而新派基本不带；老派的阴入调大部分较短促，而新派的入声大部分较舒缓，喉塞尾较弱。

昌化方言老派和新派口音总体分歧不大，新老异读主要体现在部分韵类中和少数单字中。下文中"/"前为老派，后为新派。

（1）山摄合口一等部分入声字，老派读为[aʔ]或[uaʔ]，新派读为[uəʔ]。例如：阔 k^huaʔ^5/kuəʔ^5。

（2）曾摄、通摄部分唇音入声字，老派读为[əʔ]，新派读为[uəʔ]。例如：北 pəʔ^5/puəʔ^5|目 məʔ^{23}/muəʔ^{23}。

（3）老派、新派的语音系统基本没有类的差异，只有少数单字存在不同。例如：

例字	老派	新派
马	mu^{453}	ma^{45}
埋	ma^{112}	mɛ^{112}
溪	ts^{h}ʅ^{334}	sʅ^{434}
雷	lɛ^{112}	lei^{112}
蚁	ȵi^{453}	i^{45}
岩	ŋɔ̃^{112}	iĩ^{112}
僧	tsəŋ^{334}	səŋ^{434}
蝇	ʑiəŋ^{112}	iəŋ^{112}
织	tɕiɛʔ^5	tsəʔ^5
翁	əŋ^{334}	uəŋ^{334}

二、文白异读

昌化方言的文白异读主要体现在声母和韵母方面。下文中"/"前为白读，后为文读。

1. 声母

（1）部分古微母字白读为[m]声母，文读为[v]声母。例如：尾 mi^{453}/vei^{243}。

（2）部分古见系开口二等白读为[k]组声母，文读为[tɕ]组声母，韵母也随之有所改变。例如：甲 kaʔ^5/tɕiaʔ^5。

（3）部分日母开口三等白读为[ȵ]声母，文读为[ʑ]声母。例如：认 ȵiəŋ²⁴³ / ʑiəŋ²⁴³。

2. 韵母

（1）部分果摄一等字白读为[a]韵母，文读为[u]韵母。例如：破 pʰa⁵⁴⁴ / pʰu⁵⁴⁴。

（2）部分梗摄开口二等白读为[ã]韵母，文读为[əŋ]韵母。例如：棚 bã¹¹² / bəŋ¹¹²。

三、其他

歌谣部分口头文化发音人翁三芳为清凉峰镇人，此镇原属老昌化县，其语音与昌化话相差不大，她的第三人称代词的发音不同于昌化镇的[gɯ¹¹²]，为[əʴ²³]。

伍　其他音变

三字组的变调情况

三字组的变调模式与两字组的变调模式基本一致。即前字如为阴声调或阳去调，则后字的声调通常由前字决定，如：杉毛树 sɔ̃³³mɔ⁴⁴ʑy⁴⁵³。前字如为阳平、阳入或阴去调，则后字通常保持本调，如：半夜里 pɛ̃⁵⁴ie⁴⁴li⁴⁵³。

如三字组为动宾词组或主谓词组，则按内部结构先确定音节段，结合紧密的两字组先变调，剩下的单个字不变调。如：挂盐水 ku⁵⁴ĩ¹¹sei⁴⁵³。

第十八节　於潜方音

壹　概况

一、调查点

1. 地理人口

於潜镇隶属于浙江省杭州市临安区，位于天目山南麓，是杭州市临安区的两大副中心城市之一。北接安徽省宁国市云梯畲族乡、仙霞镇，西接太阳镇，东南、南接潜川镇，东邻天目山镇。镇域面积 261 平方公里，辖 30 行政村 1 居委会，分别是：南山村、祈祥村、横山村、昔口村、观山村、后渚村、民幸村、金家村、自由村、下埠村、潜东村、田干村、光明村、绍鲁村、方元村、横鑫村、铜山村、凌口桥村、英公村、谢家村、百园村、逸逸村、堰口村、扶西村、古竺村、双坑村、泗洲村、朱湾村、千茂村、杨洪村，於潜镇居民委员会。[①] 截至 2019 年年底，全镇户籍人口 4.88 万[②]，主要为汉族。

2. 历史沿革

於潜镇原为於潜县城所在地，是《耕织图》的故乡，因原於潜县治所而得名。早在汉武帝元封二年（前 109）就建县设治，已有 2100 多年的历史。1930 年，建镇设治，初名潜阳镇。新中国成立后为城关镇，1956 年改称於潜镇。1960 年 10 月并入潜阳公社，1973 年重建於潜镇。1984 年 12 月，潜阳乡并入於潜镇，实行镇管村体制。1992 年 5 月，方元乡、凌口乡并入於潜镇。2001 年堰口、绍鲁乡并入於潜镇，同年千洪乡并入於潜镇。[③]

---

① 参见：杭州市临安区於潜镇网，http://yq.lanews.com.cn/content/2017-04/24/content_6169306.htm，2022 年 8 月 1 日获取。

② 参见：《临安统计年鉴——2020》，http://zjjcmspublic.oss-cn-hangzhou-zwynet-d01-a.internet.cloud.zj.gov.cn/jcms_files/jcms1/web2242/site/attach/0/2020%E7%BB%9F%E8%AE%A1%E5%B9%B4%E9%89%B4.pdf，2022 年 8 月 5 日获取。

③ 郑明曙. 於潜镇志. 郑州：中州古籍出版社，2022.

3. 方言分布

於潜方言属吴语太湖片临绍小片。於潜镇共有 30 个行政村。其中民幸村、自由村、金家村、下埠村、横山村、后渚村（有少数人讲於潜老土话）、铜山村（有极少数畲族年纪大者用畲话交流）主要用於潜官话交流；凌口桥村、百园村、方元村、横鑫村、田干村、绍鲁村、谢家村、潜东村、光明村、祈祥村、昔口村、千茂村、泗洲村、朱湾村、观山村、南坞村（少数村民讲江山话）、杨洪村（有 200 余人讲安庆话）主要用於潜老土话交流；南山村主要讲绍兴话，堰口村、古竺村、双坑村讲宁波话，扶西村上扶西讲於潜老土话，下扶西讲宁波话；逸逸村有近 500 人畲族讲畲话，大多数村民讲宁波话，另有几十人用新昌话交流。

4. 地方曲艺

无。

二、方言发言人

1. 方言老男

潘敏，1956 年 7 月出生于临安於潜镇，一直在本地生活和工作，职工，现已退休，初中文化程度，说於潜话和普通话。父母、配偶均为於潜镇人。

2. 方言青男

叶锋，1981 年 12 月出生于临安於潜镇，主要在本地生活和工作，基层干部，中专文化程度，说於潜话和普通话。父母均为於潜镇人。

3. 口头文化发音人

应思帆，女，1994 年 1 月出生于临安於潜镇，主要在本地生活和工作，工商业者，大专文化程度，说於潜话、普通话、英语。父母均为於潜镇人。

贰　声韵调

一、声母（28 个，包括零声母在内）

p 八兵	pʰ 派片	b 病爬	m 麦明	f 飞风副蜂肥饭	v 饭味问
t 多东	tʰ 讨天	d 甜毒	n 脑南		l 老蓝连路
ts 资早租张竹争装纸	tsʰ 刺草寸拆抄初车春	dz 字坐祠茶城事床		s 丝三酸山双	z 贼床十
tɕ 酒主九	tɕʰ 清抽轻	dʑ 全权	ȵ 年泥热软	ɕ 想手书响	ʑ 谢柱船顺十
k 高	kʰ 开	g 共	ŋ 熬	x 好灰	
Ø 月活县安温王云用药					

说明：

（1）浊音音色上有清化趋势，声带依然震动，浊擦音声母实际发音多先清后浊，如［z］，实际发音为［sz］。

（2）［f］［v］拼合口呼韵母时偶有［ɸ］［β］读音变体。

（3）［ɦ］有清化趋向，但程度不一，统一记录为［Ø］。

（4）［tɕ］组声母小部分有舌叶音色彩。

二、韵母（39 个，包括自成音节的［m̩］［ŋ̍］［ɚ］在内）

ɿ 师丝试	i 米戏飞	u 歌坐过苦五	y 靴猪雨
a 茶牙瓦排鞋	ia 写	ua 快	
ɛ 南山半短寸		uɛ 官	yɛ 权
ɔ 宝饱	iɔ 笑桥		
	iɐu 豆油走		
o 囡			
e 开赔对	ie 盐年	ue 鬼	

aŋ 糖硬争　　　　iaŋ 响讲　　　　uaŋ 床王双横

oŋ 东　　　　　　ioŋ 兄用

eŋ 深根灯生争　　iŋ 心新病星　　　ueŋ 寸滚春　　　　yŋ 云

ɑʔ 盒辣白

ɐʔ 塔鸭法八尺　　　　　　　　　uɐʔ 活

æʔ 十直六绿　　　iæʔ 十热药学　　　　　　　　yæʔ 月局

əʔ 北色　　　　　　　　　　　　uəʔ 刮骨出托郭壳国谷

ieʔ 接贴急节七一锡　　　　　　　　　　　　　　yeʔ 橘

m 姆呣

n 嗯

ɚ 二耳

说明：

（1）元音［i］［u］［y］均偏低，实际音值分别为［ɪ］［ʊ］［ʏ］。

（2）［a］韵中，小部分字［a］后有轻微的滑音［i］。

（3）［e］［ue］韵中，［e］后有轻微的滑音［i］。

（4）［iəu］韵中，［ə］很轻微。

（5）［aŋ］［iaŋ］［uaŋ］稍有鼻化音感。

（6）［eŋ］［iŋ］中的［ŋ］稍微偏前，［iŋ］与双唇声母［b］［p］［m］相拼时，［iŋ］有［eŋ］的音感。

（7）［æʔ］［iæʔ］的［æ］稍微偏向央元音、偏向中低音。

三、声调（7个）

阴平	433	东该灯风通开天春
阳平	223	门龙牛油铜皮糖红
上声	51	懂古鬼九统苦讨草买老五有
阴去	35	冻怪半四痛快寸去
阳去	24	卖路硬乱洞地饭树动罪近后
阴入	53	谷百搭节急哭拍塔切刻
阳入	23	六麦叶月毒白盒罚

说明：

（1）阴平先降后平，降的时长较短，平调时长较长，记为［433］。

（2）阳平前段微降，中段微曲，前中段时长较长，末段从低往高上扬，记为［223］。

（3）上声为高降调，调值［52］或［51］均可，记为［51］。

（4）阴去调为高升调，记为［35］。

（5）阳去调为中升调，记为［24］，部分阳去调有与阳平调合流的趋势。

（6）阴入为高降短调，记为［53］，小部分阴入字有舒化倾向，如"百、节、惜"，有舒化倾向的字，读音时，表现为上声的调值，但保留入声韵尾。

（7）阳入字的调值、调型与阳平调相同，但时长比阳平短，且阳入字韵母有喉塞尾，调值记为［23］。

叁　连读变调

一、两字组连读变调表

於潜方言两字组的连读变调规律见下表。表中首列为前字本调，首行为后字本调。每一格的第一行是两字组的本调组合；第二行是连读变调，若连读调与单字调相同，则此行空白；第三行为例词。同一两字组若有两种以上的变调，则以横线分隔。具体如下。

於潜方言两字组连读变调表

后字／前字	阴平 433	阳平 223	上声 51	阴去 35	阳去 24	阴入 53	阳入 23
阴平 433	433　433 43 天　公	433　223 43 沙　泥	433　51 43　53 开　水	433　35 43 腥　气	433　24 43　223 天　亮	433　53 43 亲　伯	433　23 43 阴　历
	433　433 43　35 天　天	433　223 43　24 香　油			433　223 43　24 杉　树		
	433　433 31 干　天	433　223 31 梳　头			433　223 43　53 山　坞		

续表

后字＼前字	阴平 433	阳平 223	上声 51	阴去 35	阳去 24	阴入 53	阳入 23
阳平 223	洋灰 223,22/433 台风 223,22/433,35	明年 223,22/223 糊田 223,22/223,24	苹果 223,22/51,53	油菜 223,22/35	毛路 223,22/24	菩萨 223,22/53	阳历 223,22/23
上声 51	老公 51,53/433 水灾 51,53/433,31	以前 51,53/223,31	老酒 51,53/51,53 冷水 51,53/51,31	好看 51,53/35 瓦片 51,53/35,31	以后 51,53/24 水稻 51,53/24,31	指壳 51,53/53 手帕 51,53/53,31	眼热 51,53/23 老实 51,53/23,31
阴去 35	看猪 35/433,433	过年 35/223,24 看牛 35/223,31 灶头 35/223,53 课堂 35/223,24	屁股 35/51,53	做戏 35/35	做梦 35/24 绰号 35,53/24,223 对面 35/24,53	裤脚 35,35/53	放学 35/23,31
阳去 24	棒冰 24/433,433 后天 24/433,53	拱脏 24/223,31 烂泥 24/223,53	稻草 24/51,53	断气 24/51,53 地震 24/35,53	缝道 24/24 垫被 24/24,53	柱脚 24/53	大麦 24/23 闹热 24/23,53
阴入 53	发疹 53/433 结猪 53/433,31	谷笋 53/223 客人 53/223,24	脚梗 53/51,53 霍闪 53/51,35	出去 53/35	柏树 53/24 一道 53/24,31	一百 53/53	发热 53/23 搭脉 53/23,31
阳入 23	昨天 23,2/433	石头 23,2/223,24	落雨 23,2/51,53	射屁 23,2/24,35,53	月亮 23,2/24	六谷 23,2/53	六十 23,2/23,24

二、两字组连读变调规律

（1）表中各栏的上一行是单字调，下一行是连读调。

（2）前字调在平、上、阳入调类中分化明显，前字调在去声、阴入调中与单字调基本相同。上声、阳去调对后字调影响较大，后字多需变调；前字为平声、阴去、入声调时，后字调与单字调基本相同。

（3）后字阳去调与阳平调合流趋势明显。

肆　异读

一、新老异读

於潜方言的方言老派和方言新派的声母、韵母系统基本一致，都是 28 个声母、39 个韵母；调类一致，但调值存在一些差异：老派阴平先降后平，降的时长较短，平的时长较长，新派阴平前段微降或微升，不明显，之后平调略带降感，时长很长；老派阳平前段微降，中段微曲，前中段时长较长，末段从低往高上扬，新派阳平调值不稳定，尚无规律可循，部分字为低升调，部分字与阴平调合流，但调值略低于阴平调，部分字介于底升与低平之间；老派上声为高降调，新派上声字调值不稳定，尚无规律可循，大部分前段略曲，后段高降，少数字与阴平调合流，但调值略高于阴平调值，为中高平调值。

老派和新派口音有一定的差异。声母方面，在声母清浊转化、零声母与次浊声母间的演化上，速度不一定相同：如奉母字，老派已经清化为非纽字［f］，新派依然保持浊音［v］，如"肥、饭"；部分微母、日母字，新派已经发展成零声母字，老派则或为全浊音［v］或次浊音［ȵ］，如"问、软"；部分影母字，老派读零声母，新派则读如次浊的［ŋ］，如安。韵母方面，基本没有类的差异，只有少数单字存在不同：如臻摄合口三等字"寸"，老派有两读，［ɛ］或［uen］，新派只有一读［uen］；又如梗摄开口二等字"争"，老派有两读，［aŋ］或［en］，新派只有一读［en］；果摄"靴"字，老派读为［y］，新派读为［yɛ］。

二、文白异读

於潜方言的文白异读主要体现在以下几个方面。下文中"／"前为白读，后为文读。

1. 声母

（1）部分古奉母字白读为［v］声母，文读为［f］声母。例如：饭 ve^{24} / $fɛ^{24}$。

（2）部分古微母字白读为［m］声母，文读为零声母。例如：尾 mi^{51} / ue^{51}。

（3）部分古见系开口二等白读为［k］组声母，文读为［tɕ］组声母，韵母也随之有所改变。例如：甲 $kəʔ^{53}$ / $tɕieʔ^{53}$。

（4）部分泥母开口三等白读为［n̠］声母，文读为［z］声母。例如：认 $n̠iŋ^{24}$ / $ziŋ^{24}$。

2. 韵母

（1）臻摄合口三等字白读为［ɛ］韵母，文读为［ueŋ］韵母。例如：村 $tsʰɛ^{433}$ / $tsʰueŋ^{433}$。

（2）部分梗摄开口二等白读为［aŋ］韵母，文读为［eŋ］韵母。例如：生 $saŋ^{433}$ / $seŋ^{433}$。

伍　小称

於潜方言的小称调多为高曲调，记录为［454］，小部分小称调为中降调，记录为［31］。

第十九节　萧山方音

壹　概况

一、调查点

1. 地理人口

萧山是浙江省杭州市市辖区，位于浙江省北部、杭州湾南岸、钱塘江南岸，地处中国县域经济最为活跃的长三角南翼，东邻绍兴市柯桥区，南接诸暨市，西连富阳区、西北临钱塘江，与杭州主城区一江之隔，北频杭州湾，与海宁市隔江相望。2021 年杭州市部分行政区划调整，设立杭州市钱塘区，以原江干区的下沙街道、白杨街道和杭州市萧山区的河庄街道、义蓬街道、新湾街道、临江街道、前进街道的行政区域为钱塘区的行政区域，调整后萧山区由 12 个镇、15 个街道调整为 12 个镇、10 个街道，区域面积 931 平方公里，政府驻地不变。[①] 截至 2021 年年底，萧山户籍登记总人口 124.01 万。[②]

2. 历史沿革

在萧山境内发掘的新石器时代文明遗址——跨湖桥遗址证实，早在 8000 年前，就已有人类在萧山这片沃土上繁衍生息。三皇至夏朝初年，萧山地域为扬州属地。春秋战国时期，先属越，后属楚。秦时属会稽郡。西汉元始二年（2），始建县，名余暨，属会稽郡。三国东吴黄武年间（222—229），改名永兴，属会稽郡。唐天宝元年（742），改永兴县为萧山县，属越州。南宋萧山县隶属于绍兴府。1959 年，萧山县改属杭州市。2001 年 3 月 25 日，经国务院批准，萧山撤县设市。[③]

---

① 参见：萧山区政府门户网站，http://www.xiaoshan.gov.cn/col/col1302841/index.html，2022 年 8 月 9 日获取。

② 参见：《2022 年浙江统计年鉴》，http://zjjcmspublic.oss-cn-hangzhou-zwynet-d01-a.internet.cloud.zj.gov.cn/，2022 年 8 月 10 日获取。

③ 参见：萧山区政府门户网站，http://www.xiaoshan.gov.cn/art/2021/7/12/art_1229232032_59042883.html，2022 年 8 月 1 日获取。

3.方言分布

萧山方言属于吴方言太湖片临绍小片，分为中片、南片和北片。中片分布在蜀山街道、新塘街道和所前街道；南片分布在临浦区；北片分布在义蓬区、瓜沥区和宁围区。

4.地方曲艺

北片有方言曲艺莲花落。

二、方言发音人

1.方言老男

吴怀德，1960年4月出生于萧山区城厢镇，一直在本地生活和工作，职工，初中文化程度，说萧山话和普通话。父母、配偶均为萧山区人，说萧山话。

2.方言青男

邱超峰，1992年1月出生于萧山区新塘街道，主要在本地生活和工作，工程师，本科文化程度，说萧山话和普通话。父母均为萧山区人，说萧山话。

3.口头文化发音人

邱超峰，男，1992年1月出生于萧山区新塘街道，主要在本地生活和工作，工程师，本科文化程度，说萧山话和普通话。父母均为萧山区人，说萧山话。

吴怀德，男，1960年4月出生于萧山区城厢镇，一直在本地生活和工作，职工，初中文化程度，说萧山话和普通话。父母、配偶均为萧山区人，说萧山话。

贰　声韵调

一、声母（28个，包括零声母在内）

| p 八兵 | pʰ 派片 | b 爬病 | m 麦明味 | f 飞风副蜂 | v 饭 |
| t 多东 | tʰ 讨天 | d 甜毒 | n 脑南 | | l 老蓝 连路 |

ts 资早租张	tsʰ 刺草抽拆	dz 茶柱	s 丝三酸山　z 字贼祠茶
竹争装纸	抄初车春	城祠	书　　　　事床船顺
tɕ 酒竹九	tɕʰ 清轻抽	dʑ 全权　ȵ 年泥热软	ɕ 想响手　ʑ 谢
k 高	kʰ 开	g 共　　ŋ 熬	x 好灰
Ø 月活县安			
云用药			

说明：

（1）[v][zʐ]实际发音为[fv][sz][ɕʑ]。

（2）阴调类零声母音节前有[ʔ]阳调类有[ɦ]。

二、韵母（46个，包括自称音节的[m][ŋ][n][l][l̩]在内）

ɿ 猪师丝试	i 米二飞戏	u 过	y 雨鬼
a 鞋排	ia 写	ua 快	ya ya¹³ ～日：昨天
ɛ 山		uɛ 关	
ə 南半短		uə 官	yə 权
ɔ 宝饱	iɔ 笑桥		
e 开赔对	ie 盐	ue 灰	
o 歌坐	io 豆走油	uo 花	
ã 硬	iã 响	uã 横	
ɔ̃ 糖床双讲		uɔ̃ 王	yɔ̃ 壮
əŋ 争	iŋ 病星	uəŋ 滚	
oŋ 东	ioŋ 云兄用		yoŋ 俊
aʔ 辣	iaʔ 药	uaʔ 刮	
əʔ 盒十出绿六	ieʔ 接贴急热节七一		
oʔ 壳北凿叔		uoʔ 骨郭	yoʔ 月橘学局
m 母			
n 唔无			

l̩¹³ ～拉：他们

ɿ 儿浆~

ŋ 鱼

说明：

（1）[iŋ][əŋ]类韵母主要为元音鼻化，[ŋ]偏前。

（2）宕摄入声字、通摄三等入声字今读[ts]组时韵母为[oʔ]，在其余情况下为[əʔ]。

三、声调（8个）

阴平	533	东该灯风通开天春
阳平	355	门龙牛油铜皮糖红
阴上	33	懂古鬼九统苦讨草
阳上	13	买老五有近动罪后
阴去	42	冻怪半四痛快寸去
阳去	242	卖路硬乱洞地饭树
阴入	5	谷急哭刻百搭节拍塔切
阳入	13	六麦叶月毒白盒罚

说明：

（1）阴平[533]，有时为[55]。

（2）阴去[42]，有时为[342]。

（3）阴上读单字时，有时与阴平相混。

（4）阳平、阳上读单字时，有时相混为阳去。

（5）阳入为短调。

叁　连读变调

一、两字组连读变调表

萧山方言两字组的连读变调规律见下表。表中首列为前字本调，首行为后字本调。每一格的第一行是两字组的本调组合；第二行是连读变调，若连读调与单字调相同，则此行空白；第三行为例词。同一两字组若有两种以上的变调，则以横线分隔。具体如下。

萧山方言两字组连读变调表

后字 前字	阴平 533	阳平 355	阴上 33	阳上 13	阴去 42	阳去 242	阴入 5	阳入 13
阴平 533	533 533 33 33 花 苞	533 355 33 33 砖 头 533 355 53 42 今 年	533 33 33 疯 子	533 13 33 33 冬 午	533 42 33 33 天 气 533 42 33 33 甘 蔗	533 242 53 42 冰 雹 533 242 33 33 番 薯	533 5 33 冬 节	533 13 53 5 正 月 533 13 33 5 阴 历
阳平 355	355 533 21 33 台 风 355 533 13 33 河 边	355 355 21 33 池 塘 355 355 13 33 糊 泥 355 355 21 42 鬈 尘	355 33 21 田 埂 355 33 13 洪 水	355 13 13 33 朋 友	355 42 13 芹 菜	355 242 13 42 毛 豆	355 5 13 21 菩 萨	355 13 33 5 阳 历 355 13 13 5 萝 卜
阴上 33	33 533 21 水 沟	33 355 21 彩 虹	33 33 35 21 滚 水 33 33 水 果 33 33 21 枣 子	33 13 水 稻	33 42 13 42 韭 菜	33 242 13 42 古 代	33 5 21 晓 得	33 13 21 小 麦
阳上 13	13 533 33 33 午 朝 13 533 13 21 牡 丹	13 355 21 瓦 爿 13 355 42 后 年 13 355 上 坟	13 33 42 冷 水 13 33 21 上 顶	13 13 42 马 桶 13 13 242 断 奶	13 42 21 上 去	13 242 42 马 路	13 5 21 下 脚	13 13 5 后 日 13 13 33 满 月
阴去 42	42 533 33 33 嫁 妆	42 355 33 33 太 阳	42 33 33 粽 子	42 13 33 42 介 绍	42 42 33 33 晏 昼	42 242 33 42 半 夜	42 5 33 教 室	42 13 33 5 菜 馁

续表

后字 前字	阴平 533	阳平 355	阴上 33	阳上 13	阴去 42	阳去 242	阴入 5	阳入 13
阳去 242	242 533 21 33 地 方	242 355 13 33 烂 泥 242 355 21 42 旧 年	242 33 13 露 水	242 13 13 垫 被 242 13 33 喂 奶 242 13 13 21 豆 腐	242 42 13 地 震	242 242 33 42 坏 蛋	242 5 13 认 得	242 13 33 5 大 麦 242 13 13 饭 镴
阴入 5	5 533 33 结 婚 5 533 21 杀 猪	5 355 33 出 来	5 33 42 霍 闪 5 33 橘 子	5 13 42 屋 里 5 13 33 曲 蟮	5 42 出 嫁	5 242 42 一 定	5 5 歇 息	5 13 发 热
阳入 13	21 533 历 书	13 355 21 33 石 头 13 355 21 42 历 年	13 33 21 热 水	13 13 21 落 雨 13 13 21 33 木 耳	13 42 白 菜	13 242 21 42 月 亮	13 5 21 绿 色	13 13 21 日 食

二、两字组连读变调规律

萧山方言两字组的连读变调有以下几个特点：

（1）阴平作前字时，一般变为［33］，少数变为［53］。阴平作后字时，一般变［33］，少数变［21］。

（2）阳平作前字时，一般变［13］，少数为［21］，个别为［33］。阳平为后字时，变［33］［42］或［21］。

（3）阴上作前字时，后字为阴平、阳平、阴上、阳上、阴去、阴入、阳入时为［33］，后字为阳去时一般为［13］。阴上为后字时一般不变调。

（4）阳上作前字时，一般为［13］，少量为［33］。阳上为后字时，有的为［13］，有的为［42］，有的为［33］。

（5）阴去作前字时，一般为［33］。阴去作后字时，一般为［42］。

（6）阳去作前字时，一般为［13］。后字为阴平时，一般为［21］。阳去作后字时，一般为［42］。

（7）阴入作前字时，一般为［5］。作后字时，一般也为［5］。

（8）阳入作前字时，一般为［21］，后字为阴去时为［13］。阳入作后字时，有时为［5］，有时为［13］。

肆　异读

一、新老异读

萧山方言的［oʔ］［əʔ］老派有别，新派合流。

二、文白异读

萧山方言的文白异读现象较少，主要体现在声母和韵母方面。下文中"／"前为白读，后为文读。

（1）日母白读［ȵ］，文读［z］。例如：日 ȵieʔ^{13}／zəʔ^{13}。

（2）遇摄三等鱼韵和虞韵白读［ɿ］，文读［y］。例如：主 tsɿ^{33}／tɕy^{33}。

（3）蟹摄开口二等白读声母为［k］组，韵母为［a］；文读声母为［tɕ］，韵母为［ia］。例如：解 ka^{33}／tɕia^{33}。

（4）蟹摄合口三等、四等和止摄合口三等见组字白读声母为［tɕ］组，韵母为［y］；文读声母为［k］，韵母为［ue］。例如：龟 tɕy^{533}／kue^{533}。

伍　其他音变

萧山方言有少量的合音。例如：

［唔有］ȵio^{13}｜［弗用］foŋ^{42}｜［我拉］ŋa^{13}。

第二十节　富阳方音

壹　概况

一、调查点

1. 地理人口

富阳为浙江省杭州市下辖区，原为富阳县，原县政府所在地位于富阳镇，今并入富春街道。截至 2018 年年底，人口约 68.3 万。[①] 人口以汉族为主，另有少数畲族、侗族、苗族、布依族、壮族、土家族、彝族、回族、满族、黎族等 34 个少数民族。这些少数民族分布的特点为大杂居、小聚居。聚居地主要为 1 个少数民族村（新登镇双江村）和 3 个少数民族聚居村（富春街道新联村、万市镇槎源坞村、白石村）。聚居的少数民族主要为畲族。

2. 历史沿革

富阳于秦王政二十六年（前 221）置县，县治即今富阳区区政府所在地。初置县时辖境含桐庐、建德等地。秦汉时富阳称富春。三国吴黄武四年（225），富春部分县地置建德、新昌（后改寿昌）、桐庐 3 县。次年（226），富春部分县地又置新城（后改新登）县。富阳、新登两县建置以此而始。东晋太元十九年（394），为避简文帝生母宣太后郑阿春讳，更名富阳，富阳之名始于此。唐开皇九年（589）属杭州。南宋绍兴八年（1138），富阳升为畿县。元时属杭州路，明清时属杭州府。

新中国成立后，富阳初属临安专署，1952 年改为省直辖。1955 年，划归建德专署。1958 年 12 月，改属杭州市。1994 年 1 月，经中华人民共和国国务院批准，撤县设市，行政区域与隶属关系不变。2014 年 12 月，经国务院批准，杭州市富阳区设立，以原富阳市的行政区域为富阳区的行政区域。2015 年 2 月，富阳

---

① 参见：《2019 年浙江统计年鉴》，http://zjjcmspublic.oss-cn-hangzhou-zwynet-d01-a.internet.cloud. zj.gov.cn/jcms_files/jcms1/web3077/site/flash/tjj/Reports1/2020%E7%BB%9F%E8%AE%A1%E5%B9%B4 E9%89%B420200929/2019%E5%B9%B4%E7%BB%9F%E8%AE%A1%E5%B9%B4%E9%89%B4%E5%85%89 %E7%9B%9820200929/indexch.htm，2022 年 8 月 10 日获取。

正式撤市设区挂牌，成为杭州"第九区"。①

3. 方言分布

根据《富阳方言研究》记录，富阳县境内，以富阳方言（老富阳城关话为代表）为主，其他存在差异的方言及分布大致有：（1）西边原新登村县城说新登话；（2）北边银湖街道导岭一带的方言靠近余杭，其方言接近老余杭中泰乡一带的方言，属吴语太湖片苕溪小片；（3）东北角为新中国成立以后从原杭县（由原钱塘、仁和二县合并而成）划入富阳的部分，包括银湖街道交界岭以北地区（原杭县寿民乡）、东洲街道东洲沙官路以东的民联（原杭县周安乡浮沙、铜钱沙和东清乡小沙）、紫铜二县说老杭县话，属吴语太湖片苕溪小片；（4）东边的渔山溪流域的渔山乡（包括原属渔山、2008 年划入东洲街道的五丰村）、大源原虹赤自然村以东地区和常绿原青龙头、石盆自然村说的话接近萧山话，其中渔山乡所说方言靠近萧山中部的方言，而大源、常绿境内的则是靠近萧山南部楼塔一带的方言；（5）东南角常绿溪流域的常绿大部分地区和大源史家村等所说方言接近诸暨方言；（6）此外，富阳境内因移民因素，还形成了若干方言岛，如原受降、三桥等地有温州平阳移民，新登镇及鹿山街道等地有淳安县新安江移民，银湖街道、湖源乡等地有绍兴移民，湖源乡费家村全村对内说江淮官话等。②

4. 地方曲艺

老富阳县内一般听越剧等，地方戏仅有一种称为"鹦哥调"的曲艺，以富阳话进行说唱表演，但影响力及流行度有限。表演者表演时身穿长袍，以小锣为乐器进行伴奏。据笔者调查，该表演方式目前仅成志红先生一人掌握，属地方非物质文化遗产。据发音人成志红介绍，"鹦哥调"年代久远，以口传方式相授，他就是从其父处继承了表演。目前，"鹦哥调"只剩一出戏，名为《周阿龙卖葱》，为一则古代爱情故事，文本由成志红父亲成载山先生整理而得。

二、方言发音人

1. 方言老男

唐正元，1959 年 4 月出生于富阳城关，一直在本地生活和工作，自由职业者，小学文化程度，说富阳话和普通话。父母均为富阳城关人。

---

① 参见：杭州市富阳区人民政府网，http://www.fuyang.gov.cn，2022 年 8 月 10 日获取。
② 盛益民，李旭平. 富阳方言研究. 上海：复旦大学出版社，2018.

2. 方言青男

章捷，1984 年 11 月出生于富阳城关，主要在本地生活和工作，职工，本科文化程度，说富阳话和普通话。父母均为富阳城关人。

3. 口头文化发音人

江幽松，男，1950 年 9 月出生于富阳城关，一直在本地生活和工作，职工，高中文化程度，说富阳话和普通话。

蒋金乐，男，1962 年 6 月出生于富阳大源镇，一直在本地生活和工作，自由职业者，大专文化程度，说富阳话和普通话。

贰　声韵调

一、声母（28 个，包括零声母在内）

p 八兵	pʰ 派片	b 爬病肥味	m 麦明问	f 飞风副蜂	v 肥饭味
t 多东	tʰ 讨天	d 甜毒	n 脑南		l 老蓝路
ts 资早租张 　争装纸	tsʰ 刺草寸抽 　拆抄初车	dz 祠茶城		s 丝三酸山	z 字贼坐事床
tɕ 酒竹主九	tɕʰ 清春轻	dʑ 全柱权	ȵ 年泥连 　热软	ɕ 想双手书 　响	ʑ 谢床顺十
k 高	kʰ 开	g 共	ŋ 熬	h 好坏	
Ø 月县安温 　王云用药					

说明：

（1）古全浊声母今读塞音、塞擦音时，并非真正的浊音，而是发声态上的气音，此处仍记为浊音。

（2）当［n］声母拼［in］韵母时，实际听感接近［ŋ］。

（3）当［l］声母拼有［i］介音的韵母时，有泥来相混现象。例如：连 = 莲 = 年 ȵiɛ̃¹³ | 林 = 宁 nin¹³。

（4）［k］［kʰ］［g］声母拼细音时，实际发音为［c］［cʰ］［ɟ］。

（5）零声母字在单字或连读后字时都无清浊对立。例如：夜 = 亚 ia³³⁵ | 暗 = 汗 ɛ̃³³⁵，一律记为零声母。

二、韵母（46个，包括自成音节的［m］［n］在内）

ɿ 猪师丝试	i 米戏二飞	u 过苦	y 雨
a 排鞋	ia 写	ua 快	
ɛ 开赔对	iɛ 也	uɛ 鬼	yɛ 水
ɔ 宝饱	iɔ 笑桥		
o 茶牙瓦		uo 花	yo 抓~牌
ʊ 坐	iʊ 油		
ɯ 歌			
ei 豆走			
ã 山硬争		uã 横	
ɛ̃ 南半短	iɛ̃ 盐年	uɛ̃ 官	yɛ̃ 权
ɔ̃ 糖床讲	iɔ̃ 响	uɔ̃ 王	yɔ̃ 双
ən 寸灯升	in 心深根新病星	uən 滚	yən 春云
oŋ 东	ioŋ 兄用		
aʔ 盒塔鸭饭辣	iaʔ 药	uaʔ 刮	
ɛʔ 出直色尺	iɛʔ 接十急热七一锡学文		
oʔ 八托壳学北六绿		uoʔ 活骨郭国谷	yoʔ 月橘局
m̩ 尾母			
l̩ 儿			
ŋ̍ 五			

说明：

（1）［i］韵母拼［tɕ］［tɕʰ］［dʑ］声母时，音值接近［ɿ］。

（2）［y］韵母和［yoŋ］韵母中的［y］唇形较展。

（3）［a］组韵母和［aʔ］组韵母中的［a］略靠央。［aʔ］组的［a］有时略高，接近［ɐ］。

（4）［iɛ］［yɛ］［iɛ̃］［yɛ̃］［iɛʔ］韵母中的［ɛ］实际音值为［ɜ］。

（5）［ɔ］［iɔ］韵母中的［ɔ］唇形很展，实际音值接近［ʌ］。

（6）［ei］韵母的实际音值为［ɪ］。

（7）［ã］组韵母中的［ɑ］开口度略小。

（8）鼻尾［n］发音部位略靠后。

（9）［ɛʔ］韵母的实际音值接近［ɜʔ］。

三、声调（7个）

阴平	53	东该灯风通开天春
阳平	13	门龙牛油铜皮糖红
阴上	423	懂古鬼九统苦讨草
阳上	224	买老五有动罪近后洞地饭树
去声	335	冻怪半四痛快寸去卖路硬乱
阴入	5	谷百搭节急哭拍塔切刻
阳入	2	六麦叶月毒白盒罚

说明：

（1）阴平有些字发音动程较长，接近[553]。如：拖、歌、刀、灯、开。

（2）阴入调型略降，实际调值为[54]，有时发音较长，呈现较明显的舒化趋势。

（3）阳入调型略升，实际调值为[23]，有时也略有长调色彩，但与阴入调相比，舒化色彩较不明显。

叁　连读变调

一、两字组连读变调表

富阳方言两字组的连读变调规律见下表。表中首列为前字本调，首行为后字本调。每一格的第一行是两字组的本调组合；第二行是连读变调，若连读调与单字调相同，则此行空白；第三行为例词。同一两字组若有两种以上的变调，则以横线分隔。具体如下。

富阳方言两字组连读变调表

前字＼后字	阴平 53		阳平 13		阴上 423		阳上 224		去声 335		阴入 5		阳入 2	
阴平 53	53 55 当	53 22 心	53 55 清	13 55 明	53 55 亲	423 嘴	53 55 端	224 31 午	53 55 钞	335 票	53 55 钢	5 笔	53 55 山	2 药
	53 55 天	53 55 公			53 55 烧	423 31 酒			53 55 干	335 31 菜				

续表

前字＼后字	阴平 53	阳平 13	阴上 423	阳上 224	去声 335	阴入 5	阳入 2
阳平 13	13　53 　　55 黄　瓜	13　　13 　　　55 明　　年 13　　13 224　335 何　　农	13　　423 　　　55 雄　　狗 13　　423 　　　13 头　　颈 13　　423 55　　31 雌　　狗	13　　224 随　　便 13　　224 　　　55 寒　　豆	13　　335 　　　55 芹　　菜	13　　5 头　发	13　　2 茶　叶
阴上 423	423　53 躲　　猫 423　53 　　55 水　　沟	423　13 草　　民 423　13 　　55 走　　棋 423　13 　　335 小　　人	423　423 　　335 滚　　水	423　224 扫　　地	423　335 考　　试	423　5 草　屋	423　2 小　麦
阳上 224	224　53 养　　猪 224　53 　　335 豆　　浆 224　53 　　55 棒　　冰 224　53 　　13 老　　烟 224　53 53　55 五　　更 224　53 53　335 尾　　巴	224　13 瓦　　爿 224　13 　　335 杏　　梅 224　13 　　55 上　　坟 224　13 　　53 外　　头	224　423 老　　表 224　423 　　335 冷　　水 224　423 　　53 旅　　馆 224　423 　　13 老　　鼠	224　224 马　　上 224　224 　　55 蚂　　蚁 224　224 　　53 奶　　奶 224　224 　　13 垫　　被 224　224 　　31 午　　罢	224　335 马　　屁	224　5 柱　脚	224　2 大　麦 224　2 13 上　学

续表

前字 \ 后字	阴平 53	阳平 13	阴上 423	阳上 224	去声 335	阴入 5	阳入 2
去声 335	335 53 唱 歌	335 13 跳 绳 335 13 53 戏 文 335 13 55 种 田	335 423 53 戒 指	33 224 53 背 后	335 335 种 菜 33 335 53 进 去	335 5 细 粟	335 2 放 学
阴入 5	5 53 结 婚	5 13 豁 拳 5 13 53 阿 娘 5 13 224 脚 笋	5 423 阿 嫂 5 335 弗 懂	5 224 割 稻 5 224 53 格 里 5 224 335 屋 里	5 335 出 去	5 5 阿 伯	5 2 搭 脉
阳入 2	2 53 335 薄 刀	2 13 224 石 榴	2 423 335 折 本	2 224 落 雨 2 224 13 学 校	2 335 鼻 涕	2 5 墨 汁	2 2 日 历 2 31 2 13 昨 日

二、两字组连读变调规律

富阳方言两字组的连读变调有以下几个特点：

（1）富阳方言的两字组如出现变调情况，则大体规律为前字变后字不变。阴平字作前字时略有特殊，前后字一般都变调。

（2）同一前后字组合中，动宾结构往往不变调，其他结构往往变调。

（3）有两个连读调，为[55]和[31]。[55]在前字或后字中都有出现，[31]通常出现于后字。

（4）[335]在连读调中常常实际音值为[35]。

（5）古次浊去字今归阳上，在两字组连调中与古浊上字规律一致。

更具体的规律大致有以下几点：

（1）阴平［53］作前字时一律变调为［55］，后字一般变调为［55］或［31］。

（2）阳平［13］作前字时一般不变调，后字除入声字外一般变调为［55］。

（3）阴上［423］作前字时不变调，后字如阴平、阳平和阴上时变调。

（4）阳上［224］作前字时一般不变调，后字常常要变调。

（5）去声［335］作前字时不变调，后字除入声字外一般变调为［53］。

（6）阴入和阳入为前字时不变调，后字常常变调为［224］或［335］。

肆　异读

一、新老异读

富阳方言新老派几乎没有声母上的读音差异，差异主要体现在韵母。下文中"／"前为老派，后为新派。

（1）假摄麻韵字读［o］韵，新派个别字已读为［ua］韵。例如：瓦 ηo^{224} / ηua^{223} | 化 huo^{335} / hua^{445}。

（2）梗摄舒声开口二等字读［ã］韵，新派一些字已读为［ən］韵。例如：争 $tsã^{53}$ / $tsən^{53}$。

（3）深臻曾梗摄舒声有［in］［ən］两韵，新派［in］韵个别字向［ən］韵合流。例如：深 sin^{53} / $sən^{53}$。

（4）入声韵有［aʔ］［ɛʔ］［oʔ］三组韵母，总的来看，新派的［aʔ］组和［ɛʔ］组发生合流，逐渐变为两组韵母，［ɛʔ］韵已全部并入［aʔ］韵，［iaʔ］韵已全部并入［iɛʔ］韵，合流方向的条件应是辖字的多少。例如：出 $tsʰɛʔ^5$ / $tsʰaʔ^5$ | 药 $iaʔ^2$ / $iɛʔ^2$。

二、文白异读

富阳方言存在一定的文白异读现象，不过由于调查字数有限，目前发现的文白异读现象比较零碎。下文中"／"前为白读，后为文读。

1. 声母

（1）非组个别字白读［b］［m］声母，文读［v］声母或零声母。例如：肥 bi^{13} / vi^{13} | 味 bi^{224} / vi^{224} | 晚 $mã^{224}$ / $uã^{224}$。

（2）日母个别字白读［ȵ］声母或自成音节［ŋ］，文读［z］声母或自成音节

[1]。例如：人 ȵin¹³ / zən¹³ | 耳 ŋ²²⁴ / l²²⁴。

（3）其他：侧庄 tsɛʔ⁵ / tsʰɛʔ⁵。

2. 韵母

中古韵摄	例字	读音	中古韵摄	例字	读音
果开一歌	拖	tʰa⁵³/tʰʊ⁵³	咸开二衔	监	kã⁵³/tɕiẽ⁵³
咸开二狎	甲	kaʔ⁵/tɕiaʔ⁵	江开二觉	学	oʔ²/iaʔ²

伍　小称

富阳方言儿化和小称音现象并不丰富，有限材料中只发现两例：嘴儿瓣 tsɛ⁴²³ŋ²²⁴pã⁵³ 嘴唇 | 脚骨儿 tɕiaʔ⁵kuã³³⁵ 腿，"儿"独立成音节或附着于前字，使前字韵母鼻化。

陆　其他音变

一、量词变调

富阳方言量词变调的现象很少，从有限的调查例词来看，仅有"梗一~鱼、一~绳子 kuã⁵³"一例。

二、特殊语流音变

富阳方言中还存在一些特殊语流音变现象。值得注意的是，单字音中泥来母不混，但在词汇中有相混的现象。例如（读音特殊的字加下画线）：

农村里乡下 loŋ¹³tsʰən⁵⁵li⁵⁵(n—l)

老鼠 lɔ²²⁴tɕʰy¹³(ɕ—tɕʰ)

柱脚柱子 ʐy²²⁴tɕiaʔ⁵(dʐ—ʐ)

牙齿 ŋo¹³tsʅ⁵⁵(tsʰ—ts)

刷牙齿刷牙 ɕyoʔ⁵ŋo¹³tsʅ⁵⁵(tsʰ—ts)

有脓化脓 iʊ²²⁴loŋ¹³(n—l)

落殓_{入殓} lo$ʔ^2$n̠i$ɛ̃^{224}$(l—n̠)

农民 loŋ^{13}min^{55}(n—l)

镰刀 n̠i$ɛ̃^{13}$tɔ^{55}(l—n̠)

盘缠_{路费} b$ɛ̃^{13}$yɛ^{55}(dʑ—∅)

凉快 ni$ɑ̃^{13}$k^{h}ua^{55}(l—n)

干净 ki$ɛ̃^{55}$nin^{31}(dʑ—n)

第二十一节　新登方音

壹　概况

一、调查点

1. 地理人口

新登现为浙江省杭州市富阳区下辖镇，原为杭州市下辖县。新登镇地处富阳、桐庐、临安交界地带，辖 28 个建制村、4 个社区。面积 180 平方公里。截至 2017 年年底，户籍人口 6.85 万，常住人口 11.11 万。[1]

2. 历史沿革

新登镇历史悠久，广义的新登指原新登县所辖区域，包括万市、洞桥、胥口、永昌、新登、渌渚，狭义指新登镇。三国吴黄武五年（226），富春部分县地置新城县，此为新登建县之始。黄武七年（228）新城县并入桐庐县。西晋太康十年（289），新城县复置，后又并入富春县。东晋咸和九年（334），新城县复置。隋开皇九年（589），新城县并入钱塘县，大业十四年（618）复置；唐武德七年（624），新城县并入富阳县，永淳元年（682）复置；五代梁开平元年（907），新城县改名为新登县，北宋太平兴国四年（979）复为新城县。1914 年，新城县改名为新登县。1958 年 10 月，新登并入桐庐县；1961 年 12 月又从桐庐县析出，划归富阳县。[2]

3. 方言分布

原新登县内共有 4 种方言口音。一种为县城口音，分布于老县城；一种为北边松溪口音，松溪今为行政村，仍属新登下辖；一种为西北方向永昌口音；一种为南边渌渚口音。永昌、渌渚今为镇，属富阳区下辖。新登大部分为汉族，另有约 500—600 名畲族聚居于双江村，使用畲话及新登话两种语言，对外使用新登话，对内两种语言均有使用。

---

4. 地方曲艺

新登无专门的地方曲艺，所听戏剧主要为越剧。著名越剧演员徐玉兰出生于新登，增加了越剧在当地的影响力。

二、方言发音人

1. 方言老男

吴新人，1955 年 10 月出生于新登城关，一直在本地生活和工作，基层干部，高中文化程度，说新登话和普通话。父母均为新登城关人。

2. 方言青男

林建新，1985 年 6 月出生于新登城关，主要在本地生活和工作，基层干部，本科文化程度，说新登话和普通话。父母均为新登城关人。

3. 口头文化发音人

陈银娟，女，1955 年 1 月出生于新登城关，一直在本地生活和工作，裁缝，小学文化程度，说新登话和普通话。

罗雁，女，1989 年 4 月出生于新登城关，主要在本地生活和工作，教师，本科文化程度，说新登话和普通话。

陈堃，女，1985 年 7 月出生于新登城关，主要在本地生活和工作，教师，本科文化程度，说新登话和普通话。

许柏庭，男，1941 年 10 月出生于新登城关，一直在本地生活和工作，会计，小学文化程度，说新登话和普通话。

陈桂儿，女，1964 年 9 月出生于新登城关，一直在本地生活和工作，财务，高中文化程度，说新登话和普通话。

楼雨文，男，1955 年 1 月出生于新登城关，一直在本地生活和工作，农民，初中文化程度，说新登话和普通话。

余向雷，男，1981 年 2 月出生于新登城关，主要在本地生活和工作，职工，大专文化程度，说新登话和普通话。

吴新人，男，1955 年 10 月出生于新登城关，一直在本地生活和工作，基层干部，高中文化程度，说新登话和普通话。

贰　声韵调

一、声母（27个，包括零声母在内）

p 八兵	pʰ 派片	b 爬病	m 麦明问	f 飞风副蜂	v 肥饭味
t 多东	tʰ 讨天	d 甜毒	n 脑南		l 老蓝连路
ts 资早租张竹争纸主	tsʰ 刺草寸拆抄初车	dz 茶柱		s 丝三酸山书	z 字贼坐祠事床十
tɕ 酒装九	tɕʰ 清抽春轻	dʑ 城权	ȵ 年泥热软	ɕ 想双手响	ʑ 全谢床顺
k 高	kʰ 开	g 共		h 好灰	
∅ 熬月活县安温王云用药					

说明：

（1）浊音声母并非真正浊音，实际为清音浊流。

（2）[ts]组声母与[ʅ]韵母相拼时，发音部位略靠后。

（3）[tɕ]组声母带舌叶色彩，与[y]韵母和以[y]为介音的韵母相拼时尤其明显。

（4）部分阳调类的零声母字开头有较明显的摩擦，如：盒、鞋。但零声母字可靠声调区别对立，因此不增加音位符号。

二、韵母（44个，包括自成音节的[m̩][ŋ̍]在内）

ɿ 师丝试	i 米戏二飞	u 歌坐过苦五	y 走油
ʮ 猪雨			
a 排鞋	ia 写	ua 快	ya 抓
ɑ 茶牙瓦		uɑ 瓜	
ɛ 山硬争	iɛ 两	uɛ 官横	
e 开赔对		ue 鬼	
ɔ 宝饱	iɔ 笑桥		
əu 豆			

əl 儿

ɛ̃ 南半短	iɛ̃ 盐年	uɛ̃ 闪砖	yɛ̃ 权
ã 糖床讲	iã 响	uã 王双	
iŋ 进村			yiŋ 春云
eŋ 恩		ueŋ 滚	
eiŋ 心深根新灯升病星			
oŋ 兄东	ioŋ 用		
aʔ 塔鸭法辣八壳白尺	iaʔ 药学	uaʔ 刮	
əʔ 十直色	iəʔ 接贴急热节七一锡	uəʔ 活骨国	yəʔ 月出橘局
ɔʔ 托郭北谷六绿			
m 姆			
ŋ 耳尾儿			

说明：

（1）[i][u]韵母较松，实际音值接近[ɪ][ʊ]。

（2）[ɥ]韵母带明显动程，实际音值接近[ɥᵊ]。

（3）[a]组和[aʔ]组韵母的[a]，[ɑ]组韵母的[ɑ]，开口度均较小。

（4）[ɛ]组和[ɛ̃]组韵母的[ɛ]，舌位略低，实际音值接近[æ]。

（5）[e]组韵母的[e]舌位略低，实际音值接近[ɛ]。

（6）[eŋ]韵母和[eiŋ]韵母只是在零声母时对立，如：恩≠英。[eiŋ]韵母听感有时主元音为[e]，有时主元音为[i]，发音不稳定，表明合流应刚完成不久。

（7）[aʔ]韵母逢阳入调且零声母时，[a]非常靠后，与阴声韵的[ɑ]韵母值接近。

（8）[ŋ]尾和自成音节的[ŋ]韵母，发音略靠前。

三、声调（7个）

阴平	53	东该灯风通开天春
阳平	233	门龙牛油铜皮糖红
上声	334	懂古鬼九统苦讨草买老五有
阴去	45	冻怪半四痛快寸去
阳去	13	卖路硬乱洞地饭树动罪近后

阴入	5	谷百搭节急哭拍塔切刻
阳入	2	六麦叶月毒白盒罚

说明：

（1）阴平[53]有时尾部略长，接近[533]。

（2）阳平[233]调头低起略升，但有时不明显，接近平调[33]。

（3）阴去[45]有时调型为高平，接近[55]。

（4）阳去[13]有时开头略降，接近[213]。

（5）阴入[5]短促调，略降，实际音值接近[54]。

（6）阳入[2]短促调，略降，实际音值接近[12]。

叁　连读变调

一、两字组连读变调表

新登方言两字组的连读变调规律见下表。表中首列为前字本调，首行为后字本调。每一格的第一行是两字组的本调组合；第二行是连读变调，若连读调与单字调相同，则此行空白；第三行为例词。同一两字组若有两种以上的变调，则以横线分隔。具体如下。

新登方言两字组连读变调表

前字＼后字	阴平 53	阳平 233	上声 334	阴去 45	阳去 13	阴入 5	阳入 2
阴平 53	53　53 当　心	53　233 天　雷	53　334 雌　狗	53　45 　334 冬　至	53　13 天　亮	53　5 猪　血	53　2 正　月
	53　53 　334 天　公			53　45 334 钞　票	53　13 　334 新　妇		
	53　53 334 看　猪						
	53　53 334　45 刚　刚						

续表

前字＼后字	阴平 53	阳平 233	上声 334	阴去 45	阳去 13	阴入 5	阳入 2
阳平 233	233 53 年初 233 53/334 台风	233 233 牛婆 233/21 233/13 灵牌 233/45 233/53 娘娘	233 334 麻鸟	233 45/334 油菜 233 45/53 芦稷	233 13/334 黄豆	233 5 毛笔	233 2 茶叶 233 2/5 蝴蝶
上声 334	334 53 打鼾 334 53/45 水沟	334 233 走棋 334 233/45 水潭 334/21 233/13 哪人	334 334/45 滚水 334 334/53 灸火 334/21 334/13 哪里	334 45 考试	334 13 扫地 334 13/45 马桶	334 5 小叔	334 2 洗浴 334 2/5 小麦
阴去 45	45 53 唱歌 45 53/21 灶间	45 233 酱油 45/334 233/45 杏梅	45 334 布嘴 45 334/21 背颈	45 45 种菜 45 45/21 进去 45/334 45 爸爸	45 13 做梦 45 13/21 半夜	45 5 裤脚	45 2 放学
阳去 13	13/21 53/45 被单	13/21 233/13 烂泥	13/21 334/13 露水 13/21 334/45 稻草 13/223 334/45 弄屜	13/21 45 大蒜 13 45/334 地震	13/21 13 垫被	13/21 5 第一 13/21 5 柱脚	13/21 2 闹热

续表

前字＼后字	阴平 53	阳平 233	上声 334	阴去 45	阳去 13	阴入 5	阳入 2
阴入 5	5　　53 发　　痧	5　　233 谷　　笋	5　　334 霍　　闪	5　　45 一　　世	5　　13 柏　　树	5　　5 阿　　叔	5　　2 搭　　脉
	5　　53 　　　45 结　　蛛	5　　233 　　　45 客　　人	5　　334 　　　45 蛐　　蟮	5　　45 　　　334 合　　算	5　　13 　　　45 绰　　号		
		5　　233 　　　53 阿　　姨					
阳入 2	2　　53 　　　13 肉　　猪	2　　233 落　　来	2　　334 落　　雨	2　　45 肉　　痛	2　　13 月　　亮	2　　5 六　　谷	2　　2 昨　　日
	2　　53 　　　45 薄　　刀		2　　334 　　　13 日　　里	2　　45 　　　13 鼻　　涕			
			2　　334 　　　45 历　　本				

二、两字组连读变调规律

新登方言两字组的连读变调有以下几个特点：

（1）总体来说，新登两字组连读变调的规律为前字不变，后字变调。

（2）上声［334］在连读变调中接近平调［33］。

（3）连读调［21］可能是由阳去［13］产生的（阳去［13］有时开头略降，接近［213］）。

更具体的规律大致有以下几点：

（1）阴平［53］作前字时一律变调为［55］，后字一般变调为［55］或［31］。

（2）阳平［13］作前字时一般不变调，后字除入声字外一般变调为［55］。

（3）阴上［423］作前字时不变调，后字为阴平、阳平和阴上时变调。

（4）阳上［224］作前字时一般不变调，后字常常要变调。

（5）去声［335］作前字时不变调，后字除入声字外一般变调为［53］。

（6）阴入和阳入为前字时不变调，后字常常变调为［224］或［335］。

肆 异读

一、新老异读

新登方言新老派差异情况大致如下。下文中"/"前为老派，后为新派。

1. 声母

个别字有尖团差异，老派读团音，新派读尖音，但不构成系统性。例如：城 dʑiŋ²³³ / dzeiŋ²³³ | 双 ɕyã⁵³ / suã⁵³。

2. 韵母

（1）部分宕江摄和全部通摄入声字老派读独立的 [ɔʔ] 韵，该韵母新派音系已无，全部并入 [əʔ][uəʔ] 韵。例如：托 tʰɔʔ⁵ / tʰəʔ⁵ | 握 ɔʔ⁵ / uəʔ⁵ | 谷 kɔʔ⁵ / kuəʔ⁵ | 六 lɔʔ² / ləʔ²。

（2）还存在一些不太系统的差异。例如：横 uɛ²³³ / eŋ²² | 兄 soŋ⁵³ / ioŋ⁵³³。

二、文白异读

新登方言存在一定的文白异读现象，不过由于调查字数有限，目前发现的文白异读现象比较零碎。下文中"/"前为白读，后为文读。

1. 声母

（1）非组个别字白读 [m] 声母，文读 [v] 声母。例如：问 meiŋ¹³ / veiŋ¹³。

（2）日母个别字白读 [ȵ] 声母或自成音节 [ŋ]，文读 [z] 声母或自成音节 [əl]。例如：人 ȵieiŋ²²³ / zeiŋ²²³ | 日 ȵiəʔ² / zəʔ² | 耳 ŋ³³⁴ / əl³³⁴。

2. 韵母

中古韵摄	例字	读音	中古韵摄	例字	读音
果开一歌	拖	tʰa⁵³ / tʰu⁵³	果开一箇	大	du¹³ / da¹³
遇合一姥	五	ŋ³³⁴ / u⁵³	止合三微	围	ʮ²³³ / ue²³³
咸开二衔	监	kɛ⁵³ / tɕiɛ̃⁵³			

伍　小称

新登方言几乎没有儿化和小称音现象，有限材料中只发现一例：跷拐儿_{瘸子} tɕʰiɔ⁵³kua³³⁴əl⁴⁵，"儿"独立成音节。

陆　其他音变

一、清浊音变

新登方言在语流中由于连读而产生变调，声母的清浊依附于声调的高低，因此也会产生相应的变化。清浊音变基本发生于词汇后字或中字，音变既有清声母变为浊声母。例如（读音特殊的字加下画线）：

露水_露 lu²¹zʮ¹³(s—z)

上半日_{上午} zã¹³bɛ̃²¹n̠iə̃ʔ²(p—b)

顺手面_{右边} ʑyiŋ²¹zy²¹miɛ̃⁴⁵(ɕ—ʑ)

洋芋子_{马铃薯} iã²³³ʮ³³⁴dʐʮ²¹(ts—dz)

灶间_{厨房} tsɔ⁴⁵gɛ²¹(k—g)

也有浊声母变为清声母。例如：

水潭_{水坑儿} sʮ³³⁴tɛ̃⁴⁵(d—t)

后屁股头_{背后} əu²¹pʰi⁴⁵ku³³⁴təu⁴⁵(d—t)

荸荠 bu²³³ɕiɛ³³⁴(ʑ—ɕ)

蝴蝶 u²³³tiəʔ⁵(d—t)

蜻蜓尾巴_{蜻蜓} seiŋ⁵³teiŋ³³⁴ŋ³³⁴pa⁴⁵(d—t)

二、特殊语流音变

新登方言中还存在一些特殊语流音变现象。例如（读音特殊的字加下画线）：

牙齿 ɑ²³³tsʮ³³⁴(tsʰ—ts)

洗牙齿_{刷牙} se³³⁴ɑ²³³tsʮ³³⁴(tsʰ—ts)

喉咙 u²³³leiŋ²³³(əu—u，oŋ—eiŋ)

第二十二节　桐庐方音

壹　概况

一、调查点

1. 地理人口

桐庐县东临绍兴市诸暨市、金华市浦江县，南交建德市，西靠淳安县、临安区，北接富阳区。全县陆域面积 1825 平方公里。截至 2021 年年底，户籍人口 41.9217 万。[①]

2. 历史沿革

三国吴黄武四年（225），桐庐县始建。隋开皇九年（589），桐庐并入钱塘县，仁寿二年（602）复置。唐武德四年（621），桐庐西北七乡置分水县，同时于桐庐置严州，后废严州及分水县。如意元年（692）分水复置，更名为武盛，神龙元年（705）复名分水县。开元二十六年（738），桐庐县移于今县治。宝应元年（762），分水西部地置昭德县，大历六年（771）废昭德还属分水。天佑三年（906），分水东北五乡划入临安。1949 年，桐庐、分水两县解放。1958 年 11 月，新登、分水两县并入桐庐。1960 年 8 月，富阳并入桐庐，并隶属于杭州市。1961 年 12 月，富阳县复置，原新登县辖地及原分水县贤德公社划归富阳。今桐庐县政区，基本上为原桐庐、分水两县辖地。[②]

3. 方言分布

桐庐县方言主要有桐庐话、分水话、南乡话、船上话、淳安话。桐庐话主要分布于桐君街道、南门社区、东门社区、迎春社区等地区，标准的桐庐话使用人口大致 3 万，加上不大标准的桐庐话使用人口大致 20 万。分水话使用人口分布

---

① 参见：桐庐县人民政府网，http://www.tonglu.gov.cn/col/col1229537215/index.html，2022 年 8 月 1 日获取。

② 参见：桐庐县人民政府网，http://www.tonglu.gov.cn/col/col1229537215/index.html，2022 年 8 月 2 日获取。

在分水镇，大致 6 万。南乡话使用人口分布在江南镇、凤川街道，10 万左右。船上话使用人口分布在七里龙和东门社区的小部分地区，5 千左右。淳安话是淳安移民带来的，使用人口分布在合村乡，1 万多人。富春江镇有修建富春江水电站安置的员工及其家属，人口 2 万左右，说普通话。

4. 地方曲艺

桐庐地方曲艺有越剧，如著名的"桐庐越剧团"，该剧团有"江南戏曲舞台上的一颗明珠"之称。

二、方言发音人

1. 方言老男

林胜华，1956 年 12 月出生于桐庐，一直在本地生活和工作，职工，高中文化程度，说桐庐话和普通话。父母、配偶均为桐庐人，说桐庐话。

2. 方言青男

孙余伟，1990 年 12 月出生于桐庐，主要在本地生活和工作，基层干部，本科文化程度，说桐庐话和普通话。父母均为桐庐人，说桐庐话。

3. 口头文化发音人

林胜华，女，1956 年 12 月出生于桐庐，一直在本地生活和工作，职工，高中文化程度，说桐庐话和普通话。父母、配偶均为桐庐人，说桐庐话。

金超英，女，1959 年 8 月出生于桐庐，一直在本地生活和工作，职工，初中文化程度，说桐庐话和普通话，现在主要说桐庐话。父母、配偶均为桐庐人，说桐庐话。

贰　声韵调

一、声母（27 个，包括零声母在内）

p 八兵　　　pʰ 派片　　　b 爬病　　m 麦明问　　f 飞风副蜂　v 肥饭味

t 多东	tʰ 讨天	d 甜毒	n 脑南年泥		l 老蓝
			热软		连路
ts 资早租张	tsʰ 刺草寸抽	dz 城		s 丝三酸山	z 字贼坐
争纸	拆抄初			手	祠事十
tɕ 酒竹装主	tɕʰ 清车春轻	dʑ 全茶		ɕ 想双书响	ʑ 谢床船
九		柱权			顺县
k 高	kʰ 开	g 共	ŋ 熬	x 好灰	
Ø 月活安温					
王云用药					

说明：

（1）浊擦音声母实际发音为先清后浊，如［z］，实际发音为［sz］。

（2）零声母音节逢阴声调前有喉塞［ʔ］，逢阳声调开口呼前有［ɦ］，逢阳声调齐齿呼前有［j］，逢阳声调撮口呼前有［ɥ］。

（3）［n］逢洪音、细音都为［n］。

二、韵母（39个，包括自成音节的［m］［l］［ŋ］在内）

ɿ 猪师丝试	i 米戏二飞	u 歌坐过苦	y 雨
A 排鞋	iA 写	uA 快	
E 开赔对		uE 鬼	yE 靴权
e 半短	ie 盐年		
ɔ 宝饱	iɔ 笑桥		
o 爬把		uo 牙瓦	yo 茶
ei 豆走			
	iəu 油		
ã 南山糖讲硬争	iã 响	uã 官王横	yã 床双
əŋ 深根寸灯升	iŋ 心新病星	uəŋ 滚	yŋ 春云
oŋ 东	ioŋ 兄用		
aʔ 鸭法辣八托壳白<u>学</u>	iaʔ 药<u>学</u>	uaʔ 活刮	
əʔ 盒十北直色尺六绿	iəʔ 接贴急热节七一锡	uəʔ 骨郭国谷	yəʔ 月出橘局

| m 母 |
| l̩ 耳 |
| ŋ 五 |

说明：

（1）[iəʔ]中[ə]偏前。

（2）[ən oŋ]类韵母主要为元音鼻化，[ŋ]偏前，为舌面中音。

（3）[k]组声母与[e]拼，[e]前有轻微的滑音[i]。

（4）[ei]韵母实际音值为[ey]。

（5）[fu]中的[u]为[ʋ]。

三、声调（7个）

阴平	533	东该灯风通开天春
阳平	13	门龙牛油铜皮糖红
阴上	33	懂古鬼九统苦讨草买老五有
阴去	35	冻怪半四痛快寸去
阳去	24	卖路硬乱洞地饭树近厚动
阴入	5	谷百搭节急哭拍塔切刻
阳入	13	六麦叶月毒白盒罚

说明：

（1）阳去[24]与阳平调值[13]很接近。

（2）阳入[13]为短促调。

叁　连读变调

一、两字组连读变调表

桐庐方言两字组的连读变调规律见下表。表中首列为前字本调，首行为后字本调。每一格的第一行是两字组的本调组合；第二行是连读变调，若连读调与单字调相同，则此行空白；第三行为例词。同一两字组若有两种以上的变调，则以横线分隔。具体如下。

桐庐方言两字组连读变调表

前字＼后字	阴平 533	阳平 13	阴上 33	阴去 35	阳去 24	阴入 5	阳入 13
阴平 533	533 533 35 13 溪 坑	533 13 35 33 香 油 533 13 35 33 番 茄	533 33 33 13 痴 子 533 33 35 13 包 子	533 35 35 13 菠 菜 35 33 干 菜	533 24 35 13 鸡 蛋	533 5 35 猪 血	533 13 33 蜂 蜜 533 13 35 山 药
阳平 13	13 533 21 35 洋 葱	13 13 21 35 厨 房	13 33 21 35 洋 火	13 35 21 芹 菜	13 24 21 13 皮 蛋	13 5 21 头 发	13 13 21 茶 叶
阴上 33	33 533 35 点 心	33 13 33 嘴 唇	33 33 35 米 酒	33 35 小 气	33 24 33 保 佑	33 5 打 折	33 13 5 洗 浴
阴去 35	35 533 21 13 燥 烟 35 533 13 21 嫁 妆	35 13 21 酱 油	35 33 21 戒 指	35 35 33 睏 觉	35 24 21 相 貌 35 24 33 13 做 寿	35 5 继 伯 35 5 21 教 室	35 13 放 学
阳去 24	24 533 13 55 豆 浆	24 13 13 55 面 条	24 33 13 55 面 孔	24 35 13 55 饭 店	24 24 13 55 庙 会	24 5 13 5 大 伯	24 13 13 闹 热
阴入 5	5 533 35 阁 几	5 13 33 客 人 5 13 发 愁	5 33 13 瞎 子	5 35 出 嫁 5 35 合 算	5 24 13 柏 树	5 5 叔 叔	5 13 歇 力
阳入 13	13 533 21 13 陌 生	13 13 21 35 舌 头	13 33 21 35 食 指	13 35 21 35 鼻 涕	13 24 21 13 木 匠	13 5 21 5 熟 悉	13 13 21 13 昨 日

二、两字组连读变调规律

桐庐方言两字组的连读变调有以下几个特点：

（1）既有前变调，也有后变调。

（2）阴平作前字，一般变[35]，作后字时调值多样。

（3）阳平作前字变[21]；阳平作后字，逢阴平、阴上、阴入变[33]，逢阳平、阳入变[35]，逢阳上、阳去变[55]。

（4）阴上作前字不变调，仍然读[33]；阴上作后字时，逢阴平、阴入变[13]，逢阳平、阴上、阳入变[35]，逢阳上、阳去为[55]，逢阴去为[21]。

（5）阴去作前字，逢阴平变[21]，其余情况下一般不变调。阴去作后字，逢阴平变[13]或[33]，其余情况一般不变调。

（6）阳去作前字变[13]，作后字逢阴平、阴入、阳入变[13]，逢阳平变[35]，逢阳上、阳去变[55]，逢阴上变[33]。

（7）阴入作前字和后字不变调。

（8）阳入作前字变[21]，作后字不变。

肆　异读

一、新老异读

桐庐方言的新老异读主要体现在韵母方面。下文中"/"前为老派，后为新派。

（1）老派浊声母平声字与浊声母去声字不合流，新派合流。例如：铜 doŋ^{13} ≠ 洞 doŋ^{24} / 铜 doŋ^{13} = 洞 doŋ^{13}。

（2）老派中古入声韵字有喉塞尾，新派无。例如：一 iəʔ^5 / iə^{533}。

二、文白异读

桐庐方言的文白异读主要体现在声母和韵母方面。下文中"/"前为白读，后为文读。

1. 声母

（1）见系二等声母白读[k]组声母，文读[tɕ]组声母。例如：鸭 ŋaʔ^5 / 甲 tɕiaʔ^5。

（2）微母白读[m]声母，文读零声母。例如：蚊 məŋ^{13} / 网 uã^{33}。

（3）从母白读[z][ʑ]，文读[dz][dʑ]。例如：蚕 ze^{13} / 钱 dʑie^{13}。

2. 韵母

梗摄二等白读[ã][aʔ]，文读[əŋ][ə]。例如：耕 kã^{533} / kəŋ^{533}｜隔 kaʔ^5 / kəʔ^5。

第二十三节　分水方音

壹　概况

一、调查点

1. 地理人口

桐庐县位于浙江省西北部，地处钱塘江中游，东接诸暨，南连浦江、建德，西邻淳安，东北界富阳，西北依临安。[①] 截至 2018 年年底，全县户籍人口 41.72 万。[②]

分水镇隶属于浙江省杭州市桐庐县，地处桐庐、富阳、临安、淳安四县（区）交汇腹地。下辖 26 个行政村、2 个社区，分别是：武盛村、城西村、东溪村、天英村、桥东村、新龙村、百岁坊村、保安村、富源村、砖山村、儒桥村、里湖村、怡华村、小源村、三溪村、三合村、塘源村、高联村、三槐村、外范村、太平村、盛村村、徐桥村、朝阳村、大路村、后岩村，分江社区、玉华社区。镇政府驻分江社区院士路 98 号。

2. 历史沿革

桐庐县始建于三国吴黄武四年（225），曾于隋开皇九年（589）废桐庐入钱塘县，至仁寿二年（602）复置。唐武德四年（621）析桐庐西北七乡置分水县，同时于桐庐置严州。三年后废严州及分水县。如意元年（692）复置分水，更县名为武盛。神龙元年（705）复名分水县。开元二十六年（738）移桐庐县于今县治。宝应元年（762）析分水西部地置昭德县，大历六年（771）废昭德还属分水。天佑三年（906）划分水东北五乡入临安。1949 年 4 月至 5 月桐、分两县解放，1958 年 11 月废新登、分水两县入桐庐。1960 年 8 月又废富阳入桐庐，并隶属于杭州市。1961 年 12 月复置富阳县，并将原新登县辖地及原分水县贤德公社划归

[①] 参见：桐庐县人民政府网，http://www.tonglu.gov.cn/col/col1229537215/index.html，2022 年 12 月 13 日获取。

[②] 参见：《2019 年浙江统计年鉴》，http://tjj.zj.gov.cn/col/col1525563/index.html，2022 年 12 月 13 日获取。

富阳。今桐庐县政区，基本上为原桐庐、分水两县辖地。[①]

3. 方言分布

分水镇有三种代表性方言，分别是分水官话、分水土话、宁绍话。分水官话，使用人口约 4 万，分布于以武盛、里湖、保安、三溪、百岁坊、怡华等为代表的 20 个行政村；分水土话，使用人口约 1 万，主要分布于儒桥、东溪、桥东、三合、新龙 5 个行政村；宁绍话，使用人口约 0.3 万，主要分布于城西、富源两个行政村。

4. 地方曲艺

分水镇的地方曲艺形式为越剧，同杭州地区越剧。

二、方言发音人

1. 方言老男

邱水明，1954 年 6 月出生于桐庐分水镇武盛村，一直在本地生活和工作，农民，高中文化程度，说分水话和不太标准的普通话。父母均为桐庐分水镇武盛村人。

2. 方言青男

吴志华，1988 年 5 月出生于桐庐分水镇武盛村，一直在本地生活和工作，职工，初中文化程度，说分水话和普通话。父母均为桐庐分水镇武盛村人。

3. 口头文化发音人

何明珠，女，1964 年 2 月出生于桐庐分水镇武盛村，一直在本地生活和工作，工商业者，初中文化程度，说分水话和不太标准的普通话。父母均为桐庐分水镇武盛村人。

刘春美，女，1955 年 3 月出生于桐庐分水镇武盛村，一直在本地生活和工作，农民，文盲，说分水话。父母均为桐庐分水镇武盛村人。

[①]　参见：桐庐县人民政府网，http://www.tonglu.gov.cn/col/col1229537215/index.html，2022 年 12 月 13 日获取。

贰　声韵调

一、声母（28个，包括零声母在内）

p 八兵	pʰ 派片	b 爬病	m 麦明	f 飞风副蜂	v 饭味肥
t 多东	tʰ 讨天	d 甜毒	n 脑南		l 老蓝连路
ts 资早租张 　竹争纸	tsʰ 刺草寸抽 　拆抄车	dz 坐茶床城		s 丝三酸山 　书手	z 字事十贼入
tɕ 酒装主九	tɕʰ 清春轻	dʑ 全柱权	ȵ 年泥热软	ɕ 想双响	ʑ 谢船顺
k 高	kʰ 开	g 共	ŋ 熬	x 好灰	
∅ 问月县安 　温王用药					

说明：

（1）古泥母字今声母为[n]或[ȵ]。[n]拼开口呼、合口呼，[ȵ]拼齐齿呼、撮口呼。

（2）浊声母实为清音浊流。

二、韵母（38个，包括自成音节的[m]在内）

ɿ 师丝试	i 米戏	u 苦五	y 猪雨
a 茶牙瓦	ia 牙	ua 瓜瓦	
ɛ 开排鞋	iɛ 写	uɛ 快	
e 陪对		ue 鬼	
ɔ 宝饱	iɔ 笑桥		
o 歌坐过			
ɵ 二豆走	iɵ 油		
ã 南山糖	iã 响讲	uã 官床王	yã 双
	iɛ̃ 盐年	uɛ̃ 半短	yɛ̃ 权靴
ən 深根寸灯升争硬	in 心新病星	uən 滚	yən 春云
oŋ 东	ioŋ 兄用		

a ʔ 盒塔鸭法辣八	iaʔ 局	uaʔ 刮挖滑活	
ɔʔ 十郭壳北色白六绿	iəʔ 接急热七一药学锡	uəʔ 活骨国谷	yəʔ 月出橘
m 母			

说明：

（1）果摄逢［k］组声母时，韵母记为［o］，实际音值略高。

（2）［ən］中的［n］偏后。

（3）［ɔʔ］和［iəʔ］中的［ə］偏前。

三、声调（7个）

阴平	44	东该灯风通开天春
阳平	22	门龙牛油铜皮糖红
上声	53	懂古鬼九统苦讨草买老五有
阴去	24	冻怪半四痛快寸去
阳去	13	卖路硬乱洞地饭树动罪近后
阴入	5	谷急哭刻百搭节拍塔切
阳入	12	六麦叶月毒白盒罚

说明：

（1）阴平调值记为［44］，实际调值略低，接近［33］。

（2）阳平调不稳定，调值介于［22］和［33］之间，记为［22］。

（3）阴去［24］阳去［13］以升为主。

叁 连读变调

分水方言两字组的连读变调规律见下表。表中首列为前字本调，首行为后字本调。每一格的第一行是两字组的本调组合；第二行是连读变调，若连读调与单字调相同，则此行空白；第三行为例词。同一两字组若有两种以上的变调，则以横线分隔。具体如下。

分水方言两字组连读变调表

后字 前字	阴平 44		阳平 22		上声 53		阴去 24		阳去 13		阴入 5		阳入 12	
阴平 44	44	44	44	22	44	53 55	44	24	44	13	44	5	44	12
	花	生	番	茄	痴	子	标	致	街	上	猪	血	山	药
阳平 22	22 21	44	22 21	22 24	22 21	53 55	22 21	24	22 21	13	22 21	5	22 21	12
	雷	公	麻	油	洋	火	芹	菜	床	铺	头	发	茶	叶
上声 53	53 44	44 33	53 44	22 21	53 44	53 44	53 44	24	53 44	13	53 44	5	53 44	12
	点	心	嘴	唇	米	酒	瓦	片	扫	地	喜	鹊	小	麦
阴去 24	24	44	24	22	24	53 55	24	24 21	24	13 24	24	5 5	24	12
	灶	间	灶	头	进	口	进	去	对	面	教	室	放	学
阳去 13	13 24	44	13 24	22 21	13 22	53	13 24	24	13 24	13 24	13 24	5	13 24	12
	面	包	旧	年	夜	里	地	震	庙	会	大	伯	闹	热
阴入 5	5	44	5	22	5	53	5	24	5	13	5	5	5	12
	结	婚	客	人	脚	管	合	算	柏	树	叔	叔	搭	脉
阳入 12	12	44	12	22	12	53	12	24	12	13	12	5	12	12
	陌	生	舌	条	落	雨	鼻	涕	木	匠	熟	悉	昨	日

二、两字组连读变调规律

（1）二字组中，若前字为阳平，则前字调值由［22］变为［21］；阳平字在上声、阳去字后，调值由［22］变为［21］；两个阳平字相连，前字调值由［22］变为［21］，后字调值由［22］变为［24］。

（2）二字组中，若前字为上声，则前字调值由［53］变为［44］；上声字置于阴平、阳平后，调值由［53］变为［55］；上声字置于阴去字后，调值由［53］变为［44］。

（3）两个阴去字相连，后字调值由［24］变为［21］。

（4）二字组中，若前字为阳去（后字上声除外），则前字调值由［13］变为［24］；阳去字在上声字前，调值由［13］变为［22］；阳去字在阴去字、阳去字后，调值由［13］变为［24］。

（5）阴平字在上声字后，调值由［44］变为［33］。

肆　异读

一、新老异读

1. 声母

（1）古微母字"味"，老派今读声母为［v］，新派今读声母为［ø］。
（2）古章母字"主"，老派今读声母为［tɕ］，新派今读声母为［ts］。
（3）古昌母字"春"，老派今读声母为［tɕʰ］，新派今读声母为［tsʰ］。
（4）古船母字"顺"，老派今读声母为［ɕ］，新派今读声母为［s］。

2. 韵母

（1）古臻摄合口三等字"春"，老派今读韵母为［yən］，新派今读韵母为［uən］。
（2）古曾摄阳声韵字"灯""升"，老派今读韵母为［ən］，新派今读韵母为［əŋ］。
（3）古通摄合口三等字"局"，老派今读韵母为［iaʔ］，新派今读韵母为［yəʔ］。

二、文白异读

分水方言的文白异读主要体现在古假摄开口二等韵字"牙""瓦"白读韵母均为［a］，"牙"文读韵母为［ia］，"瓦"文读韵母为［ua］。

伍　其他音变

附加式合成词中的构词后缀，多读轻声，比较常见的是"子"缀读轻声。详见下表。例字所在位置排列的调值，上面为原单字调的调值，下面为变调后的调值。

阴平+子		阳平+子		上声+子		阴去+子		阳去+子		阴入+子		阳入+子		其 他	
44	53	22	53	53	53	24	53	13	53	5	53	12	53	53	44
		21	0	44	0		0		0		0		0	44	0
	0														
虱	子	桃	子	李	子	粽	子	稻	子	橘	子	月	子	尾	巴

第二十四节　绍兴方音

壹　概况

一、调查点

1. 地理人口

绍兴是浙江省地级市，位于浙江省中北部、杭州湾南岸，东连宁波市，南临台州市和金华市，西接杭州市，北隔钱塘江与嘉兴市相望。[①] 其中越城区是绍兴市政治、文化中心，市委市政府所在地，地处宁绍平原西部，会稽山北麓，位于浙江大湾区核心区。全区总面积498平方公里，下辖1镇15街道，分别是：富盛镇，塔山街道、府山街道、北海街道、稽山街道、城南街道、迪荡街道、东湖街道、灵芝街道、东浦街道、鉴湖街道、斗门街道、皋埠街道、陶堰街道、马山街道、孙端街道。截至2019年年底，全区户籍人口76.9万，常住人口120万。[②] 主要为汉族，少数民族人口较少，多是工作、婚姻迁入。

2. 历史沿革

绍兴从新石器时代中期的小黄山文化开始，至今已有约9000年历史，秦王政二十五年（前222），以吴越地置会稽郡，秦王政二十六年（前221），会稽郡先后辖山阴等20余县。唐武德四年（621），改会稽郡为越州。南宋建炎四年（1130），升越州为绍兴府，府治设山阴，大致为今越城区城内。

1949年5月，绍兴全境解放。6月，设为浙江省第十专区，辖绍兴、上虞、嵊县、新昌、诸暨、萧山六县。1983年7月，撤销绍兴地区，改设省辖绍兴市，置越城区，下辖越城区、绍兴县、上虞县、嵊县、新昌县、诸暨县。[③]

---

① 参见：绍兴市政府网，http://www.sx.gov.cn/col/col1461898/index.html，2022年12月13日获取。
② 参见：《2020年越城区统计年鉴》，http://www.sxyc.gov.cn/col/col1229500443/index.html，2022年12月13日获取。
③ 参见：绍兴概览·历史尚革，http://www.sx.gov.cn/col/col1461899/index.html，2022年12月13日获取。

3. 方言分布

绍兴（越城区）话属吴语太湖片临绍小片，为全区通行的主要方言。大多数人讲绍兴话，分布在越城区各乡镇，为本地普遍通用的方言，近年来受普通话影响较大。城区的语音和四郊不完全一致。大致上，东郊、北郊东浦至斗门一带和南郊平水以北地区与城区语音基本相同，西郊柯桥、安昌一带接近萧山，南郊深山区稽东、王坛一带接近嵊县，与城区语音不同。

4. 地方曲艺

绍兴是传统戏曲艺术的重镇，在中国戏曲史上具有重要地位。戏曲主要有越剧、绍剧和调腔。越剧是中国第二大剧种，有第二国剧之称，发源于绍兴嵊县（今嵊州），繁荣于全国，流传于世界。绍剧也称绍兴大班、绍兴乱弹，是一种古老的剧种，不仅为绍兴人民所喜闻乐见，也流行于沪、杭地区。新昌调腔是古老的戏曲声腔之一，被称为"中国戏曲的活化石"，被认为是明代南戏"四大声腔"之一余姚腔的唯一遗音，以新昌为中心，流布于绍兴、萧山、上虞、余姚、嵊州、宁海等地。

绍兴曲艺品种多样，流传至今的主要有绍兴莲花落、鹦歌班、宣卷、绍兴词调和绍兴平湖调，受到绍兴及其周边地区广大人民群众的喜爱。

二、方言发音人

1. 方言老男

杨永祥，1952年7月出生于绍兴越城区蕺山街道，一直在本地生活和工作，职工，现已退休，初中文化程度，说越城区话和不太标准的普通话。父母均为绍兴越城区人。

2. 方言青男

魏昉昊，1989年9月出生于绍兴越城区塔山街道，主要在本地生活和工作，自由职业者，大专文化程度，说越城区话和普通话。父母均为绍兴越城区人。

3. 口头文化发音人

宋小青，女，1945年3月出生于绍兴越城区城南街道，一直在本地生活和工作，文艺工作者，初中文化程度，说越城区话和不太标准的普通话，提供歌谣、俗语及绍剧、鹦哥戏、莲花落等调查材料。父母均为绍兴越城区人。

陆纪生，男，1944 年 11 月出生于绍兴越城区城南街道，一直在本地生活和工作，医生，中专文化程度，说越城区话和普通话，提供方言故事调查材料。父母均为绍兴越城区人。

韦菊儿，女，1949 年 11 月出生于绍兴越城区塔山街道，一直在本地生活和工作，职工，初中文化程度，说越城区话和不太标准的普通话，提供歌谣、俗语等调查材料。父母均为绍兴越城区人。

郭耀灿，男，1951 年 6 月出生于绍兴越城区灵芝街道，一直在本地生活和工作，销售员，初中文化程度，说越城区话和不太标准的普通话，提供俗语调查材料。父母均为绍兴越城区人。

董之洁，女，1954 年 4 月出生于绍兴越城区北海街道，一直在本地生活和工作，财会人员，高中文化程度，说越城区话和不太标准的普通话，提供方言故事调查材料。父母均为绍兴越城区人。

贰　声韵调

一、声母（28 个，包括零声母在内）

p 八兵	pʰ 派片	b 爬病肥味	m 麦明问	f 飞风副蜂	v 肥饭味问
t 多东	tʰ 讨天	d 甜毒	n 脑南		l 老蓝连路
ts 资早租张 竹	tsʰ 刺草寸 抽拆	dz 茶城		s 丝三酸山	z 字贼坐祠事
tɕ 酒主九	tɕʰ 清轻	dʑ 全柱权	ȵ 年泥热软	ɕ 想书响	ʑ 谢
k 高	kʰ 开	g 共	ŋ 熬	h 好灰	
∅ 月活县王 云用药温					

说明：

（1）[b][d][g][dz][dʑ][z][ʑ][v] 这 8 个声母实为清声母，并带有浊流，实际音值为 [pɦ][tɦ][kɦ][tsɦ][tɕɦ][sɦ][ɕɦ][fɦ]。

（2）[m][n][ȵ][ŋ][l] 这 5 个声母读阴调时，实际读音为 [ʔm][ʔn][ʔȵ][ʔŋ][ʔl]；读阳调时，实际读音为 [mɦ][nɦ][ȵɦ][ŋɦ][lɦ]，两者互补，归为一类。

（3）[v]声母与后元音相拼时摩擦很弱。

（4）阳调类的零声母音节前面，带有与音节开头元音同部位的摩擦成分，这里一并记作零声母[Ø]。

二、韵母（47个，包括自成音节的[m][n][ŋ]）

ɿ 猪师丝试	i 米戏二飞	u 过苦	y 靴雨鬼
a 排鞋	ia 写	ua 快	
E 开赔对		uE 鬼	
o 歌坐茶牙瓦	io 肉^①口,~猪		
ɔ 宝饱	iɔ 笑桥		
ɤ 豆走	iɤ 油		
ẽ 深春	iẽ 盐年		
ɛ̃ 山	iɛ̃ 念	uɛ̃ 顽	
õ 南短寸		uõ 半官滚	yõ 权云
əŋ 根灯升	iŋ 心新病星		
ɑŋ 糖床双讲		uɑŋ 王	
aŋ 硬争	iaŋ 响	uaŋ 横	
oŋ 东	ioŋ 兄用		
eʔ 盒十出	ieʔ 接贴急热节七一锡		
ɛʔ 塔鸭法辣八		uɛʔ 滑	
aʔ 白	iaʔ 药	uaʔ 刮	
oʔ 托壳学北六绿	ioʔ 月橘学局	uoʔ 活骨郭国谷	
əʔ 直色尺			
m̩ 母			
n̩ 无			
ŋ̍ 五鱼			
əl 耳木~			

说明：

（1）[o]韵母在唇音声母后较圆，在其他声母后较开，但绝不与[ɔ]韵相混。

---

① "肉"在这里是一个象声语素，猪觅食时发出的低沉声音，因无合适同音字，暂写成"肉"。

（2）[u]韵母圆唇度不高，近[ʊ]。

（3）[ɔ]韵母开口度略大，但不到[ɒ]，伴有轻微动程。

（4）[iŋ]韵母的[i]与[ŋ]之间有轻微的过渡音[ə]。

（5）[ɛ]韵母实际读音近[eɛ]，有变化动程，与[ŋ]声母相拼时易产生轻微[i]介音。

（6）[ẽ]韵母与非唇音声母相拼时，主元音更高，近[ɪ]。

（7）[eʔ]韵母与 ts 组声母相拼时，易产生轻微[i]介音。

（8）[ŋ]韵中有的字有[əŋ]韵的变体，如："鱼"有时读[əŋ²³¹]，"五"读[əŋ²²³]。

三、声调（8个）

阴平	53	东该灯风通开天春
阳平	231	门龙牛油铜皮糖红
阴上	334	懂古鬼九统苦讨草
阳上	223	买老五有动罪后近
阴去	33	冻怪半四痛快寸去
阳去	22	卖路硬乱洞地饭树
阴入	5	谷急哭刻百搭节拍塔切
阳入	2	六麦叶月毒白盒罚

说明：

（1）阴平[53]的起点有时近[4]。

（2）阳平[231]有时终点没那么低，近[2]。

（3）阴上[334]有时近[335]，但不多。

（4）入声是短促调，调型都是上升。阴入[5]近[45]，阳入[2]近[23]。

叁　连读变调

一、两字组连读变调表

绍兴方言两字组的连读变调规律见下表。表中首列为前字本调，首行为后字本调。每一格的第一行是两字组的本调组合；第二行是连读变调，若连读调与单字调相同，则此行空白；第三行为例词。同一两字组若有两种以上的变调，则以横线分隔。具体如下。

绍兴方言两字组连读变调表

前字＼后字	阴平 53	阳平 231	阴上 334	阳上 223	阴去 33	阳去 22	阴入 5	阳入 2
阴平 53	53 53 33 医生	53 231 33 汤团	53 334 33 334 风水	53 223 334 公社	53 33 33 青菜	53 22 33 33 山洞	53 5 33 资格	53 2 33 3 猪肉
阳平 231	231 53 22 田鸡	231 231 22 皮球	231 334 22 苹果	231 223 22 33 朋友	231 33 22 脾气	231 22 22 33 名字	231 5 22 头发	231 2 22 3 邮局
阴上 334	334 53 44 31 剪刀	334 231 44 31 水田	334 334 44 31 水果	334 223 44 31 水桶	334 33 44 31 小气	334 22 44 31 体面	334 5 44 3 宝塔	334 2 44 3 火药
阳上 223	223 53 24 31 雨衣	223 231 24 31 肚皮	223 334 24 31 冷水	223 223 24 31 马桶	223 33 24 31 冷菜	223 22 24 31 社会	223 5 24 3 动作	223 2 24 3 市日
阴去 33	33 53 44 31 汽车	33 231 33 借条	33 334 33 汽水	33 223 334 对象	33 33 芥菜	33 22 布料	33 5 33 戏曲 ――― 33 5 44 53 庆祝	33 2 3 挂历
阳去 22	22 53 33 电灯	22 231 22 地球	22 334 大小	22 223 22 24 号码	22 33 22 24 代替	22 22 22 31 电话	22 5 22 利息	22 2 22 3 闹热
阴入 5	5 53 3 北方	5 231 3 骨头	5 334 3 脚底	5 223 3 黑米	5 33 3 客气	5 22 3 22 脚步 ――― 5 22 5 22 国外	5 5 5 3 铁塔	5 2 5 3 出纳
阳入 2	2 53 月光	2 231 石头	2 334 局长	2 223 白马	2 33 白菜	2 22 立夏 ――― 2 22 2 231 月亮	2 5 及格	2 2 2 3 毒药

二、两字组连读变调规律

绍兴方言两字组的连读变调有以下几个特点：

（1）前字和后字都有变调现象。前字变调规律性较强，如前字阴平除后字是阳上不变仍读[53]外；其他均变为[33]；前字阳平均变为[22]；前字阴上均变为[44]；前字阳上均变为[24]；前字阴去大部分不变仍读[33]，后字阴平变为[44]；前字阳去大部分不变仍读[22]，后字是阴去和阳去的变为[24]；前字阴入均变为[3]，前字阳入均不变。后字的变调情况没有前字规律性强，均有几种不同的变调。

（2）在后字的位置上，阳调类会串调到阴调类调值，阴调类不会串调，如前字是阴平、阳平、阴上、阳上、阴去的，后字阳上会变调阴调类调调值；后字是阳入调均会升高调值到阴调类。但前字的位置不会发生阴阳串调的现象。

肆　异读

一、新老异读

1. 声母

浊声母读音老派浊流强于新派。

2. 韵母

（1）老派[ɛ]类韵母，新派略高且无动程，读[e]类韵母。例如：配 pʰɛ³³ / pʰe³³ | 对 tɛ³³ / te³³ | 灰 huɛ⁵³ / hue⁵³。

（2）老派[yø̃]韵母，新派高化为[ỹ]韵母。例如：权 dʑyø̃²³¹ / dʑỹ²³¹ | 卷 tɕyø̃³³⁴ / tɕỹ³³⁵ | 均 tɕyø̃⁵³ / tɕỹ⁵³。

（3）老派[ɛ̃]和[ɛʔ]类韵母，新派开口度较大，分别读[æ̃]和[æʔ]类韵母。例如：胆 tɛ̃³³⁴ / tæ̃³³⁵ | 验 ȵiɛ̃²² / ȵiæ̃²² | 弯 uɛ̃⁵³ / uæ̃⁵³ | 搭 tɛʔ⁵ / tæʔ⁵ | 挖 uɛʔ⁵ / uæʔ⁵。

（4）老派[iɛ̃]和[ieʔ]韵母，新派高化并合流，分别读[ĩ]和[iʔ]韵母。例如：险 ɕiɛ̃³³⁴ / ɕiẽ³³⁵ | 盐 iɛ̃²³¹ / ĩ²³¹ | 接 tɕieʔ⁵ / tɕiʔ⁵ | 业 ȵieʔ² / ȵiʔ²。

（5）老派[aʔ][iaʔ][uaʔ]三个韵母，新派没有，归入[æʔ][iæʔ][uæʔ]韵母。例如：百 paʔ⁵ / pæʔ⁵ | 削 ɕiaʔ⁵ / ɕiæʔ⁵ | 刮 kuaʔ⁵ / kuæʔ⁵。

3. 声调

（1）新老派阴上和阳上调有调值上的差异，阴上老派［334］调，新派［335］调，终点略高；阳上老派［223］调，新派［213］调，前者平升，后者先降后升。

（2）极少阴平字，老派读阴去［33］调，新派读阴平［53］调。例如：知，糙；极少部分阴上字，老派读阴去［33］调，新派读阴上［335］调。例如：喊，柄。

二、文白异读

1. 声母

（1）微母部分字白读［m］，文读［v］或零声母。例如：问 mẽ²² / vẽ²² | 尾 mi²²³ / vi²²³ | 晚 mɛ̃²²³ / uɛ̃²²³。其中微母"味"白读［b］，文读［v］，算是例外。

奉母少数字白读［b］，文读［v］。例如：肥 bi²³¹ / vi²³¹。

（2）见系开口二等部分字白读为［k］组声母，文读为［tɕ］组声母，韵母也随之有所变化。例如：交 kɔ⁵³ / tɕiɔ⁵³ | 敲 kʰɔ⁵³ / tɕʰiɔ⁵³。

（3）鱼韵章组、见组部分字白读［ts］组或［k］组声母，文读［tɕ］组声母。例如：鼠 tsʰɿ⁵³ / tɕʰy³³ | 锯 kɛ³³ / tɕy³³。

（4）止摄合口三等见系声母部分读白读［tɕ］声母，文读［k］组声母。例如：龟 tɕy⁵³ / kuɛ⁵³ | 柜 dʑy²² / guɛ²² | 贵 tɕy³³ / kuɛ³³ | 围 y²³¹ / uɛ²³¹。

（5）日母字白读［n̩］，文读［z］或零声母。例如：耳 n̩i²²³ / əl²²³ | 日 n̩ieʔ² / zeʔ² | 认 n̩iŋ²² / zẽ²² | 让 n̩iaŋ²² / zɑŋ²²。少数白读为［z］，文读是零声母。例如：闰 zẽ²² / yõ̃²²。

（6）部分邪母、澄母字白读［z］或［ʑ］，文读［dz］或［dʑ］。例如：锤 zɿ²³¹ / dzɛ²³¹ | 像 ʑiaŋ²²³ / dʑiaŋ²²³ | 席 ʑieʔ² / dʑieʔ²。

2. 韵母

（1）果摄部分字白读［a］韵母，文读［o］韵母。例如：拖 tʰa⁵³ / tʰo⁵³ | 破 pʰa³³ / pʰo³³。

（2）遇摄鱼韵部分字白读［i］［ɿ］［ɛ］韵母，文读［u］［y］韵母。例如：吕 li²²³ / ly²²³ | 锄 zɿ²³¹ / zu²³¹ | 鼠 tsʰɿ⁵³ / tɕʰy³³ | 锯 kɛ³³ / tɕy³³。

（3）止摄三等部分字白读［i］［y］韵母，文读［əl］［uɛ］韵母。例如：儿

ȵi²³¹ / əl²³¹ | 耳 ȵi²²³ / əl²²³ | 龟 tɕy⁵³ / kuɛ⁵³ | 柜 dʑy²² / guɛ²² | 贵 tɕy³³ / kuɛ³³ | 围 y²³¹ / uɛ²³¹。

（4）咸摄开口一等部分字白读［ẽ］，文读［ø̃］韵母。例如：蚕 zẽ²³¹ / zø̃²³¹。

（5）臻摄三等日母字白读［iŋ］韵母，文读［ẽ］韵母。例如：人 ȵiŋ²³¹ / zẽ²³¹ | 认 ȵiŋ²² / zẽ²² | 日 ȵieʔ² / zeʔ²。

第二十五节　上虞方音

壹　概况

一、调查点

1. 地理人口

上虞区隶属浙江省绍兴市。位于浙江省东北部，东邻余姚市，南接嵊州，西连柯桥区，北濒钱塘江河口，隔水与海盐县相望。全境基本轮廓呈南北向长方形，南北最长 60 公里，东西最宽 46 公里，面积 1403 平方公里，其中钱塘江河口水域 212.3 平方公里。上虞地形南高北低，南部低山丘陵与北部水网平原面积参半，俗称"五山一水四分田"。上虞区现辖 7 个街道，10 个乡镇，3 个乡。2018 年全区总户数 28.49 万，户籍人口 78.04 万。[1]

2. 历史沿革

上虞历史悠久。史籍记载和出土文物证明，4000 多年前新石器时代，就有人类在这里生活。夏帝少康后属越国，战国时期楚灭越后属楚，秦王嬴政二十五年（前 222）置上虞县，属会稽郡。唐初，今上虞境仍为会稽县的一部分，属越州。五代时属吴越国东府。北宋仍属越州。南宋绍兴元年（1131）改越州为绍兴府。元至元十三年（1276）改绍兴府为绍兴路，元至正二十六年（1366）复为绍兴府，上虞皆为其属县。清承明制。民国初年改府制为道制，上虞属会稽道。

解放初属绍兴专区。1952 年 2 月起属宁波专区，1964 年 9 月起属绍兴专区。1968 年 6 月起初属绍兴地区。1983 年 8 月起属绍兴市。中华人民共和国成立后，上虞与绍兴县、余姚县相邻部分地区有几次变动。1954 年 9 月，县人民政府迁至百官镇。1992 年 10 月 18 日上虞撤县设市。[2]

---

[1]　参见：上虞区人民政府门户网站，http://www.shangyu.gov.cn/col/col1229704010/index.html，2019 年 8 月 1 日获取。

[2]　参见：上虞区人民政府门户网站，http://www.shangyu.gov.cn/col/col1229704011/index.html，2019 年 8 月 1 日获取。

3. 方言分布

上虞区方言属于吴语太湖片临绍小片。百官话是上虞区方言的代表。丰惠镇自唐长庆二年（822）至 1954 年曾为县城，其方言也有一定的代表性。百官话与丰惠镇话差别不大。区内方言差异大致为：西近绍兴话，尤其东关街道，口音是绍兴腔；南以章镇话为代表，因与嵊县接壤，其边沿地带多有嵊县方言成分；区内的汤浦等地，原属绍兴县，除绍兴腔较重外，嵊县话的成分也较多。东北小越镇方言较特殊，近丰惠。北面崧厦镇方言与百官话略有差异，海涂地区多绍兴话腔调。

4. 地方曲艺

清末及民国初期，民间曲艺以坐唱和吹打（俗称"打番"）为主的十番班较为流行。此外，尚有莲花落、评话、说长等曲艺形式。

二、方言发音人

1. 方言老男

俞夫根，1956 年 4 月出生于上虞区百官街道，一直在本地生活和工作，基层干部，高中文化程度，说上虞城区话和不太标准的普通话。父母及配偶均为上虞城区人。

2. 方言青男

张辰，1988 年 8 月出生于上虞区百官街道，主要在本地生活和工作，基层干部，本科文化程度，说上虞城区话和普通话。父母均为上虞城区人。

3. 口头文化发音人

朱丽娟，女，1959 年 1 月出生于上虞区百官街道，一直在本地生活和工作，职工，高中文化程度，说上虞城区话和不太标准的普通话。父母均为上虞城区人。

贰　声韵调

一、声母（28 个，包括零声母在内）

p 八兵	pʰ 派片	b 爬病肥味	m 麦明问	f 飞副灰	v 饭肥味问
t 多东	tʰ 讨天	d 甜毒	n 脑南		l 老蓝连路
ts 资竹争纸	tsʰ 刺抽抄春	dz 茶城		s 丝山手	z 字祠事船十
tɕ 租酒主九	tɕʰ 清初轻	dʑ 全柱权	ȵ 年泥热软	ɕ 想书响	ʑ 谢
k 高	kʰ 开	g 共	ŋ 熬	h 风蜂好	
∅ 河月活县					
安温云药					

说明：

（1）"风""蜂"也有读作［f］的，"软"也有读作［n］的。

（2）浊擦音［ʑ］清化明显，与同部位的［ɕ］差别很小，该方言中［ʑ］声母只拼阳调类，即阳平、阳去和阳入。

（3）来母齐齿呼韵母字有读零声母的现象，如：两、流、亮、凉、料。

二、韵母（51 个，包括自成音节的［əl］［ŋ］在内）

ɿ 猪师丝试	i 米戏二飞	u 过苦	y 靴雨鬼
a 排鞋	ia 写	ua 快	
e 开赔对	ie 艾	ue 位	
ɔ 宝饱	iɔ 笑桥		
ɤ 豆走	iɤ 油		
o 茶牙瓦	io 雅雅座佳	uo 瓜	
ɷ 歌坐			
ã 硬争	iã 响	uã 横	
ɛ̃ 山	iɛ̃ 盐年	uɛ̃ 关	
õ 南短半		uõ 官	yõ 权
ɔ̃ 糖床双讲		uɔ̃ 王	

əŋ 深寸春灯升	iŋ 心根新云病	uəŋ 滚	yŋ 运
oŋ 东			yoŋ 云兄用
aʔ 白	iaʔ 药	uaʔ 刮名,刮子	
ɐʔ 盒辣直尺		ɐʔ 刮动,刮风	
ɛʔ 八		uɛʔ 滑挖	
əʔ 十出	iəʔ 接急热七锡	uəʔ 活骨	
oʔ 托壳北绿	ioʔ 月	uoʔ 握	yoʔ 橘局
əl 儿文			
ŋ̍ 母丈母芋芋芳五鱼			

说明：

（1）果摄合口一等与遇摄合口一等有合流趋势，表现在磨磨刀＝模模范，果＝古，火＝虎，过＝固，货＝戽，等号前后都读［u］。但是，婆≠菩，螺≠芦，课≠裤，祸≠户。不等号前读［ɷ］、不等号后读［u］。

（2）［ɛ̃］中的［ɛ］，实际在［ɛ］和［e］之间。

（3）［əŋ］［iŋ］［uəŋ］［yŋ］［oŋ］［yoŋ］等韵母中的［ŋ］，实际介于［n］和［ŋ］之间。

（4）［iəʔ］听感上近似［irʔ］。出于音位系统整体考虑，这里仍记作［iəʔ］。

三、声调（6个）

阴平	35	东该灯风通开天春懂古鬼九统苦讨
阳平	213	门龙牛油铜皮糖红买老五有动罪近后
阴去	53	冻怪半四痛快寸去
阳去	31	卖路硬乱洞地饭树
阴入	5	谷百搭节急哭拍塔切刻
阳入	2	六麦叶月毒白盒罚

说明：

（1）阳平字起始部分略降，慢读时听感上是一个曲折调，调值是［213］；快读时听感上是一个低升调，调值是［13］。这里统一记作［213］。

（2）通过比字，我们发现在上虞方言中，东＝懂，通＝统，灯＝等，方＝纺，铜＝动，痰＝淡，牢＝老，麻＝马，表明清平与清上合流，今都读作阴平［35］；浊平与浊上合流，今都读作阳平［213］。

（3）阳入［2］实际读音是一个短促的低升调，也可记作［12］。

叁　连读变调

一、两字组连读变调表

上虞方言两字组的连读变调规律见下表。表中首列为前字本调，首行为后字本调。每一格的第一行是两字组的本调组合；第二行是连读变调，若连读调与单字调相同，则此行空白；第三行为例词。同一两字组若有两种以上的变调，则以横线分隔。具体如下。

上虞方言两字组连读变调表

前字＼后字	阴平 35	阳平 213	阴去 53	阳去 31	阴入 5	浊入 2
阴平 35	35　35 33 飞　机 — 35　35 33　53 火　车	35　213 33 清　明 — 35　213 33　31 孙　女	35　53 33　35 车　票 — 35　53 33 开　店	35　31 33　35 车　站 — 35　31 33 开　会	35　5 33 工　作	35　2 33 开　学
阳平 213	213　35 21 农　村 — 213　35 21　53 老　师	213　213 21 农　民 — 213　213 21　31 象　棋	213　53 21　35 棉　裤 — 213　53 21 同　意	213　31 21　35 名　字 — 213　31 21 排　队	213　5 21 头　发	213　2 21 茶　叶
阴去 53	53　35 55　0 汽　车 — 53　35 33 唱　歌	53　213 55　0 酱　油 — 53　213 33 过　年	53　53 55　0 意　见 — 53　53 33 算　账	53　31 55　0 孝　顺 — 53　31 33 救　命	53　5 55　2 建　设	53　2 55 四　月
阳去 31	31　35 0 地　方 — 31　35 33 用　功	31　213 0 问　题	31　53 0 饭　店	31　31 0 电　话	31　5 33 办　法	31　2 33 事　实

续表

后字 前字	阴平 35		阳平 213		阴去 53		阳去 31		阴入 5		浊入 2	
阴入 5	5 北	35 53 京	5 骨	213 31 头	5 节	53 气	5 铁	31 路	5 节	5 2 约	5 复	2 习
浊入 2	2 木	35 53 工	2 石	213 31 头	2 白	53 菜	2 木	31 匠	2 及	5 格	2 学	2 习

二、两字组连读变调规律

上虞方言两字组连读变调有以下特点：

（1）阴平［35］前字变为［33］，阳平［213］前字变为［21］，阴去［53］前字一般变为［55］。

（2）清声母舒声后字，一般读作［35］或［53］；浊声母舒声后字，一般读作［213］或［31］。

（3）两个阴入字组合，前字变为［2］。

肆　异读

一、新老异读

上虞方言的新老异读主要表现在声母和韵母上。

1. 声母

（1）来母部分字，老派常脱落声母［l］，新派无此现象。例如：料，老派读［iɔ³¹］；流，老派读［iɤ²¹³］。

（2）部分疑母字，老派读［n̠］，新派脱落了鼻音声母。例如：

例字	老派	新派
遇	n̠y³¹	y³¹
严	n̠iẽ²¹³	iẽ²¹³
岸	n̠iẽ³¹	ẽ³¹

续表

例字	老派	新派
原	n̠yø̃²¹³	yø̃²¹³
月	n̠ioʔ²	ioʔ²

（3）部分邪、崇、澄、从、船、禅等古全浊声母字，老派和新派有读［z］或［dz］的差别。例如：

例字	老派	新派
祠邪	zɿ²¹³	dzɿ²¹³
愁崇	zɤ²¹³	dzɤ²¹³
赚澄	zɛ̃²¹³	dzɛ̃²¹³
锤澄	ze²¹³	dze²¹³
前从	ʑiɛ̃²¹³	dʑiɛ̃²¹³
唇船	zəŋ²¹³	dəŋ²¹³
尝禅	zɔ̃²¹³	dzɔ̃²¹³

2. 韵母

（1）果摄开口一等字，老派一般读［ʊ］，新派一般读［o］韵。例如：多，老派读［tʊ³⁵］，新派读［to³⁵］。

（2）其他不太系统的差异。例如：

例字	老派	新派
做遇合一	tsu⁵³	tso⁵³
错遇合一	tsʰu⁵³	tsʰo⁵³
杂咸开一	zəʔ²	zaʔ²
贴咸开四	tʰɐʔ⁵	tʰəʔ⁵
法咸合三	fɐʔ⁵	faʔ⁵
八山开二	pɐʔ⁵	paʔ⁵
滑山合二	uɛʔ²	uaʔ²
选山合三	ɕiɛ̃³⁵	ɕyø̃³⁵
嫩臻合一	nø̃³¹	nəŋ³¹
卒臻合一	tsəʔ⁵	tsoʔ⁵
握江开二	uoʔ⁵	oʔ⁵

续表

例字	老派	新派
贼曾开一	zɐʔ²	zəʔ²
石梗开三	zaʔ²	zəʔ²
恩臻开一	ɛ̃³⁵	ẽ³⁵
顽山合二	uɛ̃²¹³	uø̃²¹³
搬山合一	pəŋ³⁵	pɛ̃³⁵

3. 声母和韵母

例字	老派	新派
锄遇合三平鱼崇	zๅ²¹³	dʐy²¹³
锯遇合三去鱼见	kie⁵³	tɕy⁵³
柜止合三去脂群	gue³¹	dʑy³¹
藕流开一上侯疑	n̠iɤ²¹³	ŋɤ²¹³
脓通合一平冬泥	n̠yoŋ²¹³	noŋ²¹³
浓通合三平钟泥	n̠yoŋ²¹³	noŋ²¹³

二、文白异读

上虞方言的文白异读主要体现在声母和韵母方面。下文中"／"前为白读，后为文读。其中"甲"，前三个字音是三个白读音：

1. 声母

（1）非组个别字白读［b］［m］声母或［h］声母，文读［v］声母或［f］声母。例如：肥 bi²¹³／vi²¹³ | 味 mi²¹³／vi²¹³ | 问 məŋ³¹／vəŋ³¹ | 风 hoŋ³⁵／foŋ³⁵ | 丰 hoŋ³⁵／foŋ³⁵。

（2）日母个别字白读［n̠］声母，文读［z］或零声母。例如：人 n̠in²¹³／zəŋ²¹³ | 日 n̠iəʔ²／zəʔ² | 耳 n̠i²¹³／əl²¹³ | 儿 n̠i²¹³／əl²¹³。

（3）见晓组开口二等字白读多为［k］组声母，文读为［tɕ］组声母。例如：交 kɔ³⁵／tɕiɔ³⁵ | 孝 hɔ⁵³／ɕiɔ⁵³ | 甲 kɐʔ⁵／kʰɐʔ⁵／kaʔ⁵／tɕiaʔ⁵。

（4）疑母个别字白读［n̠］声母或自成音节［ŋ］，文读零声母。例如：月 n̠ioʔ²／ioʔ² | 吴 ŋ²¹³／u²¹³。

（5）匣母个别字白读［g］声母，文读零声母。例如：怀 gua²¹³ / ua²¹³。

2. 韵母

（1）止摄合口三等字白读［y］韵母，文读［ue］韵母。例如：龟 tçy³⁵ / kue³⁵ | 鬼 tçy³⁵ / kue³⁵ | 贵 tçy⁵³ / kue⁵³ | 围 y²¹³ / ue²¹³。

（2）通摄合口三等字白读［ɔ̃］韵母，文读［oŋ］韵母。例如：梦 mɔ̃³¹ / moŋ³¹。

第二十六节　嵊州方音

壹　概况

一、调查点

1. 地理人口

嵊州市隶属浙江省绍兴市。位于浙江省东部，曹娥江上游。东与奉化、余姚市相邻，西连诸暨市，南和新昌县、东阳市交界，北接上虞区、柯桥区。全市总面积 1789.62 平方公里，辖 4 街道 11 镇 6 乡，分别是：鹿山街道、剡湖街道、三江街道、浦口街道、甘霖镇、崇仁镇、长乐镇、三界镇、黄泽镇、石璜镇、仙岩镇、金庭镇、北漳镇、谷来镇、下王镇，贵门乡、里南乡、雅璜乡、王院乡、通源乡、竹溪乡。截至 2018 年年底，总人口 72.63 万，[①] 主要为汉族，少数民族人口极少。

2. 历史沿革

嵊州建县于公元前 210 年，秦始皇东巡会稽，建县治民，曰剡县。三国吴、晋、南朝、隋时，先后属会稽郡、会稽国、邻稽国、吴州、越州。唐武德四年（621），剡县升置嵊州，析置剡城县。北宋宣和三年（1127），改剡县为嵊县，属越州。南宋绍兴元年（1131），属绍兴府。

1949 年 11 月属绍兴专区。1952 年 2 月，随绍兴专区并入宁波专区。1964 年 9 月，恢复绍兴专区，嵊县属绍兴专区。1968 年 5 月，绍兴专区改名为绍兴地区，嵊县属绍兴地区。1983 年 7 月，绍兴地区改设省辖绍兴市，嵊县属绍兴市。1995 年 12 月 6 日，嵊州市成立。[②]

3. 方言分布

嵊州境内的方言主要是嵊州话，属吴语太湖片临绍小片，为全市通行的主

[①]　参见：《2019 年嵊州年鉴》，http://www.szzj.gov.cn/art/2020/10/30/art_1529965_59015803.html，2020 年 10 月 30 日获取。

[②]　参见：《2019 年嵊州年鉴》，http://www.szzj.gov.cn/art/2020/10/30/art_1529965_59015803.html，2020 年 10 月 30 日获取。

要方言，绝大多数人讲嵊州话，分布在嵊州各个乡镇。嵊州话在省内影响较大，1964 年，浙江人民广播电台开设农村节目，就是以嵊州话为广播用语。嵊州各地不同乡镇有口音差别。近年来受普通话影响逐渐增大，特别是年轻人的口语中普通话词汇增多。

4. 地方曲艺

嵊州本地流行越剧。越剧是中国第二大剧种，有第二国剧之称。发源于嵊州，发祥于上海，繁荣于全国，流传于世界，在发展中汲取昆曲、话剧、绍剧等特色剧种之大成，经历了由男子越剧到女子越剧为主的历史性演变。2006 年，越剧被列入第一批国家级非物质文化遗产代表性项目名录。

二、方言发音人

1. 方言老男

钱樟明，1958 年 6 月出生于嵊州城关镇，一直在本地生活和工作，退休前在嵊县工艺竹编厂工作，后主要在文化馆、戏迷协会唱越剧。自由职业者，现已退休，初中文化程度，说城关镇话和普通话。父母均为嵊州城关镇人。

2. 方言青男

胡科铭，1984 年 10 月出生于嵊州城关镇，主要在本地生活和工作，基层干部，本科文化程度，说城关镇话和普通话。父母均为嵊州城关镇人。

3. 口头文化发音人

钱樟明，男，1958 年 6 月出生于嵊州城关镇，一直在本地生活和工作，退休前在嵊县工艺竹编厂工作，后主要在文化馆、戏迷协会唱越剧。自由职业者，初中文化程度，说城关镇话和普通话。提供方言故事、越剧等调查材料。父母均为嵊州城关镇人。

沈初耀，男，1948 年 8 月出生于嵊州城关镇，一直在本地生活和工作，职工，中专文化程度，说城关镇话和不太标准的普通话，提供方言故事调查材料。父母均为嵊州城关镇人。

贝仲林，男，1955 年 6 月出生于嵊州城关镇，一直在本地生活和工作，统计，大专文化程度，说城关镇话和不太标准的普通话，提供俗语等调查材料。父母均为嵊州城关镇人。

丁娟兰，女，1956 年 4 月出生于嵊州三江街道，一直在本地生活和工作，自由职业者，高中文化程度，说城关镇话和不太标准的普通话，提供越剧调查材料。父母均为嵊州三江街道人。

贰　声韵调

一、声母（28 个，包括零声母在内）

p 八兵	pʰ 派片	b 爬病肥味	m 麦明问	f 飞风副蜂	v 肥味
t 多东	tʰ 讨天	d 甜毒	n 脑南软		l 老蓝连路
ts 早张装纸主	tsʰ 刺草拆车春	dz 茶柱城		s 丝山双书	z 贼床船顺十
tɕ 酒九	tɕʰ 清抽轻	dʑ 全共权	ȵ 年泥热软月	ɕ 想手响	ʑ 谢
k 高	kʰ 开	ɡ 共	ŋ 熬	h 好灰	
∅ 饭问月活王云用药					

说明：

（1）浊塞音、浊塞擦音及浊擦音声母为清音浊流，不是语音学上的带音声母。

（2）开口呼零声母音节前有不明显的[ʔ]，其他零声母音节前有与韵母开头元音同部位的摩擦。

（3）合口阳调类声母有唇齿化倾向，但尚不足以构成唇齿音。

（4）[ts]组声母发音部位较靠前，近上齿背。

（5）[n]声母只拼洪音韵母，[ȵ]声母只拼细音韵母，两者互补，本音系分成两个声母。

（6）在方言口语中，[ts]组声母只拼洪音韵母，[tɕ]组声母只拼细音韵母，即通常我们说的尖团合流。但在越剧中，仍保留尖团对立。

二、韵母（47个，包括自成音节的[m][n][ŋ]）

ɿ 猪师丝试	i 米戏二飞	u 苦	y 靴雨鬼
a 排鞋	ia 写	ua 快	
ε 开赔对		uε 鬼	
o 歌坐过茶牙瓦		uo 瓜华	
ɔ 宝饱	iɔ 笑桥		
ɣ 豆	iɣ 走油		
	iẽ 盐年		
ɜ̃ 山		uɜ̃ 还	
œ̃ 南短寸		uœ̃ 官	yœ̃ 权
eŋ 深寸春灯升争	iŋ 心新病星	ueŋ 滚	
aŋ 硬争	iaŋ 响	uaŋ 横	
ɔŋ 糖床双讲		uɔŋ 王	
oŋ 东		uoŋ 公	yoŋ 云兄用
	ieʔ 接贴急热节一		
εʔ 盒塔鸭法辣八		uεʔ 活	
aʔ 白	iaʔ 药	uaʔ 刮	
oʔ 托壳学六绿		uoʔ 郭国谷	yoʔ 月橘学局
əʔ 十出北直色尺		uəʔ 滑	
m 母			
n 无			
ŋ 五			
əl 耳木~			

说明：

（1）[o]韵的发音部位偏央，近[e]。

（2）[i]韵摩擦较强，近[iʑ]；[y][u]韵与阳调类相拼时有一定摩擦，但较[i]韵轻。

（3）[œ̃]韵中的主元音[œ]略偏央。

（4）[iẽ][ieʔ]韵的主元音[e]与[tɕ]组声母相拼时开口度略大。

（5）[eŋ]韵的主元音[e]略近央；[ueŋ]韵的主元音[ə]略靠前但不近[e]。

（6）[uaŋ]韵中的主元音[a]近[ʌ]。

（7）[ɔŋ][uɔŋ]韵的主元音介于[ɔ]与[ɒ]之间。

三、声调（8个）

阴平	534	东该灯风通开天春
阳平	213	门龙牛油铜皮糖红
阴上	53	懂古鬼九统苦讨草
阳上	22	买老五有
阴去	334	冻怪半四痛快寸去
阳去	24	卖路硬乱洞地饭树动罪近后
阴入	5	谷急哭刻百搭节拍塔切
阳入	2	六麦叶月毒白盒罚

说明：

（1）阴上[53]有时接近[52]。

（2）阳上[22]有时结尾有上升，接近[223]。阳上部分字并入阳去。有的阳上字与阳去字对比时读音相同，分开时实际调值不同，但发音人认为相同。

（3）入声是短促调，调型都是上升。阴入[5]近[45]，阳入[2]近[23]。

叁　连读变调

一、两字组连读变调表

嵊州方言两字组的连读变调规律见下表。表中首列为前字本调，首行为后字本调。每一格的第一行是两字组的本调组合；第二行是连读变调，若连读调与单字调相同，则此行空白；第三行为例词。同一两字组若有两种以上的变调，则以横线分隔。具体如下。

嵊州方言两字组连读变调表

前字＼后字	阴平 534	阳平 213	阴上 53	阳上 22	阴去 334	阳去 24	阴入 5	阳入 2
阴平 534	534 534 53 334 飞 机 534 534 53 53 烧 酒	534 213 53 231 沙 泥	534 53 53 抽 斗	534 22 53 231 端 午	534 334 53 冬 至	534 24 53 213 家 具	534 5 53 蝙 蝠	534 2 53 3 阴 历
阳平 213	213 534 22 334 台 风	213 213 22 231 田 塍	213 53 22 河 港	213 22 22 231 棉 被	213 334 22 芦 穄	213 24 22 松 树	213 5 22 颜 色	213 2 22 3 黄 历
阴上 53	53 534 33 53 水 杉	53 213 33 231 狗 娘	53 53 33 水 果 53 53 33 334 扫 帚	53 22 33 231 水 桶	53 334 33 53 韭 菜	53 24 33 231 捣 臼	53 5 33 喜 鹊	53 2 33 5 小 麦
阳上 22	22 534 24 53 眼 睛	22 213 24 231 肚 皮	22 53 24 冷 水 22 53 334 电 杆	22 22 24 231 马 桶	22 334 24 53 女 婿	22 24 24 231 后 代	22 5 24 动 作	22 2 24 3 满 月
阴去 334	334 534 33 334 衬 衫	334 213 33 334 太 阳	334 53 33 334 借 手	334 22 33 334 介 绍	334 334 33 世 界	334 24 33 334 对 面	334 5 33 戏 曲	334 2 33 手 镯
阳去 24	24 534 334 地 方	24 213 334 外 头 24 213 22 231 外 婆	24 53 334 露 水	24 22 22 垫 被	24 334 大 蒜	24 24 334 雾 露 24 24 22 334 庙 会	24 5 自 杀	24 2 大 麦
阴入 5	5 534 334 北 方	5 213 3 231 鲫 鱼	5 53 3 脚 爪	5 22 3 231 激 动	5 334 咳 嗽 5 334 3 53 桌 凳	5 24 柏 树	5 5 脚 骨	5 2 2 3 吃 力

续表

后字 前字	阴平 534	阳平 213	阴上 53	阳上 22	阴去 334	阳去 24	阴入 5	阳入 2
阳入 2	2　534 　　334 蜜　蜂	2　213 　　231 热　头	2　53 热　水	2　22 　　231 木　耳	2　334 力　气	2　24 绿　豆 2　24 　　231 蜜　柚	2　5 六　谷	2　2 　　3 越　剧

二、两字组连读变调规律

嵊州方言两字组的连读变调有以下几个特点：

（1）后字调值若是［334］，有时上升不明显，近［33］。

（2）嵊州话语音变调非常复杂，既有前变与后变，又有全变。前变如前字为阴平、阳平、阴上、阳上、阴去。前后均变调的相对较多。

（3）连调模式有一定简化，连调后发生一定的调类合并现象。如前字为阴去，后字为阴平、阳平、阴上、阳上、阴去等读阴去，读为［33］＋［334］。

（4）若前字本调为阳调，则变调仍为阳调，若后字本调为阳调，则变调有的为阳调，有的为阴调。可见阴阳串调多发生在后字。

（5）述宾式语法变调有与语音变调不同的地方，最突出的就是后字往往仍读本调。以下我们只列出与语音变调不同的连调组合：

前字为阴平，前字读［33］，后字一律读本调。

前字为阳平的，2＋2：［22＋213］。2＋4：［22＋22］。

前字为阴上的，3＋2：［33＋213］。3＋4：［22＋22］。3＋5：［33＋334］。3＋6：［33＋24］。

前字为阳上的，4＋1：［24＋534］。4＋2：［24＋213］。4＋4：［24＋213］。4＋5：［24＋334］。4＋6：［24＋213］。

前字为阴去的，前字读［53］（后字是阳平和阴去），其他均读33，后字均读本调。

前字为阳去的，6＋1：［24＋53］。6＋2：［22＋213］。6＋3：［22＋53］。6＋4：［24＋22］。

前字为阴入的，7＋1：［3＋53］。7＋2：［3＋213］。7＋3：［3＋334］。7＋4：［3＋24］。7＋6：［5＋24］。

前字为阳入的，8＋1：［2＋53］。8＋2：［2＋213］。

肆　异读

一、新老异读

1. 声母

（1）浊声母读音老派浊流强于新派。

（2）有的声母老派白读读浊擦音，新派读浊塞擦音。例如：锄 zʐ²¹³ / dzʐ²¹³ | 垂 zʐ²¹³ / dzʐ²¹³ | 前 ziẽ²¹³ / dziẽ²¹³。

（3）受普通话影响的其他区别，前者老派，后者新派。例如：箍 kʰu⁵³⁴ / ku³³⁴ | 如 zʐ²¹³ / lu²¹³ | 取 tsʰʐ⁵³ / tɕʰy⁵³。

2. 韵母

（1）老派［yõ］韵母，新派部分字读［yẽ］韵母。例如：权 dʑyõ²¹³ | 圆 yõ²¹³ | 院 yõ²⁴。

（2）老派读［ɔŋ］［uɔŋ］韵母的，新派读［ɔ̃］［uɔ̃］韵母。例如：帮 pɔŋ⁵³⁴ / pɔ̃⁵³ | 江 kɔŋ⁵³⁴ / kɔ̃⁵³⁴ | 狂 guɔŋ²¹³ / guɔ̃²¹³。

（3）老派［eŋ］韵母，新派读［əŋ］韵母。例如：沉 dzeŋ²¹³ / dzəŋ²¹³ | 门 meŋ²¹³ / məŋ²¹³ | 分 feŋ⁵³⁴ / fəŋ⁵³⁴。

（4）通摄见母有的字老派读［uoŋ］韵母，新派读［oŋ］韵母。例如：公 kuoŋ⁵³⁴ / koŋ⁵³⁴ | 恭 kuoŋ⁵³⁴ / koŋ⁵³⁴。

（5）老派［ɛʔ］韵母，新派读［əʔ］韵母。例如：塔 tʰɛʔ⁵ / tʰəʔ⁵ | 插 tsʰɛʔ⁵ / tsʰəʔ⁵ | 蜡 lɛʔ⁵ / ləʔ⁵。

（6）老派［ieʔ］韵母，新派读［iəʔ］韵母。例如：接 tɕieʔ⁵ / tɕiəʔ⁵ | 业 ȵieʔ⁵ / ȵiəʔ⁵ | 贴 tʰieʔ⁵ / tʰiəʔ⁵。

（7）老派［aʔ］［iaʔ］韵母，新派读［yoʔ］或［əʔ］韵母。例如：雀 tɕʰiaʔ⁵ / tɕʰyoʔ⁵ | 削 ɕiaʔ⁵ / ɕyoʔ⁵ | 弱 zaʔ² / zəʔ² | 药 iaʔ² / iəʔ²。

（8）此外，新派［i］韵的舌尖化倾向明显，唇音声母与舌尖塞音声母后的［i］近［ʐ］，同时伴有一定摩擦，其他声母后与［i］相拼时虽近舌尖元音，但不与［ʐ］相混，有些青年人相混。老派［i］韵的舌尖化不明显。

3. 声调

（1）新老派在阳上调值上有一定差异，老派读［22］调，新派读［223］调，前者以平调为主，后者以略升为主。

（2）老派读阳去［24］的部分字，新派读阳上［223］。例如：卖、败、跪、武、雾。

二、文白异读

1. 声母

（1）微母部分字白读［m］，文读零声母或［v］。例如：问 meŋ²⁴ / uəŋ²⁴ | 尾 mi²⁴ / vi²⁴ | 晚 mɛ̃²⁴ / uɛ̃²⁴。其中微母"味"白读［b］，文读［v］，算是例外。

奉母少数字白读［b］，文读［v］，例如肥 bi²¹³ / vi²¹³。

（2）见系开口二等部分字白读为［k］组声母，文读为［tɕ］组声母，韵母也随之有所变化。例如：嫁 ko³³⁴ / tɕia³³⁴ | 交 kɔ⁵³ / tɕiɔ⁵³。

（3）止摄合口三等见系声母部分读白读［tɕ］声母，文读［k］组声母。例如：龟 tɕy⁵³ / kuE⁵³ | 柜 dʑy²⁴ / guE²⁴ | 贵 tɕy³³⁴ / kuE³³⁴ | 围 y²¹³ / uE²¹³。

（4）日母字白读［ȵ］或［n］，文读［z］或零声母。例如：耳 ȵi²⁴ / əl²⁴ | 日 nəʔ² / zəʔ² | 认 ȵiŋ²⁴ / zeŋ²⁴ | 让 ȵiaŋ²⁴ / zaŋ²⁴。少数白读为零声母，文读是［z］。例如：闰 yoŋ²⁴ / zeŋ²⁴。

（5）部分邪母、澄母字白读［z］或［ʑ］，文读［dz］或［dʑ］。例如：锤 zʅ²¹³ / dzE²¹³ | 像 ʑiaŋ²² / dʑiaŋ²² | 前 ziɛ̃²¹³ / dʑiɛ̃²¹³。

2. 韵母

（1）果摄部分字白读［a］韵母，文读［o］韵母。例如：拖 tʰa⁵³⁴ / tʰo⁵³⁴ | 破 pʰa³³⁴ / pʰo³³⁴。

（2）蟹摄四等齐韵少数字白读［E］韵母，文读［i］韵母。例如：梯 tʰE⁵³⁴ / tʰi⁵³⁴。

（3）止摄三等部分字白读［i］［y］韵母，文读［əl］［uE］韵母。例如：儿 ȵi²¹³ / əl²¹³ | 耳 ȵi²⁴ / əl²⁴ | 龟 tɕy⁵³ / kuE⁵³ | 柜 dʑy²⁴ / guE²⁴ | 贵 tɕy³³⁴ / kuE³³⁴ | 围 y²¹³ / uE²¹³。

（4）咸摄开口一等部分字白读［œ̃］，文读［ɛ̃］韵母。例如：潭 dœ̃²¹³ / dɛ̃²¹³。

（5）臻摄部分字白读［iŋ］韵母，文读［eŋ］韵母。例如：恩 iŋ⁵³⁴ / eŋ⁵³⁴ |
人 n̠iŋ²¹³ / zeŋ²¹³ | 认 n̠iŋ²⁴ / zeŋ²⁴。

（6）臻摄合口三等部分字白读［eŋ］韵母，文读［uəŋ］韵母。例如：蚊 meŋ²¹³ /
uəŋ²¹³ | 问 meŋ²⁴ / uəŋ²⁴。

（7）通摄合口三等部分字有文白异读。例如：梦 mɔŋ²⁴ / moŋ²⁴ | 浓 n̠yoŋ²¹³ /
noŋ²¹³ | 共 dʑyoŋ²⁴ / ɡuoŋ²⁴。

第二十七节　新昌方音

壹　概况

一、调查点

1. 地理人口

新昌县隶属于浙江省绍兴市，位于浙江东部，绍兴市东南部。东临奉化、宁海，南接天台，西南毗连磐安、东阳，西北与嵊州接壤。全县面积 1212.7 平方公里，辖 4 街道 6 镇 2 乡，分别是：羽林街道、南明街道、七星街道、澄潭街道，回山镇、沃洲镇、小将镇、沙溪镇、镜岭镇、儒岙镇，城南乡、东茆乡。截至 2020 年 11 月，全县常住人口 41.90 万，[①] 主要为汉族，少数民族人口少。

2. 历史沿革

新昌建县于西汉初，古称剡县。唐武德四年（621），以剡县置嵊州，并析置剡城县，俱属越州总管府。贞观元年（672）分国内为十道监察区，开元时又分十五道，剡县属越州，先后隶属于江南道和江南东道。五代，新昌建县，属吴越国越州东府镇东军，一直沿用至今。

1949 年新昌解放，隶属浙江省绍兴专区（初称第十专区），1952 年 1 月，撤销绍兴专区，新昌划属宁波专区。1958 年 11 月，撤销新昌县建制，并入嵊县。1961 年 12 月，恢复新昌县建制。1964 年 9 月，复设绍兴专区，新昌属之。1983 年 7 月，撤销绍兴地区，设绍兴市，新昌县划属绍兴市。[②]

3. 方言分布

新昌话属吴语太湖片临绍小片，为全县通行的主要方言，分布在新昌各个乡镇，各地口音有所区别。近年来受普通话影响逐渐增大，特别是年轻人的口语中普通话词汇增多。

---

① 参见：新昌县人民政府网，http://www.zjxc.gov.cn/col/col1390338/index.html，2021 年 5 月 24 日获取。人口数据参见:《新昌县第七次全国人口普查主要数据公报》，http://www.zjxc.gov.cn/art/2021/5/24/art_1229003749_59002175.html，2021 年 5 月 24 日获取。

② 新昌县志编纂委员会. 新昌县志. 上海：上海书店，1994：41-47.

4. 地方曲艺

新昌素称戏剧之乡。戏剧种类有调腔、越剧、乱弹等。调腔，又称高腔，为中国古老剧种之一。调腔音乐，特色鲜明，声腔以调腔为主，兼及昆腔与四平。新昌为越剧发源地之一，清咸丰间，有"落地唱书"艺人活动。乱弹早期由轿夫（俗称"小百姓"）班与道士班融合组成坐唱班，主唱乱弹，旁及调腔。

二、方言发音人

1. 方言老男

俞魁忠，1955 年 9 月出生于新昌城关镇，一直在本地生活和工作，职工，现已退休，初中文化程度，说城关镇话和不太标准的普通话。父母均为新昌城关镇人。

2. 方言青男

石程超，1991 年 5 月出生于新昌城关镇，主要在本地生活和工作，职工，大专文化程度，说城关镇话和普通话。父母均为新昌城关镇人。

3. 口头文化发音人

王莺，女，1971 年 10 月出生于新昌城南乡，文艺工作者，大专文化程度，说城关镇话和普通话，提供调腔等调查材料。父母均为新昌城关镇人。

张婷芳，女，1995 年 11 月出生于新昌镜岭镇，文艺工作者，大专文化程度，说镜岭镇话和普通话，提供调腔调查材料。父母均为新昌镜岭镇人。

何玉燕，女，1953 年 8 月出生于新昌城关镇，一直在本地生活和工作，自由职业者，初中文化程度，说城关镇话和不太标准的普通话，提供歌谣、牛郎和织女、其他故事及俗语等调查材料。父母均为新昌城关镇人。

陈金妹，女，1954 年 10 月出生于新昌城关镇，一直在本地生活和工作，护士，中专文化程度，说城关镇话和普通话，提供歌谣、其他故事、俗语等调查材料。父母均为新昌城关镇人。

贰　声韵调

一、声母（28个，包括零声母在内）

p 八兵	pʰ 派片	b 爬病肥	m 麦明味问	f 飞风蜂灰	v 肥味
t 多东	tʰ 讨天	d 甜毒	n 脑南软		l 老蓝连路
ts 资张竹争纸	tsʰ 刺拆抄车春	dz 全茶柱城		s 丝山双书	z 字坐祠床船顺
tɕ 酒九张	tɕʰ 清抽轻	dʑ 共权	ȵ 年泥热软月	ɕ 想手响	ʑ 谢
k 高	kʰ 开	g 共	ŋ 熬	h 好	
∅ 安饭问县王药					

说明：

（1）浊塞音、浊塞擦音及浊擦音声母为清音浊流，不是语音学上的带音声母。

（2）阳调类零声母音节前有与韵母开头元音同部位的摩擦，具有明显浊感。

（3）合口阳调类声母有唇齿化倾向，但尚不足以构成唇齿音。

（4）[v]声母与[i]韵母相拼时，唇齿较强，与其他声母相拼时，唇齿较弱，近零声母。尽管两者互补，但我们把前者记为[v]声母，后者记为零声母。

（5）[n]声母只拼洪音韵母，[ȵ]声母只拼细音韵母，两者互补，本音系分成两个声母。

（6）[ts]组声母只拼洪音韵母，[tɕ]组声母只拼细音韵母，即通常我们说的尖团合流。

二、韵母（50个，包括自成音节的[m][ŋ]）

ɿ 猪师丝试	i 米戏二飞	u 苦	y 靴雨鬼
a 排鞋	ia 写	ua 快	
e 开赔对		ue 会	
	iɯ 豆走油		

ɤ 歌坐过

o 茶牙瓦 　　　　　　　　　　　uo 瓜

ɔ 宝饱 　　　　　iɔ 笑桥

ɛ̃ 山 　　　　　　iɛ̃ 盐年 　　　uɛ̃ 关

œ̃ 南半短 　　　　　　　　　　uœ̃ 官 　　　　yœ̃ 权

ɔ̃ 糖床双讲 　　　　　　　　　　uɔ̃ 王

eŋ 深根寸春灯升争 　iŋ 心新病星 　uen 滚

aŋ 硬争 　　　　　iaŋ 响 　　　uaŋ 横

oŋ 东 　　　　　　　　　　　uoŋ 凤 　　　　yoŋ 云兄用

　　　　　　　　　iʔ 急直锡七一 　uʔ 郭国谷 　　　yʔ 橘局

eʔ 十出北直色

ɛʔ 塔鸭法辣八 　　iɛʔ 接贴热节 　uɛʔ 刮

aʔ 白尺 　　　　　iaʔ 药学 　　　uaʔ 划

ɤʔ 盒六绿 　　　　　　　　　　uɤʔ 活 　　　yɤʔ 月

oʔ 托壳学

m 母

ŋ 五

əl 耳木~

说明：

（1）高元音韵母[ɿ][u][y]有轻微后滑音产生，可记为[ɿə][uə][yə]，在曲折调里更明显。其中，韵母[u]圆唇度不高，唇形较松。韵母[y]近[ʏ]。

（2）韵母[i]与齿音声母或零声母相拼时有较强摩擦，与塞音、鼻音、边音声母相拼时听感上接近[ɿ]，但还不到[ɿ]，可称之为舌叶元音。

（3）韵母[o]与[k]组声母相拼时有一个轻微的前滑音 -u-，近[uo]，但绝不与韵母[uo]相混。

（4）韵母[ɤ]与[k]组声母相拼时，近[ɯ]。

（5）[aŋ]组韵母有时鼻尾不明显，元音的鼻化程度较高。

（6）韵母[eŋ]中主元音略靠后，但不央。有时鼻尾不明显，近鼻化。

（7）韵母[iŋ]在主元音和韵母尾之间，有较明显的过渡音，实际调值近[iəŋ]。

（8）韵母[oŋ]与[t]组声母相拼时，主元音圆唇度不高，近[ɤ]，与[k]声母相拼时，主元音近[u]，与其他声母相拼时，主元音为[o]。

（9）韵母[iʔ]有时近[ieʔ]，特别是与[tɕ]组声母相拼时。

（10）韵母[yɤʔ]中的元音[ɤ]有时不明显，近[yɤʔ]。

（11）在实际语流中，入声韵母[iʔ]和[iɛʔ]、[ueʔ]和[uɤʔ]、[eʔ]和[ɤʔ]等几个韵母会相混。

三、声调（8个）

阴平	534	东该灯风通开天春
阳平	22	门龙牛油铜皮糖红
阴上	453	懂古鬼九统苦讨草
阳上	232	买老五有动罪近后
阴去	335	冻怪半四痛快寸去
阳去	13	卖路硬乱洞地饭树
阴入	5	谷急哭刻百搭节拍塔切
阳入	2	六麦叶月毒白盒罚

说明：

（1）阴平[534]高降升，但有时升得不明显，这时就近[53]或[533]。

（2）阳平[22]低平，有时末尾有升，近[223]。

（3）阴上[453]高升降，起点比终点高，有时升的较短，听起来像降调，但实际上还有升的。

（4）阳上[232]低升降，实际调值起点比终点略低。

（5）阴去[335]中平升，结尾处上升明显且升得较高，但有时也近[334]。有的中点略降，近[325]，这种情况相对较少。中平部分有时较短。

（6）阴入[5]是短调，调型是高降，近[53]。少数字在词中有舒化现象。

（7）阳入[2]是短调，调型低升降，与阳上同，近[232]。少数字在词中有舒化现象。

叁　连读变调

一、两字组连读变调表

新昌方言两字组的连读变调规律见下表。表中首列为前字本调，首行为后字本调。每一格的第一行是两字组的本调组合；第二行是连读变调，若连读调与单字调相同，则此行空白；第三行为例词。同一两字组若有两种以上的变调，则以横线分隔。具体如下。

新昌方言两字组连读变调表

后字／前字	阴平 534	阳平 22	阴上 453	阳上 232	阴去 335	阳去 13	阴入 5	阳入 2
阴平 534	534 534 45 溪滩	534 22 45 33 砖头	534 453 53 雌狗	534 232 45 33 番薯 —— 534 232 33 村荡	534 335 53 天架	534 13 53 杉树	534 5 53 猪血	534 2 53 阴历
阳平 22	22 534 335 围巾 —— 22 534 13 黄沙	22 22 13 33 田塍	22 453 苹果	22 232 13 22 肥皂	22 335 油菜	22 13 蚕豆	22 5 头发	22 2 阳历
阴上 453	453 534 33 453 小猪 —— 453 534 45 33 烤烟	453 22 45 响雷 —— 453 22 33 232 斧头	453 453 53 水果	453 232 33 水桶	453 335 53 韭菜	453 13 33 453 子弹	453 5 33 232 宝塔	453 2 33 小麦
阳上 232	232 534 22 53 尾巴	232 22 22 231 码头	232 453 22 冷水	232 232 22 马桶	232 335 22 453 卵泡	232 13 22 冷汗	232 5 22 动作	232 2 22 老实
阴去 335	335 534 53 33 衬衫	335 22 53 33 酱油	335 453 53 33 借手	335 232 33 33 屁眼	335 335 53 453 世界	335 13 53 335 对面	335 5 53 3 戏曲	335 2 53 3 快活

续表

后字 前字	阴平 534	阳平 22	阴上 453	阳上 232	阴去 335	阳去 13	阴入 5	阳入 2
阳去 13	13　534 22　335 地　方	13　22 22　335 烂　泥 13　22 22　232 外　婆	13　453 22　335 露　水	13　232 22　22 芋　奶	13　335 22 大　蒜	13　13 22 庙　会	13　5 22 自　杀	13　2 22 大　麦
阴入 5	5　534 发　瘥	5　22 　　33 鲫　鱼	5　453 脚　底	5　232 黑　米	5　335 　　453 桌　凳	5　13 铁　路	5　5 脚　骨	5　2 发　热
阳入 2	2　534 蜜　蜂	2　22 　　232 木　头	2　453 热　水	2　232 白　马	2　335 白　菜	2　13 麦　面	2　5 六　谷	22 毒　药

二、两字组连读变调规律

新昌方言两字组的连读变调有以下几个特点：

（1）后字调值若是［335］，有时上升不明显，近［33］。若后字调值若是［534］，有时终点上升不明显，近［53］或［533］。

（2）由于新昌话曲折调多，因此，变调复杂。有前变、后变、全变或不变，其中以前字变和全变居多，后字变较少。

（3）连调模式简化现象不突出，阴阳串调现象不明显。

肆　异读

一、新老异读

1. 声母

浊声母读音老派浊流强于新派。

2. 韵母

（1）假摄开口二等见系部分字老派读［o］韵母，新派读［uo］，例如：嫁 ko^{335} / kuo^{434} | 下 o^{13} / uo^{231} | 哑 o^{453} / o^{343}。

（2）假摄合口二等见系部分字老派读 [uo] 韵母，新派读 [o]，例如：花 fuo⁵³⁴ / fo⁵³⁴ | 化 fuo³³⁵ / fo⁴³⁴。

（3）流摄老派主要读 [iɯ] 韵母，新派读 [iɯə] 韵母，例如：抖 tiɯ⁴⁵³ / tiɯə³⁴³ | 偷 tʰiɯ⁵³⁴ / tʰiɯə⁵³⁴ | 抽 tɕʰiɯ⁵³⁴ / tɕʰiɯə⁵³⁴。

（4）老派读 [aŋ] 类韵母，新派读鼻化 [ã] 类韵母，例如：亮 liaŋ¹³ / liã²¹³ | 生 saŋ⁵³⁴ / sã⁵³⁴ | 梗 kuaŋ⁴⁵³ / kuã³⁴³。

（5）通摄合口老派读 [oŋ][uoŋ] 韵母，新派均读 [ɤŋ] 韵母，例如：粽 tsoŋ³³⁵ / tsɤŋ⁴³⁴ | 凤 uoŋ¹³ / vɤŋ²¹³ | 宫 koŋ⁵³⁴ / kɤŋ⁵³⁴。

（6）老派 [ɤʔ] 类韵母，新派读 [əʔ] 类韵母。例如：拨 pɤʔ⁵ / pəʔ⁵ | 夺 dɤʔ² / dəʔ² | 阔 kʰuɤʔ⁵ / kʰuəʔ⁵。

3. 声调

新老派在阴上、阳上、阴去、阳去四个调的调值上有所不同，这四个调老派分别读 [453][232][335][13]，新派读 [343][231][434][213]。

二、文白异读

1. 声母

（1）微母部分字白读 [m]，文读零声母或 [v]。例如：味 mi¹³ / vi¹³ | 问 meŋ¹³ / ueŋ¹³ | 尾 mi²³² / ue²³² | 晚 mɛ̃²³² / uɛ̃²³²。

（2）奉母少数字白读 [b]，文读 [v]。例如：肥 bi²² / vi²²。

（3）从、船、禅母白读擦音，文读塞擦音。例如：财 ze²² / dze²² | 罪 ze²² / dze²² | 蛇 zo²² / dzo²² | 杂 zaʔ² / dzaʔ²。也有反过来的，极少数白读塞擦音，文读擦音。例如：剩 dʑiŋ¹³ / zeŋ¹³。

（4）见系开口二等部分字白读为 [k] 组声母，文读为 [tɕ] 组声母，韵母也随之有所变化。例如：交 kɔ⁵³⁴ / tɕiɔ⁵³⁴ | 孝 hɔ³³⁵ / ɕiɔ³³⁵。

（5）止摄合口三等见系声母部分读白读 [tɕ] 声母，文读 [k] 组声母。例如：柜 dʑy¹³ / gue¹³ | 围 y¹³ / ue¹³。

（6）知、庄、章三组声母部分字白读为舌面塞擦音或擦音声母，文读为舌尖塞擦音或擦音声母。例如：世 ɕi³³⁵ / sɿ³³⁵ | 沉 dʑiŋ²² / dzeŋ²² | 针 tɕiŋ⁵³⁴ / tseŋ⁵³⁴ | 俊 tɕyoŋ³³⁵ / tseŋ³³⁵ | 上 ziaŋ¹³ / zaŋ¹³ | 张 tɕiaŋ⁵³⁴ / tsaŋ⁵³⁴ | 静 dʑiŋ¹³ / zeŋ¹³ | 剩 dʑiŋ¹³ / zeŋ¹³ | 直 dʑiʔ² / dzeʔ²。

（7）极少数来母字白读鼻音声母，文读边音声母。例如：烂 nɛ̃¹³ / lɛ̃¹³。

（8）流摄一等见组声母字白读为［tɕ］组声母，文读为［k］组声母，韵母也随之有所变化。例如：钩 tɕiɯ⁵³⁴ / kiɯ⁵³⁴ | 口 tɕʰiɯ⁴⁵³ / kʰiɯ⁴⁵³ | 厚 dʑiɯ²³² / giɯ²³²。

（9）日母字白读［ŋ］［n］，文读［z］或零声母。例如：耳 ŋ²³² / əl²³² | 日 neʔ² / zəʔ² | 认 n̠iŋ¹³ / zeŋ¹³ | 让 n̠iaŋ¹³ / zaŋ¹³。少数白读为零声母，文读是［z］。例如：闰 yoŋ¹³ / zeŋ¹³。

2. 韵母

（1）果摄部分字白读［a］韵母，文读［ɤ］韵母。例如：拖 tʰa⁵³⁴ / tʰɤ⁵³⁴ | 破 pʰa³³⁵ / pʰɤ³³⁵。

（2）蟹摄四等齐韵少数字白读［e］韵母，文读［i］韵母。例如：梯 tʰe⁵³⁴ / tʰi⁵³⁴ | 递 de¹³ / di¹³。

（3）止摄三等部分字白读［ŋ］［y］［ɻ］韵母，文读［əl］［ue］韵母。例如：儿 ŋ²² / əl²² | 耳 ŋ²³² / əl²³² | 垂 dzɻ²² / ze²² | 柜 dʑy¹³ / gue¹³ | 围 y¹³ / ue¹³。

（4）深臻摄非见系声母字白读［iŋ］韵母，文读［eŋ］韵母。例如：沉 dʑiŋ²² / dzeŋ²² | 针 tɕiŋ⁵³⁴ / tseŋ⁵³⁴ | 辰 ʑiŋ²² / dzeŋ²² | 认 n̠iŋ¹³ / zeŋ¹³ | 纯 ʑiŋ²² / dzeŋ²²。

（5）臻摄部分字白读［yoŋ］韵母，文读［eŋ］韵母。例如：俊 tɕyoŋ³³⁵ / tseŋ³³⁵ | 闰 yoŋ¹³ / eŋ¹³。

（6）臻摄合口三等部分字白读［eŋ］韵母，文读［ueŋ］韵母。例如：蚊 meŋ²² / ueŋ²² | 问 meŋ¹³ / ueŋ¹³。

（7）宕摄部分字白读［ɔ̃］［iaŋ］韵母，文读［aŋ］韵母。例如：张 tɕiaŋ⁵³⁴ / tsaŋ⁵³⁴ | 章 tsɔ̃⁵³⁴ / tsaŋ⁵³⁴ | 上 ʑiaŋ¹³ / zaŋ¹³ | 让 n̠iaŋ¹³ / zaŋ¹³。

（8）通摄合口三等部分字有文白异读。例如：梦 mɔ̃¹³ / moŋ¹³ | 共 dʑyoŋ¹³ / goŋ¹³。

第二十八节　诸暨方音

壹　概况

一、调查点

1. 地理人口

诸暨市位于浙江省中部偏北，会稽山脉与龙门山脉之间、浦阳江中游。东北邻绍兴市柯桥区，东靠嵊州市，南接东阳市、义乌市，西连浦江县、桐庐县，北界萧山区、富阳区。全市总面积 2311 平方公里，现辖 5 个街道、18 个乡镇。2022 年，全市总人口 108 万。[①]

2. 历史沿革

诸暨是於越文化发祥地之一，远在新石器时代，境内即有古越民族聚居生息繁衍。夏朝中期，夏帝少康封庶子无余于越，诸暨属于越。春秋时期属于越国，为越国古都。越王曾先后在境内的埤中（今次坞镇、店口镇、阮市镇一带）、大部（今枫桥镇一带）、勾乘（今牌头镇一带）等地建都。秦王政（前 222）设县，新始建国年间更名疏虏，唐太和年间（827—835）更名暨阳，吴越天宝三年（910），更名诸暨。1989 年撤县设市，由绍兴市代管。

3. 方言分布

诸暨方言属于吴语浙北区太湖片临绍小片，诸暨方言标准音为城关镇、牌头镇以北的牌头区各个乡（镇）、五泄区的大部分乡镇。各镇均说汉语。其中枫桥、店口一带近绍兴口音；岭北镇近东阳口音；安华镇近义乌口音。地道的诸暨话指城区的口音。该地无少数民族语言。

4. 地方曲艺

诸暨本地的方言曲艺或地方戏种类有诸暨乱弹、越剧。

---

① 参见：诸暨市人民政府网诸暨概况，https://www.zhuji.gov.cn/，2022 年 12 月 13 日获取。

二、方言发音人

1. 方言老男

朱雷，1952 年 6 月出生于诸暨暨阳街道，一直在本地生活和工作，职工，初中文化程度。说诸暨话和不太标准的普通话。父亲是诸暨直埠镇人，母亲是诸暨城关人，均说诸暨话。配偶是城关人，说诸暨话。

2. 方言青男

蒋咏凯，1981 年 9 月出生于诸暨暨阳街道。主要在本地生活和工作，基层干部，本科文化程度，说诸暨话和普通话。父母均为诸暨人，说诸暨话。

3. 口头文化发音人

应红叶，女，1982 年 9 月出生于诸暨东白湖镇，一直在本地生活和工作，职工，中专文化程度，说诸暨话和普通话，父母和配偶均为诸暨人，说诸暨话。

贰　声韵调

一、声母（32 个，包括零声母在内）

p 八兵	pʰ 派片	b 病爬	m 麦明味问	f 飞风副蜂	v 饭肥温王
t 多东	tʰ 讨天	d 甜毒	n 脑南年泥 热软		l 老蓝连路
ts 资早租张 竹争装纸	tsʰ 刺草抽拆 抄初车春	dz 城愁		s 丝三酸山 双手	z 字贼祠茶床 船顺十
tʃ 鸡寄	tʃʰ 溪器	dʒ 骑期		ʃ 西洗	ʒ 移衣
tɕ 酒主九	tɕʰ 清轻	dʑ 全柱权		ɕ 想书响	ʑ 谢斜
k 高官	kʰ 开看	g 共葵	ŋ 熬颜	x 好烘	
Ø 月活县安 云用药					

说明：

（1）浊擦音声母实际发音为先清后浊，如［z］，实际发音为［sz］。

（2）零声母音节逢阴声调前有喉塞[ʔ]，逢阳声调开口呼前有[ɦ]，逢阳声调齐齿呼前有[j]，逢阳声调撮口呼前有[ɥ]。

（3）[n]逢洪音、细音都为[n]。

二、韵母（42个，包括自成音节的[m][n][ŋ][əl]在内）

ɿ 猪师丝试戏		u 苦姑　　y 雨靴鬼
ʅ 米戏二飞		
ɛ 炭山		ɜu 关惯
ʌ 排鞋	iʌ 写夜	uʌ 快怪　　yɑ 蛇车
o 茶牙瓦花瓜		
e 开赔对	ie 年全	ue 桂规亏
ɔ 宝饱	iɔ 笑桥	
ə 南半短	iə 权冤	uə 官宽
ei 豆走		
ɤu 歌坐过		
	iʉ 油后	
ã 硬争横	iã 响让	
ɑ̃ 糖王床双讲		uɑ̃ 光筐狂
om 东梦	im 兄用军	
ɛn 寸春灯升深门	in 心根新病星	uɛn 滚困
aʔ 塔鸭法辣八白	iaʔ 药削	uaʔ 刮
oʔ 活骨出郭壳北六绿	ioʔ 月橘学局	
əʔ 盒十直色尺	ieʔ 接贴急热节七一锡	
əl 耳木~		
m 姆		
n 耳		
ŋ 五		

说明：

（1）[ʅ]发音时舌头的中间部位弓起，实际为舌叶音，但是因为无相应的国际音标，今用[ʅ]表示。

（2）[in][ɛn][uɛn]主要元音鼻化。

（3）[ei]中的[e]有时有点圆唇色彩。

（4）[o][oʔ]两韵有时前有轻微的[u]。

（5）[fu]中的[u]为[ʊ]。

三、声调（7个）

阴平	544	东该灯风通开天春冻怪半四痛快寸去
阳平	13	门龙牛油铜皮糖红
阴上	42	懂古鬼九统苦讨草
阳上	242	买老五有动罪近后
阳去	33	卖路硬乱洞地饭树
阴入	5	谷急刻百搭节拍塔切
阳入	13	六麦叶月毒白盒罚

说明：

（1）阴平[544]以平为主。

（2）阳入[13]为短调。

叁　连读变调

一、两字组连读变调表

诸暨方言两字组的连读变调规律见下表。表中首列为前字本调，首行为后字本调。每一格的第一行是两字组的本调组合；第二行是连读变调，若连读调与单字调相同，则此行空白；第三行为例词。同一两字组若有两种以上的变调，则以横线分隔。具体如下。

诸暨方言两字组连读变调表

后字 前字	阴平 544	阳平 13	阴上 42	阳上 242	阳去 33	阴入 5	阳入 13
阴平 544	544 544 21 42 中　央 544 544 33 33 真　朝 544 544 33 21 案　几	544 13 21 242 天　雷 544 13 33 21 今　年 544 13 33 33 蜻　蜓	544 42 33 33 蜂　子	544 242 21 街　道 544 242 33 癫　佬 544 242 33 13 兄　弟	544 33 33 13 天　亮 544 33 21 冬　夜 544 33 33 家　具 544 33 21 242 番　芋	544 5 21 猪　脚	544 13 42 5 山　药 544 13 33 21 正　月 544 13 21 5 阴　历 544 13 33 生　日
阳平 13	13 544 21 42 辰　光 13 544 42 明　朝	13 13 21 242 田　塍 13 13 21 42 洋　油 13 13 42 明　年 13 13 21 前　年 13 13 33 21 娘　娘	13 42 21 苹　果 13 42 21 242 雄　狗	13 242 21 42 城　里 13 242 21 蒲　荠 13 242 21 33 和　尚	13 33 21 黄　豆	13 5 21 菩　萨	13 13 21 萝　卜 13 13 21 5 阳　历
阴上 42	42 544 21 42 水　坑 42 544 33 42 小　猪	42 13 33 242 狗　娘	42 42 33 扫　帚 42 42 33 21 毯　子	42 242 33 虎　蚁	42 33 33 13 扫　地 42 33 33 21 姊　妹	42 5 33 喜　鹊	42 13 33 5 小　麦 42 13 33 手　镯

续表

后字／前字	阴平 544		阳平 13		阴上 42		阳上 242		阳去 33		阴入 5		阳入 13	
阳上 242	242 13 牡	544 42 丹	242 13 后	13 33 头	242 13 冷	42 水	242 13 马	242 桶	242 21 后	33 242 路	242 21 美	5 国	242 21 满	13 月
	242 21 养	544 猪	242 42 以	13 前	242 35 李	42 21 子	242 13 道	242 42 士					242 13 后	13 21 日
			242 21 上	13 坟	242 13 辫	42 21 子	242 21 老	242 42 马						
			242 13 丈	13 42 人	242 35 雨	42 33 伞								
					242 21 老	42 子								
阳去 33	33 21 定	544 婚	33 21 烂	13 33 泥	33 21 露	42 水	33 13 豆	242 33 腐	33 雾	33 13 露	33 21 外	5 国	33 饭	13 5 镬
			33 21 电	13 242 筒	33 13 顺	42 手	33 21 面	242 桶						
			33 外	13 头			33 洞	242 眼						
			33 21 望	13 牛										
			33 弄	13 33 堂										
阴入 5	5 阿	544 42 哥	5 5 出	13 33 来	5 脚	42 爪	5 屋	242 21 柱	5 柏	33 21 树	5 吸	5 铁	5 5 角	13 落
	5 杀	544 猪			5 橘	42 33 子							5 发	13 热
	5 发	544 33 痧												

续表

前字＼后字	阴平 544	阳平 13	阴上 42	阳上 242	阳去 33	阴入 5	阳入 13
阳入 13	13 21 活　544 42 狲	13 21 学　13 33 徒	13 21 着　42 火	13 21 落　242 雨	13 21 月　33 亮	13 21 蜡　5 烛	13 21 腊　13 5 月
		13 21 掠　13 头	13 21 栗　42 33 子	13 21 木　242 42 耳			
		13 21 石　13 242 头					

二、两字组连读变调规律

诸暨方言两字组的连读变调有以下几个特点：

（1）既有前字变调，也有后字变调。

（2）阴平作前字，一般变[21]或[33]。阴平作后字，一般变[42]。

（3）阳平作前字一般变[21]，作后字时调值多样。

（4）阴上作前字变[33]，作后字时不变或变[33]。阴上作后字时不变仍读[42]或者变[21]或者[33]。

（5）阳上作前字时一般变[13]，作后字时有的不变，有的变[42]。

（6）阳去作前字时一般变[21]，作后字有的变[13]，有的不变，仍读[33]。

（7）阴入作前字和后字一般均不变调。

（8）阳入作前字时一般变[21]，作后字时有时不变[13]，仍读[13]，有时变为[5]。

肆　异读

一、新老异读

诸暨方言的新老异读主要体现在韵母方面。例如：

（1）通摄阳声韵字老男韵尾为[m]，青男为[ŋ]。例如：

老男：冻 tom^{544} | 铜 dom^{13}，青男：冻 toŋ^{55} | 铜 doŋ^{13}。

（2）老男的[oʔ]韵母逢[k]组声母和零声母青男读为[uoʔ]韵母。

老男：谷 koʔ⁵ | 国 koʔ⁵，青男：谷 kuoʔ⁵ | 国 kuoʔ⁵。

二、文白异读

诸暨方言的文白异读主要体现在声母和韵母方面。下文中" / "前为白读，后为文读：

1. 声母

（1）从母白读擦音，文读塞擦音。例如：蚕 zə¹³ / 全 dʑie¹³。

（2）微母白读[m]声母，文读[v]声母。例如：尾 mɿ³³ / vɿ³³。

2. 韵母

（1）蟹摄合口三等字和止摄合口三等字白读[y]或[ɻ]，文读[ue]。例如：吹 tsʰɻ⁵⁴⁴ / 龟 tɕy⁵⁴⁴ / kue⁵⁴⁴。

（2）梗摄二等入声字白读[aʔ]，文读[əʔ]。例如：策 tsʰaʔ⁵ / 择 tsʰəʔ¹³。

伍　其他音变

诸暨方言有少量的合音。例如：

[我拉] ŋʌ²⁴² |[尔拉] niʌ²⁴² |[渠拉] dʑiʌ²⁴² |[弗用] fom⁵⁴⁴

第二十九节　慈溪方音

壹　概况

一、调查点

1. 地理人口

慈溪隶属宁波市。地处东海之滨，杭州湾南岸，东离宁波 60 公里，北距上海 148 公里，西至杭州 138 公里，是长三角地区大上海经济圈南翼重要的工商名城，也是国务院批准的沿海经济开放区之一。2008 年杭州湾跨海大桥的通车，慈溪一跃成为长三角南翼黄金节点城市。2021 年末全市行政区域面积 1361 平方公里，辖 14 个镇、5 个街道，294 个行政村、26 个居委会、70 个社区。2017 年全市总户数 18.22 万，户籍人口 105.27 万。[①]

2. 历史沿革

唐开元二十六年（738），县治设今宁波市之慈城镇。乾元元年（758），江南东道下分置浙江东道、浙江西道，慈溪县隶浙江东道。五代梁开平三年（909），设明州望海军，慈溪属明州望海军，隶吴越国。[②]

北宋建隆元年（960），改明州望海军为明州奉国军。南宋绍兴二年（1132），复分两浙路为两浙东路、两浙西路，慈溪属明州，隶两浙东路。

元世祖至元十三年（1276），于庆元府置宣慰司。大德六年（1302），慈溪县属江浙行省浙东道宣慰司。

明洪武九年（1376），改行中书省为承宣布政使司。洪武十四年，避"明"国号讳，改明州府为宁波府。

清初，慈溪县属宁波府，隶浙江省宁绍台道。

民国元年（1912），废府，慈溪直属浙江省军政府。三年，慈溪县隶属浙江

---

① 参见：慈溪市人民政府网，http://www.cixi.gov.cn/art/2020/5/13/art_1229036048_42955984.html，2019 年 8 月 1 日获取。
② 参见：慈溪市人民政府网，http://www.cixi.gov.cn/art/2020/5/13/art_1229036048_42955984.html，2019 年 8 月 1 日获取。

省会稽道。十六年，国民政府迁都南京，废道制，慈溪直属浙江省政府。二十一年，浙江省设行政督察区，慈溪县属第五行政督察区，专员公署驻鄞县。

1949 年 5 月 24 日，慈溪县治孝中镇（今宁波慈城镇）解放。

1954 年为建设商品棉基地，对县境作了调整。将以植棉为主的镇海、慈溪、余姚 3 县之北部划为慈溪县，并移治于浒山镇。

1988 年 10 月 13 日，经国务院批准，撤销慈溪县建制，改设慈溪市（县级），仍属宁波市，区、乡（镇）行政区划不变。

3. 方言分布

慈溪地处古越州和明州交汇之区，慈溪方言属吴方言太湖片。慈溪境内主要有东西两小片方言。东部（观海卫及以东）原属慈溪、镇海部分，古属明州（宁波府），口音偏向宁波市区方言，属太湖片甬江小片，约有 41.25 万人；西部（桥头及以西，含今县治所在地）原姚北部分。古属越州（会稽府），口音偏向绍兴方言，属太湖片临绍小片，约有 60.29 万人。此外，观海卫镇内卫北村卫西村有一个闽语方言岛，当地人俗称燕话、卫里话，是观海卫建卫时来自闽东的守卫之士的后裔，目前能操此话者不足百人。

4. 地方曲艺

慈溪曲艺主要是唱新闻，传承人是胡新昌；地方戏是姚北滩簧，被列入浙江省省级第四批非物质文化遗产代表性项目名录（拓展项目），有一个坎墩姚剧团，传承人是周丽君。

二、方言发音人

1. 方言老男

叶爱银，1946 年 8 月出生于慈溪古塘街道北门村，一直在本地生活和工作，基层干部，初中文化程度，说慈溪话和不太标准的普通话。父母均为慈溪古塘街道人。

2. 方言青男

蒋熠，1979 年 10 月出生于慈溪浒山街道，一直在本地生活和工作，基层干部，本科文化程度，说慈溪话和普通话。父母均为慈溪浒山街道人。

3. 口头文化发音人

罗许云，女，1978 年 3 月出生于慈溪胜西镇，一直在本地生活和工作。单证员，大专文化程度，说慈溪话和普通话。父母均为慈溪胜西镇人，说慈溪话。

贰　声韵调

一、声母（27 个，包括零声母在内）

p 八兵	pʰ 派片	b 病爬肥	m 麦味	f 飞副	v 饭味
t 多东	tʰ 讨天	d 甜毒	n 脑南		l 老蓝
ts 资竹争纸	tsʰ 刺抽抄春	dz 坐祠茶城		s 丝山手	z 字事船十
tɕ 酒久	tɕʰ 清轻	dʑ 全权	ȵ 年热	ɕ 想响	
k 高	kʰ 开	g 共	ŋ 熬	h 好灰	
∅ 谢月活安王用					

说明：[v]声母字单念时从听感上有清化色彩，如：饭。

二、韵母（52 个，包括自成音节的[m][n][ŋ][əl]在内）

ɿ 猪师丝试	i 米戏二飞	u 苦	y 靴雨鬼
ʮ 初			
a 排鞋	ia 写	ua 快	
e 开赔对	ie 艾	ue 鬼	
ɔ 宝饱	iɔ 笑桥		
ø 豆走	iø 油		
o 茶牙瓦	io 雅	uo 瓜	
ɤu 歌坐过			
ã 硬争	iã 响	uã 横	
ẽ 南	iẽ 盐年		
ɛ̃ 山		uɛ̃ 顽关	
ɔ̃ 糖床双讲		uɔ̃ 王	yɔ̃ 降降落伞

õ 半短	uõ 官	yõ 权
əŋ 深根春灯升争　iŋ 心新星病	uəŋ 滚	yəŋ 寸云
iuŋ 兄用	uŋ 春东	
aʔ 盒辣直白尺　iaʔ 贴药	uaʔ 刮	
oʔ 八托壳北绿	uoʔ 郭	yoʔ 月
əʔ 十出　iəʔ 接急热七锡	uəʔ 活骨	yəʔ 橘局
əl 儿		
m̩ 姆		
n̩ 芋		
ŋ̍ 五鱼儿		

说明：

（1）[iẽ]中的[e]有时读作[ɛ]，如：件。

（2）[aʔ]韵母中的[a]有时偏央读作[ɐ]，如：塔。

（3）[iəʔ]也可记作[iʔ]。

（4）[oʔ]中的[o]介于[o]与[ɔ]之间。

三、声调（5个）

阴平	35	东灯风通开天懂古鬼九统苦讨草
阳平	13	门龙牛油铜皮糖红买老有动罪近卖路硬乱洞地饭树
阴去	44	冻怪半四痛快寸去
阴入	5	谷百搭节急哭拍塔切刻
阳入	2	六麦叶月毒白盒罚

说明：

（1）阴平调值先略降后中升，实际为[325]，因为降幅不明显，这里简作[35]。

（2）阳平调值先略降后低升，实际为[213]，因为降幅不明显，这里简作[13]。

（3）次浊入声调有时读作阴入，如：摸。

叁　连读变调

一、两字组连读变调表

　　慈溪方言两字组的连读变调规律见下表。表中首列为前字本调，首行为后字本调。每一格的第一行是两字组的本调组合；第二行是连读变调，若连读调与单字调相同，则此行空白；第三行为例词。同一两字组若有两种以上的变调，则以横线分隔。具体如下。

慈溪方言两字组连读变调表

前字＼后字	阴平 35	阳平 13	阴去 44	阴入 5	阳入 2
阴平 35	35　35 33 飞　机	35　13 33 清　明	35　44 　0 车　票	35　5 33 工　作	35　2 33 生　活
	35　35 　0 工　厂	35　13 　0 草　鞋	35　44 33　35 开　店		
	35　35 33　53 火　车	35　13 33　53 水　稻	35　44 33　53 海　带		
			35　44 33 写　信		
阳平 13	13　35 11 农　村	13　13 11 农　民	13　44 11　0 难　过	13　5 11 毛　笔	13　2 11 茶　叶
	13　35 11　0 门　口	13　13 11　0 朋　友	13　44 11 受　气		
	13　35 11　53 老　师	13　13 11　53 老　婆			
		13　13 11　44 道　理			

续表

前字＼后字	阴平 35		阳平 13		阴去 44		阴入 5		阳入 2	
阴去 44	44 汽	35 44 车	44 算	13 44 盘	44 意	44 见	44 信	5 息	44 副	2 业
阴入 5	5 国	35 0 家	5 骨	13 0 头	5 发	44 0 票	5 节	5 2 约	5 作	2 业
阳入 2	2 立	35 44 冬	2 石	13 头	2 服	44 气	2 白	5 色	2 越	2 剧
			2 活	13 44 动						

二、两字组连读变调规律

慈溪方言两字组连读变调有以下几个特点：

（1）前轻后重型，前字音长变短。具体来说，前字若为浊平或浊上或浊去，其原调值是[13]，变调为[11]。若为清平或清上，其原调值是[35]，变调为[33]。清去原调值是[44]，阳入原调值是[2]，无变调。

（2）前重后轻型，后字多读为轻声，写作[0]。

（3）入声字为后字时，一般不变调。具体来说，后字是清入时，一般仍读作[5]；后字是浊入时，一般仍读作[2]。

（4）增加了一个单字调中没有的[53]调值，常用于两字组后字。

肆　异读

一、新老异读

慈溪方言的新老异读主要体现在声母和韵母上。

1. 声母

疑母字逢细音，老派声母多读作[ȵ]，新派多读零声母。例如：

例字	老派	新派
遇	ȵy¹³	y¹³
岩	ȵiẽ¹³	iẽ¹³
严	ȵiẽ¹³	iẽ¹³
岸	ȵiẽ¹³	ẽ⁴⁴
原	ȵyø̃¹³	yø̃¹³

部分崇、澄、从等浊声母字，老派和新派也有读[z]或[dz]的差别。例如：

例字	老派	新派
缠澄	zẽ¹³	dzẽ¹³
柴崇	za¹³	dza¹³
字从	zɿ¹³	dzɿ¹³

2. 韵母

（1）咸摄开口四等入声字老派多读[iaʔ]，新派多读[iəʔ]韵。例如：贴，老派读[tʰiaʔ⁵]，新派读[tʰiəʔ⁵]。碟，老派读[diaʔ²]，新派读[diəʔ²]。

（2）山摄合口一等或三四等入声字老派韵母主要元音多读[əʔ]，新派多读[oʔ]。例如：脱，老派读[tʰəʔ⁵]，新派读[tʰoʔ⁵]。雪，老派读[ɕiaʔ⁵]，新派读[ɕyoʔ⁵]。缺，老派读[tɕʰyəʔ⁵]，新派读[tɕʰyoʔ⁵]。

（3）其他不太系统的差异。例如：

例字	老派	新派
徐遇合三	i¹³	y¹³
捏山开四	ȵiaʔ²	ȵiəʔ²
全山合三	dʑiẽ¹³	dʑyø̃¹³
春臻合三	tsʰəŋ³⁵	tsʰuaŋ³⁵
削宕开三	ɕiaʔ⁵	ɕiəʔ⁵
剧梗开三	dʑiəʔ²	dʑyoʔ²

3. 声母和韵母

例字	老派	新派
取遇合三上虞清	tsʰʮ³⁵	tɕʰy³⁵
藕流开一上侯疑	ȵiø¹³	ŋø¹³

续表

例字	老派	新派
杂_{咸开一入合从}	zəʔ²	dzaʔ²
浓_{通合三平钟泥}	n̠iuŋ¹³	nuŋ¹³

二、文白异读

慈溪方言的文白异读主要体现在声母和韵母方面。下文中"/"前为白读，后为文读：

1. 声母

（1）非组个别字白读［b］［m］声母，文读［v］声母。例如：肥 bi¹³ / vi¹³ | 味 mi¹³ / vi¹³ | 尾 mi¹³ / vi¹³ | 问 məŋ¹³ / vəŋ¹³ | 蚊 məŋ¹³ / vəŋ¹³。

（2）日母个别字白读［n̠］声母或自成音节［ŋ］，文读［z］或零声母。例如：人 n̠iŋ¹³ / zəŋ¹³ | 日 n̠iəʔ² / zəʔ² | 耳 ŋ¹³ / əl¹³ | 儿 ŋ¹³ / əl¹³。

（3）见晓组开口二等字白读多为［k］组声母，文读为［tɕ］组声母。例如：交 kɔ³⁵ / tɕiɔ³⁵ | 敲 kʰɔ³⁵ / tɕʰiɔ³⁵ | 孝 hɔ⁴⁴ / ɕiɔ⁴⁴ | 甲 kaʔ⁵ / tɕiaʔ⁵。

2. 韵母

（1）止摄合口三等字白读是［i］［y］［ɹ］等高元音韵母，文读是［e］［ue］韵母。例如：嘴 tɕi³⁵ / tse³⁵ | 水 sɹ³⁵ / se³⁵ | 龟 tɕy³⁵ / kue³⁵ | 鬼 tɕy³⁵ / kue³⁵ | 贵 tɕy⁴⁴ / kue⁴⁴ | 跪 dʑy¹³ / gue¹³ | 围 y¹³ / ue¹³。

（2）梗摄开口二等字白读是［ã］韵母，文读是［əŋ］韵母。例如：生 sã³⁵ / səŋ³⁵ | 争 tsã³⁵ / tsəŋ³⁵。

伍　小称

慈溪方言的儿化是一种残存现象，主要表现为变韵。例如：鸭，本读［aʔ⁵］，儿化读作［ε³⁵］。

第三十节　余姚方音

壹　概况

一、调查点

1. 地理人口

余姚隶属浙江省宁波市。坐落于宁绍平原，地处长江三角洲南翼，东与宁波市江北区、海曙区相邻，南枕四明山，与奉化、嵊州接壤，西连上虞区，北毗慈溪市，西北于钱塘江、杭州湾中心线与海盐县交界。距离宁波 40 公里。区域总面积 1526.86 平方公里。余姚市辖 6 个街道、14 个镇、1 个乡：凤山街道（原名东北街道）、阳明街道（原名西北街道）、梨洲街道（原名东南街道）、兰江街道（原名西南街道）、朗霞街道、低塘街道；临山镇、泗门镇、马渚镇、牟山镇、丈亭镇、梁弄镇、陆埠镇、大隐镇、大岚镇、河姆渡镇、四明山镇、小曹娥镇、黄家埠镇、三七市镇；鹿亭乡。2015 年全市总户数 30.68 万，户籍人口 83.65 万，均为汉族。[①]

2. 历史沿革

余姚历史悠久，文化灿烂。距今 7000 年前余姚先民创造了辉煌的史前文化——河姆渡文化，使余姚成为中华文明的发祥地之一。从虞舜开始，先后有"舜耕历山""禹藏秘图"之说。春秋时期余姚属越国，战国中期余姚成为楚国辖地。秦时置余姚县（一说汉建），属会稽郡。唐初"余姚之境东包明州，西辖上虞，为越州巨镇"，一度升为姚州。宋为"望县""东南最名邑"。元贞元年改为余姚州。明洪武二年废州复县。1911 年 11 月 8 日余姚光复。1949 年 5 月 23 日余姚解放。新中国成立后，境域多次变动，最大一次是 1954 年，大古塘以北棉区划归慈溪县，慈溪县西部稻区、山区划归余姚县。1985 年 7 月 26 日撤县设市。1995 年，余姚市被国务院批准升格为二级市，隶属宁波市代管。

余姚城素为县治所在，古城由南、北两城组成，别具一格。北城始建于东汉

---

① 参见：余姚市人民政府网，http://www.yy.gov.cn/，2019 年 8 月 1 日获取。

建安五年（200），南城筑于明嘉靖年间。直至今日，余姚城区内原有的里巷格局、街道尺度、河网水系仍有相当部分保存完好，并与成片的民居构成较完整的古城区风貌。

3. 方言分布

余姚方言属吴方言太湖片。余姚境内有属于甬江小片与临绍小片的方言。按口音区分，大体分东西两片。姚东的丈亭、河姆渡、三七市带有宁波口音，人口约8.2万；大隐、陆埠、鹿亭与鄞州更近，约2.89万人为鄞州口音。姚西接近绍兴上虞，带有绍腔，特别是西北杭州湾沿岸一线，带有明显绍兴腔。四明山区与毗邻县市有相似的口音。

4. 地方曲艺

姚剧是唯一土生土长的地方戏，姚剧团经常到各地演出。余姚有专门的姚剧保护传承中心，每年会排新剧目，还开姚剧小班，培养年轻的传承人。余姚曲艺还有三个项目，一是余姚莲花文书，二是宁波走书，三是恰咚咚。此外，余姚三七市、河姆渡两镇，民间还有跑马灯风俗。

二、方言发音人

1. 方言老男

周凤朝，1955年10月出生于余姚凤山街道，一直在本地生活和工作，基层干部，大专文化程度，说余姚话和不太标准的普通话。父母均为余姚城关镇人。

2. 方言青男

朱梁，1986年10月出生于余姚凤山街道，一直在本地生活和工作，基层干部，本科文化程度，说余姚话和普通话。父母均为余姚城关镇人。

3. 口头文化发音人

鲁桂花，女，1952年10月出生于余姚阳明街道，一直在本地生活和工作。职工，初中文化程度，说余姚话和不太标准的普通话。父亲出生在绍兴，童年至退休一直在余姚生活和工作，母亲为余姚城关镇人。

贰　声韵调

一、声母（28个，包括零声母在内）

p 八兵	pʰ 派片	b 爬病肥	m 麦味	f 飞副	v 肥饭味
t 多东	tʰ 讨天	d 甜毒	n 脑南		l 老蓝
ts 资竹争纸	tsʰ 刺抽抄春	dz 茶床城		s 丝山手	z 字祠茶事船十
tɕ 酒九	tɕʰ 清轻	dʑ 全权	ȵ 年热月	ɕ 想响	ʑ 月县云用
k 高	kʰ 开	g 共	ŋ 熬	h 好灰	
Ø 活安温王					

说明：

（1）[dz][z]两音素经常相混，当地人对两者的区别不敏感。按音位归纳原则，这两个音素可归纳为一个音位。此处按古音来历，仍处理为两个音位。

（2）[g][z]等浊声母有明显的清化色彩。

二、韵母（50个，包括自成音节的[m][n][ŋ][l]在内）

ɿ 猪师丝试	i 米戏二飞	u 苦	y 靴雨鬼
ʮ 初			
a 排鞋	ia 写	ua 快	
e 开赔对	ie 艾	ue 鬼	
ø 豆走	iø 油		
ɔ 宝饱	iɔ 校桥		
o 茶牙瓦	io 雅	uo 瓜话	
ou 歌坐过			
ã 山		uã 关	
ẽ 南	iẽ 盐年		
ø̃ 半短		uø̃ 官	yø̃ 权
ɤ̃ 深根灯争病	iɤ̃ 新星	uɤ̃ 滚	
aŋ 硬争	iaŋ 响	uaŋ 横	

ɔŋ 糖床	iɔŋ 降	uɔŋ 王
	iuŋ 云兄用	uŋ 东
aʔ 盒法辣白尺	iaʔ 贴药	uaʔ 刮
oʔ 八托壳北绿	ioʔ 月	uoʔ 活骨郭　　　yoʔ 橘局
əʔ 十出直色	iəʔ 接急热节七一锡	
m̩ 母		
n̩ 芋		
ŋ̍ 五		
l̩ 儿		

说明：

（1）［ou］［o］两韵母当地人反应灵敏，辨别分明，调查人听感区别较小。

（2）［ɔ］［iɔ］两韵母中的［ɔ］，实际舌位偏低，接近［ɒ］。

（3）［a］［ua］两韵母中的［a］，实际舌位偏高，接近［æ］。

（4）［əʔ］［iəʔ］两韵母中的［ə］，实际舌位偏前，接近［ɪ］。

三、声调（6个）

阴平	44	东该灯风通开天春
阳平	13	门牛油铜糖红买老动罪近卖路硬乱洞饭树
阴上	34	懂古鬼九统苦讨草
阴去	53	冻怪半四痛快寸去
阴入	5	谷百节急哭拍塔切刻
阳入	2	六麦叶月毒白盒罚

说明：

（1）声调中不能单说的字，调值不稳定，或平或升或降。

（2）阳入［2］调值实际读入［23］。

（3）词汇、语法、口头文化等语料中的轻声字记作［0］。

叁　连读变调

一、两字组连读变调表

余姚方言两字组的连读变调规律见下表。表中首列为前字本调，首行为后字本调。每一格的第一行是两字组的本调组合；第二行是连读变调，若连读调与单字调相同，则此行空白；第三行为例词。同一两字组若有两种以上的变调，则以横线分隔。具体如下。

余姚方言两字组连读变调表

后字 前字	阴平 44		阳平 13		阴上 34		阴去 53		阴入 5		阳入 2	
阴平 44	44	44	44	13	44	34	44	53	44	5	44	2
	中	秋	精	神	烧	酒	冬	至	工	作	汤	药
阳平 13	13 44	44	13 44	13 44	13	34	13 44	34 13	13 44	5	13 44	2
	雄	鸡	拳	头	棉	袄	迷	信	毛	竹	阳	历
阴上 34	34	44	34	13 44	34	34	34	34	34	5 2	34	2
	剪	刀	狗	娘	反	手	烧	酒	喜	鹊	火	着
阴去 53	53	44	53	13 44	53	34	53	34	53	5 2	53	2
	放	心	算	盘	政	府	变	化	四	百	记	录
阴入 5	5	44	5	13 44	5	34	5	53	5	5 2	5	2
	浙	江	出	门	黑	板	福	气	铁	塔	骨	肉
阳入 2	2	44	2	13	2	34	2	53	2	5 2	2	2
	石	灰	合	肥	历	史	日	记	白	鸽	学	术

二、两字组连读变调规律

余姚方言两字组的连读变调有以下几个特点：

按前字是否为"阳平"，余姚方言两字组连读变调大体分为两种情形。

（1）前字是阳平：后字除"阴上"不变调外，逢"阴平""阴入""阳入"，前

字"阳平"读［44］；后字逢"阳平""阴去"，前后字均变调，其中"阳平"读作
［44］，"阴去"读作［13］。

（2）前字非阳平（阴平字除外）：后字为"阳平"时，后字轻读变调，读作
［44］；后字为"阴入"时，后字轻读，读作［2］。

肆　异读

一、新老异读

余姚方言的新老异读主要体现在声母和韵母上。

1. 声母

个别字声母有些差别。例如：遇，老派读［ɲy¹³］，新派读［ʑy¹³］。此外，部
分崇、澄、从等古全浊声母字，老派、新派有的读［z］，有的读［dz］。例略。

2. 韵母

表现为一些不成系统性的差异。例如：

例字	老派	新派
徐遇合三	i¹³	y¹³
杂咸开一	zəʔ²	zaʔ²
末山合一	miəʔ²	moʔ²
刷山合二	səʔ⁵	saʔ⁵
全山合三	dʑiẽ¹³	dʑyø̃¹³
县山合四	ʑyø̃¹³	ʑiẽ¹³

3. 声母和韵母

例字	老派	新派
取遇合三上虞清	tsʰɿ³⁴	tɕʰy³⁴
岸山开一去寒疑	ʑiẽ¹³	ẽ⁵³
汗山开一去寒匣	ẽ¹³	ʑiẽ¹³
浓通合三平钟泥	ȵiuŋ¹³	nuŋ¹³

二、文白异读

由于调查字数有限，目前发现的文白异读现象仍比较零碎，余姚方言的文白异读主要体现在声母和韵母方面。列举如下（下文中"/"前为白读，后为文读）：

1. 声母

（1）非组个别字白读[b][m]声母，文读[v]声母。例如：肥 bi¹³ / vi¹³ | 味 mi¹³ / vi¹³ | 问 mɔ̃¹³ / vɔ̃¹³。

（2）日、疑母个别字白读[n̠]声母或自成音节[ŋ]，文读[z]或[l]声母。例如：人 n̠iɔ̃¹³ / zɔ̃¹³ | 日 n̠iəʔ² / zəʔ² | 耳 n̠i¹³ / l¹³ | 儿 ŋ¹³ / l¹³ | 午 ŋ¹³ / l¹³。

（3）见晓组开口二等字白读多为[k]组声母，文读为[tɕ]组声母。例如：交 kɔ⁴⁴ / tɕiɔ⁴⁴ | 孝 hɔ⁵³ / ɕiɔ⁵³ | 甲 kaʔ⁵ / tɕiaʔ⁵。

2. 韵母

（1）止摄合口三等字白读是[y][ɿ]等高元音韵母，文读是[e][ue]韵母。例如：柜 dʑy¹³ / gue¹³ | 水 sɿ³⁴ / se³⁴ | 龟 tɕy⁴⁴ / kue⁴⁴ | 鬼 tɕy³⁴ / kue³⁴ | 贵 tɕy⁵³ / kue⁵³ | 围 y¹³ / ue¹³。

（2）梗摄开口二等字白读是[aŋ]韵母，文读是[ɔ̃]韵母。例如：生 saŋ⁴⁴ / sɔ̃⁴⁴ | 争 tsaŋ⁴⁴ / tsɔ̃⁴⁴。

伍　小称

余姚方言的小称变音表现为儿化音。与北京话不同的是，余姚方言的儿化韵是一种残存现象，只出现在若干字中，表现形式有两种：一是鼻化，二是加 ŋ 尾。下面举例说明。

鲫，只有一个音。本音按规律应是[tɕiəʔ⁵]，但实际上口头并不这么念。该字不能单念，一般放在"河～鱼"这一语言环境中。这时，"鲫"读作[tɕiɔ̃⁴⁴]。

虾，有两个音。本音是[ho⁴⁴]，如：鱼～。也可以单念。变音是[hø̃⁴⁴]，如：河～。"河虾"的"虾"也可以念本音。

雀，有两个音。本音是[tɕʰiaʔ⁵]，如：～斑。变音是[tɕiaŋ⁴⁴]，如：麻～。

鲛，只有一个音。本音按规律应是[kɔ⁴⁴]，实际不读。变音是[kɔŋ⁴⁴]，如：马～鱼。

花，有三个音。本音是［huo⁴⁴］，如：鲜～｜菊～｜棉～｜葵～｜荷～藕｜～菜。变音是［huã⁴⁴］，如："批～"指紫云英。另外一个音是［kuo⁴⁴］，如：～生｜～生肉。声母读音特殊，跟小称变音无关。

茄，有三个音。本音是［dʑia¹³］，如：油焖～｜盐～。受其他方言影响，有一文读音［ga¹³］，如：番～｜雪～｜番～酱。［dʑiẽ¹³］是小称变音，如：辣～。

伯，有两个音。本音是［paʔ⁵］，如："阿～"表示父之姐妹。变音是［paŋ⁴⁴］，如："老～"或"老～～"表示老头儿，敬称｜"阿～"指夫之兄。

叔，有两个音。本音是［soʔ⁵］，如：～～。变音是［suŋ⁴⁴］，如："阿～"指夫之弟。

哥，有两个音。本音是［kou⁴⁴］，如：鹦～。［kuã⁴⁴］是儿化韵，如："阿～"表示哥哥。这里的"哥"也常读成［kou⁴⁴］。

弟，有两个音。本音是［di¹³］，如：～～｜～新妇。［dã¹³］是儿化韵，如："阿～"表示弟弟。这里的"弟"也常读成［di¹³］。

姊，有两个音。本音是［tɕi⁴⁴］，如：～妹｜两～妹。［tɕiã⁴⁴］是儿化韵，如："阿～"表示姐姐。这里的"姊"也常读成［tɕi⁴⁴］。

妹，有两个音。本音是［me¹³］，如：～～｜～夫。［mã¹³］是儿化韵，如："阿～"表示妹妹。这里的"妹"也常读成［me¹³］。

囝，有两个音。本音是［no¹³］，如：～孙。［nã¹³］是儿化韵，如：木大～｜儿子～｜领养～｜外甥～。两音比较，读作变音较为常见。

三，有两个音。本音是［sa⁴⁴］，如：～五年。［sã⁴⁴］是儿化韵，如：一二～。

日，有三个音。本音是［ȵiəʔ²³］，如：一～两～｜～子本。受其他方言影响，有一文读音［zəʔ²³］，如：～本。［ȵiã¹³］是儿化韵，如：後半～。

鲎，只有一个音。［hã⁴⁴］是变音。余姚人管天上的彩虹叫"～"。但现在很多人不太会说了。现在"虹"的说法也很流行，是跟着普通话念的，读作［ɦiuŋ¹³］。

腻，有两个音。本音是［ȵi¹³］，如：～腥。［ȵiã¹³］是儿化韵，如：油～。这里的"腻"也常读成［ȵi¹³］。

毛，有两个音。本音是［mɔ¹³］，如：～蟹｜～蚶｜～刷。［mã¹³］是儿化韵，如："黄头～"指黄头发的人。

脚，有两个音。本音是［tɕiaʔ⁵］，如：跷～｜～底板｜三～猫｜毛～女婿。［tɕiaŋ⁴⁴］是儿化韵，如："拐～"指瘸腿的人｜"拣落～"指别人挑剩下的东西。

头，有两个音。本音是［dø¹³］，如：日～｜亮～｜田～。［dã¹³］是儿化韵，

如："老～"，贬称，指令人讨厌的老年男子 | "讨饭～" 指乞丐。

筷，只有一个音。[kʰuã⁴⁴]是变音。如：天竺～ | ～箸笼。

排，有两个音。本音是[ba¹³]，如：～队。[baŋ¹³]是儿化韵，如：肋～骨。

桥，有两个音。本音是[dʑiɔ¹³]，如：大黄～。[dʑiẽ¹³]是儿化韵，如：小黄～ | 矮墩～。

窠，有两个音。本音是[kʰou⁴⁴]，如：鸟～ | 黄蜂～。[kʰuɔ̃⁴⁴]是儿化韵，如："坐～"指小孩坐具。

褪，有两个音。本音是[tʰe⁴⁴]，如：～颜色。[tʰø̃⁴⁴]是儿化韵，如："～顶"指秃顶 | "～牙齿" 指掉牙齿。

咩，只有一个音。[mã⁴⁴]是变音。如："～～羊"指羊，儿童用语。

第三十一节　宁波方音

壹　概况

一、调查点

1. 地理人口

宁波，简称"甬"，中国东南沿海重要的港口城市、长江三角洲南翼经济中心。东有舟山群岛为天然屏障，北濒杭州湾，西接绍兴市的嵊州、新昌、上虞，南临三门湾，并与台州的三门、天台相连。全市陆域总面积9816平方公里，其中市区面积为3730平方公里。辖6区2县2县级市，分别是：海曙区、江北区、镇海区、北仑区、鄞州区、奉化区，宁海县、象山县，慈溪市、余姚市。2016年全市总户数18.22万，户籍人口48.13万。[①]

2. 历史沿革

宁波是国家历史文化名城。夏代，宁波的名称为"鄞"，春秋时为越国境地，秦时属会稽郡的鄞、鄮、句章三县，唐时称明州。唐长庆元年（821），明州州治迁到三江口并筑内城，标志着宁波建城之始。明洪武十四年（1381），取"海定则波宁"之义改称宁波。

宁波历史悠久。境内有始建于唐长庆元年的鼓楼，有全国重点文物保护单位、国内现存规模最大的私家藏书楼天一阁藏书楼，国家级文物保护单位、明末清初大思想家黄宗羲讲学旧址白云庄，以及始建于唐代的天封塔、咸通塔、它山堰，建于宋代的百梁桥，建于明代的宁波城隍庙等等。

3. 方言分布

本书所说的宁波方言专指通行于宁波老城区（包括海曙、江北及原江东老三区组成的宁波核心城区）的方言。宁波方言属吴语太湖片甬江小片，通行地域包括同片的镇海区、北仑区、鄞州区、奉化区、象山县以及余姚市丈亭、陆埠以东，慈溪市观城以东，宁海县岔路以北地区。

---

① 参见：宁波市人民政府网，http://www.ningbo.gov.cn/，2019年10月1日获取。

4. 地方曲艺

宁波城区用方言说唱的曲艺有宁波走书、四明南词和唱新闻，用方言说唱的地方戏是甬剧。其中，宁波走书、四明南词和甬剧被列入国家级非物质文化遗产代表性项目名录。

二、方言发音人

1. 方言老男

方芝萍，1954 年 3 月出生于宁波海曙区鼓楼街道，一直在本地生活和工作，职工，现已退休，大专文化程度，说宁波城区话和不太标准的普通话。父母均为宁波海曙区人。

2. 方言青男

邵国强，1982 年 6 月出生于宁波海曙区柳庄巷 3 号，一直在本地生活和工作，职工，大专文化程度，说宁波城区话和普通话。父母均为宁波海曙区人。

3. 口头文化发音人

林国芳，男，1960 年 12 月出生于宁波海曙区镇明路 603 号，一直在本地生活和工作，职工，初中文化程度，说宁波城区话和不太标准的普通话。父母均为海曙区人。

张根娣，女，1951 年 11 月出生于宁波海曙区孙和巷 1 号，一直在本地生活和工作，教师，大专文化程度，说宁波城区话和不太标准的普通话。父母均为宁波海曙区人。

贰　声韵调

一、声母（28 个，包括零声母在内）

p 八兵	pʰ 派片	b 病爬肥	m 麦明味问	f 飞风副蜂	v 饭肥味问
t 多东	tʰ 讨天	d 甜毒	n 脑南		l 老蓝连路
ts 早竹争纸	tsʰ 草拆抄车	dz 全祠茶柱		s 三酸山双书	z 字事顺十

tɕ 酒张九	tɕʰ 清抽轻	dʑ 城权	n̠ 年泥热软	ɕ 想手响	ʑ 谢船
k 高瓜	kʰ 开苦	ɡ 共茄番茄	ŋ 熬牙	h 好灰
∅ 月活安云药				

说明：

（1）浊擦音声母，如［z］［ʑ］听感上与同部位的清声母［s］［ɕ］差别较小，考虑到清、浊声母字声调有别，因而在类属上加以区分。

（2）零声母逢阴调时，前头有轻微的喉塞音［ʔ］。

（3）阳调类零声母字，音节开头常常带有同部位的摩擦音及浊气流。有的送气强，如古匣母字，有的送气弱，如古云、以母字。过去一般记作［ɦ］，根据此次语保规定，统一记作［∅］。

二、韵母（40个，包括自成音节的［m］［n］［ŋ］［əl］在内）

ɿ 师丝试	i 米戏二飞盐年	u 苦半官	y 靴雨鬼权
ʮ 猪	iɣ 油		
a 排鞋硬争	ia 写响	ua 快横	
ɛ 山		uɛ 关	
ɔ 宝饱糖床双讲		uɔ 王	yɔ 降
e 开			
ø 短			
o 茶牙瓦	io 笑桥	uo 画	
ɐi 赔对		uɐi 鬼块	
əɯ 歌坐过			
œɣ 豆走			
əŋ 根寸灯		uəŋ 滚	
	iŋ 心深新升病星		
oŋ 春东			yoŋ 云兄用
aʔ 塔辣八白尺	iaʔ 雀	uaʔ 活干~刮骨	
oʔ 十出托学北谷		uoʔ 活做生~	yoʔ 吃
	iəʔ 接急热七药直锡		yəʔ 月橘局
əl 儿			

m 姆

n 芋

ŋ 五

说明：

（1）[ŋ]韵尾实际音值介于[n][ŋ]之间。

（2）[iəʔ]中的ə有时也接近[ɿ]。

（3）[əl]略带卷舌色彩。

三、声调（6个）

阴平	53	东该灯风通开天春
阳平	13	门铜买动卖路洞地
阴上	35	懂古鬼九统苦讨草
阴去	44	冻怪半四痛快寸去
阴入	5	谷百节急哭拍塔切
阳入	2	六麦叶月毒白盒罚

说明：

（1）就单本书来说，此处的阴上也可改称上声。宁波话的阴上字全部来自古清声母上声字，定其名为阴上，为的是便于和全国汉语方言比较。

（2）阳入调是短促的升调，实际读作[1̲2̲]。

叁　连读变调

一、两字组连读变调表

宁波方言两字组的连读变调规律见下表。表中首列为前字本调，首行为后字本调。每一格的第一行是两字组的本调组合；第二行是连读变调，若连读调与单字调相同，则此行空白；第三行为例词。同一两字组若有两种以上的变调，则以横线分隔。具体如下。

宁波方言两字组连读变调表

后字 / 前字	阴平 53	阳平 13	阴上 35	阴去 44	阴入 5	阳入 2
阴平 53	53 33 江　53 苏	53 33 三　13 年 53 33 方　13 53 便	53 33 青　35 53 岛	53 33 方　44 53 向	53 33 方　5 法	53 33 生　2 5 活
阳平 13	13 22 长　53 江 13 22 蛋　53 44 糕 13 33 老　53 师	13 22 黄　13 53 河 13 老　13 33 婆 13 老　13 44 大 13 22 豆　13 44 腐	13 22 平　35 53 等 13 老　35 44 板 13 22 饭　35 44 碗	13 22 文　44 53 化 13 老　44 太 13 22 饭　44 菜	13 22 毛　5 竹 13 老　5 3 七	13 22 红　2 5 木 13 老　2 3 六 13 22 大　2 学
阴上 35	35 53 广　53 33 东	35 53 沈　13 33 阳	35 53 海　35 33 口	35 53 钞　44 33 票	35 53 警　5 3 察	35 53 主　2 3 席
阴去 44	44 四　53 33 川	44 故　13 33 事	44 汉　35 33 口	44 世　44 33 界	44 四　5 3 百	44 四　2 3 十
阴入 5	5 一　53 33 千	5 一　13 33 年	5 一　35 33 起	5 百　44 33 货	5 一　5 3 尺	5 一　2 3 月
阳入 2	2 十　53 三	2 十　13 年	2 十　35 九	2 十　44 四	2 十　5 七	2 十　2 六

说明：前字或后字有时也读作舒声调，以原调为多。连读变调中，轻声字记作 [0]。表内未列。

肆　异读

一、新老异读

宁波方言的新老异读主要体现在韵母上。

（1）山摄合口四等或通摄合口三等入声字，老派读[yəʔ]，新派读[yoʔ]。例如：决，老派读[tɕyəʔ⁵]，新派读[tɕyoʔ⁵]。缺，老派读[tɕʰyəʔ⁵]，新派读[tɕʰyoʔ⁵]。血，老派读[ɕyəʔ⁵]，新派读[ɕyoʔ⁵]。局，老派读[dʑyəʔ²]，新派读[dʑyoʔ²]。

（2）宕开口一等或江摄舒声字，老派读[ɔ]，新派读[ɔ̃]。宕开口三等舒声字，逢精组、知组、见组、日母老派读[ia]，新派读[iã]；逢章组、庄组老派读[ɔ]，新派读[ɔ̃]。梗摄开口二等舒声字，老派读[a]，新派读[ã]。

（3）表现为不太系统性的差异。例如：

例字	老派	新派
画蟹合二	uo¹³	o¹³
话蟹合二	uo¹³	o¹³
肝山开一	ki⁵³	ke⁵³
看山开一	kʰi⁴⁴	kʰe⁴⁴
橘臻合三	tɕyəʔ⁵	tɕyoʔ⁵
药宕开三	iəʔ²	iaʔ²

二、文白异读

宁波方言的文白异读主要体现在声母和韵母方面。下文中"/"前为白读，后为文读：

1. 声母

（1）非组个别字白读[b][m]声母，文读[v]声母。例如：肥 bi¹³ / vi¹³ | 味 mi¹³ / vi¹³ | 问 məŋ¹³ / vəŋ¹³。

（2）日母个别字白读[n̺]声母或自成音节[ŋ]，文读[z]或零声母。例如：

人 ȵiŋ¹³ / zoŋ¹³ | 日 ȵiəʔ² / zoʔ² | 耳 ȵi¹³ / əl¹³ | 儿 ŋ¹³ / əl¹³。

（3）见晓组开口二等字白读多为 [k] 组声母，文读为 [tɕ] 组声母。例如：交 kɔ⁵³ / tɕio⁵³ | 孝 hɔ⁴⁴ / ɕio⁴⁴ | 甲 kaʔ⁵ / tɕiəʔ⁵。

2. 韵母

（1）止摄合口三等字白读 [y] 韵母，文读 [uɐi] 韵母。例如：龟 tɕy⁵³ / kuɐi⁵³ | 柜 dʑy¹³ / guɐi¹³ | 鬼 tɕy³⁵ / kuɐi³⁵ | 贵 tɕy⁴⁴ / kuɐi⁴⁴ | 围 y¹³ / uɐi¹³。

（2）梗摄开口二等字白读 [a] 韵母，文读 [əŋ] [iŋ] 韵母。例如：争 tsa⁵³ / tsəŋ⁵³ | 行 a¹³ / iŋ¹³。

伍　小称

宁波方言中有儿化残存现象，表现为变韵。主要可分为两类：一类是"鸭"类词，一类是"伯"类词。前者韵母读作 [ɛ]，如："鸭鸡鹅~"读作 [ɛ³⁵]，"猫"读作 [mɛ¹³]，"帕绢~"读作 [pʰɛ³⁵]，"牌打~"读作 [bɛ¹³]。后者带鼻韵尾或鼻化音（老男已脱落鼻化音，青男仍保留），如："叔阿~"读作 [soŋ³⁵]，"伯伯~"读作 [pa³⁵]，"雀麻~"读作 [tɕia⁵³]老男 / [tɕiã⁵³]青男，"脚拐~"读作 [tɕia³⁵]老男 / [tɕiã³⁵]青男。此外，老男称"狗黄~"读作 [ki³⁵]，也是儿化残存的一种现象。

第三十二节 镇海方音

壹 概况

一、调查点

1. 地理人口

镇海，隶属于宁波市。镇海处宁绍水网平原东端，地形狭长，地势西北、东南两端高，中间平，甬江由西南流向东北入海，横贯境内中部。镇海区陆地面积 246 平方公里，包括 2 镇 5 街道，分别是：澥浦镇、九龙湖镇；招宝山街道、蛟川街道、骆驼街道、贵驷街道（委托宁波国家高新区管委会管理）、庄市街道。[①] 2019 年全区总户数 10.98 万，户籍人口 27.16 万。[②]

2. 历史沿革

镇海历史悠久，小港横山下、沙溪蛇山山麓，均已发现有新石器时代人类居住的遗迹。春秋末越国建国后，其地始有所归属。秦王嬴政二十五年（前 222）置会稽郡，立句章县，因本地处句章县治之东，故称句章东境，为时 843 年。唐武德四年（621）析古句章，分置姚、鄞两州。八年，更鄞州为鄮县，本地改称鄮县东境。唐元和四年（809），在鄮东甬江口建望海镇，为镇海建治之始。后梁开平三年（909）5 月，吴越王钱镠巡视明州，筑城于望海镇；闰八月，钱镠因望海镇地滨海口，有渔盐之利，奏置望海县（《太平寰宇记》），为建县之始。未几改为定海县。当时县境仅辖清泉、灵绪、崇邱和金塘四乡。

宋熙宁十年（1077）划鄞县灵岩、泰邱、海晏三乡归定海，元丰元年（1078）划金塘隶昌国，清泉析为东西两乡，自此县辖七乡，定为上县。元时建制袭宋制。明洪武二十年（1387），昌国废县改卫，原昌国县境（今舟山市）统隶于定海县，直至清康熙年间。康熙二十六年（1687）改原定海县为镇海县，定海建名达 778 年。次年，析出原昌国境另建定海县。至此，舟山归属镇海为时 300 年。

---

① 参见：宁波市镇海区人民政府网，http://www.zh.gov.cn/，2020 年 3 月 1 日获取。
② 参见：《2021 年镇海年鉴》，http://www.zh.gov.cn/art/2022/7/11/art_1229624686_59116674.html，2020 年 3 月 1 日获取。

镇海县建制相沿民国时期未变。

中华人民共和国成立后，建制更迭与县境变化甚频。1954 年年底，龙山北部 10 个乡镇划归慈溪县；慈东的河头、长石等 5 乡划属镇海；杭州湾口滩浒岛划归嵊泗。1958 年自余姚县划入汶溪乡；同年年底撤县并入宁波市，1963 年 1 月恢复镇海县建制。1985 年 7 月，再次并入宁波市，同年 10 月正式撤销县建制，建立宁波市镇海区。镇海县名共历 299 年。县自始建至撤销为时 1077 年。[①]

3. 方言分布

镇海方言属于吴方言太湖片甬江小片。使用镇海方言与宁波城区通话无障碍，但在不少地方有明显的区别。镇海方言内部，以甬江为界，江南、江北略有差异。例如：江南的柴桥、郭巨一带将"鬼"读作 [ky]，江北读作 [tɕy]。

4. 地方曲艺

蛟川走书是镇海当地的曲艺。蛟川走书第六代传承人江亚华目前较活跃。

二、方言发音人

1. 方言老男

竺联民，1957 年 6 月出生于镇海招宝山街道，一直在本地生活和工作，工商业者，高中文化程度，说镇海话和不太标准的普通话。父母均为镇海城里人。

2. 方言青男

俞凌，1991 年 8 月出生于镇海招宝山街道，主要在本地生活和工作。电工，大专文化程度，说镇海话和普通话。父亲是镇海城关人，母亲是镇海澥浦人。

3. 口头文化发音人

张兆进，女，1959 年 9 月出生于镇海城关后大街，一直在本地生活和工作，教师，中等师范文化程度，说镇海话和普通话。父母均为镇海城里人。

---

① 参见：宁波市镇海区人民政府网，http://www.zh.gov.cn/，2020 年 3 月 1 日获取。

贰　声韵调

一、声母（27个，包括零声母在内）

p 八兵	pʰ 派片	b 爬病肥	m 麦明味问	f 飞风副蜂	v 肥饭味问
t 多东	tʰ 讨天	d 甜毒	n 脑南		l 老蓝连路
ts 早竹争装纸主	tsʰ 草拆抄初车春	dz 全祠茶柱		s 丝三酸山双书	z 字坐事床船顺十
tɕ 酒九	tɕʰ 清抽轻	dʑ 张城权	ȵ 年泥热软	ɕ 想手响	
k 高	kʰ 开	g 共	ŋ 熬	h 好灰	
∅ 谢月活县安温云药					

说明：

（1）浊擦音不典型，有清化色彩。

（2）与［eʔ］拼读时，［ts］组舌位偏后。

二、韵母（43个，包括自成音节的［m］［n］［ŋ］在内）

ɿ 师丝试	i 米戏二飞盐年	u 苦	y 靴雨鬼权
ʮ 猪			
a 排鞋	ia 写	ua 快	
ɛ 山		uɛ 关	
e 开	ie 茄乂		
ø 半短		uø 官	
ɔ 宝饱			
o 茶牙瓦	io 笑桥	uo 花	
əu 歌坐过	iu 油		
ei 赔对豆走南		uei 鬼	
ã 硬争	iã 响	uã 横	
ɔ̃ 糖床双讲		uɔ̃ 王	yɔ̃ 降

əŋ 根寸灯争	iŋ 心深新升病星	uəŋ 滚
oŋ 春东		yoŋ 云兄用
aʔ 塔鸭法辣八色白尺		uaʔ 活刮骨
eʔ 折三折伞	ieʔ 接急热七药直锡	
oʔ 十出托郭学国绿		yoʔ 月橘局
m 姆		
n 芓		
ŋ 五		
əl 儿		

说明：

（1）蟹摄一二等字韵母一般读作[e]，部分字受普通话影响，有读作[ei]的倾向。例如"轮胎"的"胎"有时读作[tʰei⁵³]。

（2）[e]和[ei][uei]的主元音开口度略大，近乎二号半。

（3）流摄部分字受普通话影响，韵母读作[əu]。例如："凑"有时也读作[tsʰəu⁵³]。

（4）后鼻音韵尾实际介于[n][ŋ]之间。

三、声调（5个）

阴平	53	东该灯风通开天春冻怪半四痛快寸去
阳平	24	门龙牛铜糖红买老有动罪近卖路硬乱洞饭树
阴上	35	懂古鬼九统苦讨草
阴入	5	谷百搭节急哭拍塔切刻
阳入	12	六麦叶月毒白盒罚

说明：

（1）阴平部分字有读次高平现象，受普通话影响所致。

（2）阳平调值起始位置在[1]和[2]之间。

（3）阳入实际是一个低升的短促调，调值记作[12]。在连调中，阳入记作[2]。

叁　连读变调

一、两字组连读变调表

镇海方言两字组的连读变调规律见下表。表中首列为前字本调，首行为后字本调。每一格的第一行是两字组的本调组合；第二行是连读变调，若连读调与单字调相同，则此行空白；第三行为例词。同一两字组若有两种以上的变调，则以横线分隔。具体如下。

镇海方言两字组连读变调表

前字＼后字	阴平 53	阳平 24	阴上 35	阴入 5	阳入 12
阴平 53	53　53 33 飞　机	53　24 33 开　门	53　35 33　53 工　厂	53　5 33 钢　笔	53　2 33 生　活
	53　53 33　44 汽　车	53　24 33　31 清　明	53　35 35　0 乡　长		53　2 33　5 蜂　蜜
	53　53 33　35 退　休	53　24 0 政　治	53　35 0 报　纸		
阳平 24	24　53 22 良　心	24　24 22　31 眉　毛	24　35 22　53 门　口	24　5 22 毛　笔	24　2 22 粮　食
	24　53 0 尾　巴	24　24 0 码　头	24　35 0 老　虎		
	24　53 44 认　真	24　24 22 犯　罪	24　35 22 团　长		
阴上 35	35　53 0 火　车	35　24 0 水　池	35　35 0 手　表	35　5 33 粉　笔	35　2 33 体　育
	35　53 33　44 打　针	35　24 33 倒　霉		35　5 33　2 喜　鹊	

续表

后字 前字	阴平 53		阳平 24		阴上 35		阴入 5		阳入 12	
阴入 5	5 国	53 44 家	5 骨	24 头	5 黑	35 44 板	5 节	5 2 约	5 作	2 业
			5 谷	24 22 雨						
阳入 12	2 读	53 书	2 石	24 头	2 日	35 子	2 蜡	5 烛	2 十	2 六

说明：

（1）不送气清声母平声字前置（两字组首字），听感上声调似次高平。

（2）次浊声母舒声字后置（两字组后字），常与舒声阴调类相混，调值读作高降调［53］。

二、两字组连读变调规律

大体说来，前字变调相对简单：前字阴平、阴去（包括［53］和［35］两种调值，下同），要么不变，要么变为［33］；前字阳平（仅指［24］调值，下同），要么不变，要么变为［22］。后字变调相对复杂：后字阴平、阴去实际有［53］［35］［44］［0］四种情形。［44］是次高平调，［0］是轻声，后字［53］调值可不变也可读作［35］、后字［35］调值可不变也可读作［53］。后字阳平实际有［24］［31］［22］［0］四种情形。［22］是次低平调，［0］是轻声，［24］是单字调，［31］是中降调。阴入无论前字还是后字，一般不变调（有时后字轻读，读作［2］）。阴入与阴入组合时，前字多读作［2］。阳入在词语中无论前字还是后字，一般读作［2］（部分次浊声母后字读作［5］）。

肆　异读

一、新老异读

镇海方言的新老异读主要体现在声母、韵母和声调上。

1. 声母

个别字读音存在不太系统的新老差异，例如：

例字	老派	新派
斜_邪	$\textz{ia}^{24}$	ia^{24}
鼠_书	$ts^h\textʅ^{35}$	$s\textʅ^{35}$
寿_禅	$\textz{iu}^{24}$	iu^{24}

2. 韵母

（1）流摄开口一等字老派读［ei］韵，新派读［øɣ］韵。

（2）老派韵母有 ε、e 对立，例如：监 kε^{53} ≠ 盖 ke^{53}。新派韵母无 ε、e 对立，监 = 盖，都读作 ke^{53}。

（3）其他不太系统的差异。如：

例字	老派	新派
徐_{遇合三}	$\textz{i}^{24}$	$\textz{y}^{24}$
制_{蟹开三}	$ts\textʮ^{53}$	$ts\textɿ^{53}$
怀_{蟹合二}	$uε^{24}$	uei^{31}
画_{蟹合二}	uo^{24}	o^{24}
知_{止开三}	$ts\textʮ^{53}$	$ts\textɿ^{53}$
震_{臻开三}	$tsoŋ^{53}$	$tɕiŋ^{53}$

3. 声调

老男浊声母平、上、去合流，均读作［24］调值。青男浊平读作阳平［31］，浊上和浊去合流，读作阳上［13］。

二、文白异读

镇海方言的文白异读主要体现在声母和韵母方面。下文中"/"前为白读，后为文读：

1. 声母

（1）非组个别字白读［b］［m］声母，文读［v］声母。例如：肥 bi^{24} / vi^{24} ｜味 mi^{24} / vi^{24} ｜尾 mi^{24} / vi^{24} ｜问 məŋ^{24} / vəŋ^{24}。

（2）日母个别字白读[ȵ]声母或自成音节[ŋ]，文读[z]或零声母。例如：
人 ȵiŋ²⁴ / zoŋ²⁴ | 认 ȵiŋ²⁴ / zoŋ²⁴ | 日 ȵieʔ¹² / zoʔ¹² | 耳 ȵi²⁴ / əl²⁴ | 儿 ŋ²⁴ / əl²⁴。

（3）见晓组开口二等字白读多为[k]组声母，文读为[tɕ]组声母。例如：
嫁 ko⁵³ / tɕia⁵³ | 交 kɔ⁵³ / tɕio⁵³。

2. 韵母

止合三白读[y]韵母，文读[uei]韵母。例如：跪 dʑy²⁴ / guei²⁴ | 龟 tɕy⁵³ / kuei⁵³ | 柜 dʑy²⁴ / guei²⁴ | 鬼 tɕy³⁵ / kuei³⁵ | 贵 tɕy⁵³ / kuei⁵³ | 围 y²⁴ / uei²⁴。

伍　小称

镇海方言的小称主要表现为变韵，是一种残存现象，表现在个别字音上。例如：猫，本读[mɔ²⁴]，小称读作[mɛ²⁴]。

第三十三节　奉化方音

壹　概况

一、调查点

1. 地理人口

奉化区，隶属于浙江省宁波市，地处长三角南翼，东海之滨，是著名的弥勒圣地、蒋氏故里。地处浙江省东部沿海，宁波市区南面。东濒象山港，隔港与象山县相望，南连宁海县，西接新昌县、嵊县和余姚市，北交海曙区、鄞州区。奉化东西长 70.5 公里，南北宽 42 公里，陆地面积 1277 平方公里，海域面积 91 平方公里，海岸线长 63 公里，岛屿 24 个。地貌构成大体为"六山一水三分田"。奉化现辖 4 镇 8 街道，分别是：溪口镇、裘村镇、大堰镇、松岙镇，锦屏街道、岳林街道、江口街道、西坞街道、萧王庙街道、莼湖街道、尚田街道、方桥街道。2018 年全区总户数 18.22 万，户籍人口 48.13 万。[①]

2. 历史沿革

宁波市奉化区在秦汉时属鄞县，晋至隋先后属句章县、鄮县。唐开元二十六年（738）析鄮县置奉化县。县名由来，有三种说法。一说，唐代明州的郡颇为奉化郡，以此具名；一说，以"民皆乐于奉承上化"而得名；一说，来源于县东奉化山。

春秋时今奉化地属越国。战国时属楚国。秦王政二十五年（前 222），属会稽郡鄞县，县治设白杜里（今奉化白杜村）。王莽始建国元年（9）改鄞为谨。东汉建武初年复改为鄞。隋开皇九年（589），并余姚、鄞、鄮三县入句章，治小溪。奉化属句章县。唐武德四年（621）析句章为鄞、姚两州，下不设县。奉化属鄞州，州治三江口（今属宁波海曙区）。唐武德八年（625）废鄞州为鄮县，治小溪，隶越州。开元二十六年（738），江南东道采访使齐浣奏请朝廷析越州鄮县地，置

---

① 参见：宁波市奉化区人民政府网，http://www.fh.gov.cn/col/col1229045101/index.html，2019 年 8 月 9 日获取。

鄞、慈溪、奉化、翁山四县；并置明州；奉化属明州，为上县，治所今市区锦屏街道，境域范围大致与今同。宋时，奉化为望县。元元贞元年（1295）升为州。明洪武二年（1369）复为县，属明州府。明洪武十四年（1381）明州府改称宁波府。清沿明制，奉化属宁波府。

1913 年属浙江省第四地方。1914 年属会稽道。1927 年废道，直属浙江省。1928 年属鄞县区。1936 年属浙江省第六行政督察区。1948 年属浙江省第二行政督察区。

中华人民共和国成立后，奉化属宁波专区。1970 年，专区改称地区。1983 年，宁波地区撤销，奉化改为宁波市属。1988 年 10 月 13 日，奉化撤县设市，2016 年，国务院批复同意撤销县级奉化市，设立宁波市奉化区，以原县级奉化市的行政区域为奉化区的行政区域，奉化区人民政府驻锦屏街道锦屏南路 1 号。[①]

3. 方言分布

奉化方言专指通行于原奉化老城区（今属岳林街道、锦屏街道）范围内的一种汉语方言。奉化大区内的方言有细微的语音差异，但不存在沟通障碍。奉化方言属吴语太湖片甬江小片。

4. 地方曲艺

奉化走书起源大约在清同治、光绪年间，盛于民国。走书是由农村中一些人从唱地方小曲开始，逐渐演唱有故事情节的书目，并由坐唱发展到走唱，还有自拉自唱，由单纯的敲打乐器发展到用丝弦胡琴、三弦、琵琶、中胡等乐器伴奏。到民国初年，有部分艺人已由农村流动演唱进入城镇茶楼、书场演唱。

奉化走书的主要特点有三。一是唱腔铿锵有力，韵味清晰，节奏感强。它的主要曲调有四平、赋调、码头、平湖、亚顿等，走书曲调被许多观众所接受，还能哼出常用的几种曲调。二是表演形式简单易懂。走书表演时一般使用三种道具：手帕、扇子、醒木。手帕一般是进入花旦老旦角色时用的，通俗的说法是扮女角色时用的；扇子多数用于男角色，不论是小生，花脸小生都以扇子为道具；醒木在唱书时可制造各种声音效果。三是表演不受场地限制。走书演员到了一个地方，只要有两块大门板搭起就可以演出。走书不像做戏，排场大费用多，所以还是比较适合农村演唱。四是表演艺术全方位，立体感强。一个人在舞台上要扮

---

① 参见：宁波市奉化区人民政府网，http://www.fh.gov.cn/，2020 年 5 月 26 日获取。

演不同角色，根据剧情发展不论男的女的，老的少的都要表演，有许多老艺人无论扮演什么角色都演得栩栩如生，功底十分扎实。虽然在舞台上只有一个人表演，给观众的感觉却是有许多演员，热闹非凡。五是语言丰富。唱走书的语言以方言为主，因为方言容易被观众所接受，有些老艺人能说好几种方言，角色是山东人，他就说山东话，是绍兴人就说绍兴话，使人物更有真实感。这也是奉化走书所独有的地方特色。

二、方言发音人

1. 方言老男

陈撷平，1955 年 3 月出生于奉化锦屏街道，一直在本地生活和工作，职工，初中文化程度，说奉化城区方言和不太标准的普通话。父母均为奉化锦屏街道人。

2. 方言青男

陆立峰，1986 年 1 月出生于奉化岳林街道。一直在本地生活和工作，销售员，大专文化程度，说奉化城区方言和普通话。母亲是奉化锦屏街道人，父亲是奉化岳林街道人。

3. 口头文化发音人

徐恩琴，女，1967 年 12 月出生于奉化锦屏街道，一直在本地生活和工作，专职人民陪审员兼调解员，大专文化程度，说奉化城区方言和普通话。父母都是奉化锦屏街道人。

贰　声韵调

一、声母（28 个，包括零声母在内）

p 八兵	pʰ 派片	b 病爬肥	m 麦明味问	f 飞风副峰	v 饭肥味问
t 多东	tʰ 讨天	d 甜毒	n 脑南		l 老蓝连路
t 早竹装纸主	tsʰ 草拆抄车春	dz 全祠茶柱		s 三酸山双书	z 坐事床顺十

tɕ 酒张九	tɕʰ 清抽轻	dʑ 城权	n̠ 年泥热软 ɕ 想手响	ʑ 谢
k 高	kʰ 开	g 共	ŋ 熬 h 好灰	
Ø 月活安 云药				

说明:

（1）浊擦音声母清化色彩明显。比如:[v]声母一般来自奉母字,在单字中和两字组前字实际听感与[f]相同,在两字组后字还保留浊音色彩。

（2）[dz][z]的分布环境有时相混。比如:"祠"有时读作[dz],有时读作[z]。但有时区别分明。如:杂—贼,全—船。前者读[dz],后者读[z]。此次调研根据实际读音记录。

（3）零声母字逢阳调有浊擦音色彩。

二、韵母（44个，包括自成音节的[m][n][ŋ][əl]在内）

ɿ 师丝试	i 米戏二飞盐年	u 苦	y 靴雨鬼权
ʮ 猪	iɯ 油		
a 排鞋	ia 写	ua 快	
ɛ 山	iɛ 贤	uɛ 关	
ʌ 宝饱			
	iɔ 笑桥		
e 开南			
ø 半短		uø 官	
o 茶牙瓦		uo 花	
æi 豆走			
ei 赔对		uei 鬼	
əu 歌坐过			
ã 硬争	iã 响	uã 横	
ɔ̃ 糖床双讲		uɔ̃ 王	yɔ̃ 降
əŋ 根寸灯争		uəŋ 滚	
	iŋ 心深新升病星		
oŋ 春东			yoŋ 云兄用

aʔ 塔法辣色白尺　　iaʔ 药　　　　　　uaʔ 活刮骨

　　　　　　　　　　iiʔ 接急热七直锡

oʔ 十出托郭学国绿　　　　　　　　　　　　　　　yoʔ 月橘局

əl 儿

m̩ 亩

n̩ 你

ŋ̩ 五

说明：

（1）[ɥ]韵母实际处于舌尖元音的展唇和圆唇之间。

（2）[ʌ]韵母实际位置较高，有时个别字如"老"韵母也读如[ɔ]。

（3）韵母[æi][ei]区别很小，有时相混。此处仍分别处理。

（4）韵母中的[ŋ]辅音实际发音部位略靠前。

（5）经比字，各＝角，作＝桌，韵母均读[oʔ]。

三、声调（8个）

阴平	44	东该灯风通开天春
阳平	33	门龙牛油铜皮糖红
阴上	545	懂古鬼九统苦讨草
阳上	324	买老五有动罪近后
阴去	53	冻怪半四痛快寸去
阳去	31	卖路硬乱洞地饭树
阴入	5	谷百节急哭拍塔刻
阳入	2	六麦叶月毒白盒罚

说明：

（1）阳平[33]部分字尾部略有上升。

（2）阴平字与阳平字声调非常接近，如"春-门""通-龙"等。一般来说，清声母高调，浊声母低调，前者我们记作[44]，后者我们记作[33]。

（3）阴上字与阳上字声调非常接近，如"讨-老""铲-眼"等。一般来说，清声母高调，浊声母低调，前者我们记作[545]，后者我们记作[324]。

（4）阴去字与阳去字声调非常接近，如"靠-闹""屁-二"等。一般来说，清声母高调，浊声母低调，前者我们记作［53］，后者我们记作［31］。

（5）阴上和阳上调值开头部分略降。

（6）阴入调值在［5］与［4］之间。

叁　连读变调

一、两字组连读变调表

奉化方言两字组的连读变调规律见下表。表中首列为前字本调，首行为后字本调。每一格的第一行是两字组的本调组合；第二行是连读变调，若连读调与单字调相同，则此行空白；第三行为例词。同一两字组若有两种以上的变调，则以横线分隔。具体如下。

奉化方言两字组连读变调表

前字 ＼ 后字	阴平 44	阳平 33	阴上 545	阳上 324	阴去 53	阳去 31	阴入 5	阳入 2
阴平 44	44 44 开 车 —— 44 44 / 53 飞 机 —— 44 44 / 31 东 风	44 33 31 清 明	44 545 54 工 厂	44 324 / 33 公 社 —— 44 324 / 31 孙 女	44 53 / 44 书 记 —— 44 53 开 店	44 31 / 33 车 站 —— 44 31 生 病	44 5 钢 笔	44 2 生 日
阳平 33	33 44 农 村 —— 32 35 良 心	33 33 31 眉 毛	33 545 35 牙 齿	33 324 31 牛 奶	33 53 / 44 难 过 —— 33 53 驼 背	33 31 / 33 名 字 —— 33 31 排 队	33 5 毛 笔	33 2 农 业
阴上 545	545 44 44 53 火 车 —— 545 32 44 32 打 针	545 33 54 水 池 —— 545 33 44 31 草 鞋	545 545 44 53 手 表	545 324 33 31 起 码 —— 545 324 44 31 水 稻	545 53 44 44 水 库 —— 545 53 44 写 信	545 31 44 33 手 艺 —— 545 31 44 33 写 字	545 5 44 粉 笔	545 2 44 体 育

续表

后字＼前字	阴平44	阳平33	阴上545	阳上324	阴去53	阳去31	阴入5	阳入2
阳上324	324　44 32　54 老　师 324　44 32 坐　车	324　33 32　31 码　头 324　33 32 坐　船	324　545 32　53 老　虎 324　545 32　35 老　板	324　324 32　24 养　老 324　324 32　31 道　理	324　53 32 买　票 324　53 32　44 满　意	324　31 32　33 午　饭	324　5 32　33 美　国	324　2 32 礼　物
阴去53	53　44 44 背　心 53　44 0 汽　车 53　44 35 退　休	53　33 55　0 酱　油	53　545 55　0 报　纸 53　545 35 放　火	53　324 44　24 送　礼 53　324 44　32 制　造	53　53 44 算　账 53　53 44　44 会　计 53　0 意　见	53　31 0 政　治 53　31 44　53 救　命	53　5 44 政　策	53　2 44 副　业
阳去31	31　44 地　方	31　33 31 大　门 31　33 问　题	31　545 53 代　表 31　44 字　典	31　324 31 大　雨	31　53 0 位　置	31　31 0 大　路 31　33 电　话	31　5 2 办　法	31　2 树　叶
阴入5	5　44 国　家	5　33 31 骨　头 5　33 发　财	5　545 35 缺　点 5　53 黑　板	5　324 31 谷　雨 5　324 接　受	5　53 44 节　气 5　53 织　布	5　31 33 铁　路	5　5 3 节　约	5　2 3 作　业
阳入2	2　44 53 木　工 2　44 立　冬	2　33 麦　田 2　33 32 肉　皮	2　545 35 墨　水 2　545 53 局　长	2　324 24 物　理 2　324 31 十　五	2　53 44 力　气	2　31 33 木　匠 2　31 立　夏	2　5 33 蜡　烛	2　2 目　录

说明：

连读变调中，轻声字记作［0］。表内未列。

总的说来，在奉化方言中，两字组前字除阳上［324］变为［32］，阴上［545］变为［54］或［44］，阴去有时变为［44］外，其他阴平［44］、阳平［33］、阳去

［31］、阴入［5］、阳入［2］一般不变调。后字阴入［5］、阳入［2］不变，其他舒声调逢阴调读作［44］［53］［35］，阳调读作［33］［31］［24］。

肆　异读

一、新老异读

奉化方言的新老异读主要表现在声母和韵母上。

1. 声母

声母表现为不太系统性的差异。例如：

例字	老派	新派
任日	$\text{z}\text{iŋ}^{31}$	iŋ^{31}
换匣	huø^{53}	uø^{53}
侧庄	tsaʔ^{5}	$\text{ts}^{h}\text{aʔ}^{5}$
赢以	$\text{z}\text{iŋ}^{33}$	iŋ^{33}
形匣	iŋ^{33}	$\text{z}\text{iŋ}^{33}$

2. 韵母

韵母表现为不太系统性的差异。例如：

例字	老派	新派
花假合二	huo^{44}	ho^{44}
徐遇合三	zi^{33}	zy^{33}
嘴止合三	tsɿ^{545}	tsʮ^{545}
贪咸开一	$\text{t}^{h}\text{æi}^{44}$	$\text{t}^{h}\text{ɛ}^{44}$
言山开三	iɛ^{33}	i^{33}
捏山开四	ȵiaʔ^{2}	ȵieʔ^{2}
削宕开三	ɕiaʔ^{5}	ɕieʔ^{5}
约宕开三	iaʔ^{5}	yoʔ^{5}
弱宕开三	$\text{z}\text{iaʔ}^{2}$	$\text{z}\text{ieʔ}^{2}$

3. 声母和韵母

例字	老派	新派
愁_{流开三平尤崇}	zæi^{33}	dʑiɤ^{33}
协_{咸开四入帖匣}	iaʔ^2	zieʔ^2
辰_{臻开三平真禅}	zoŋ^{33}	dʑiŋ^{33}
俊_{臻合三去諄精}	tsoŋ^{53}	tɕyoŋ^{53}
闰_{臻合三去諄日}	yoŋ^{31}	zoŋ^{31}
镯_{江开二入觉崇}	dʑyoʔ^2	dzoʔ^2

二、文白异读

奉化方言的文白异读主要体现在声母和韵母方面。下文中 " / " 前为白读，后为文读：

1. 声母

（1）非组个别字白读 [b] [m] 声母，文读 [v] 声母。例如：肥 bi^{33} / vi^{33} | 尾 m^{33} / mi^{33} | 味 mi^{31} / vi^{31} | 问 məŋ^{31} / vəŋ^{31} | 晚 mɛ^{31} / vɛ^{31}。

（2）日母个别字白读 [ȵ] 声母或自成音节 [ŋ]，文读 [z] 或零声母。例如：人 ȵiŋ^{33} / zoŋ^{33} | 认 ȵiŋ^{31} / zoŋ^{31} | 日 ȵieʔ^2 / zoʔ^2 | 耳 ŋ^{33} / əl^{33} | 儿 ŋ^{33} / əl^{33}。

（3）见晓组开口二等字白读多为 [k] 组声母，文读为 [tɕ] 组声母。例如：交 kʌ^{44} / tɕiɔ^{44} | 孝 hʌ^{53} / ɕiɔ^{53} | 甲 kaʔ^5 / tɕiaʔ^5。

2. 韵母

（1）止摄合口三等字白读 [y] 韵母，文读 [uei] 韵母。例如：跪 dʑy^{324} / guei^{324} | 龟 tɕy^{44} / kuei^{44} | 鬼 tɕy^{545} / kuei^{545} | 贵 tɕy^{53} / kuei^{53} | 围 y^{33} / uei^{33}。

（2）山摄合口三等个别字白读 [y] 韵母，文读 [ø] 韵母。例如：砖 tɕy^{44} / tsø^{44}。

（3）梗摄开口二等个别字白读 [ã] 韵母，文读 [əŋ] 韵母。例如：争 tsã^{44} / tsəŋ^{44}。

（4）通摄合口三等个别字白读 [ɔ̃] 韵母，文读 [əŋ] 韵母。例如：梦 mɔ̃^{31} / məŋ^{31}。

伍　小称

　　奉化方言的儿化是一种残存现象，主要表现为变韵。例如：鸭，本读 [aʔ⁵]，小称读作 [ɛ⁵⁴⁵]。猫，本读 [mʌ³³]，小称读作 [mɛ³²⁴]。

第三十四节　宁海方音

壹　概况

一、调查点

1. 地理人口

宁海县为计划单列市宁波市属县，国务院批准的第一批沿海对外开放地区之一。位于长江三角洲南翼，北连奉化区，东北濒象山港，东接象山县，东南临三门湾，南壤三门县，西与天台县、新昌县为界。县域总面积 1843 平方公里，海岸线 176 公里，辖 4 个街道、11 个镇、3 个乡、32 个社区、337 个行政村。[①] 据统计，2017 年全市总户数 23.26 万，户籍人口 63.25 万，均为汉族。[②]

2. 历史沿革

宁海置县始自晋武帝太康元年（280），县治设白峤。隋开皇九年（589）撤宁海县并入临海县。唐武德四年（621）于临海县设海州，复置宁海县，县治设海游（今属三门县），属海州。次年改海州为台州，宁海属台州。武德七年（624）撤宁海县并入章安县。永昌元年（689）复置宁海县，治设广度里，属台州。神龙二年（706），以县东地海岛阔远，析归新建之象山县。明清，宁海属台州府。

1912 年，宁海撤销府级建制，直隶浙江省。1914 年，宁海属会稽道。中华人民共和国成立后，宁海属台州专区。1952 年 10 月，改属宁波专区。1957 年 9 月，复划属台州专区。1961 年 10 月恢复宁海县建制，县治设城关镇，属宁波专区。1970 年，宁波专区改为宁波地区。1983 年 7 月，撤销宁波地区，改为市管县，宁海县属宁波市。[③]

---

① 参见：宁海县人民政府网，http://www.ninghai.gov.cn/col/col1229235325/index.html，2022 年 7 月 20 日获取。

② 参见：《2018 年浙江统计年鉴》，http://zjjcmspublic.oss-cn-hangzhou-zwynet-d01-a.internet.cloud.zj.gov.cn/，2022 年 8 月 10 日获取。

③ 参见：宁海县地方志编纂委员会. 宁海县志（1987—2008）. 北京：方志出版社，2019.

3. 方言分布

宁海方言属于吴方言太湖片。按口音分，可分为五种。（1）城关腔：包括现属的跃龙街道、桃源街道、黄坛镇。面积 272 平方公里。人口接近 22 万。属于吴语台州北片。（2）上路腔：包括桑洲镇、岔路镇、前童镇、一市镇、越溪乡。面积 420 平方公里。人口 12 万。位于宁海西南部，属于吴语台州北片。（3）东路腔：包括茶院乡、力洋镇、明港镇、胡陈乡、长街镇。面积 600 平方公里。人口 14 万。发音接近城关腔，但语调有所不同，尤其是语气助词较长。属于吴语台州北片。（4）东北路腔：包括梅林街道、桥头胡街道、强蛟镇、大佳何镇。面积 290 平方公里。人口 8.32 万。口音与象山话相似。属于吴语明州南片。（5）北路腔：包括西店镇、深甽镇。面积 277 平方公里。人口 8 万。口音与奉化话接近，属于吴语明州南片。

4. 地方曲艺

方言曲艺有两种：

（1）宁海走书。通常分两种：文书和武书。文书表演者坐着表演，不拍堂木。说书人自始至终语调平静，娓娓道来。武书表演者从头至尾都是站立着的，咿呀声中，将一块堂木拍得震天响。题材多为英雄好汉一类。宁海走书多用文书形式。文书就是一种叙事长诗，如《施义与娇娘》《七郎》《华姐和七岁弟》，用宁海方言表述，句句押韵，活泼俏皮。

（2）宁海平调。宁海的地方剧种约始于明盛于清，有三四百年历史。2006 年，被国家列入第一批国家级非物质文化遗产代表性项目名录；2009 年，春节平调"耍牙"《金牛报春》剧目被选上中央电视台春节联欢晚会。

二、方言发音人

1. 方言老男

丁良荣，1952 年 11 月出生于宁海跃龙街道，一直在本地生活和工作，职工，初中文化程度，说宁海话和不太标准的普通话。父母均为宁海跃龙街道人，说宁海城关话。

2.方言青男

胡挺，1985年10月出生于宁海跃龙街道，一直在本地生活和工作，驾校教练，高中文化程度，说宁海话和不太标准的普通话。父母均为宁海跃龙街道人，说宁海城关话。

3.口头文化发音人

陈一兵，男，1962年12月出生于宁海桃源街道，一直在本地生活和工作，工程师，大专文化程度，说宁海话和不太标准的普通话。父母均为宁海跃龙街道人。

贰　声韵调

一、声母（28个，包括零声母在内）

p 八兵	pʰ 派片	b 爬病肥	m 麦明味问	f 飞凤副蜂	v 肥饭味问
t 多东	tʰ 讨天	d 甜毒	n 脑南		l 老蓝连路
ts 早争装纸主	tsʰ 草拆抄车_{车辆}	dz 祠茶柱		s 三酸山书	z 字坐事床
tɕ 酒竹九	tɕʰ 清抽春轻	dʑ 全城张_量	ȵ 年泥热软月	ɕ 想双手响	ʑ 谢船顺十
k 高	kʰ 开	g 共权	ŋ 熬	h 好灰	
Ø 活县安云药					

说明：

（1）浊擦音声母实际不浊，有清化色彩。

（2）分尖团，如：雪≠血。

（3）[ȵ]有时表现出边音色彩，如"二义"两字声母听感上同[l]。

二、韵母（55个，包括自成音节的[m][ŋ][l]在内）

ɿ 猪师丝试戏ʮ 书	i 米二飞	u 过苦	y 靴雨鬼

a 排鞋	ia 写	ua 快	
		uɛ 关	
e 开山	ie 盐年		
ø 南半短		uø 官	yø 权
o 茶牙瓦	io □话		
ɯ 歌			
au 宝饱			
əu 坐	iu 豆油	ui 亏胃	
ei 赔对		uei 汇悔	
eu 走	ieu 笑桥		
ã 硬争	iã 响	uã 横	
ɔ̃ 糖床讲		uɔ̃ 王	yɔ̃ 双
əŋ 新寸		uəŋ 滚	yəŋ 春云
oŋ 东			yoŋ 兄用
	iŋ 心深根灯升病星		yiŋ □陡
aʔ 塔法辣七色白	iaʔ 药	uaʔ 刮骨	
eʔ 鸽	ieʔ 接贴		yeʔ 雪
əʔ 缺决	iəʔ 急一直锡		yəʔ 出十橘局
ɔʔ 托郭壳学北学北	iɔʔ 月	uɔʔ 活	
oʔ 谷六绿国	ioʔ 竹吃		
m̩ 姆			
ŋ̍ 五鱼儿白			
l̩ 儿文			

说明：

（1）"开""山"有别。"开"实际为［ɛ］，"山"实际在［ɪ］与［e］之间，但无音位区别价值。通过比字，发现：改＝杆，盖＝干干部。这里统一记作［e］。韵母［e］与见组字拼读时似［ie］。

（2）［ei］［uei］中的［e］介于 2 号舌面元音和 3 号舌面元音之间。

（3）［eu］从听感上似［ɯu］。

（4）［oŋ］［ioŋ］［oʔ］［ioʔ］等韵母中的主要元音［o］实际在［u］与［o］之间。

（5）［iã］中的［a］，实际接近［ɐ］。

（6）［ieʔ］与［sei］存在音韵对立，如舌≠习，差别仅表现在韵母上。但有时也存在相混现象。如"笔""匹"均为臻摄开口三等字，"笔"韵母作［sei］，"匹"韵母作［ieʔ］。其中，［sei］中的［ə］实际听感上似［ɿ］。同样，［sei］与［ioʔ］也存在音韵对立，如桌≠竹，戳≠触，差别仅表现在韵母上。

三、声调（8个）

阴平	423	东该灯风通开天春
阳平	213	门龙牛油铜皮糖红
阴上	53	懂古鬼九统苦讨草
阳上	31	买老五有动罪近后
阴去	35	冻怪半四痛快寸
阳去	24	卖路硬乱洞地饭树
阴入	5	谷百搭节急哭拍塔切刻
阳入	3	六麦叶月毒白盒罚

说明：

（1）阴平调值起始部位略降，以平为主，尾部音调上扬。存在变体，部分字读作［433］。

（2）阳平起始部分略降，降调不明显，调值也可记作［223］。阳平调值与阳去调值听感差异较小，但比字时差异较大，如球≠旧，兰≠烂。有时也会出现混读现象，如停＝定，余＝裕。

（3）阳上起始部位略升，调值也可记为［231］。

（4）阳入调值实际是一个低升的短促调，也可记作［13］。

叁　连读变调

一、两字组连读变调表

宁海方言两字组的连读变调规律见下表。表中首列为前字本调，首行为后字本调。每一格的第一行是两字组的本调组合；第二行是连读变调，若连读调与单字调相同，则此行空白；第三行为例词。同一两字组若有两种以上的变调，则以横线分隔。具体如下。

宁海方言两字组连读变调表

后字＼前字	阴平 423	阳平 213	阴上 53	阳上 31	阴去 35	阳去 24	阴入 5	阳入 3
阴平 423	423 423 33 34 飞机	423 213 34 0 清明	423 53 34 0 工厂	423 31 33 招待	423 35 33 车票	423 24 33 车站	423 5 33 钢笔	423 3 33 生活
阳平 213	213 423 21 34 农村	213 213 23 0 眉毛	213 53 23 0 牙齿	213 31 23 0 牛奶	213 35 21 难过	213 24 21 名字	213 5 2 毛笔	213 3 2 同学
阴上 53	53 423 33 34 火车	53 213 33 0 检查	53 53 33 手表	53 31 33 管理	53 35 33 写信	53 24 33 写字	53 5 5 粉笔	53 3 5 体育
阳上 31	31 423 33 34 坐车	31 213 33 0 坐船	31 53 33 老虎	31 31 33 道理	31 35 33 买票	31 24 33 马路	31 5 3 道德	31 3 3 技术
阴去 35	35 423 33 34 唱歌	35 213 33 0 算盘	35 53 33 报纸	35 31 33 对待	35 35 33 算账	35 24 33 救命	35 5 3 政策	35 3 3 中毒
阳去 24	24 423 22 34 地方	24 213 22 0 大门	24 53 22 字典	24 31 22 味道	24 35 22 饭店	24 24 22 电话	24 5 2 办法	24 3 2 大学
阴入 5	5 423 3 34 国家	5 213 3 发财	5 53 3 黑板	5 31 3 黑马	5 35 3 发票	5 24 3 铁路	5 5 3 出国	5 3 3 作业
阳入 3	3 423 34 读书	3 213 合同	3 53 局长	3 31 落后	3 35 白菜	3 24 立夏	3 5 白色	3 3 十六

说明：舒声调前字往往读得轻而短，［33］快读时常读作［3］，［22］快读时常读作［2］。

二、两字组连读变调规律

宁海方言两字组连读变调有以下两个特点。

（1）入声字起头，后字音节一般读作原调。有两点值得注意：第一，后字若为阴平，以读升调为常，调值可记为［34］。第二，前字若为阴入，音高降低，调值可记为［3］。

（2）舒声字起头，后字音节或读作原调或读作轻声。有两点值得注意：第一，后字若为阴平，除了读为原调，也常读为［34］。第二，后字若为阴入，有时读为［2］。

肆 异读

一、新老异读

宁海方言的新老异读主要体现在声母和韵母上。

1. 声母

（1）疑母字，老派多保留鼻音声母，逢洪音读［ŋ］、逢细音读［ȵ］，新派鼻音声母部分字脱落，读零声母。例如：

例字	老派	新派
遇	ȵy²⁴	y²⁴
外	ŋa²⁴	a²⁴
熬	ŋau²¹³	au²¹³
鹅	ŋəu³¹	æi³¹
原	ȵyø²¹³	yø²¹³
严	ȵie²¹³	ȵiɛ²¹³ 严格 /iɛ²¹³ 严老师

（2）表现为非系统性的差异。例如：

例字	老派	新派
谱帮	pu⁵³	pʰu⁵³
集从	ziəʔ³	dʑieʔ³
截从	ziəʔ³	dʑieʔ³

2. 韵母

（1）果摄字，老派多读［əu］，新派多读［æi］。例如：多，老派读［təu⁴²³］，新派读［tæi⁴²³］。

（2）效摄开口三四等字，老派多读［ieu］，新派多读［iau］。例如：票，老派读［pʰieu³⁵］，新派读［pʰiau³⁵］。

（3）宕摄开口三等精组、见组字，老派多读[iã]，新派多读[iɛ̃]。例如：亮，老派读[liã²⁴]，新派读[liɛ̃²⁴]。

（4）表现为不太系统性的差异。例如：

例字	老派	新派
吴遇合一	ŋ²¹³	u²¹³
锄遇合三	zɿ²¹³	zʮ²¹³
锯遇合三	kie³⁵	ky³⁵
歪蟹合二	ua⁴²³	uɛ⁴²³
知止开三	tsʮ⁴²³	tsɿ⁴²³
刷山合二	ɕyeʔ⁵	ɕiɔʔ⁵
决山合四	kəʔ⁵	kyəʔ⁵
血山合四	ɕyəʔ⁵	ɕiɔʔ⁵
骨臻合一	kuaʔ⁵	kuəʔ⁵
郭宕合一	kɔʔ⁵	kuɔʔ⁵
得曾开一	tiəʔ⁵	taʔ⁵
赢梗开三	yəŋ²¹³	iŋ²¹³

还有声母、韵母都不同的。例如：藕，老派读[ȵiu³¹]，新派读[ŋæi³¹]。

二、文白异读

宁海方言的文白异读主要体现在声母和韵母上。下文中"/"前为白读，后为文读。

1. 声母

（1）非组个别字白读[b][m]声母，文读[v]声母。例如：肥 bi²¹³ / vi²¹³ | 尾 mi³¹ / vi³¹ | 味 mi²⁴ / vi²⁴ | 问 məŋ²⁴ / vəŋ²⁴。

（2）日母个别字白读[ȵ][ŋ]声母或自成音节[ŋ]，文读[z]声母或自成音节[l]。例如：人 ȵiŋ²¹³ / zyəŋ²¹³ | 日 ȵiəʔ³ / zyeʔ³ | 耳 ŋəu²¹³ / l²¹³ | 儿 ŋ²¹³ / l²¹³。

（3）见晓组开口二等字白读多为[k]组声母，文读为[tɕ]组声母。例如：交 kau⁴²³ / tɕieu⁴²³。

2. 韵母

（1）止摄合口三等字白读［y］韵母，文读［uei］韵母。例如：鬼 ky^{53} / kuei^{53} | 贵 ky^{35} / kuei^{35} | 围 y^{213} / uei^{213}。

（2）曾摄开口一等个别字白读［ã］韵母，文读［əŋ］韵母。例如：朋 bã^{213} / bəŋ^{213}。

第三十五节　象山方音

壹　概况

一、调查点

1. 地理人口

象山，隶属于宁波市。位于象山港和三门湾之间，三面环海、两港相拥。陆域面积 1382 平方公里，海域面积 6618 平方公里，海岸线长达 925 公里。全县辖 10 镇（石浦镇、西周镇、鹤浦镇、贤庠镇、墙头镇、泗洲头镇、定塘镇、涂茨镇、大徐镇、新桥镇），5 乡（东陈乡、晓塘乡、黄避岙乡、茅洋乡、高塘岛乡），3 街道（丹东街道、丹西街道、爵溪街道），1 个管委会。县政府驻后堂街 21 号。据统计，2019 年全县总户数 18.21 万，户籍人口 54.66 万。[①]

2. 历史沿革

春秋时象山为越国鄞地，战国时楚灭越，一度属楚，秦时属鄞县。汉时为鄞县，回浦（后改章安）两县地。晋时分属宁海、鄞县。隋代为句章，临海两县地。唐初分属宁海及鄮县。

唐神龙元年（705），监察御史崔皎奏请朝廷析台州宁海、越州鄮县地置象山县。翌年，象山县立，属台州，设县治于彭姥村。因村西北有山"形似伏象"，故名象山。广德二年（764）改隶明州。南宋绍熙五年（1194）升明州为庆元府，元时改庆元路，明初改庆元路为明州府，象山均为属县。洪武十四年（1381）改为宁波府，象山为属县。清沿明制，象山属宁波府。宣统三年十月，武昌起义胜利，象山于同月二十一日宣布"光复"。1912 年年初，象山属会稽道。

1949 年 7 月 8 日，象山解放，属宁波专区。1952 年 4 月，南田 8 岛从三门县划归象山。1954 年 4 月，象山转隶舟山专区。1958 年 10 月，宁海撤销建制，并入象山，县改属台州专区，县治初迁沥洋，后移宁海城关镇。1959 年 1 月，台州专区撤销，象山重归宁波专区。1961 年 10 月，复置宁海县，象山还治原境，

---

① 参见：象山县地方志编纂委员会. 象山年鉴（2021）. 北京：方志出版社，2021.

县治迁回丹城镇，仍属宁波专区。"文革"期间，宁波一度称地区，象山隶属不变。1983 年 7 月，宁波地、市合并，实行市管县，象山为其属县。[①]

3. 方言分布

象山方言属于吴方言太湖片。按口音区分，象山方言可分为三个小片。东乡方言小片以丹城话为代表，接近宁波话。南乡方言小片以石浦话为代表，接近台州话。西乡方言小区以西周话为代表，接近东乡方言小片。另有爵溪、沙塘湾两个"方言岛"。爵溪话仅限于爵溪镇城区内，系北方方言。沙塘湾话仅限于石浦镇沙塘湾村，系闽南话。

4. 地方曲艺

象山方言曲艺或地方戏种类和使用情况如下。唱新闻、宁波走书，传统戏剧三角棣紫云乱弹、三坑班（调腔）都是用方言演唱的，其中唱新闻是国家级非物质文化遗产代表性项目名录，唱新闻《长年葱》曾获群众文艺领域政府最高奖群星奖。县文化部门通过公益书场、非遗乡愁行、曲艺进文化礼堂、送戏下乡等活动，使这些项目重新恢复演出市场，受到老百姓的欢迎和喜爱，其中三角棣紫云乱弹年演出达 250 余场，部分走书艺人年受邀演出达 300 余场，几乎全年没有空档。

二、方言发音人

1. 方言老男

蒋明杨，1963 年 10 月出生于象山丹西街道，一直在本地生活和工作，基层干部，大专文化程度，说象山城区话和不太标准的普通话。父母均为象山丹西街道人，说象山城区话。

2. 方言青男

沈欣增，1990 年 12 月出生于象山丹东街道，一直在本地生活和工作，职工，本科文化程度，说象山城区话和普通话。父母均为象山丹东街道人，说象山城区话。

---

① 象山县志编纂委员会. 象山县志. 杭州：浙江人民出版社，1988.

3. 口头文化发音人

倪赛娟，女，1946 年 6 月出生于象山丹西街道，一直在本地生活和工作，职工，小学文化程度，说象山城区话和不太标准的普通话。父母均为象山丹西街道人。

贰　声韵调

一、声母（27 个，包括零声母在内）

p 八兵	pʰ 派片	b 爬病肥	m 麦明味问	f 飞风副蜂	v 肥饭味问
t 多东	tʰ 讨天	d 甜毒	n 脑南		l 老蓝连路
ts 早争装纸主	tsʰ 草拆抄车春	dz 字祠茶事床		s 丝三酸山书	z 贼坐船顺十
tɕ 酒张竹九	tɕʰ 清抽轻	dʑ 城权	ȵ 年泥热软	ɕ 想双手响	
k 高	kʰ 开	g 共	ŋ 熬	h 好灰	
Ø 谢城月活安云药					

说明：

浊擦音声母单念或在词首位置时实际发音是清音，其浊感来自后接元音的发声方式，即所谓的"清音浊流"，在音节中是真正的浊音。

二、韵母（44 个，包括自成音节的 [m][n][ŋ] 在内）

ɿ 师丝试	i 开米戏二飞盐年	u 歌过苦	y 靴雨鬼权
ʮ 猪			
a 排鞋	ia 写	ua 快	
ɛ 山	iɛ 炎言	uɛ 怀关	
ø 宣		uø 官	
ɔ 宝饱			
o 茶牙瓦	io 笑桥	uo 瓜	
ei 赔对南		uei 灰	

əu 坐

ɤu 豆走半短　　　　　iu 油

ã 硬争　　　　　　　　iã 响　　　　　　　uã 横

ɔ̃ 糖床讲　　　　　　　iɔ̃ 双　　　　　　　uɔ̃ 王　　　　　yɔ̃ 桩

əŋ 根新寸灯　　　　　　iŋ 心升病　　　　　uəŋ 滚

oŋ 心深春东　　　　　　　　　　　　　　　　　　　　　yoŋ 云兄用

aʔ 塔法辣八色白尺　　　　　　　　　　　uaʔ 刮

eʔ 折　　　　　　　　　ieʔ 接急热七药直锡

oʔ 十出托郭学国绿　　　　　　　　　　　uoʔ 活骨　　　yoʔ 月橘局

m 姆

n 芋

ŋ 五

说明：

（1）元音［ɛ］，实际位置略高，在 2 号元音和 3 号元音之间。

（2）经比字，牡＝满，兜＝端，头＝团，奏＝钻，表明流摄开口一等与山摄合口一等合流。

（3）后鼻音韵尾实际介于［n］［ŋ］之间。

三、声调（6个）

阴平	44	东该灯风通开天春懂古鬼九统苦讨草
阳平	31	门龙牛油铜皮糖红买老五有动罪近后
阴去	53	冻怪半四痛快寸去
阳去	13	卖路硬乱洞地饭树
阴入	5	谷百搭节急哭拍塔切刻
阳入	2	六麦叶月毒白盒罚

说明：

（1）阴平调值是个平调，调值实际位置在［55］与［44］之间。

（2）阳平实际调型升降调，音值接近［231］。

（3）阳去起始部分略降，也可记作［213］。

（4）阳入实际是一个低升的短促调。

叁 连读变调

一、两字组连读变调表

象山方言两字组的连读变调规律见下表。象山方言有阴平、阳平、阴去、阳去、阴入、阳入六个单字调类，具体调值分别为：[44][31][53][13][5][2]。参照宁波方言调查变调的通行做法，前字、后字根据中古音来历分出八类，即古平、上、去、入以清、浊为条件排列出八类，调查两者的变调规则。表中首列为前字本调，首行为后字本调。每一格的第一行是两字组的本调组合；第二行是连读变调，若连读调与单字调相同，则此行空白；第三行为例词。同一两字组若有两种以上的变调，则以横线分隔。具体如下。

象山方言两字组连读变调表

后字 前字	阴平 44		阳平 31		阴去 53		阳去 13		阴入 5		阳入 2	
阴平 44	44	44 35	44	31 13	44 53	53 0	44	13	44	5	44	2
	飞	机	工	人	车	票	开	会	钢	笔	生	活
	44	44	44	31	44	53						
	开	车	开	门	开	店						
阳平 31	31	44	31	31 13	31	53	31	13	31	5	31	2
	老	虎	眉	毛	满	意	名	字	毛	笔	粮	食
	31	44 35	31	31	31	53 0						
	良	心	犯	罪	棉	裤						
			31	31	31	53 35						
	码	头	驼	背								
阴去 53	53	44	53	31	53	53 0	53	13	53	5	53	2
	汽	车	酱	油	意	见	政	治	政	策	中	毒

续表

后字 前字	阴平 44		阳平 31		阴去 53		阳去 13		阴入 5		阳入 2	
阳去 13	13 地	44 方	13 大	31 门	13 饭	53 0 店	13 大	13 路	13 外	5 国	13 大	2 学
			13 调	31 13 查	13 位	53 44 置						
					13 事	53 35 故						
阴入 5	5 国	44 家	5 骨	31 头	5 节	53 气	5 铁	13 路	5 节	5 约	5 作	2 业
阳入 2	2 读	44 书	2 石	31 头	2 白	53 菜	2 木	13 匠	2 蜡	5 烛	2 十	2 六

二、两字组连读变调规律

象山方言两字组连读有以下几个特点。

（1）入声与入声组合，前后入声字不变调。入声字作后字时，入声字不变调。

（2）前字一般不变调。有一个例外：阴平［44］+阴去［53］，前字有时变为［53］调，后字读作轻声。此外，前字为［31］调值，与后字组合时，前字音程短、降幅小，实际读作［32］调值。

（3）后字为舒声阴调（包括［44］［53］两个调值）时，后字若变调以［35］为常；后字为舒声阳调（包括［31］［13］两个调值）时，后字若变调以读作［13］为常。

肆　异读

一、新老异读

象山方言的新老异读主要体现在声母和韵母上。

1. 声母

"崇、船、禅、从、日"等浊声母字，老派多读 $[z]$，新派多读 $[dz]$。例如：

例字	老派	新派
锄崇	$z\textsubscript{}ʐ^{31}$	$dz\textsubscript{}ʐ^{31}$
如日	$zʅ^{31}$	$dzʅ^{31}$
船船	$zɤu^{31}$	$dzɤu^{31}$
罪从	zei^{31}	$dzei^{31}$
垂禅	zei^{31}	$dzei^{31}$
杂从	$zaʔ^2$	$dzaʔ^2$

个别字老派反映的是旧的读音，新派反映的是受到普通话影响后的读音。例如：鸟，老派读 $[tio^{44}]$，新派读 $[ȵio^{44}]$。

2. 韵母

（1）蟹摄开口一等字老派韵母读 $[i]$ 或 $[ɛ]$，新派韵母读 $[ei]$。例如：爱，老派读 $[ɛ^{53}]$，新派读 $[ei^{53}]$。改，老派读 $[ki^{44}]$，新派读 $[kei^{44}]$。

（2）效摄开口一二等字老派韵母读 $[ɔ]$，新派韵母读 $[au]$。

（3）流摄开口三等字老派韵母读 $[iu]$，新派韵母读 $[y]$，但逢庄组新老派都读作 $[ɤu]$。

（4）臻摄合口三等字老派韵母读 $[oŋ]$，新派受普通话影响，韵母有的读 $[uəŋ]$。例如：春，老派读 $[tsʰoŋ^{44}]$，新派读 $[tsʰuəŋ^{44}]$。

（5）其他不太系统的差异。例如：

例字	老派	新派
吕遇合三	li^{31}	ly^{31}
眉止开三	mi^{31}	mei^{31}
占咸开三	$tɕi^{53}$	$tsɛ^{53}$
参人参，深开三	$səŋ^{44}$	$soŋ^{44}$
延山开三	$iɛ^{31}$	i^{31}
阔山合一	$kʰua ʔ^5$	$kʰuoʔ^5$

3.声母和韵母

例字	老派	新派
锯_{遇合三去鱼见}	ki⁵³	tɕy⁵³
岩_{咸开二平衔疑}	ŋɛ³¹	ȵiɛ³¹
炎_{咸开三平盐云}	iɛ³¹	ȵi³¹
桩_{江开二平江知}	tɕyɔ̃⁴⁴	tsɔ̃⁴⁴
颜_{山开二平删疑}	ŋɛ³¹	ȵiɛ³¹
扇_{山开三去仙书}	ɕi⁵³	sɛ⁵³

二、文白异读

象山方言的文白异读主要体现在声母和韵母上。下文中"/"前为白读，后为文读。

1.声母

（1）非组个别字白读［b］［m］声母，文读［v］声母。例如：肥 bi³¹ / vi³¹ | 味 mi³¹ / vi³¹ | 问 məŋ¹³ / vəŋ¹³。

（2）日母个别字白读［ȵ］声母或自成音节［ŋ］，文读［z］或零声母。例如：人 ȵiŋ³¹ / zoŋ³¹ | 认 ȵiŋ³¹ / zoŋ³¹ | 日 ȵieʔ² / zoʔ² | 染 ȵi³¹ / zø³¹ | 耳 ŋ³¹ / əl³¹ | 儿 ŋ³¹ / əl³¹。

（3）见晓组开口二等字白读多为［k］组声母，文读为［tɕ］组声母。例如：交 kɔ⁴⁴ / tɕio⁴⁴ | 孝 hɔ⁵³ / ɕio⁵³。

2.韵母

（1）止摄合口三等字白读［y］韵母，文读［uei］韵母。例如：龟 tɕy⁴⁴ / kuei⁴⁴ | 鬼 tɕy⁴⁴ / kuei⁴⁴ | 贵 tɕy⁵³ / kuei⁵³ | 围 y³¹ / uei³¹。

（2）臻摄开口三等个别字白读［əŋ］韵母，文读［iŋ］韵母。例如：进 tsəŋ⁵³ / tɕiŋ⁵³ | 亲 tsʰəŋ⁵³ / tɕʰiŋ⁵³。

（3）梗摄开口二等个别字白读［ã］韵母，文读［əŋ］韵母。例如：争 tsã⁴⁴ / tsəŋ⁴⁴。

第三十六节 普陀方音

壹 概况

一、调查点

1. 地理人口

普陀区隶属浙江省舟山市，位于浙江东北部，舟山群岛东南部。全区共有大小岛屿 455 个，有人居住的有 32 个。全区面积 6728 平方公里，其中海域面积 6269.4 平方公里，陆地面积 458.6 平方公里，海岸线总长 831.43 公里，是海洋大区、陆地小区，距舟山城区 20 公里。全区辖 4 街道 5 镇，分别是：沈家门街道、东港街道、朱家尖街道、展茅街道，普陀山镇、六横镇、桃花镇、虾峙镇、东极镇。截至 2015 年年底，全区户籍人口 32.19 万。当地居民以汉族为主，少数民族人口很少，多系工作、婚姻迁入，据普陀区史志办工作人员介绍，他们一般说普陀话或普通话。[①]

2. 历史沿革

春秋时属越，称"甬东"或"甬句东"。秦统一后，属鄞县东境，隶会稽郡。北宋时普陀属昌国县东南境。之后，普陀名称及行政归属皆有变动。至明洪武二十年（1387），归定海县（今镇海县），隶宁波府，普陀隶之。清康熙二十七年（1688），普陀属定海县东南境。1912 年，定海直隶厅复改定海县，隶浙江省会稽道，普陀属定海县地。

1953 年 4 月，析定海县为定海、普陀、岱山三县，隶舟山专区，普陀建县自此始，县治设于沈家门。1987 年，改普陀县为普陀区，区政府驻地在东港街道。今属舟山市。[②]

---

① 参见：舟山市普陀区人民政府网：http://www.putuo.gov.cn/col/col1416102/index.html，2022 年 7 月 22 日获取。

② 普陀县志编委会. 普陀县志. 杭州：浙江人民出版社，1991：2.

3. 方言分布

普陀话是境内通用方言，属吴语太湖片甬江小片。全县约 10% 人口讲温州话、台州话、三北（余姚、慈溪、镇海 3 县北部）话和闽语等，主要分布于庙子湖、黄兴、青浜、东福山、朱家尖、普陀山、沈家门等局部居民点。[①]

4. 地方曲艺

本地曾流行瀛洲走书。据《普陀县志》（1991），清同治末年，瀛洲走书由定海马岙传入，在六横形成地方曲种。民国时期，广为流传。现瀛洲走书仅保留曲谱，不再传唱。其他曲种有布袋木偶、唱新闻等。1979 年组织流散民间艺人 19 人，成立县曲艺队。主要曲种为走书、唱新闻等，曲目为《双珠凤》《书剑恩仇录》等。此外，还有一些舟山民间小调，如"马灯调""杨柳青调""青年调"。[②]

二、方言发音人

1. 方言老男

周海儿，1958 年 11 月出生于普陀沈家门镇，一直在本地生活和工作，保安，高中文化程度，说普陀沈家门话和不太标准的普通话。父母均为普陀沈家门人，说普陀沈家门话。

2. 方言青男

李奇，1986 年 4 月出生于普陀沈家门镇，一直在本地生活和工作，职工，大专文化程度，说普陀沈家门话和不太标准的普通话。父母均为普陀沈家门人，说普陀沈家门话。

3. 口头文化发音人

徐正泰，男，1948 年 11 月出生于普陀沈家门镇，一直在本地生活和工作，教师，高中文化程度，说普陀沈家门话和不太标准的普通话。

周海儿，男，1958 年 11 月出生于普陀沈家门镇，一直在本地生活和工作，保安，高中文化程度，说沈家门话和不太标准的普通话。

---

① 普陀县志编委会. 普陀县志. 杭州：浙江人民出版社，1991：1001.
② 普陀县志编委会. 普陀县志. 杭州：浙江人民出版社，1991：916.

贰　声韵调

一、声母（27个，包括零声母在内）

p 八兵	pʰ 派片	b 爬病肥	m 麦明味问	f 飞风副蜂	v 肥饭
t 多东	tʰ 讨天	d 甜毒	n 脑南		l 老蓝连路
ts 早租竹争	tsʰ 草寸车春	dz 全祠茶床		s 丝三酸山	z 字坐船十
tɕ 酒张九	tɕʰ 清抽轻	dʑ 城权	ȵ 年泥热软	ɕ 想手响	
k 高	kʰ 开	g 共	ŋ 熬	x 好灰	
∅ 谢月县药					

说明：

（1）全浊声母系清音浊流而非真浊音。

（2）阳调类零声母音节起始部分有紧喉摩擦成分，这里均做零声母处理。

二、韵母（42个，包括自成音节的［m］［n］［ŋ］在内）

ɿ 师丝试	i 米戏二飞盐年	u 苦	y 雨鬼权
ʮ 猪			
a 排鞋	ia 写	ua 快	
ɔ 宝饱	iɔ 笑桥		
ɛ 开山鸭	iɛ 奶念廿	uɛ 关弯	
o 茶牙瓦		uo 华话	
ø 半短		uø 官	
æi 赔对南		uæi 回	
əu 歌坐过			
eu 豆走	ieu 油		
ã 硬争	iã 响	uã 横	
ɔ̃ 糖床双讲		uɔ̃ 王	
əŋ 根寸灯	iŋ 心深新升病星	uəŋ 滚	
oŋ 春东	ioŋ 云兄用		

ɐʔ 塔法辣八色白尺　　　　　　　　　uɐʔ 活刮骨

　　ieʔ 贴急热节药直　　　　　　　　　yɐy 靴

oʔ 十壳学北谷六绿　　　　　　　　　yoʔ 月橘局

əl 耳

m̩ 母

n̩ 芋

ŋ̍ 五

　　说明：

　　（1）[a][ã]二行韵母中的[a]实际读音为[ʌ]。

　　（2）[eu]行韵母中的[u]实际读音为[ʉ]，且更靠前。尤其是[ieu]中的[u]，听起来像是[y]，以致"鬼"和"九"听起来很像（青男的"鬼"已读同"九"，均为[y]韵）。

　　（3）[iŋ]的实际读音为[ieŋ]。

　　（4）[iɐʔ][yɐʔ]中的[ɐ]舌位略靠后，但不到[ɐ]。

三、声调（8个）

阴平	53	东该灯风通开天春
阳平	24	门龙牛油铜皮糖红
阴上	45	懂古鬼九统苦讨草
阳上	23	买老五有动罪近后
阴去	55	冻怪半四痛快寸去
阳去	13	卖路硬乱洞地饭树
阴入	5	谷百搭节急哭拍塔切刻
阳入	23	六麦叶月毒白盒罚

　　说明：

　　（1）阴平高降，但域值差并不大。

　　（2）阳平[24]接近[35]。

　　（3）阳去[13]起始阶段有降的痕迹，接近[213]，但以升为主。

　　（4）阴入和阳入均为短促调。

叁　连读变调

一、两字组连读变调表

普陀方言两字组的连读变调规律见下表。表中首列为前字本调，首行为后字本调。每一格的第一行是两字组的本调组合；第二行是连读变调，若连读调与单字调相同，则此行空白；第三行为例词。同一两字组若有两种以上的变调，则以横线分隔。具体如下。

普陀方言两字组连读变调表

前字 \ 后字	阴平 53	阳平 24	阴上 45	阳上 23	阴去 55	阳去 13	阴入 5	阳入 23
阴平 53	53 53 / 33 33 / 中 秋 53 53 / 33 45 / 溪 坑 53 53 / 55 55 / 星 星	53 24 / 33 53 / 清 明 53 24 / 33 45 / 蜻 蜓 53 24 / 55 0 / 今 年 53 24 / 55 0 / 雌 牛	53 45 / 33 — / 开 水 53 45 / 33 53 / 清 爽 53 45 / — 0 / 烧 酒	53 23 / 33 45 / 师 父	53 55 / 33 55 / 绢 片 53 55 / 33 — / 甘 蔗 53 55 / 33 — / 生 气 53 55 / 33 53 / 相 信 53 55 / 55 0 / 亲 眷	53 13 / 33 45 / 鸡 蛋 53 13 / 33 — / 烧 饭 53 13 / — — / 天 亮 53 13 / — 0 / 豇 豆	53 5 / 3 3 / 钢 笔	53 23 / 33 5 / 公 历
阳平 24	24 53 / 33 45 / 调 羹 24 53 / 33 — / 梅 花 24 53 / 33 55 / 台 风	24 24 / 33 53 / 池 塘 24 24 / 33 55 / 裁 缝 24 24 / — 0 / 流 氓	24 45 / 33 — / 棉 袄 24 45 / 33 53 / 门 槛 24 45 / — 0 / 雄 狗	24 23 / 33 45 / 肥 皂	24 55 / 33 45 / 油 菜 24 55 / — 0 / 牢 靠	24 13 / 33 45 / 和 尚 24 13 / 33 53 / 牌 位 24 13 / — 0 / 蚕 豆	24 5 / 33 — / 毛 竹	24 23 / 33 5 / 农 历 24 23 / — — / 横 直

续表

前字＼后字	阴平53	阳平24	阴上45	阳上23	阴去55	阳去13	阴入5	阳入23
阴上45	45 33／53 打针	45 55／24 55 小人	45 33／45 畚斗	45 55／23 55 拐杖	45 55／55 矮凳	45 33／13 写字	45 33／5 洗脚	45 33／23 5 把脉
	45 55／53 水坑	53 33／24 45 打牌	45 53／45 水果	45 53／23 0 捣臼	45 33／55 写信	45 53／13 0 闪电	45 53／5 0 晓得	45 53／23 0 小麦
	45 53／53 0 剪刀	45 53／24 0 本钿			45 53／55 0 韭菜			
阳上23	23 55 33／53 晚爹	23 33／24 上坟	23 33／45 老板	23 33／23 45 犯罪	23 33／55 断气	23 33／13 53 柳树	23／5 稻谷	23 33／23 满月
	23 33／53 舞狮	23／24 0 鲤鱼	23／45 0 冷水	23／23 0 马桶	23／55 瓦片	23 33／13 55 下饭	23 33／5 犯法	23／23 0 老实
	23／53 0 棒冰				23／55 0 上算	23／13 0 旱地		
阴去55	55 55／53 衬衫	55／24 放牛	55 33／45 放火	55 33／23 45 送礼	55 33／55 种菜	55 33／13 做寿	55／5 0 裤脚	55 33／23 放学
	55 33／53 订婚	55 33／24 45 化脓	55／45 55 戒指	55／23 0 制造	55／55 0 再见	55／13 0 气味		55／23 0 菜馊
	55／53 0 嫁妆	55／24 0 酱油	55／45 0 跳蚤					
阳去13	13 11／53 55 地方	13 11／24 55 弄堂	13 11／45 55 露水	13 11／23 55 味道	13 11／55 地震	13 11／13 55 寿命	13 11／5 第一	13 11／23 5 大麦
	13 33／53 腻心			13 11／23 53 二两	13 11／55 53 坏过	13 33／13 避孕		
	13／53 55 卫生					13／13 0 电话		
	13／53 0 认真							

续表

前字＼后字	阴平 53	阳平 24	阴上 45	阳上 23	阴去 55	阳去 13	阴入 5	阳入 23
阴入 5	5→3 53 结婚	5→3 24→45 豁拳	5→3 45 发抖	5→3 23→45 割稻	5→3 55 织布	5→3 13 一万	5→3 5 一百	5→3 23 发热
	5→55 53 结蛛	5→55 24 铁门	5→55 45 缺点	5→0 23 客栈	5→0 55 折扣	5→0 13 铁路	5→0 5 节约	5→0 23 锡铂
	5→3 53→45 杀猪	5→0 24 骨头	5→3 45→53 作古					
	5→0 53 北京		5→0 45 脚爪					
阳入 23	23→2 53→55 辣椒	23→2 24→55 舌头	23→2 45→55 麦秆	23→2 23→55 活动	23→2 55 白菜	23→2 13→45 月亮	23→2 5 蜡烛	23→2 23→5 日食
	23→2 53 读书	23→2 24→45 学堂	23→2 45 蚀本	23→2 23→45 落雨				
		23→2 24→0 别人						

二、两字组连读变调规律

普陀方言两字组的语音变调有以下几个特点。

（1）阴平［53］、阳平［24］作前字时一般读作［33］。另外，除入声调外，其他各调作前字时都有读作［33］的情况，即［33］是比较常见的前字变调。

（2）阴上［45］作前字时还有［53］［55］的变调。

（3）阳上［23］、阴去［55］作前字时经常不变调。

（4）阳去［13］作前字时常读作［11］。

（5）阴入［5］作前字时一般读作［3］或不变调。

（6）阳入［23］作前字时一般读作［2］。

（7）上述前字不变调时，后字多读轻声。轻声在普陀方言中比较常见。

（8）前字不变、后字变的情况很少。例如：阴去［55］跟阴平［53］、阴上［45］组合，前字不变，后字都读作［55］。

（9）前后字都变的情况也比较多，各调作前字时都存在。

（10）前后字都不变的情况很少。例如：阴平和阳去组合，阳平和阳入组合。

肆　异读

一、新老异读

普陀方言的新老异读主要体现在韵母上。

1. 音系

从音系看，老派方言有 42 个韵母，新派只有 32 个。它们之间在音系上的主要差异体现在以下几个方面：

（1）老派的[ã]组三个韵母，新派都没有鼻化而与[a]组合并。例如：

例字	老派	新派
硬	$\eta\tilde{a}^{13}$	ηa^{13}
响	$\varphi i\tilde{a}^{45}$	$\varphi i a^{45}$
横	$u\tilde{a}^{24}$	$u a^{24}$
写	$\varphi i\tilde{a}^{45}$	$\varphi i a^{45}$

（2）老派的[ɔ̃]组两个韵母，新派都没有鼻化而与[o]组合并。例如：

例字	老派	新派
糖	$d\tilde{ɔ}^{24}$	$d o^{24}$
王	$u\tilde{ɔ}^{24}$	$u o^{24}$

（3）老派的[ieu]韵母，新派与[y]韵母合并。例如：

例字	老派	新派
油	ieu^{24}	y^{24}
余	y^{24}	y^{24}

（4）老派的[iɔ]韵母，新派读作[io]韵母。例如：

例字	老派	新派
孝	$\varphi iɔ^{55}$	φio^{55}
桥	$dʑiɔ^{24}$	$dʑio^{24}$

（5）老派的［yoʔ］［yεʔ］两个韵母，新派合并为［yɐʔ］韵母。例如：

例字	老派	新派
月	yoʔ²³	yɐʔ²³
橘	tɕyoʔ⁵	tɕyɐʔ⁵
靴	ɕyεʔ⁵	ɕyɐʔ⁵

（6）老派的［ɐʔ］［iεʔ］［uɐʔ］三个韵母，对应于新派的［aʔ］［iɐʔ］［uaʔ］，新派的开口度较老派明显要大。例如：

例字	老派	新派
盒	ɐʔ²³	aʔ²³
急	tɕiεʔ⁵	tɕiɐʔ⁵
活	uɐʔ²³	uaʔ²³

2. 其他

此外，还有其他方面的异读情况，主要也表现在韵母方面。例如：

例字	老派	新派
芋	n¹³	ȵi²³
吕	li²³	ly²³
裕	y¹³	yɐʔ²³
眉	mi²⁴	mæi²⁴
瘦	seu⁵⁵	sæi⁵⁵
端端午	toŋ⁵³	tø⁵³
卒	tsɐʔ⁵	tsoʔ⁵
浓	ȵioŋ²⁴	noŋ²⁴

二、文白异读

普陀方言的文白异读主要体现在声母和韵母上。下文中"/"前为白读，后为文读。

1. 声母

（1）部分非组字白读为［p］组声母，文读为［f］组声母。例如：肥 bi²⁴ / vi²⁴。

（2）个别庄母字白读为［ts］声母，文读为［tsʰ］声母。例如：侧 tsɐʔ⁵ / tsʰɐʔ⁵。

（3）部分见组二等字白读为［k］组声母，文读为［tɕ］组声母，韵母也随之有所改变。例如：交 kɔ⁵³ / tɕiɔ⁵³ | 甲 kɐʔ⁵ / tɕiɛʔ⁵。

2. 韵母

（1）个别止摄开口三等字白读为［i］韵母，文读为［ɻ］韵母，声母也随之有所改变。例如：世 ɕi⁵⁵ / sɿ⁵⁵。

（2）个别止摄合口三等字白读为［ч］韵母，文读为［æi］韵母。例如：水 sч⁴⁵ / sæi⁴⁵。

（3）部分止摄合口三等字白读为［y］韵母，文读为［uæi］韵母，声母也随之有所改变。例如：鬼 tɕy⁴⁵ / kuæi⁴⁵ | 贵 tɕy⁵⁵ / kuæi⁵⁵。

（4）部分山摄合口一等字白读为［oŋ］韵母，文读为［ø］韵母。例如：端 toŋ⁵³ / tø⁵³。

（5）部分梗摄开口二等字白读为［ã］韵母，文读为［ɐŋ］或［iŋ］韵母。例如：生 sã⁵³ / sɐŋ⁵³ | 更 kã⁵³ / kɐŋ⁵³ | 行 ã²⁴ / iŋ²⁴ | 争 tsã⁵³ / tsɐŋ⁵³。

（6）个别通摄合口三等字白读为［ioŋ］韵母，文读为［oŋ］韵母，声母也随之有所改变。例如：浓 ȵioŋ²⁴ / noŋ²⁴。

3. 其他

普陀方言中，还存在少量其他异读现象。例如：验 ȵi¹³ / ŋe¹³ | 缚 bəu²⁴ / boʔ²³ | 茄 kɐʔ⁵ / dʑiɛ²⁴。

伍　小称

普陀方言小称有"变调型""变韵型"和"'变韵 + 变调'型"三种。具体如下。

1. 变调型

一般表现为高平调［55］或高升调［45］。例如：妹 13—55 | 鸡 53—55 | 村 53—55 | 虾 53—45 | 猪 53—45

2. 变韵型

例如：猫 mɔ²⁴—mɛ²⁴

3. "变韵 + 变调"型

例如：鸭 ɐʔ⁵—ɛ⁴⁵ | 麻雀 mo³³tɕiɛʔ⁵—mo³³tɕia⁴⁵

陆　其他音变

1. 口语中［d］声母有变读为［l］声母的现象

例如：旁边头_{旁边}po³³pi⁵⁵deu⁵⁵—po³³pi⁵⁵leu⁵⁵

2. 口语中鼻化元音常变读为同部位或相近部位的非鼻化元音

例如：胖头鱼 pʰɔ̃⁵⁵deu⁵⁵ŋ⁵⁵—pʰɔ⁵⁵deu⁵⁵ŋ⁵⁵

3. 个别词中有舒声促化或促声舒化现象

例如：交关 tɕiɔ³³kuɛ⁵³—tɕyɔʔ³kuɐʔ⁵ | 番茄 fɛ³³ko⁵³—fɛ³³kɐʔ⁵ | 麻雀 mo³³tɕiɛʔ⁵—mo³³tɕia⁴⁵

第三十七节　定海方音

壹　概况

一、调查点

1. 地理人口

定海地处舟山群岛新区中西部，东临太平洋，北靠沪、杭、甬大中城市群和长三角辽阔腹地，舟山跨海大桥无缝对接宁波北仑，是中国沿海南北海运和远东国际航线的咽喉要冲，长江流域对外开放的海上门户和重要通道。定海面临浩瀚的太平洋，背靠上海、杭州、宁波等大中城市和长江三角等辽阔腹地，属我国南北海运和远东国际航线之要冲，是长江流域对外开放的海上门户和通道。[①] 2016年年末，定海全区户籍人口 38.98 万，全区散居的少数民族人口约 4500 千。[②]

2. 历史沿革

据考古，5000 多年前定海已有人类繁衍生息。春秋时称甬东，属越。唐开元二十六年（738）始建翁山县。大历六年（771）废县治（一说广德元年），属鄮县。宋熙宁六年（1073）建昌国县，隶明州。元至元十五年（1278）升昌国县为州。明洪武二年（1369）降州为县，隶明州，二十年（1387）废昌国县。清康熙二十七年（1688）置定海县，隶宁波府。道光二十一年（1841）4 月，定海县升为直隶厅，隶宁绍台道。宣统三年（1911）9 月，定海光复，废直隶厅复定海县，直属浙江军政府。1949 年 8 月，析定海县为定海、瀚州两县。

1950 年 5 月 17 日，定海解放，废瀚州县，并入定海县，隶宁波专区。1952年 7 月，定海县升为特等县。1953 年 6 月 10 日，析定海县为定海、普陀、岱山三县，划入嵊泗县，成立舟山专区，基本确定现定海区境域。1958 年 10 月，撤舟山专区，定海、普陀、岱山、嵊泗 4 县合并建舟山县，复属宁波专区。1962 年4 月，撤舟山县，恢复舟山专区，辖定海、普陀、岱山、嵊泗、大衢 5 县。1967

①　定海区人民政府官网，http://www.dinghai.gov.cn/，2022 年 7 月 22 日获取。
②　浙江省统计局官网，http://tjj.zj.gov.cn/col/col1525563/index.html，2022 年 7 月 22 日获取。

年 3 月，舟山专区改称舟山地区。1978 年 9 月，成立舟山地区行政公署，县随属之。1987 年 1 月，舟山撤地建市，改定海县为定海区，区政府驻解放西路 106 号，2006 年迁至昌国路 61 号。

1994 年 7 月，市委、市政府决定调整市与定海区党政机关管理体制。区委办公室、区政府办公室等 44 个部门和群众团体，与市级机关对口部门和群众团体合署办公。1995 年 9 月，部署市与定海区党政管理体制完善工作，区委、区政府部分恢复实体运转。2001 年 8 月，再次调整管理体制，市、区机关、团体重新分开办公。[①]

3. 方言分布

定海区（定海老城区，原定海城关）方言属吴语太湖片甬江小片定海点。全县境内通话基本无碍。金塘岛、钓门岛等与定海方言有较明显差异；同处一岛的白泉、洞岙、北蝉等定海老城区周边的乡下方言与定海方言也有口音的不同。

4. 地方曲艺

定海境内流行的地方曲艺，一是瀛洲走书，又称舟山走书，约 1800 年前后产生于定海马岙。常规表演形式为一人主唱，另一人伴奏兼帮腔。定海区黄素芬为瀛洲走书"省级传承人"。二是布袋木偶戏，流传于定海已有 150 年的历史。最大特色是能一人操纵多个角色，用定海方言说唱。定海区双桥街道侯雅飞担纲的双桥侯家班布袋木偶戏最为著名。三是唱蓬蓬，又称"唱新闻"，是盲人说唱艺术，目前已经濒危。一位表演者同时手持锣、小锣、鼓和竹板等四种打击乐，自编、自唱、自说、自伴奏，可以表演传统曲目，也可以现编现唱。定海区白泉镇洪述良为"区级传承人"。

二、方言发音人

1. 方言老男

刘汉龙，1956 年 10 月出生于定海城关，一直在本地生活和工作，职工，现已退休，初中文化程度，说定海话和不太标准的普通话。父母均为定海城关人，说定海城关话。

---

① 定海区人民政府官网，http://www.dinghai.gov.cn/，2022 年 7 月 22 日获取。

2. 方言青男

林宏磊，1983 年 10 出生于定海城区，主要在本地生活和工作，工商业者，本科文化程度，说定海话和普通话。父母均为定海城关人，说定海城关话。

3. 口头文化发音人

孙瑞珍，女，1947 年 12 月出生于定海城区，一直在本地生活和工作，职工，现已退休，初中文化程度，说定海话和不标准的普通话。

赵翔，男，1973 年 6 月出生于定海城区，主要在本地生活和工作，自由职业者，大专文化程度，说定海话和普通话。

毕文，女，1968 年 11 月出生于定海城区，主要在本地生活和工作，教师，本科文化程度，说定海话和普通话。

贰　声韵调

一、声母（27 个，包括零声母在内）

p 八兵	pʰ 派片	b 病爬肥	m 麦明味问	f 飞风副蜂	v 饭肥味问
t 多东	tʰ 讨天	d 甜毒	n 脑南		l 老蓝连路
ts 资早租摘	tsʰ 刺草寸拆抄初	dz 全祠茶柱		s 丝三酸山	z 字贼坐事
tɕ 酒九	tɕʰ 清抽轻	dʑ 张量桥近	ȵ 年泥热软	ɕ 想手响	
k 高官	kʰ 开看	g 共狂	ŋ 熬眼	x 好灰吓	
Ø 月活安温王云用药换害					

说明：

（1）古全浊声母今读清音浊流，[v][z] 则为先清后浊。

（2）送气清塞音 [pʰ][tʰ][kʰ] 发音时破裂性强。

（3）阴调类零声母音节起始部分有轻微的喉头闭塞，这里作零声母处理。

（4）阳调类零声母音节起始部分有明显的摩擦成分，这里作零声母处理。

二、韵母（39 个，包括自成音节的［m］［n］［ŋ］［əl］在内）

ɿ 师丝试	i 米戏二飞盐年	u 苦	y 靴雨鬼权
ʮ 猪	iʮ 油		
a 鞋排	ia 写	ua 快	
ɔ 宝饱			
o 茶牙瓦	io 笑桥	uo 夏	
ɛ 山开	iɛ 念		
ø 半短		uø 官	
ɐi 赔对豆走南		uɐi 灰	
ʌu 歌坐过			
ã 硬争	iã 响	uã 横	
õ 糖床双讲		uõ 王	
ɐŋ 根寸灯争		uɐŋ 睏混	
	iŋ 心深新升病星		
oŋ 春东			yoŋ 云兄用
ɐʔ 塔鸭法辣八色白尺		uɐʔ 活刮骨	
	ieʔ 接急热七一药直锡		
oʔ 十出郭学国北六绿			yoʔ 月橘局
m 姆			
n 芋			
ŋ 五鱼儿			
əl 儿			

说明：

（1）［ʮ］韵舌位略低；［iʮ］动程极短，在与［l］相拼和自成音节时，介音几乎消失。

（2）［uo］韵的介音［u］较微弱，实际音值是［ʷo］。

（3）［ieʔ］韵有时开口度略大，接近［iɛʔ］；有时开口度略小，接近［iɪʔ］。

三、声调（7 个）

阴平	52	东该灯风通开天春

阳平	23	门龙牛油铜皮糖红老五有动罪近后
阴上	45	懂古鬼九统苦讨草
阴去	44	冻怪半四痛快寸去
阳去	13	卖路硬乱洞地饭树买
阴入	5	谷急刻百搭节拍塔切
阳入	2	六麦叶月毒白盒罚

说明：

（1）阴平[52]，快读时域值差不大，接近[53]。

（2）阳平低升[23]，偶尔末尾增加降势读作[231]。

（3）阴上[45]，实际调值为[445]。

（4）阳去[13]，调头低长，实际调值[113]。

（5）阴入和阳入均为短促调。阴入调记作[5]，但有时有升势或降势；阳入调记作[2]，但有时有升势或降势。

叁　连读变调

一、两字组连读变调表

定海方言两字组的连读变调规律见下表。表中首列为前字本调，首行为后字本调。每一格的第一行是两字组的本调组合；第二行是连读变调，若连读调与单字调相同，则此行空白；第三行为例词。同一两字组若有两种以上的变调，则以横线分隔。具体如下。

定海方言两字组连读变调表

后字 前字	阴平 52		阳平 23		阴上 45		阴去 44		阳去 13		阴入 5		阳入 2	
阴平 52	52 33 香	52 菇	52 33 芝	23 52 麻	52 33 鸡	45 蛋	52 33 书	44 45 记	52 33 车	13 45 站	52 33 钢	5 笔	52 33 生	2 5 日
	52 33 公	23 社					52 33 开	44 店	52 33 生	13 病				

续表

后字 前字	阴平 52	阳平 23	阴上 45	阴去 44	阳去 13	阴入 5	阳入 2
阳平 23	23　52 33　45 农　村	23　23 33　52 田　塍	23　45 33 牙　齿	23　44 33　52 同　意	23　13 33　45 名　字	23　5 33 颜　色	23　2 33　5 茶　叶
	23　52 33 爬　山	23　23 33　45 牛　奶	23　45 11　44 团　长	23　44 33　45 棉　裤		23　5 0 道　德	23　2 0 老　实
	23　52 0 老　师	23　23 0 码　头	23　45 0 老　虎	23　44 33　0 满　意	23　13 33 排　队		
	23　52 44 尾　巴	23　23 44 象　棋		23　44 33 受　气	23　13 0 社　会		
阴上 45	45　52 52　0 点　心	45　23 52　0 水　稻	45　45 52　0 手　表	45　44 52　0 水　库	45　13 52　0 手　艺	45　5 52　0 粉　笔	45　2 52　0 体　育
	45　52 33 打　针	45　23 33　45 倒　霉		45　44 33 写　信	45　13 33 写　字	33　5 享　福	45　2 33 转　业
阴去 44	44　52 0 汽　车	44　23 0 酱　油	44　45 0 报　纸	44　44 0 会　计	44　13 0 政　治	44　5 0 建　设	44　2 0 副　业
	44　52 44 背　心	44　23 33　45 过　年	44　45 33 进　口	44　44 33 种　菜	44　13 33 过　夜		44　2 33　5 中　毒
	44　52 33 唱　歌		44　45 0 政　府				
阳去 13	13　52 11　44 地　方	13　23 11　44 大　门	13　45 11　44 代　表	13　44 11 饭　店	13　13 11　44 大　路	13　5 11 利　息	13　2 11　5 大　学
	13　52 23　44 卫　生				13　13 23　0 电　话		
	13　52 23　0 认　真						
	13　52 33 用　功						

续表

后字 前字	阴平 52	阳平 23	阴上 45	阴去 44	阳去 13	阴入 5	阳入 2
阴入 5	5　52 　　0 国　家	5　23 　　0 骨　头	5　45 　　0 黑　板	5　44 　　0 节　气	5　13 　　0 铁　路	5　5 3 节　约	5　2 　　0 作　业
		5　23 3　45 发　财	5　45 3　44 缺　点	5　44 3 织　布		5　5 　　0 答　复	
	5　52 3 结　亲	5　23 3　44 黑　马	5　45 3 发　火				
阳入 2	2　52 44 木　工	2　23 44 石　头	2　45 日　子	2　44 力　气	2　13 立　夏	2　5 墨　汁	2　2 　　5 目　录
	2　52 立　冬	2　23 2　45 落　后			2　13 44 木　匠		

二、两字组连读变调规律

定海话单字调共 7 个，在连读变调中又出现了 4 个新的声调，它们是：[11] [33] [3] [0]。

以下分析暂不考虑语法结构的重读音节，以及个别特殊音变。

定海两字组连读变调规律，平声以前变为主，去声、入声与阴上声均以后变为主。简要分析如下：

（1）阴平、阳平在前的，前字拉平读 [33]，后字阴调类读原调；阳调类分为降调（前字阴平，后字阳平）和转读阴调（前字阳平，后字阳平、阳入均读阴平、阴上、阴入的单字调，阳去读若阴上单字调 [45]）。

（2）阴上、阴去、阴入这四个声调在前的，后字均为轻音 [0]。前字阴上读若阴平单字调 [52]；阴去、阴入读其原调 [44] 和 [5]。

（3）阳去在前的，前字均读其原调的前半段 [11]（其实际调值为 [113]），后字舒声类无论阴阳均变为 [44]；促声类无论阴阳调均为原调 [5]。

（4）阴入在前的，除了后字为阳入的以外，前不变，后变读轻音；后字为阳入的，前变 [3]，后读原调 [5]。

（5）前字阳入的，均前不变 [2]，后字舒声类中，除了阴上读原调 [45] 外，其余的读若阴去原调 [44]；促声类的读若阴入原调 [5]。

肆　异读

一、新老异读

定海方言的新老异读主要体现在声母和韵母上。

1. 声母

与老派相比个别声母出现了向普通话靠拢的变化，例如"床、尝、层"，老派念[z]声母，新派念[dz]声母；又如"岸"，老派念[n̠i¹³]或[ŋe²³]，新派念[ɐi⁴⁴]。

2. 韵母

（1）老派[iɤ][y]韵，新派[iɤ]韵并入[y]。

（2）新派鼻化韵弱化、消退趋势极为明显，其中[õ]与[o]、[uõ]与[uo]自由变读，其他鼻化韵的鼻音也极其微弱。

（3）老派韵母[iəʔ]韵，新派开口度增大，记为[iɛʔ]。

二、文白异读

定海方言的文白异读现象十分复杂，而且因人而异。大体上文化程度越高，年龄越大，文白异读现象就越丰富。不过由于调查字数有限，目前发现的文白异读现象仍比较零碎。下文中"／"前为白读，后为文读。

1. 声母

以下常用字声母发生文白异读，韵母有时也随之改变。

（1）部分古奉母合口三等字白读为[b]组声母，文读为[v]组声母。例如：防 bõ¹³ / võ¹³ | 肥 bi²³ / vi²³。

（2）部分古微母。白读为[m]声母，文读为[v]声母。例如：尾 mi²³ / vi²³ | 味 mi¹³ / vi¹³ | 晚 mɛ²³ / vɛ²³ | 万 mɛ¹³ / vɛ¹³ | 蚊 mɐŋ²³ / vɐŋ²³ | 问 mɐŋ¹³ / vɐŋ¹³。

（3）部分古澄组开口三等字白读为[dʑ]组声母，文读为[dz]组声母。例如：痔 dʑi²³ / dz̩²³ | 池 dʑi²³ / dz̩²³ | 迟 dʑi²³ / dz̩²³。

（4）部分古照母开口三等字或白读为[tɕ]组声母，文读为[ø]组声母。例如：占 tɕi⁴⁴ / tsø⁴⁴。或白读为[ts]组声母，文读为[tsʰ]组声母。例如：侧 tsɐʔ⁵ / tsʰɐʔ⁵。

（5）部分古审书母开口三等字白读为[ɕ]组声母，文读为[s]组声母。例如：世 ɕi⁴⁴ / sʮ⁴⁴ | 身 ɕiŋ⁵² / soŋ⁵²。

（6）部分古见组开口二等字白读为[k]组声母，文读为[tɕ]组声母。例如：家 ko⁵² / tɕia⁵² | 加 ko⁵² / tɕia⁵² | 交 ko⁵² / tɕio⁵² | 教 kɔ⁴⁴ / tɕio⁴⁴ | 觉 kɔ⁴⁴ / tɕyoʔ⁵ | 酵 kɔ⁴⁴ / ɕio⁴⁴ | 甲 kɐʔ⁵ / tɕieʔ⁵。

（7）部分古见组合口三等字白读为[tɕ]组声母，文读为[k]组声母。例如：鬼 tɕy⁴⁵ / kuɐi⁴⁵ | 贵 tɕy⁴⁴ / kuɐi⁴⁴。

（8）部分古疑母开口一等字白读为[ȵ]组声母，文读为[ŋ]组声母。例如：岸 ȵi¹³ / ŋɛ²³（声调特殊）。

（9）部分古喻以母合口三等字白读为[ȵ]组声母，文读为零声母。例如：浴 ȵyoʔ² / yoʔ²。

（10）部分古晓母字，白读为[x]组声母，文读为[ɕ]组声母。例如：孝 xɔ⁴⁴ / ɕio⁴⁴ | 许 xɐi⁴⁵ / ɕy⁴⁵。

（11）部分古日母开口三等字，白读为[ȵ]组声母，文读为[z]组声母。例如：人 ȵiŋ²³ / zoŋ²³ | 认 ȵiŋ¹³ / zoŋ¹³ | 任 ȵiŋ²³ / zoŋ²³ | 日 ȵieʔ² / zoʔ²。另外，"耳"白读为[ȵi²³]，文读为[əl²³]；"儿"白读为[ŋ²³]，文读为[əl²³]。

2. 韵母

（1）部分古果摄开口一等字白读为[ʌu]，文读为[a]。例如：大 dʌu¹³ / da¹³。也有个别白读为[a]，文读为[ʌu]。例如：拖 tʰa⁵² 拖虾、拖小车 / tʌu⁵² 拖拉机

（2）部分古蟹摄开口四等字白读为[ɛ]，文读为[i]。例如：梯 tʰɛ⁵² / tʰi⁵²。

（3）部分古止摄开口三等字白读为[ɥ]，文读为[ʅ]。例如：知 tsɥ⁵² / tsʅ⁵²。

（4）部分古山摄合口一等字白读为[oŋ]，文读为[ø]。例如：端 toŋ⁵² / tø⁵²。

（5）部分古梗摄开口二等字白读为[ã]，文读为[ɐŋ]。例如：争 tsã⁵² / tsɐŋ⁵²。

3. 声调

部分古蟹摄合口二等匣母字白读为阳去[13]，文读为阴平[52]。例如：坏 ua¹³/ua⁵²。

伍　小称

定海话的小称音变以声调变化为主，韵母变化为辅。

（1）小称变调。一般表现为读作高平调［44］或高升调［45］，如上表中的"鸡、猪、蟹、虾、妹、姨、舅、娘、公、婆"。

（2）比较特殊的变调为声调变低升调［13］，如下表中的"鹅、羊、茄、牌"（同时也变韵）。

（3）小称变韵。一般表现为开口度变小，如下表中的"狗"。

（4）小称变韵并变调。变韵一般表现为开口度变小或者读作鼻化韵，例如"鸭、猫、茄、发、雀、脚"。

定海话的小称调[①]

例字	本音[①]			小称音			备注
	声母	韵母	声调	声母	韵母	声调	
鸡	tɕ	i	52	tɕ	i	45	
鸭	∅	ɐʔ	5	∅	ɛ	45	
鹅	∅	ʌu	23	∅	ʌu	13	
羊	∅	iã	23	∅	iã	13	
猪	ts	ʮ	52	ts	ʮ	45	
猫	m	ɔ	23	m	ɛ	13	
狗	k	ɐi	45	k	i	45	小黄~
雀	tɕʰ	ieʔ	5	tɕ	iã	45	麻~
虾	x	uo	52	x	uo	45	
蟹	x	a	44	x	a	45	
茄	dʑ	ia	13	dʑ	iɛ	13	
脚	tɕ	ieʔ	5	tɕ	iã	44	拐~
发	f	ɐʔ	5	f	ɛ	44	白头~
伞	s	ɛ	45	s	ɛ	44	一顶~

---

① 本表动物名称中的"鸡、鹅、羊、猪、虾、蟹"在实际发音中只读小称音，故此本调仅为理论推导所得。

续表

例字	本音①			小称音			备注
	声母	韵母	声调	声母	韵母	声调	
娘	ȵ	iã	23	ȵ	iã	44	阿～祖母
妹	m	ɐi	13	m	ɐi	44	～～
姨	∅	i	23	∅	i	45	阿～小姨子
舅	dʑ	iɣ	23	dʑ	iɣ	45	阿～小舅子
公	k	oŋ	52	k	oŋ	44	阿～非亲属
婆	b	ʌu	23	b	ʌu	44	阿～非亲属
牌	b	a	23	b	ɛ	13	打～
瓶	b	iŋ	23	b	iŋ	13	～头酒

陆　其他音变

（1）个别词中有舒声促化或促声舒化现象。例如：天亮头清晨 $t^hiã^{33}liã^{44}dɐi^{44}$—$t^hieʔ^5liã^{44}dɐi^{44}$ | 渠拉他们 $dʑi^{33}la^{44}$—$dʑieʔ^2lɐʔ^5$ | 麻雀 $mo^{33}tɕieʔ^5$—$mo^{33}tɕiã^{45}$。

（2）零声母［iã］音节有前添舌面鼻辅音［ȵ］变为［ȵiã］的。例如：当中央央 $tõ^{33}tsoŋ^{33}ȵiã^{44}ȵiã^{44}$ | 地央 $di^{11}ȵiã^{44}$ | 像大人样 $iã^{33}dʌu^{11}ȵiŋ^{23}ȵiã^0$。

（3）口语中鼻化元音常变读为同部位或相近部位的非鼻化元音。例如：胖头鱼 $p^hõ^{44}dɐi^{44}ŋ^{44}$—$p^hɔ^{44}dɐi^{44}ŋ^{44}$。

第三十八节　岱山方音

壹　概况

一、调查点

1. 地理人口

岱山县位于浙江省沿海北部、舟山群岛新区中部，地处长江、钱塘江、甬江入海交汇处，杭州湾外缘，隶属于舟山市，总面积 5242 平方公里，其中海域面积 4915.5 平方公里，陆域面积 326.5 平方公里，岱山岛为岱山县内最大岛屿，面积 104.97 平方公里，为舟山群岛第二大岛。岱山县背靠沪、杭、甬大中城市，与多条国际航线连接，扼东部江海联运和长江黄金水道之要冲，有丰富的航道、深水港、岛屿资源，是长三角对外贸易的重要物流通道和海上集散基地。[①] 截至 2017 年年底，全县人口 18.19 万，当地居民主要为汉族，少数民族人口极少，多系工作、婚姻迁入。[②]

2. 历史沿革

春秋时，岱山县属越国东境甬东地，秦汉至隋皆属鄞县、句章县。唐武德四年（621），废句章县置鄞州，八年废鄞州为鄮县。开元二十六年（738），析鄮县为翁山（今舟山市）、慈溪、奉化、鄮四县，隶明州，岱山等岛为翁山县蓬莱乡。广德元年（763），废翁山县并入鄮县，岱山属鄮县境。

五代后梁开平三年（909），改鄮县为鄞县，岱山为鄞县蓬莱乡。宋熙宁六年（1073），建昌国县，蓬莱乡属之。元至元十五年（1278），昌国县升州，岱山属之。

明洪武而年（1369），降昌国州为县，十九年，明廷以倭寇侵扰为由，实行"清野之策而墟其地"，遣岛民入内地。次年蓬莱乡废。嘉靖四十年（1561），倭患匪乱基本平息后，沿海渔民陆续来岛捕鱼、避风、开荒定居。

---

① 参见：岱山县人民政府官网，http://www.daishan.gov.cn/，2022 年 7 月 25 日获取。
② 参见：浙江省统计局官网，http://tjj.zj.gov.cn/col/col1525563/index.html，2022 年 7 月 25 日获取。

清顺治八年（1651）清军占领舟山，十四年，清廷以"舟山不可守"为由，再次遣岛民入内陆。康熙二十七年（1688）建定海县，蓬莱乡恢复，辖岱山、黄龙、大羊等岛。明清时两次遣岛民入内陆，弃管300年。

1912年，岱山各岛仍属定海县。1949年5月，国民党浙江省政府退踞舟山各岛；8月，析定海县之岱山、衢山、长涂、秀山、大鱼山、大羊、黄龙、东极、长白岛等置瀛洲县，为岱山置县始。

1950年5月解放后，废瀛洲县并入定海县。1953年4月，析原定海县岱山、衢山两区置岱山县，隶舟山专区。1958年10月，撤岱山县，并入舟山县。1962年4月，恢复岱山县，并以原衢山区和嵊泗县羊山、滩浒等地建大衢县，均属舟山专区。1964年6月，大衢县并入岱山县 [①]。

3. 方言分布

岱山方言属吴语太湖片明州小片，是一种以镇海方言为基质，且具有鲜明的鄞州、宁波方言特色，同时又含有慈溪、奉化、绍兴、萧山和余姚方言部分成分的一种混成性方言。岱山县共六镇一乡，其中高亭镇、东沙镇、岱东镇方言无明显差异，岱西镇、大衢镇方言与高亭方言相比较略有差异，秀山乡、长涂镇冷坑方言各自有比较明显的地域特色。

4. 地方曲艺

岱山境内流行的地方曲艺，一是岱山走书，又称舟山走书或文武走书，约1800年前后产生于定海马岙。主要流传于以岱山为轴心的舟山群岛，约3万平方公里的海域内。常规表演形式为一人主唱，另三人伴奏兼帮腔。徐美岳为岱山走书著名表演者。二是布袋木偶戏。布袋木偶戏，岱山俗称"下弄上""小戏文"，流传于舟山已有150年的历史。最大特色是能一人操纵多个人物角色，用岱山方言说唱。王嘉定为"省级传承人"。三是唱蓬蓬，又称"唱新闻"，盲人说唱艺术，目前已处濒危。一位表演者同时手持锣、小锣、鼓和竹板等四种打击乐，自编、自唱、自说、自伴奏，可以表演传统曲目，也可以现编现唱。岱山县的张家儿为著名表演者。

---

① 岱山县志编纂委员会. 岱山县志. 杭州：浙江人民出版社，1994.

二、方言发音人

1. 方言老男

徐国平，1956 年 8 月出生于岱山高亭镇安澜居委会，一直在本地生活和工作，教师，现已退休，中师文化程度，说岱山高亭话和不太标准的普通话。父母均为岱山高亭镇人，说岱山话。

2. 方言青男

邱梁，1988 年 12 月出生于岱山高亭镇蓬莱社区，主要在本地生活工作，基层干部，本科文化程度，说岱山高亭话和普通话。父母均为岱山高亭镇人，说岱山话。

3. 口头文化发音人

张平球，男，1949 年 3 月出生于岱山东沙镇横街社区，一直在本地生活和工作，职工，专科文化程度，说岱山话和不标准的普通话。

张亚珍，女，1953 年 11 月出生于岱山高亭镇兰亭社区，一直在本地生活和工作，职工，现已退休，初中文化程度，说岱山话和不标准的普通话。

贰　声韵调

一、声母（27 个，包括零声母在内）

p 八兵	pʰ 派片	b 病爬肥	m 麦明味问	f 飞风副蜂	v 饭肥味问
t 多东	tʰ 讨天	d 甜毒	n 脑南		l 老蓝连路
ts 资早租竹争纸	tsʰ 刺草寸拆初车	dz 全祠茶柱		s 丝三酸山双数	z 字贼坐事床船顺十
tɕ 酒九	tɕʰ 清抽轻	dʑ 桥近	ȵ 年泥热软	ɕ 想手响	
k 高官	kʰ 开看	g 共狂环	ŋ 熬眼	x 好灰哄	
ø 月活安温王云用药环					

说明：

（1）古全浊声母今读清音浊流。

（2）舌面音［tɕ］［tɕʰ］［ɕ］与单元音［i］相拼时有舌叶化倾向。

（3）阴调类零声母音节起始部分有轻微的喉头闭塞，阳调类零声母音节起始部分有明显的摩擦成分，这里均作零声母处理。

二、韵母（42个，包括自成音节的［m］［n］［ŋ］［əl］在内）

ɿ 师丝试	i 米戏二飞盐年	u 苦	y 靴雨鬼权
ʮ 猪	iʏ 油	uʏ 虾小	
a 排鞋	ia 写	ua 快	
ɔ 宝饱			
o 茶牙瓦	io 笑桥	uo 夏	
ɛ 山	iɛ 念		
e 开			
ø 半短		uø 官	
ɐi 赔对南		uɐi 鬼	
œʏ 豆走			
ʌu 歌坐过			
ã 硬争	iã 响	uã 横	
õ 糖床双讲		uõ 王	
ɐŋ 根寸灯争		uɐŋ 滚	
	iŋ 心深新升病星		
oŋ 春东			yoŋ 云兄用
ɐʔ 塔鸭法辣八色白		ʔuaʔ 活刮骨	
	ieʔ 接急热七一药直锡		
oʔ 十出郭学国北六绿			yoʔ 月橘局
m 姆			
n 芋			
ŋ 五鱼			
əl 耳儿			

说明：

（1）[ɤ]韵的舌位略低；[iɤ]动程极短，与[l]相拼时有时介音不明显。

（2）[ɐi][ɐŋ][ɐʔ]这三个韵母的主元音[ɐ]的实际发音开口度均略小。

（3）[uo]韵的介音[u]较微弱，实际音值是[ʷo]。

（4）[ieʔ]韵有时开口度略大，接近[iɛʔ]。

三、声调（8个）

阴平	52	东该灯风通开天春
阳平	23	门龙牛油铜皮糖红棒淡
阴上	325	懂古鬼九统苦讨草
阳上	244	买老五有动罪近后
阴去	44	冻怪半四痛快寸去
阳去	213	卖路硬乱洞地饭树
阴入	5	谷百搭节急哭拍塔切刻
阳入	2	六麦叶月毒白盒罚

说明：

（1）阳平[23]，有时调尾略高，接近[24]；偶尔末尾带降势，如"蓝、咸"。

（2）阴上[325]，快读时接近[45]；有个别字读若阴平[52]，如"统、古、典、扁、紫、指、感、显、反、纺"。

（3）阳上[244]，以升为主；部分字与阳平合流读[23]，如"匠、断、棒、重、户、右、犯、淡、赚、是"。

（4）阴入和阳入均为短促调。阴入调记作[5]，但有时有升势或降势；阳入调记作[2]，但有时有升势或降势。

叁　连读变调

一、两字组连读变调表

岱山方言两字组的连读变调规律见下表。表中首列为前字本调，首行为后字本调。每一格的第一行是两字组的本调组合；第二行是连读变调，若连读调与单字调相同，则此行空白；第三行为例词。同一两字组若有两种以上的变调，则以横线分隔。具体如下。

岱山方言两字组连读变调表

后字 前字	阴平 52	阳平 23	阴上 325	阳上 244	阴去 44	阳去 213	阴入 5	阳入 2
阴平 52	52 52 33 生 姜	52 23 33 52 芝 麻 52 45 33 开 门	52 325 52 0 身 体 52 325 33 45 香 嘴	23 244 33 52 公 里	52 44 44 书 记 52 44 33 52 车 票 52 44 33 开 店	52 13 33 52 车 站 52 13 33 生 病	52 5 33 钢 笔	52 2 33 5 生 日
阳平 23	23 52 33 农 村	23 23 33 52 农 民	23 325 31 0 牙 齿 23 325 11 44 团 长	23 244 31 0 牛 奶 23 244 33 31 城 市	23 44 0 棉 裤	23 13 0 名 字 23 13 33 31 长 寿 23 13 33 排 队	23 5 33 毛 笔	23 2 33 5 农 业
阴上 325	325 52 52 0 比 方 325 52 33 打 针	325 23 52 0 检 查 325 23 33 45 倒 霉	325 325 52 0 厂 长	325 244 52 0 改 造 325 244 33 31 起 码	325 44 52 0 比 赛 325 44 33 写 信	325 13 52 0 准 备 325 13 33 写 字	325 5 33 享 福 325 5 52 0 赌 博	325 2 33 5 体 育 325 2 33 转 业 325 2 52 0 伙 食
阳上 244	244 52 33 0 老 师 244 52 23 44 尾 巴 244 52 33 动 工	244 23 33 45 坐 船 244 23 23 52 码 头 244 23 23 44 象 棋	244 325 33 45 动 手 244 325 23 0 老 虎 244 325 23 52 冷 水	244 244 23 0 道 理 244 244 33 45 犯 罪	244 44 23 0 满 意 244 44 33 买 票	244 213 23 0 马 路 244 213 33 52 社 会	244 5 23 0 道 德 244 5 33 犯 法	244 2 23 0 动 物 244 2 11 技 术 244 2 23 5 后 日

续表

前字＼后字	阴平 52	阳平 23	阴上 325	阳上 244	阴去 44	阳去 213	阴入 5	阳入 2
阴去 44	44　52 33 汽　车 44　52 　　44 背　心 44　52 33 唱　歌	44　23 　　0 酱　油 44　23 33　45 过　年	44　325 0 报　纸 44　325 33 进　口 44　325 52 政　府	44　244 45 跳　舞 44　244 　　0 对　待	44　44 33 会　计 44　44 33 种　菜 44　44 　　0 意　见	44　13 　　52 孝　顺 44　13 33 过　夜	44　5 　　0 建　设	44　2 　　0 四　月 44　2 33　5 中　毒
阳去 213	13　52 11　44 地　方 13　52 23　0 卫　生 13　52 33 用　功	13　23 11　45 大　门 13　23 33　52 调　查	13　325 11　44 代　表	213　244 11　　45 大　　雨	13　44 11 位　置	13　13 11　45 顺　利 13　13 23　52 电　话	13　5 11 办　法	13　2 11　5 树　叶
阴入 5	5　52 　　0 北　方 5　52 3 结　亲	5　23 　　0 铁　门 5　23 3　23 发　财	5　325 　　0 黑　板 5　325 　　44 缺　点 5　325 3 发　火	5　244 　　0 谷　雨	5　44 　　52 节　气 5　44 3 织　布	5　13 　　0 铁　路 5　13 　　52 柏　树	5　5 　　0 吸　铁 5　5 3 出　国 5　5 　　3 答　复	5　2 　　0 作　业 5　2 3　5 吃　热
阳入 2	2　52 　　44 石　灰 2　52 立　冬	2　23 　　45 麦　田	2　325 　　44 局　长 2　325 　　45 日　子	2　244 　　45 物　理	2　44 肉　店	2　13 立　夏 2　13 　　45 木　匠	2　5 蜡　烛	2　2 　　5 目　录

二、两字组连读变调规律

岱山方言单字调共 8 个，在连读变调中又出现了 6 个新的声调，它们是 [11]
[33][45][13][3][0]，其中 [45] 为阴上的快读调，[13] 为阳去的快读调。

以下分析暂不考虑语法结构的重读音节，以及个别特殊音变。

岱山两字组连读变调规律为：平声以前变为主，去声、入声与阴上声均以后变为主。简要分析如下：

（1）阴平、阳平在前的，前字大都拉平，读［33］，少部分读原调（阴平［52］或阳平［23］），阳平 + 上声，前字读降调，这也是岱山方言与定海方言的区别性特征。舒声类，后字主要有读原调、与阴平原调合调读降调［52］和读轻音等三种形式。平声 + 阳入，阳入变读阴入调［5］。

（2）阴上、阳上、阴去、阴入这五个声调在前的，后字基本为轻音［0］。前字阴上读若阴平单字调［52］，前字阳上读若阳平调［23］或平调［33］，阴去、阴入读其原调［44］和［5］。

（3）阳去在前的，前字均读其接近原调的前半段［11］，后字舒声类阴调类读［44］，阳调类大都读［45］；促调类无论阴阳调均为原调［5］。

（4）阴入在前的，前基本不变；后大都变读轻音，其中阴入 + 阴去后字读若阴平原调［52］；阴入 + 阴入或前字读［3］后字原调，或后前字原调后字读［3］。

（5）前字阳入的，均前不变［2］。后字舒声类中，阴调类读若阴去原调［44］，其中阴上调分读［44］和原调［45］两种；阳调类读若阴上原调［45］，促声类的读若阴入原调［5］。

肆　异读

一、新老异读

岱山方言的新老异读主要体现在以下方面。

（1）老派上声分阴阳，新派阳上与阳平合流读23。

（2）新派古全浊声母今读塞音、塞擦音时部分接近送气清音。。

（3）老派的［ε］［e］分韵，新派［e］并入［ε］韵。

（4）新派鼻化韵已完全消失，例如：唱 = 车、双 = 沙、窗 = 叉、床 = 社、姜 = 家、硬 = 外、讲 = 假等等。

二、文白异读

岱山方言的文白异读现象十分复杂，而且因人而异。大体上文化程度越高，年龄越大，文白异读现象就越丰富。不过由于调查字数有限，目前发现的文白异读现象仍比较零碎。下文中"/"前为白读，后为文读。

1. 声母

以下常用字声母发生文白异读，韵母有时也随之改变。

（1）部分古奉母合口三等字，白读为[b]声母，文读为[v]声母。例如：肥 bi²³ / vi²³。部分古微母字白读为[m]声母，文读为[v]声母。例如：尾 mi²³ / vi²³ | 味 mi²¹³ / vi²¹³ | 晚 mɛ²³ / vɛ²³ | 万 mɛ²¹³ / vɛ²¹³ | 蚊 mɐŋ²³ / vɐŋ²³ | 问 mɐŋ²¹³ / vɐŋ²¹³。

（2）部分古澄母开口三等字白读为[dʑ]声母，文读为[dz]声母。例如：痔 dʑi²³ / dzɿ²³。

（3）部分古审书母开口三等字白读为[ɕ]声母，文读为[s]声母。例如：世 ɕi⁴⁴ / sɿ⁴⁴。

（4）部分古见组开口二等字白读为[k]组声母，文读为[tɕ]组声母。例如：家 ko⁵² / ɕia⁵² | 加 ko⁵² / tɕia⁵² | 交 ko⁵² / tɕio⁵² | 教 ko⁴⁴ / tɕio⁴⁴ | 觉 ko⁴⁴ / tɕyoʔ⁵ | 酵 kɔ⁴⁴ / ɕio⁴⁴ | 甲 kɐʔ⁵ / tɕieʔ⁵。

（5）部分古见组合口三等字白读为[tɕ]组声母，文读为[k]组声母。例如：鬼 tɕy⁴⁵ / kuɐi⁴⁵ | 贵 tɕy⁴⁴ / kuɐi⁴⁴。

（6）部分古疑母开口一等字，白读为[ɳ]声母，文读为[ŋ]声母。例如：岸 ɳi²¹³ / ŋɛ²¹³。

（7）部分古喻以母合口三等字，白读为[ɳ]声母，文读为[∅]声母。例如：浴 ɳyoʔ² / yoʔ²。

（8）部分古晓母字，白读为[x]声母，文读为[ɕ]声母。例如：孝 xɔ⁴⁴ / ɕio⁴⁴ | 许 xɐi⁴⁵ / ɕy⁴⁵。

（9）部分古日母开口三等组声母，白读为[ɳ]声母，文读为[z]声母。例如：人 ɳiŋ²³ / zoŋ²³ | 认 ɳiŋ¹³ / zoŋ¹³ | 日 ɳieʔ² / zoʔ²。另外，"耳"白读为[ɳi²³]，文读为[əl²³]；"儿"白读为[ŋ²³]，文读为[əl²³]。

2. 韵母

（1）部分古果摄开口一等字，白读为[ʌu]韵母，文读为[a]韵母。例如：大 dʌu¹³ / da¹³。也有个别白读为[a]，文读为[ʌu]。例如：拖 tha⁵²~虾、~小车 / tʌu⁵²~拉机。

（2）部分古山摄合口一等字，白读为[oŋ]，文读为[ø]。例如：端 toŋ⁵² / tø⁵²。

（3）部分古梗摄开口二等字，白读为[ã]，文读为[ɐŋ]。例如：争 $tsã^{52}$ / $tsɐŋ^{52}$。

伍　小称

岱山方言中的小称音变属遗留残迹，大致如下：

（1）小称变调。部分读若阴去[44]或阴上[325]，如“鸡、猪、蟹、妹、姨、舅、娘、公、婆”；也有读若阳去[213]的，如表中的“鹅、羊”。

（2）小称变韵。一般表现为开口度变小，如表中的“狗”。

（3）小称变韵并变调。变韵一般表现为开口度变小或者读作鼻化韵，如“鸭、发、脚、猫、茄、雀、茄、牌、虾”。其中，“鸭、发、脚”非小称为促调，小称为舒声调。

岱山话的小称调

	本音①			小称音			备注②
例字	声母	韵母	声调	声母	韵母	声调	
鸡	tɕ	i	52	tɕ	i	325	
鸭	∅	ɐʔ	5	∅	ɛ	325	
鹅	∅	ʌu	23	∅	ʌu	213	
羊	∅	iã	23	∅	iã	213	
猪	ts	ʮ	52	ts	ʮ	325	
猫	m	ɔ	23	m	ɛ	213	
狗	k	ɐi	325	k	i	325	小黄~
雀	$tɕ^h$	ieʔ	5	tɕ	iã	325	麻~
虾	x	uo	52	x	uø	325	
蟹	x	a	44	x	a	325	
茄	dʑ	ia	213	dʑ	iɛ	213	
脚	tɕ	ieʔ	5	tɕ	iã	44	拐~
发	f	ɐʔ	5	f	ɛ	44	白头~、看~留海
娘	ȵ	iã	23	ȵ	iã	44	阿~祖母
妹	m	ɐi	13	m	ɐi	44	~~

续表

例字	本音[1]			小称音			备注[2]
	声母	韵母	声调	声母	韵母	声调	
姨	Ø	i	23	Ø	i	325	阿~小姨子
舅	dʑ	iɤ	23	dʑ	iɤ	325	阿~小舅子
公	k	oŋ	52	k	oŋ	44	阿~非亲属
婆	b	ʌu	23	b	ʌu	44	阿~非亲属
牌	b	a	23	b	ε	213	打~

　　① 本表动物名称中的"鸡、鹅、羊、猪、虾、蟹"在实际发音中只读小称音，故此本调仅为理论推导所得。
　　② 出现小称音的限制词汇。

陆　其他音变

　　（1）词缀"头"［dœɤ²³］有变读为［lɐi²³］的情况。例如：河边头_{河岸} ʌu³¹pi⁰lɐi⁰。

　　（2）个别词中有舒声促化或促声舒化现象。例如：天亮_{上午} tʰiã⁵²liã²¹³—tʰieʔ⁵liã⁰ ｜渠拉_{他们} dʑi³³la⁴⁴—dʑieʔ²lɐʔ⁵ ｜ 日里 ȵieʔ²li⁰—ȵieʔ²lɐʔ⁵ ｜ 麻雀 mo³³tɕieʔ⁵—mo³³tɕiã³²⁵。

　　（3）零声母［iã］音节有前添舌面鼻辅音［ȵ］变为［ȵiã］的。例如：当中央央 tõ³³tsoŋ³³ȵiã⁴⁴ȵiã⁴⁴ ｜ 地央 di¹¹ȵiã⁴⁴ ｜ 像大人样 Øiã³³dʌu¹¹ȵiŋ²³ȵiã⁰。

　　（4）口语中，鼻化元音常变读为同部位或相近部位的非鼻化元音。例如：胖头鱼 pʰõ⁴⁴dœɤ⁴⁴Øŋ⁴⁴—pʰɔ⁴⁴dœɤ⁴⁴Øŋ⁴⁴。

第三十九节　嵊泗方音

壹　概况

一、调查点

1. 地理人口

嵊泗县位于杭州湾以东，长江口东南，是浙江省最东部、舟山群岛最北部的海岛县，由 630 个大小岛屿组成，其中有人居住的岛屿有 16 个。县境西起滩浒黄盘山，与上海金山卫相望；东至童岛（海礁）的泰礁；北迄花鸟岛，连接佘山洋；南到浪岗的南北澎礁、马鞍山—白节山一线，与岱山县大衢岛隔水为邻。东西长 180 公里，南北距 23 ～ 91 公里，海陆总面积 8824 平方公里，其中陆域面积 86 平方公里，海域面积 8738 平方公里，分别占总面积的 0.97% 和 99.03%，故有"一分岛礁九九海"之说。[①] 截至 2018 年年底，全县户籍人口 7.52 万。当地居民主要为汉族，少数民族人口极少，多系工作、婚姻迁入。[②]

2. 历史沿革

据考证，早在南北朝时期，嵊泗列岛已有人居住，以捕鱼为生。嵊泗在唐初属鄮县。唐开元二十六年（738），舟山置翁山县，嵊泗属之。[③]

北宋熙宁六年（1073），两浙路明州昌国县篷莱乡设北界村，此乃嵊泗有行政建置之始。元朝至元二十一至二十七年（1248—1290），属江浙等处行中收省浙东道宣慰司庆元路昌国州昌国县。洪武二十年（1387），昌国县废，嵊泗地域属浙江承宣布政使司宁波府定海县（即今镇海）。洪武二十九年（1396），于布政使司下设浙东道，管辖所属府、县。据《明史·职官志》，嵊泗县境属宁绍分巡道。康熙二十九年（1690），嵊泗地域划归江苏省（布政使司）苏松太道苏州府太仓州崇明县。1934 年 3 月，崇明县于嵊泗列岛设第五区。

① 嵊泗县人民政府官网，http://www.shengsi.gov.cn/col/col1363197/index.html，2022 年 7 月 28 日获取。
② 浙江省统计局官网，http://tjj.zj.gov.cn/，2022 年 7 月 28 日获取。
③ 嵊泗县地名办公室. 浙江省嵊泗县地名志. 杭州：浙江省测绘大队，1990.

1949 年 10 月，置嵊泗县，此为嵊泗建县之始。1950 年 7 月，嵊泗解放，设特区和军管会，属苏南松江专区。1951 年 3 月，特区和军管会均撤销，复置县。隶属不变。1952 年，苏南、苏北行政区合并为江苏省，嵊泗县属江苏省松江专区。1953 年 6 月，嵊泗县划归浙江省舟山专区。1958 年 10 月，舟山专员公署和嵊泗县均撤销，遂为宁波专区舟山县嵊泗人民公社。1960 年 11 月—1962 年 4 月，嵊泗人民公社划归上海市。1962 年 4 月，恢复县建制，嵊泗县仍归浙江省舟山专区。1970 年 4 月，改舟山专区为舟山地区，嵊泗县属舟山地区。1987 年 3 月，改舟山地区为舟山市，嵊泗县属舟山市。[①]

3. 方言分布

嵊泗方言（指菜园镇、青沙等地方言）属吴语明州片甬江小片，与岱山县方言较为接近。嵊泗方言与同在本岛的五龙方言有口音差异。嵊泗县壁下岛壁下社区安基村为温州方言岛，花鸟岛花鸟乡有台州话方言岛，洋山岛方言则有接近上海金山方向方言的特点。嵊泗中青年人的方言有特别明显的向普通话靠拢现象。

4. 地方曲艺

嵊泗县境内流行的地方曲艺，一是嵊泗渔歌。嵊泗渔歌是嵊泗渔民捕鱼、织网、晒网等劳动或休息时口头传唱的民歌，现为省级非物质文化遗产。嵊泗渔歌主要有"渔民号子""渔歌小调"及"新渔歌"三大类，其代表作分别为《起网号子》《五更调》和《带鱼煮冬菜》。嵊泗县文艺工作者在嵊泗原生态渔歌的基础上，通过挖掘与再创造后，使嵊泗渔歌更富有海洋特色与艺术美感。嵊泗渔歌在展演和比赛中，获得了国家级、省级和市级多个荣誉，曾两度进中央电视台一号演播大厅表演后由中央电视台 15 套音乐台播出，且曾赴日本表演。二是小热昏。小热昏又名"小锣书"，是单人方言说唱表演形式，表演者自编、自伴奏（一面小锣）、有说有唱，效果生动幽默，其代表作是《梅鱼娶亲》，但该曲艺目前面临后继乏人的境况。

---

① 参见：嵊泗县人民政府官网：http://www.shengsi.gov.cn/col/col1363197/index.html，2022 年 7 月 29 日获取。

二、方言发音人

1.方言老男

邵金坤，1950年9月出生于嵊泗菜园镇，一直在本地生活和工作，基层干部，现已退休，中专文化程度，说嵊泗话和不太标准的普通话。父母均为嵊泗菜园镇人，说嵊泗菜园话。

2.方言青男

徐奇能，1985年11月出生于嵊泗菜园镇，一直在本地生活和工作，基层干部，本科文化程度，说嵊泗菜园话和普通话。父母均为嵊泗菜园人，说嵊泗菜园话。

3.口头文化发音人

叶亚彬，女，1954年11月出生于嵊泗菜园镇，教师，现已退休，中师文化程度，说嵊泗菜园话和普通话。父母均为嵊泗菜园镇人，说嵊泗菜园话。

洪国强，男，1946年3月出生于嵊泗嵊山镇，文艺工作者，现已退休，初中文化程度，说嵊泗话和不太标准的普通话。父母均为嵊泗菜园镇人，说嵊泗菜园话。

贰　声韵调

一、声母（27个，包括零声母在内）

p 八兵	pʰ 派片	b 病爬肥	m 麦明味问	f 飞风副蜂	v 饭肥味问
t 多东	tʰ 讨天	d 甜毒	n 脑南		l 老蓝连路
ts 资早租争装	tsʰ 刺寸拆初	dz 全茶柱		s 丝三酸山双	z 字贼坐祠床
tɕ 租酒九	tɕʰ 清抽初轻	dʑ 张城权	ȵ 年泥热软	ɕ 想手响	
k 高	kʰ 开	ɡ 共	ŋ 熬	x 好灰花	
Ø 谢月活县安王云药换					

说明：

（1）古全浊声母今读清音浊流，古全浊声母今读塞音、塞擦音时部分字接近送气清音，如"大、茶"。

（2）[tɕy][tɕʰy][ɕy]（如多音字"租、粗、酥"）；[tɕiɣ][tɕʰiɣ][ɕiɣ]（如多音字"专、穿、算"），舌面音带舌叶音色彩。

（3）阴调类零声母音节起始部分有轻微的喉头闭塞，阳调类零声母音节起始部分有明显的摩擦成分，这里均作零声母处理。

（4）声母[f][v]与[u]韵母相拼时，实际发音接近双唇擦音，如"府、浮"。

（5）声母[ȵ]与[i]相拼时接近[n]，如"耳、尾"。

（6）声母[z]有清化趋势，如"坐、造"。

二、韵母（42个，包括自成音节的[m̩][n̩][ŋ̍][əl]在内）

ɿ 师丝试	i 米戏二飞盐年	u 苦	y 靴雨鬼权
ʮ 猪			
a 排鞋	ia 写	ua 快	
ɛ 山鸭	iɛ 廿	uɛ 怀	
ɔ 宝饱			
e 开			
o 茶牙瓦	io 笑桥	uo 化	
ɣ 战	iɣ 油	uɣ 官	
ɐi 赔对南		uɐi 鬼	
œy 豆走			
ʌɯ 歌坐过			
ã 硬争	iã 响	uã 横	
õ 糖床双讲		uõ 王	
ɐŋ 根寸灯争		uɐŋ 滚	
	iŋ 心深新升病星		
oŋ 春东			yoŋ 云兄用
ɐʔ 盒塔		uɐʔ 活刮骨	
	iɛʔ 接贴急热		

oʔ 十出托郭壳学国　　　　　　　　　　　　　　　　yoʔ 月橘局

m 母

n 无

ŋ 五鱼

əl 尔

说明：

（1）[ɣ]韵的舌位略低；[iɣ]动程极短，与[l]相拼时有时介音不明显。

（2）[œɣ]韵中[œ]的舌位偏高、略展。

（3）[õ]韵与[t][k]等相拼时，前有极短促的介音，接近[uõ]。

（4）[ɐi][ɐŋ][ɐʔ]三组韵母的主元音[ɐ]的实际发音开口度均略小。

（5）[iɛʔ]韵有时开口度略大，接近[iɛʔ]；有时开口度略小，接近[ieʔ]。

（6）[yoʔ]韵中的[o]，部分略靠前，接近[ø]。

三、声调（7个）

阴平	53	东该灯风通开天春统冻怪半四痛快寸去古苦
阳平	243	门龙牛油铜皮糖红
阴上	445	懂鬼九讨草买老五有
阳上	334	近动罪后厚淡棒
阳去	213	卖路硬乱洞地饭树程瓶
阴入	5	谷急哭刻百搭节拍塔切
阳入	2	六麦叶月毒白盒罚

说明：

（1）阳平[243]，个别阳平读阳去[213]，如"黏、顽、狂、程、瓶"。

（2）阴上[445]，有个别字读阴平[53]，如"古、苦、毯、伞、纺、统、扁"；次浊上归阴上读[445]。

（3）阳上[334]以升为主；部分字与阳平合流读[243]，如"祸、厚、妇、右、淡、犯、户、断、棒、项"。

（4）阴入和阳入均为短促调。阴入调记作[5]，但有时有升势或降势；阳入调记作[2]，但有时有升势或降势。

叁　连读变调

一、两字组连读变调表

嵊泗方言两字组的连读变调规律见下表。表中首列为前字本调，首行为后字本调。每一格的第一行是两字组的本调组合；第二行是连读变调，若连读调与单字调相同，则此行空白；第三行为例词。同一两字组若有两种以上的变调，则以横线分隔。具体如下。

嵊泗方言两字组连读变调表

前字＼后字	阴平 53	阳平 243	阴上 445	阳上 334	阳去 213	阴入 5	阳入 2
阴平 53	53　53 33　33 东　风	53　243 33　53 清　茶	53　445 44　0 乡　长	334　334 33　53 公　里	53　213 33　53 公　事	53　5 33 钢　笔	53　2 33　5 工　业
	53　53 44　44 书　记	53　243 33 开　门	53　445 33　53 天　井	53　334 33　45 跳　舞	53　213 33 生　病	53　5 44　0 建　设	53　2 33 开　学
	53　53 44　0 汽　车	53　243 44　0 对　待	53　445 33 香　嘴	53　334 44　0 制　造	53　213 44　0 孝　顺		53　2 44　0 四　月
阳平 243	243　53 33 动　工	243　243 33　53 名　堂	243　445 24　0 牙　齿	243　334 24　0 徒　弟	243　213 24　0 长　寿	243　5 33 毛　笔	243　2 33　5 同　学
	243　53 33　45 农　村	243　243 33 抬　头	24　445 11 团　长	24　334 33　53 城　市	243　213 33 排　队		243　2 24　0 长　日
	243　53 24　0 棉　裤						
阴上 445	445　53 44　0 比　方	445　243 44　0 检　查	445　445 44　0 手　表	445　334 44　0 改　造	445　213 44　0 准　备	445　5 44 粉　笔	445　2 44　5 伙　食
	445　53 33 打　针	445　243 33 倒　霉	445　445 33　45 保　底	445　334 33 起　码	445　213 33 写　字		445　2 33 转　业

续表

前字＼后字	阴平 53	阳平 243	阴上 445	阳上 334	阳去 213	阴入 5	阳入 2
阳上 334	334 34 / 53 0　老 师	334 34 / 243 0　码 头	334 34 / 445 0　冷 水	334 34 / 334 0　远 近	334 34 / 213 0　近 路	334 34 / 5 0　满 足	334 34 / 2 0　后 日
	334 34 / 53 44　尾 巴	334 34 / 243 44　象 棋	334 33 / 445 0　动 手	334 33 / 334 45　犯 罪	334 11 / 213 44　部 队	334 33 / 5　犯 法	334 33 / 2　满 月
	334 33 / 53　坐 车	334 33 / 243　坐 船	334 11 / 445　市 长		334 33 / 213　有 效		334 11 / 2 5　技 术
阳去 213	213 11 / 53 45　地 方	213 11 / 243 44　地 球	213 11 / 445 45　大 腿	213 11 / 334 45　地 道	213 11 / 213 44　顺 利	213 11 / 5　办 法	213 11 / 2 5　树 叶
	13 24 / 53 44　卫 生	213 33 / 243 53　调 查	213 33 / 445 45　贺 喜	213 33 / 334 45　卖 米	213 24 / 213 0　电 话		
	213 33 / 53　认 真	213 33 / 243 44　卖 鱼					
阴入 5	5 / 53 0　北 方	5 / 243 0　骨 头	5 / 445 0　黑 板	5 / 334 0　发 动	5 / 213 0　决 定	5 / 5 0　节 约	5 / 2 0　结 合
	5 3 / 53　结 亲	5 3 / 243 44　铁 门	5 3 / 445 44　缺 点	5 3 / 334 44　黑 马	5 / 213　出 汗	5 3 / 5　出 血	5 3 / 2 5　吃 热
		5 3 / 243　发 财	5 3 / 445　发 火				
阳入 2	2 / 53 44　木 工	2 / 243 44　合 同	2 / 445 45　局 长	2 / 334 44　物 理	2 / 213 44　木 匠	2 / 5　蜡 烛	2 / 2 5　目 录
	2 / 53　石 灰						

二、两字组连读变调规律

嵊泗话两字组的语音变调有以下几个特点：

嵊泗话单字调共 8 个，在连读变调中又出现了 7 个新的声调，它们是：[24]

［34］［11］［44］［45］［33］［3］［0］，其中［24］为阳平［243］前字时的连读调，［34］为阳上［334］在前字时的连读调，［11］为阳去［213］在前字时的连读调，［44］为阴上［445］在前字时的连读调，［45］为阴上［445］在后字时的连读调。

以下分析，一是不考虑语法结构的重读音节，以及个别特殊音变；二是次浊上字的连读变调模式同全浊上字，合为阳上调。

（1）嵊泗两字组连读变调中，前字大都变为平调（促声基本不变调），在25个发音模式中，前字为舒声调的是98个，前字为平调（［11］［33］［44］）的有78个，占80%。

（2）后字变读轻音的较多，在25个发音模式中，后字读轻音的有36个，其中前字阴上、阳上和阴去的，其主要变调模式几乎都后字读轻音。

（3）后字若非轻音或促声，则调值较高。

（4）平声在前的，前字大都拉平，读［33］或［44］，仅前字阳平后字上声和去声的，前字读原调。前字阴平，后字平声、上声均读阴平原调［53］。前字阳平、后字平声的读阴平原调［53］，后字入声的均读清入原调［5］。前字阳平、后字上声或去声的，后字读轻音［0］。

（5）上声在前的，前字阴上均读［44］，后字舒声读轻音［0］，促声均读清入原调［5］。前字浊上的，前字大都读［34］，后字无论舒促大都读轻音［0］。

（6）去声在前的，清去在前的，前字均读［44］，后字除清去读［53］外，其余无论舒促均读轻音［0］。前字浊去均读［11］，后字舒声读［45］，促声读［5］。

（7）入声在前的，前字不变调。前字为清入的，后字无论舒促均读轻音。前字为浊入的，后字舒声读［44］或［45］；后字促声的，均读［5］。

（8）动宾结构的词，后字多读原调。

肆　异读

一、新老异读

与老派音相比，嵊泗方言新派出现了向普通话靠拢并含有上海方言元素的现象。

（1）浊音清化现象，老派［dz］，新派［ts］，如"择"；老派［z］，新派［s］，如，"寺"；老派［d］，新派［tʰ］，如"踏"；老派［z］或［ø］，新派［l］，如"弱、荣"。

（2）老派读舌面音，新派读做舌尖音，如"证、升、整、正、程"。

（3）老派舌尖音［ts^h］，新派读舌面音［tɕ^h］，如"取"。

（4）老派读鼻辅音［n］［ȵ］［ŋ］，新派读零声母［Ø］［x］，如"芋、遇、业、蚁、熬、鹤"。

（5）老派韵［ʮ］，新派韵［ʅ］，如"制、世"；老派韵［ɐʔ］，新派韵［oʔ］，如"拨、泼、末"；老派韵［oʔ］，新派韵［uoʔ］，如"或"；老派韵［oŋ］，新派韵［ɐŋ］，如"贞"；老派韵［oŋ］，新派韵［uɐŋ］，如"翁"；老派韵［oʔ］，新派韵［ɐʔ］，如"设"。

（6）老派阳去调中部分字与阳平合流，如"祸、卫、类、厚、妇、右、淡、犯、户、断、棒、项、类"。新派阳上字中有相当部分归阳平，如"买、罪、后、野、瓦、簿、五、女、吕、雨、买、弟、罪、被、尾、抱、道、造、妇、后、厚、舅、有、染、眼、猛、领、静"等；阳去调字中部分归阳平。例如："竖、画、话、卫、柿、右、淡、赚、任、限、院"。

二、文白异读

1. 声母

嵊泗方言的文白异读主要体现在声母、韵母以及声韵兼及上。以下常用字声母发生文白异读，韵母有时也随之改变。下文中"／"前为白读，后为文读。

（1）部分古奉母合口三等字，白读为［b］声母，文读为［v］声母。例如：肥。古微母白读为［m］声母，文读为［v］声母。例如：尾、味、晚、万、蚊、问。

（2）部分精母合口一等、清母合口一等、初母合口三等、生母合口三等的个别字，白读为［tɕ］声母，文读为［ts］声母。例如：租、祖、组、粗、初、数_{名词}、算、酸、蒜、砖。

（3）部分古审书母开口三等字，白读为［ɕ］声母，文读为［s］声母。例如：世、身。

（4）部分古见组开口二等字，白读为［k］组声母，文读为［tɕ］组声母。例如：家、加、假、交、教、觉、酵、甲。

（5）部分古见组合口三等字，白读为［tɕ］声母，文读为［k］声母。例如：鬼、贵。

（6）部分古晓母字，白读为［x］声母，文读为［ɕ］声母。例如：孝、许。

（7）部分古日母开口三等声母，白读为［ȵ］声母，文读为［z］声母。例如：人、认、任、日。另外，"耳"白读为［ȵ］，文读为［əl］；"儿"白读为［ŋ］，文读为［əl］。

2. 韵母

（1）部分古果摄开口一等字白读为［ʌu］，文读为［a］。例如：拖、大。

（2）蟹摄合口三等个别字白读为［ʮ］，文读为［ɐi］。例如：岁。

（3）止摄开口三等个别字白读为［ɐʔ］，文读为［iɛʔ］。例如：鼻。

（4）流摄开口三等个别字白读为［œɣ］，文读为［u］。例如：浮。

（5）部分古梗摄开口二等字白读为［ã］，文读为［ɐŋ］。例如：争、生。

伍　小称

嵊泗方言中儿化、小称音标表（目前已调查到的）

嵊泗话的小称调①

例字	本音			小称音			备注
	声母	韵母	声调	声母	韵母	声调	
鸡	tɕ	i	53	tɕ	i	445	
鸭	∅	ɐʔ	5	∅	ɛ	445	
猪	ts	ʮ	53	ts	ʮ	445	
狗	k	ɐi	445	k	i	445	小黄~
雀	tɕʰ	iɛʔ	5	tɕ	iã	445 或 53	麻~
虾	x	uo	53	x	uɣ	445	
蟹	x	a	53	x	a	445	
姨	∅	i	243	∅	i	445	阿~小姨子
舅	dʑ	iɣ	243	dʑ	iɣ	445	阿~小舅子
鹅	ŋ	ʌu	243	ŋ	ʌu	213	鹅
羊	∅	iã	243	∅	iã	213	羊
猫	m	ɔ	243	m	ɛ	213	
茄	dʑ	ia	213	dʑ	ɜi	213	
牌	b	a	243	b	ɛ	213	打~
发	f	ɐʔ	5	f	ɛ	44	白头~、看~留海

① 本表动物名称中的"鸡、鸭、鹅、羊、猪、虾、蟹"在实际发音中只读小称音，故此本调仅为理论推导所得。

续表

例字	本音			小称音			备注
	声母	韵母	声调	声母	韵母	声调	
娘	ȵ	iã	243	ȵ	iã	44	阿~祖母
妹	m	ɐi	213	m	ɐi	44	~~
脚	tɕ	iɛʔ	5	tɕ	iã	445	拐~瘸腿

嵊泗方言中的儿化与小称音变属遗留残迹，大致如下：

（1）小称变调。部分读若阴上［445］，如"鸡、鸭、猪、狗、雀、虾、蟹、姨、舅"；也有的读若阳去［213］的，如"鹅、羊、猫、茄、牌"。

（2）小称变韵。一般表现为开口度变小，如"狗、鸭、茄"。

（3）小称变韵并变调。变韵一般表现为开口度变小或者读作鼻化韵。例如"鸭、发、脚、猫、茄、雀、茄、牌、虾"，其中"鸭、发、脚"非小称为促调，小称为舒声调。

陆　其他音变

（1）有一批常用词有自由变读现象，具体见下表（均写原调）

例词	音一	音二	音三	音四
个表示语气或结构助词"的"	goʔ^2	gʌu^{243}	ʌu^{243}	
头后缀	dœɣ^{243}	lœɣ^{243}	dɐi^{243}	lɐi^{243}
里表示方位	li^{445}	lɐi^{445}		
搭连词或介词"和、把"	tɐʔ^5	tiɛʔ^5		
没	mɐʔ^5	nɐʔ^5		
无	m^{243}	n^{243}		
拨给	pɐʔ^5	piɛʔ^5		

（2）个别词中有舒声促化或促声舒化现象。例如：天亮上午 $\text{t}^\text{h}\text{iã}^{53}\text{liã}^{213}$—$\text{t}^\text{h}\text{iɛʔ}^5\text{liã}^0$ ｜渠拉他们 $\text{dʑi}^{33}\text{la}^{44}$—$\text{dʑiɛʔ}^2\text{lɐʔ}^5$ ｜日里 $\text{ȵiɛʔ}^2\text{li}^0$—$\text{ȵiɛʔ}^2\text{lɐʔ}^5$ ｜麻雀 $\text{mo}^{33}\text{tɕiɛʔ}^5$—$\text{mo}^{33}\text{tɕiã}^{445}$。

（3）零声母［iã］音节有前添舌面鼻辅音［ȵ］变为［ȵiã］的。例如：当中央央 $\text{tõ}^{33}\text{tsoŋ}^{33}\text{ȵiã}^{44}\text{ȵiã}^{44}$ ｜地央 $\text{di}^{11}\text{ȵiã}^{44}$ ｜像大人样 $\text{iã}^{33}\text{dʌu}^{11}\text{ȵiŋ}^{23}\text{ȵiã}^0$。

（4）"明"，单独或其他词句中为［miŋ^{243}］，在"明朝"中读［mi^{243}］。

第四十节　临海方音

壹　概况

一、调查点

1. 地理人口

临海位于浙江省中部，长三角经济圈南翼。[①] 临海东濒东海，南邻椒江、黄岩，西接仙居，西北、北靠天台，东北毗邻三门。全市陆域面积 2203 平方公里，辖古城、大洋、江南、大田、邵家渡 5 个街道，杜桥、白水洋、东塍、桃渚、尤溪、汛桥、沿江、汇溪、小芝、上盘、涌泉、永丰、括苍、河头 14 个镇。[②] 全市户籍人口 120.35 万。[③]

2. 历史沿革

汉昭帝始元二年（前 85），以回浦乡置回浦县，县治回浦（今章安），为建县之始。隋开皇十一年（591）在大固山（今城关）设立军事机构临海镇，监管临海县的行政事务，县治从章安迁到今临海城关。唐高祖武德四年（621）置台州。1949 年临海解放，建立临海县人民政府。属台州专员公署。1986 年，撤县设市，是台州地区政治、经济、文化、交通中心。1994 年，迁台州行署至椒江，设立台州市。临海市为省辖市。[④]

3. 方言分布

按口音分为两种：上乡腔，分布在大田、城关、大石、花园、城西等区镇；下乡腔，分布在涌泉、相岙、杠桥、桃渚、上盘等区镇。临海话近年来又分为新派和老派，两者差别在城关尤为显著。

---

① 参见：浙江省地理信息公共服务平台发布的最新天地图，2022 年 7 月 20 日获取。
② 参见：临海市人民政府网，http://www.linhai.gov.cn/col/col1454157/index.html，2022 年 7 月 20 日获取。
③ 参见：《临海统计年鉴 2018》，http://tjj.zj.gov.cn/col/col1525563/index.html，2022 年 8 月 20 日获取。
④ 临海县志编纂委员会. 临海县志. 杭州：浙江人民出版社，2008：37-41.

4. 地方曲艺

临海词调又称才子词调，仙鹤调，调流传于城关，杠桥，2008年入选国家级非物质文化遗产代表性项目名录；临海道情流传于沿海杠桥、上盘、桃渚及山区大石、花园、城关及郊区；黄沙乱弹流传于白水洋镇黄沙洋地域；小芝莲花流传于小芝镇及桃渚。

二、方言发音人

1. 方言老男

沈建中，1956年7月出生于临海古城街道，一直在本地生活和工作，基层干部，中专文化程度，说临海城关话和普通话。父母均为临海城关人，说临海城关话。

2. 方言青男

谢华义，1985年12月出生于临海县古城街道，主要在本地生活和工作，工商业者，本科文化程度，说临海城关话和普通话。父母均为临海城关人，说临海城关话。

3. 口头文化发音人

沈建中，男，1956年7月出生于临海古城街道，一直在本地生活和工作，基层干部，中专文化程度，说临海城关话和普通话。

赵宏禄，男，1956年4月出生于临海古城街道，主要在本地生活和工作，律师，大专文化程度，说城关话和不太标准的普通话。

贰 声韵调

一、声母（28个，包括零声母在内）

p 八兵	pʰ 派片	b 爬病肥	m 马尾麦明味问	f 飞风副蜂	v 肥饭问
t 多东	tʰ 讨天	d 甜毒	n 脑南泥		l 老蓝连路

ts 资早租争	tsʰ 刺草寸	dz 茶查祠暂		s 丝三酸山	z 字贼坐事床
纸装	拆初车				
tɕ 酒张竹主	tɕʰ 清抽抄	dʑ 柱权镯钱	ȵ 年热软月	ɕ 想双手书	ʑ 谢船顺十城
	春轻			响	全
k 高九	kʰ 开轻	g 权共	ŋ 熬	h 好灰	
∅ 安县活温					
王云用药					

说明：

（1）鼻、边音声母实际发音有带浊流的［ɦm］［ɦn］［ɦȵ］［ɦŋ］［ɦl］和带紧喉的［ʔm］［ʔn］［ʔȵ］［ʔŋ］［ʔl］两套，前者配阳调，后者配阴调。现从简为一套［m］［n］［ȵ］［ŋ］［l］。

（2）［tɕ］组声母发音时，有时接近舌叶。

（3）［ts］组声母发音时有时带齿间音色彩。

二、韵母（44 个，包括自成音节的［m］［n］［ŋ］在内）

ɿ 猪师丝试耳	i 米戏飞盐年	u 过苦	y 靴雨鬼
a 排鞋	ia 写	ua 快	
ɛ 潭奸山		uɛ 关	
e 赔对开			
ø 半短南潭肝		ue 官	yø 权
ə 豆走勾	iə 笑桥		
ɔ 饱宝			
o 歌坐茶牙瓦			
	iu 油		
ã 硬争	iã 响	uã 横	
ɔ̃ 糖床讲王			yɔ̃ 双
əŋ 根灯问寸	iŋ 心深新开病星	uəŋ 滚	yŋ 春云
oŋ 东轰			yoŋ 兄用
aʔ 百白	iaʔ 药弱	uaʔ 划	
ɛʔ 塔鸭法辣八	ieʔ 接贴十急热节		yeʔ 月出橘

øʔ 答突

əʔ 盒夺色　　　　　　　　　　　　　uəʔ 活刮骨

ɔʔ 托壳学郭霍黑

oʔ 北六绿国谷　　　　　　　　　　　　　　　　　　　yoʔ 局

m̩ 呒

n̩ 儿二

ŋ̍ 五耳

说明：

（1）[e]舌位略低，但不到[ɛ]。

（2）[iə]中主要元音实际偏前。其中有些字受普通话影响，发成[iɔ]，如"桥、轿、鸟"。

（3）[iu]中的[u]圆唇不明显，且舌位介于[o]和[u]之间。

三、声调（7个）

阴平	31	东该灯风通开天春
阳平	21	门龙牛油铜皮糖红动罪近淡
阴上	52	懂古鬼九统苦讨草买老五有后厚
阴去	55	冻怪半四痛快寸去
阳去	324	卖路硬乱洞地饭树
阴入	5	谷百搭节急哭拍塔切刻
阳入	23	六麦叶月毒白盒罚

说明：

（1）古浊平和全浊上大都合并，现用阳平调名。调值为[21]，有时起点略高，终点下降后略平。

（2）阴上起点有时稍低，近[42]。

（3）阴去有时偏低，近[44]。

（4）阳去调值不太稳定，有时曲折不明显

叁 连读变调

临海方言两字组的连读变调规律见下表。表中首列为前字本调，首行为后字本调。每一格的第一行是两字组的本调组合；第二行是连读变调，若连读调与单字调相同，则此行空白；第三行为例词。同一两字组若有两种以上的变调，则以横线分隔。具体如下。

临海方言两字组连读变调表

后字 前字	阴平 31		阳平 21		阴上 52		阴去 55		阳去 324		阴入 5		阳入 23	
阴平 31	31 35 山	31 坑	31 35 清	21 51 明	31 33 天	52 狗	31 33 山	55 吞	31 33 山	324 洞	31 33 山	5 脚	31 33 山	23 药
			31 33 仙	21 道										
阳平 21	21 24 台	31 风	21 洋	21 51 油	21 22 苹	52 果	21 22 糖	55 蔗	21 22 蚕	324 豆	21 22 时	5 节	21 22 黄	23 历
	21 22 稻	31 花	21 22 成	21 道	21 21 稻	52 秆	21 21 抱	55 歉	21 道	324 路	21 稻	5 谷	21 21 稻	23 麦
			21 稻	21 田										
阴上 52	52 42 牡	31 丹	52 42 下	21 51 年	52 42 水	52 果	52 42 早	55 套	52 42 酒	324 酿	52 42 水	5 窟	52 42 古	23 历
			52 42 改	21 造										
阴去 55	55 33 汽	31 车	55 33 太	21 33 阳	55 33 报	52 纸	55 33 兴	55 趣	55 33 做	324 44 梦	55 33 做	5 法	55 33 算	23 术
			55 33 对	21 象										

后字 前字	阴平 31		阳平 21		阴上 52		阴去 55		阳去 324		阴入 5		阳入 23	
阳去 324	324 22 地	31 方	324 22 地	21 球	324 22 露	52 水	324 22 大	55 蒜	324 22 外	324 44 地	324 22 办	5 法	324 22 大	23 麦
阴入 5	5 3 浙	31 江	5 3 足	21 球	5 3 脚	52 底	5 3 尺	55 寸	5 3 铁	324 路	5 3 一	5 世	5 3 结	23 局
阳入 23	23 2 十	31 三	23 2 辣	21 茄	23 2 落	52 雨	23 2 白	55 线	23 2 月	324 亮	23 2 熟	5 客	23 2 熟	23 食

说明：

（1）慢读时一般保持原调。读得越快，连读变调越明显。本项目老男发音人的词汇读得较慢，保留单字调较多，连调不太明显。

（2）阴上单字调中，有些字的起点并不都到［5］，作前字时，起点更没单字调高，现一律记为［42］。

（3）阳入在连调中作前字时更加短促，现一律记为［2］。

（4）在上、去、入声前的阴平和阳平，以及阴去和阳去作前字时，实际上呈现"调类中和"的现象，即在声调上可合并为平声［33］和去声［33］，这两个声调呈现合并之势而靠声母的清浊来区别音节。现在由于取消［ɦ］声母而统一为零声母，因此只能继续靠声调的不同来区别音节，即阳调类比阴调类稍低。

（5）"阴上 + 阳平"的例外变调模式如"草狗 母狗"为"33＋21"，见词汇模板表。

肆　异读

一、新老异读

主要体现在声母和韵母方面。

1. 声母

老派［tɕ］组声母在齐齿呼和撮口呼韵母前发音部位略靠后，接近舌叶音［tʃ］；新派无此特点。

2. 韵母

（1）深臻曾梗摄开口三等舒声字，老派读［iəŋ］韵，新派读［iŋ］韵。

（2）咸山摄与曾梗摄开口入声韵，老派主元音不同，新派呈现中和趋势，接近为［ɐ］。

（3）江摄知组和庄组开口二等入声韵［yoʔ］和通摄章组合口三等入声韵［yoʔ］，老派区别较明显，新派有中和为［yoʔ］的趋势。

二、文白异读

主要体现在声母和韵母方面。下文中"／"前为白读，后为文读。

1. 声母

（1）部分非组字白读［b］［m］声母，文读［v］声母。例如：肥 bi²¹ / vi²¹｜问 məŋ³²⁴ / vəŋ³²⁴。

（2）日母止开三个别字有若干层次，白读层为自成音节的［n̩］或［ŋ̍］，旧文读层为［n̠］，新文读层多为［z］或零声母。例如：耳 ŋ̍⁵² / zɿ²¹｜二 n̩³²⁴ / n̠i³²⁴。

（3）见系二等若干字白读为［k］，文读为［tɕ］。例如：家 ko³¹ / tɕia³¹｜驾 ko⁵⁵ / tɕia⁵⁵。

2. 韵母

（1）假开二帮组韵母白读为［o］，文读为［a］。例如：巴 po³¹ / pa³¹｜怕 pʰo⁵⁵ / pʰa⁵⁵。

（2）遇合三鱼韵见组韵母白读为［e］，文读为［y］。例如：锯 ke⁵⁵ / tɕy⁵⁵。

伍　小称

临海方言中存在儿化、小称性质的语言现象，称之为"变音"，这是相对于"本音"而言的。李荣先生认为，本音和变音之间是语法变化的关系。

临海方言的变音有两种，一种是单纯型变音，另一种是混合型变音。前者只改变声调，主要发生在那些非入声的、有实在意义的词根字上，如：姐 tɕia⁵² —tɕia³⁵³｜棒 bɔ̃²¹ —bɔ̃⁵¹；后者涉及声调或声调和韵母的双重变化，如：橘 kyeʔ⁵ —kyŋ³⁵³｜鸽 kəʔ⁵ —kø³⁵³。

从变音的规律来分，可分为两种类型，一种是［353］调，以原阴调类字居多，如"夹、刷、饼"；另一种是［51］调，以原阳调类字居多，如"爷、簿、弟、妹"。但这两者并非泾渭分明，它们有的有曲折，有的没有曲折，但最后都以高降调结尾。个别语流中的变音甚至读为升调，可能是受周边方言中升变音的影响。可见，变音之间的内部差异不在具体的调值上，而是主要表现在声母的清浊上。

临海方言中，一些字单念时最普通的读音往往是变音，而非本音，比如"姐、鸭、橘"，有的甚至不知道本音是什么。

陆　其他音变

一、合音

临海方言中的合音现象主要发生在末尾音节为零声母的音节上，涉及助词、否定副词、代词等方面。除了有些否定副词与动词组成的合音比较固定外，其他的合音基本上属于纯粹的连音音变，如："去爻"合音为［kʰɔ⁴²］，"休要"合音为［ɕiɔ⁴⁴］。

二、弱化

语流中弱化的现象包括轻声、轻音、声母弱化、韵母弱化等。可以说声母和韵母的弱化是轻声和轻重音的伴随结果。代词、趋向动词、助词、副词的弱化现象比较明显。如：

"什么"：何么［kã⁴²m⁰］

"晚上"：夜哒［ia²²dəʔ⁰］

第四十一节　椒江方音

壹　概况

一、调查点

1. 地理人口

椒江，作为浙江省台州市政府所在地，位于浙江省沿海中部台州湾入口处和浙东最大的温黄平原北部。东濒大海，南邻路桥，西接黄岩，北接临海。椒江区土地总面积 343.58 平方公里。

自 2003 年始，椒江区下辖 8 个街道、大陈镇和椒江海洋渔业总公司、椒江农场，还有 203 个行政村、57 个社区、4 个居委会。8 个街道分别是：海门街道、白云街道、葭沚街道、洪家街道、下陈街道、三甲街道、章安街道、前所街道。①2017 年年末，全区总户数 17.42 万，户籍总人口 54.27 万。主体民族为汉族。

2. 历史沿革

椒江原名"海门"。海门地处椒江口，因江北之小圆山和江南之牛头颈山对峙，壮如大门而得名。1981 年建市。因与江苏海门县同名而改称椒江，以椒江横贯市域而得名。椒江区以椒江之隔而分为南北两片，其历史、语言和民情风俗有较为明显的差异。明洪武二十年（1387）在海门筑城设卫，以御倭寇，始称海门卫。清光绪二十年（1894）开埠通商，发展成为商埠。1928 年建临海县海门区。1934 年，浙江省第七行政督察专员公署设海门。1941 年 4 月因日军窜扰而迁临海。1949 年 6 月海门解放后，建为台州专员公署直属海门区。1956 年 3 月改为黄岩县海门区，始属黄岩。1980 年 7 月由黄岩县分出，建立海门特区，1981 年 7 月经国务院批准成立椒江市，为浙江省第一个县级市。1994 年设台州市于椒江，遂撤椒江市，为台州市椒江区。②

---

① 《椒江年鉴》编纂委员会. 椒江年鉴（2019）. 北京：中华书局，2019：55-60.
② 《椒江年鉴》编纂委员会. 椒江年鉴（2019）. 北京：中华书局，2019：55-60.

3. 方言分布

椒江方言属于吴语台州片。台州片内部还有北台片和南台片之分，椒江方言属于南台片。椒江方言内部以江为界，又可分为南北两片。北片以章安话为代表，与临海方言接近；南片以海门话为代表，与黄岩方言基本相同。

本文所指椒江方言以椒江区海门街道（原老海门）为调查点。

4. 地方曲艺

今椒江区域内的地方曲艺有葭沚词调、莲花、唱宝卷、打花鼓、道情、评书、挖花等，但与本次调查所涉老椒江方言直接相关的地方传统曲艺较少。

二、方言发音人

1. 方言老男

张鸣，1955年1月出生于椒江北大街，一直在本地生活和工作，基层干部，现已退休，大专文化程度，说椒江话和普通话。父母均为椒江人，说椒江城关话。

2. 方言青男

王勇，1980年11月出生于椒江石公庙巷，一直在本地生活和工作，工商业者，高中文化程度，说椒江话和普通话。父母均为椒江人，说椒江城关话。

3. 口头文化发音人

林锦红，女，1963年7月出生于椒江万济池，一直在本地生活和工作，职工，现已退休，初中文化程度，说椒江话和普通话。

张华飞，女，1955年1月出生于椒江屋基里，一直在椒江和临海两地生活和工作，文艺工作者，现已退休，高中文化程度，说椒江话和普通话。

洪文聪，女，1954年11月出生于椒江高沿街，一直在本地生活和工作，职工，现已退休，大专文化程度，说椒江话和普通话。

王振华，男，1956年3月出生于椒江衙门巷，一直在本地生活和工作，医生，现已退休，中专文化程度，说椒江话和普通话。

贰　声韵调

一、声母（28个，包括零声母在内）

p 八兵	pʰ 派片	b 爬病肥	m 麦明味问	f 飞风副蜂	v 饭肥问
t 多东	tʰ 讨天	d 甜毒	n 脑		l 南老蓝连路
ts 资早租争 装竹纸主	tsʰ 刺草寸拆 抄初车春	dz 祠茶柱		s 丝三酸山 双	z 字贼坐全事 床船顺
tɕ 酒张九	tɕʰ 清抽轻	dʑ 钱	ȵ 年泥热软月	ɕ 想手书响	ʑ 谢十城
k 高官	kʰ 开敲	g 共权	ŋ 熬瓦	h 好灰	
Ø 活安温县 王云用药					

说明：

（1）鼻音、边音和零声母逢阴调类带紧喉［ʔ］，阳调类带浊流［ɦ］。现统一为一套［m］［n］［ȵ］［ŋ］［l］［Ø］。

（2）［k］组声母在细音前的实际发音部位偏前近舌面中音［c］组。

（3）有些全浊辅音声母发音起始处有较明显的清化现象。

二、韵母（49个，包括自成音节的［m］［n］［ŋ］）

ɿ 猪师丝试耳木~	i 米戏飞	u 过苦	y 靴雨鬼
ʮ 除水			
a 排鞋	ia 写夜	ua 快怪	
ɛ 南山	iɛ 眼肝	uɛ 关弯	
ə 开赔对	ie 盐年肝	uə 官灰	
ɔ 宝饱	iɔ 笑桥		
o 歌坐茶牙瓦	io 豆走		
ø 半短			yø 权圆
ɯ 饿河			
əu 多土	iu 油手		

ã 硬争	iã 响张	uã 横梗
ɔ̃ 糖床讲双		uɔ̃ 光王
əŋ 问根灯	iŋ 心新病星深升	uəŋ 滚温　　yŋ 云
øŋ 寸春		
oŋ 东		yoŋ 兄用
aʔ 白	iaʔ 药	
εʔ 盒塔鸭法辣八色	ieʔ 接十急热七一直锡	yeʔ 月橘
əʔ 黑		uəʔ 活刮骨
oʔ 郭学北国谷六绿局		uoʔ 霍屋　　yoʔ 玉
øʔ 夺		
m 母		
n 儿二		
ŋ 五耳~朵		

说明：

（1）[ø]前拼舌尖前声母时有[ч]的过渡音，即[чø]。

（2）[ə][uə]中的[ə]实际发音偏高、偏前，近[ɘ]。

（3）[o][io]中的[o]舌位偏低。

（4）[ɯ]舌位偏低。

（5）[əu]中的[ə]有时接近过渡音。

（6）[ie]有时发音近[i]或者[iɪ]，如"盐"。

（7）[u][iu]中的[u]实际发音近[ʊ]。

（8）[yoŋ]发音时起始圆唇不是非常到位，有时候近[ioŋ]。

（9）[εʔ]的元音舌位偏后，如"插、闸、鸭、辣"。

（10）[uoʔ]中介音 u 的动程较短，有时候听起来近[oʔ]，如"屋"。

（11）古见系山摄合口三等字的声母读舌根音，韵母有时读[yø]，有时读[ø]，如"权"，老派读[gø³¹]，新派多读[gyø³¹]更明显。

（12）[m][n][ŋ]自成音节时，实际上也有紧喉和浊流之分，分别与阴阳调类相配。如"尔你—儿"，本可记为"[ʔn⁴²]—[ɦn³¹]"。

三、声调（6个）

阴平	42	东该灯风通开天春懂古鬼九统苦讨草买老五有后
阳平	31	门龙牛油铜皮糖红动罪近
阴去	55	冻怪半四痛快寸去
阳去	24	卖路硬乱洞地饭树
阴入	5	谷急刻百搭节拍塔切
阳入	2	六麦叶月毒白盒罚

说明：

（1）古清平和清上、次浊上合并，现以阴平调名归之。阴平实际降势稍大。

（2）古浊平和全浊上合并，现以阳平调名归之。阳平调起势时微升近［231］，有时存在调尾持平现象。

（3）有些字发音不太稳定，因快慢和时长不一导致声调略异，如"动—罪""懂—古"，前字音程比后字短，同时显得后字声调末尾下降后有持平现象。

（4）阳去调有时先平后升，或先微降后升，近［224］或［214］。

（5）阳入调实际近［23］。尤其在慢读时，音程不太短促，喉塞尾不太明显。为了便于揭示台州片内部（特别是台州南部）方言之间相对统一的特征，以及与阴入调的对比，故仍采用短调记为［2］。

叁　连读变调

椒江方言两字组的连读变调规律见下表。表中首列为前字本调，首行为后字本调。每一格的第一行是两字组的本调组合；第二行是连读变调，若连读调与单字调相同，则此行空白；第三行为例词。同一两字组若有两种以上的变调，则以横线分隔。具体如下。

椒江方言两字组连读变调表

后字 前字	阴平 42		阳平 31		阴上 42		阳上 31		阴去 55		阳去 24		阴入 5		阳入 2	
阴平 42	42 35 椒	42 江	42 33 家	31 41 娘	42 33 山	42 水	42 33 兄	31 31 弟	42 33 花	55 菜	42 33 天	24 44 地	42 33 钢	5 笔	42 33 阴	3 2 历

续表

后字 前字	阴平 42	阳平 31	阴上 42	阳上 31	阴去 55	阳去 24	阴入 5	阳入 2
阳平 31	31 42 24 梅 花	31 31 41 媒 婆	31 42 22 苹 果	31 31 22 熊 抱	31 55 情 况	31 24 44 黄 豆	31 5 22 时 节	31 2 22 黄 历
阴上 42	42 42 火 车	42 42 53 31 老 爷	42 42 火 腿	42 31 火 仗	42 55 比 赛	42 24 草 帽	42 5 粉 笔	42 2 小 学
阳上 31	31 42 棒 冰	31 31 44 肚 脐	31 31 道 理	31 31 道 士	31 31 被 絮	31 24 部 队	31 5 负 责	31 2 厚 薄
阴去 55	55 42 33 42 汽 车	55 31 33 算 盘	55 42 33 汽 水	55 31 33 创 造	55 55 33 布 帐	55 24 33 44 性 命	55 5 33 做 法	55 2 33 泡 沫
阳去 24	24 42 22 电 灯	24 31 22 地 球	24 42 22 胃 口	24 31 22 大 棒	24 55 22 大 蒜	24 24 22 44 豆 腐	24 5 22 办 法	24 2 22 大 麦
阴入 5	5 42 3 菊 花	5 31 3 41 恶 人	5 42 3 屋 顶	5 31 3 黑 道	5 55 3 客 气	5 24 3 绰 号	5 5 3 一 百	5 2 3 结 局
阳入 2	2 42 日 子	2 31 41 别 人	2 42 落 雨	2 31 浴 桶	2 55 学 费	2 24 月 份	2 5 落 雪	2 2 玉 镯

说明：

（1）阴平在阴平前有时候读［35］。

（2）阳去和阴去在阴平和阳平后的调型实无殊异，因取消了［ɦ］声母，现将阳去调处理为［44]，阴去调记为［5］，以便区别。

肆　异读

一、新老异读

椒江方言的新老异读主要体现在声母和韵母上。

（1）老派有些［n］和［l］不分的字，新派从分的趋势越来越明显。

（2）古见系山摄合口三等字的声母读舌根音，韵母有时读［yø］，有时读［ø］，如"权"，老派读 $[gø^{31}]$，新派读 $[gyø^{31}]$ 更明显。

二、文白异读

椒江方言的文白异读现象主要表现在声母、韵母以及声韵兼及上。下文中"/"前为白读，后为文读。

1. 声母

（1）非组

白读声母为双唇音[b]或[m]，文读声母为轻唇音[f]或[v]。这些字大都来源于合口三等的非组，尤以微母居多。

（2）日母

白读声母为鼻辅音[ȵ]或零声母，文读声母为浊擦音[z]或[ʑ]。有的字只有白读音，有的字只有文读音。

2. 韵母

（1）遇合三鱼韵

庄组字白读[ɿ]，文读[əu]，如"梳"，白读音为[sɿ⁴²]，文读音则读[səu⁴²]。遇摄部分疑母字也存在文白异读，其白读音是鼻辅音韵母[ŋ]，文读音是元音韵母，如模韵的"吴五伍午"和鱼韵的"鱼渔"的白读音都是[ŋ]，模韵的文读音为[u]，鱼韵的文读音为[y]。见组字的白读韵母是[ie]，文读韵母是[y]，如"锯""渠第三人称单数"。

蟹合三的白读韵母是[ɥ]，精组和知系字文读韵母为[e]，见系字文读韵母为[uə]。

（2）止蟹合三见系

白读韵母为[y]，文读为[uə]。有些字只有白读音，如"鬼季柜|桂"；有些字一般只读白读音，仅在正式场合读文读音，如"胃贵~姓|鳜"；有些字只有文读音，如"麾挥萎讳委|奎"；有些字则存在文白异读。

3. 声母和韵母

（1）假开二

假开二帮组字只有韵母的文白异读，白读韵母为[o]，文读韵母为[a]。见系字的文白异读是声韵皆及，白读声母为舌根音，白读韵母同帮组相同；文读声母为舌面前音，文读韵母为[ia]。但是，一般情况下只读白读音。

（2）止开三日母

白读为鼻辅音韵母，文读的声母和韵母差异很大，反映了文白异读的不同层次。个别字只有一个白读音，如"儿"字；也有的字虽有两个读音，但相较于旧白读层来说是文读音，而相对于新文读层来说又是白读音，比如说"二"字的两个读音就属于这种情况。

伍　小称

儿化、小称性质的语言现象在椒江方言中表现为"变音"。"变音"是相对于"本音"而言的。

从形式构成的角度来分，包括单纯变音型和混合变音型两种。前者是舒声字类，只改变声调，如：鸟 tiɔ⁴²—tiɔ⁵¹ | 网 mɤ̃⁴²—mɤ̃⁵¹；后者是入声字类，涉及声调和韵母的双重变化，如：橘 kyeʔ⁵—kyŋ⁵¹ | 粥 tsoʔ⁵—tsoŋ⁵¹。

从变音的规律来分，包括升变音和降变音两种。具体调值上又依声母清浊各自再分高低两类。平声字变为升变音，调值为［35］（清声母）/［24］（浊声母），如"沙箫哥 / 桃橙瓶"；仄声字变为降变音，调值为［51］（清声母）/［41］（浊声母），如"鸟菜雀 / 站佛闸"。

入声韵母与变音韵母具体对照如下：

aʔ—ã	iaʔ—iã	
øʔ—øŋ	iʔ—ie, iɛ, iŋ	yeʔ—yø, yŋ
ɛʔ—ɛ, əŋ	uəʔ—зu, uã, uəŋ	
əʔ—əŋ		
oʔ—ɔ̃, oŋ	uoʔ—uɔ̃, oŋ	yoʔ—yoŋ

由于变音是椒江方言的重要特征，很多字单念时最普通的读音往往是变音，而非本音，甚至不知其本音。为了便于本音和变音的比较，以及前后保持一致，因此在老男和青男的单字注音上，仍然按照"本音在前，变音在后"的顺序。个别字日常生活中一般只读变音，如"鱼、卒、姐"，则或在单字音中标注"（无）"，而在备注中补充说明，并保留相应的音视频信息。

陆　其他音变

一、合音

椒江方言中的合音现象主要发生在末尾音节为零声母音节上，涉及助词、否定副词、代词等方面。除了有些否定副词与动词组成的合音比较固定外，其他的合音基本上属于纯粹的连音音变。助词如"爻"，［起爻］合音为 $tɕ^hiɔ^{42}$，［来爻］合音为 $lɔ^{31}$。助词"勿 + 语气词"，否定副词如"勿 + 用"、"弗 + 曾"、"休 + 要"、"弗 + 晓"、"弗 + 会"、"弗 + 好"等都会发生合音现象。

二、同化

同化包括顺同化和逆同化。顺同化主要发生在"鼻音韵尾 + 零声母音节"。与前文"爻"的音变现象相同。这种语言环境中，零声母音节变成了鼻辅音声母开头的音节，如生毛病爻 $sã^{33}mɔ^{22}biŋ^{44}ŋɔ^0$ | 冻爻_{着凉} $toŋ^{55}ŋɔ^0$ 中，末尾的 $ŋɔ^0$ 是"爻"受前字"病"和"冻"鼻韵尾的顺同化所致。又如：转来年 $tsø^{42}lø^{22}ȵie^{41}$，"来"读 $lø^{22}$ 也是顺同化的结果。

逆同化正好与顺同化相反，指前一个音节或音素受后一个音节或音素的影响的导致的同化现象，如："翼膀"读 $øyeʔ^2pɔ̃^{51}$，前字的读音应该就是"翼"字受后字"膀"的逆同化导致的。

三、弱化

语流中弱化的现象包括轻声、轻音、声母弱化、韵母弱化等。可以说声母和韵母的弱化是轻声和轻重音的伴随结果。

第四十二节　黄岩方音

壹　概况

一、调查点

1. 地理人口

黄岩，属于台州市黄岩区，地处浙江黄金海岸线中部。北连临海，南连温岭和乐清，西接永嘉和仙居，东北与椒江毗邻，东南滨海，属浙南中高山区和沿海丘陵平原区。[①] 区域总面积 988 平方公里。

黄岩现辖现辖 5 镇 6 乡 8 街道。[②] 截至 2019 年年底，黄岩区人口总户数 19.67 万，总人口数 61.61 万。主体民族为汉族。

2. 历史沿革

黄岩，因东汉末中国道教名人王远隐居之山顶有黄石而命名为黄岩山而得名。唐上元二年（675）析临海县南始置永宁县，唐武后天授元年（690）改名为黄岩县，属江南道台州。明成化五年（公元 1469），析南部太平、繁昌、方岩 3 乡置太平县（今温岭市）。

1938 年 6 月成立黄岩县人民政府。1956 年 3 月海门直属区（县级）撤销，与黄岩县合并。1980—1984 年先后将原海门、洪家、三甲划入椒江市而成为浙江省第一个县级市。1989 年，撤黄岩县设立黄岩市（县级市）。1994 年，台州地区设市驻于椒江，黄岩撤市设区，并析路桥、桐屿、螺洋等 8 镇 2 乡置路桥区，同为台州市的主体城区之一。[③]

3. 方言分布

黄岩方言属吴语台州片，内部差异很小。黄岩方言以现台州市黄岩区（原黄岩县老城关）为调查点话。

① 参见：黄岩区人民政府网，http://www.zjhy.gov.cn/col/col1615824/index.html，2022 年 8 月 18 日获取。
② 《黄岩志》编纂委员会. 黄岩志. 北京：中华书局，2002：43-44.
③ 浙江省民政厅. 浙江省标准地名词典（第一卷）. 杭州：浙江人民出版社，2020：355.

4. 地方曲艺

黄岩区内主要口头文化形式有台州乱弹等。台州乱弹早称黄岩乱弹，曾一度面临失传危险，现正传承中。黄岩第一职技校开设了台州乱弹专业，设立台州乱弹剧团，2015 年受邀参加了中央电视台春节联欢晚会的表演。

二、方言发音人

1. 方言老男

董济忠，1955 年 7 月出生于黄岩鼓楼街道，一直在本地生活和工作，职工，现已退休，初中文化程度，说黄岩话和不太标准的普通话。父母均为黄岩老城关人，说黄岩城关话。

2. 方言青男

陈一樨，1993 年 9 月出生于黄岩西城街道，一直在本地生活和工作，教师，本科文化程度，说黄岩话和普通话。父母均为黄岩老城关人，说黄岩城关话。

3. 口头文化发音人

陈信义，男，1954 年 11 月出生于黄岩西城街道，一直在本地生活和工作，文艺工作者，初中文化程度，说黄岩话和普通话。

徐桂妹，女，1962 年 6 月出生于黄岩西城街道，一直在本地生活和工作，职工，现已退休，大专文化程度，说黄岩话和普通话。

周姿含，女，2008 年 2 月出生于黄岩西城街道，一直在温岭生活，学生，初中文化程度，说黄岩话和普通话。

贰 声韵调

一、声母（28 个，包括零声母在内）

p 八兵	pʰ 派片	b 爬病肥	m 麦明味问	f 飞风副蜂	v 饭肥问
t 多东	tʰ 讨天	d 甜毒	n 泥		l 老蓝连路脑南

ts 资早租争	tsʰ 刺草寸拆	dz 茶		s 丝三酸山	z 字贼祠事
装纸竹	抄初车春			双	床船顺全
tɕ 酒张主九	tɕʰ 清抽轻	dʑ 钱	n̠ 年热软月	ɕ 想手书响	ʑ 谢十城
k 高改	kʰ 开敲	ɡ 权共	ŋ 熬瓦	h 好灰	
∅ 活县安温					
王云用药					

说明：

（1）鼻音、边音和零声母逢阴调类带紧喉[ʔ]，阳调类带浊流[ɦ]。现统一为一套[m][n][n̠][ŋ][l][∅]。

（2）[k]组声母在细音前的实际发音部位偏前近舌面中音[c]组。

（3）有些全浊辅音声母发音起始有较明显的清音送气，如"办"字等。

二、韵母（47个，包括自成音节的[m][n][ŋ]）

ɿ 猪师丝试耳未~	i 米戏飞	u 过苦	y 靴雨鬼
ʅ 除			
a 排鞋	ia 写	ua 快	
ɛ 南山	iɛ 肝奸	uɛ 关	
e 赔对	ie 开个饿河盐年肝		
ø 半短		uø 官	yø 权
ɔ 饱宝	iɔ 笑桥		
o 歌个饿河坐茶牙瓦	io 豆走		
ou 多	iu 油		
ã 硬争	iã 响	uã 横	
ɔ̃ 糖床讲双		uɔ̃ 王	
ən 问根灯	in 心深新升病星	uən 滚	yn 云
øn 寸春			
oŋ 东轰			yoŋ 兄用
aʔ 百白	ieʔ 药	uaʔ 活刮	
əʔ 盒塔鸭法辣八色黑	iəʔ 接十急热七一直锡		yeʔ 月橘
øʔ 出			

oʔ 托郭学北国谷六绿		uoʔ 骨	yoʔ 玉褥局
m 呒			
n 儿二			
ŋ 五耳~朵			

说明：

（1）［a］［ia］［ua］中的［a］舌位偏后。

（2）［ie］中主要元音偏高，有时近［iɪ］。

（3）［io］中［i］受［o］的逆同化影响而常有圆唇色彩。

（4）［uø］中主要元音［ø］圆唇不太明显，有时近［ue］，如"灰、位"。

（5）［m］［n］［ŋ］自成音节时，实际上也有浊流和紧喉之分，现一律处理为零声母。

（6）［uən］中主要元音［ə］舌位偏前。

（7）［əʔ］发音时有时候元音开口度略大，介于［ə］和［ɛ］之间。

（8）［oʔ］中［o］实际上介于［o］与［ɔ］之间。

（9）前鼻音有时接近鼻化音甚至后鼻音，［in］［ən］有时尤为明显。

三、声调（7个）

阴平	32	东该灯风通开天春
阳平	121	门龙牛油铜皮糖红动罪近
阴上	42	懂古鬼九统苦讨草买老五有后
阴去	55	冻怪半四痛快寸去
阳去	24	卖路硬乱洞地饭树
阴入	5	谷百搭节急哭拍塔切刻
阳入	2	六麦叶月毒白盒罚

说明：

（1）阴平有时调尾不下降，近平调［33］。

（2）阳平一般起势微升，变体有［231］或［131］。有时调型较平近［22］。阳平调值不太稳定，变体较多。词汇部分（或语流中）多读降调。

（3）阴上有时起点稍高近［52］，有时终点较低近［41］。

（4）阴去实际调值略低。

（5）阳入调实际调值微升近［12］或［23］，音程不太短促，喉塞尾不太明显，慢读时更明显。为了便于揭示台州片内部（特别是台州南部）方言之间的相对统一的特征，以及与阴入调的对比，故仍采用短调记之，调值折中为［2］。

叁　连读变调

黄岩方言两字组的连读变调规律见下表。表中首列为前字本调，首行为后字本调。每一格的第一行是两字组的本调组合；第二行是连读变调，若连读调与单字调相同，则此行空白；第三行为例词。同一两字组若有两种以上的变调，则以横线分隔。具体如下。

黄岩方言两字组连读变调表

后字／前字	阴平 32		阳平 121		阴上 42		阳上 121		阴去 55		阳去 24		阴入 5		阳入 2	
阴平 32	32 35 猪	32 42 公	32 35 清	121 41 明	32 33 风	42 水	32 33 兄	121 弟	32 33 冬	55 至	32 33 杉	24 44 树	32 33 钢	5 笔	32 33 山	2 药
阳平 121	121 24 胡	32 42 须	121 13 洋	121 41 油	121 13 牙	42 齿	121 13 洋	121 121 皂	121 13 油	55 菜	121 13 牌	24 44 位	121 13 人	5 客	121 13 农	2 历
阴上 42	42 火	32 车	42 55 杏	121 41 梅	42 冷	42 水	42 改	121 造	42 韭	55 菜	42 草	24 帽	42 小	5 雪	42 古	2 历
阳上 121	121 棒	32 冰	121 44 肚	121 41 脐	121 动	42 手	121 道	121 士	121 被	55 絮	121 像	24 话	121 负	5 责	121 市	2 日
阴去 55	55 33 汽	32 车	55 33 算	55 121 盘	55 33 汽	42 53 水	55 55 壅	121 31 桶	55 33 布	55 帐	55 33 做	24 44 寿	55 33 裤	5 脚	55 33 泡	2 沫
阳去 24	24 13 电	32 灯	24 13 芋	121 头	24 13 大	42 小	24 13 大	121 稻	24 13 面	55 相	24 13 雾	24 44 露	24 13 大	5 雪	24 13 大	2 麦
阴入 5	5 3 国	32 家	5 恶	121 41 人	5 3 结	42 果	5 3 割	121 稻	5 3 一	55 世	5 3 柏	24 树	5 3 一	5 百	5 3 结	2 局
阳入 2	2 石	32 灰	2 活	121 41 人	2 落	42 雨	2 拔	121 肚	2 学	55 费	2 绿	24 22 豆	2 蜡	5 烛	2 玉	2 镯

说明：

（1）连读变调在快读时比慢读时更容易产生变化。快读时前字常变升调。例如：阴平在阳平前有时读升调，如"猪雄、猪栏"，但上升程度不一。

（2）阴平、阴上在上声（阴上、阳上）和去声（阴去、阳去）后有相混的趋势，确切地说，是阴平向阴上靠拢，降调更明显。

（3）阴去在平声和上声调前实际发音比单字调 [55] 时略低。

肆　异读

一、新老异读

黄岩方言新老异读现象主要表现在以下三个方面。

（1）声调。新派的阳平声调已明显读降调，记为 [31]。老派尚能区分的阴平和阴上在新派音系中已彻底合并。

（2）声母。有些老男读舌尖前音的字，青男已经腭化，如"书住"等青男均读 [tɕ] 组声母，并且韵母同时由舌尖元音变为舌面元音 [y]。新派读浊声母时有清化现象，如"晚"。老年读 [l] 的字，青年很多读 [n]，如"闹脑"。

（3）韵母。新派发 [ue] 时 [e] 介于 [e] 和 [ø] 之间；[ɔ] 前稍有时有过渡音 [u] 和动程，类似 [ᵘɔ] 或 [°ɔ]。

二、文白异读

黄岩方言的文白异读现象主要表现在声母、韵母以及声韵兼及三个方面。下文中 "/" 前为白读，后为文读。

1. 声母

（1）非组

白读声母为双唇音 [b] 或 [m]，文读声母为轻唇音 [f] 或 [v]。这些字大都来源于合口三等的非组，特别是微母居多，如"肥味"等。

（2）日母

白读声母为鼻辅音 [ȵ]，文读声母为浊擦音 [ʐ]。如"让"。

（3）匣母

匣母字很多字的白读声母为舌根或舌面声母，文读声母则为零声母。例如：流开一侯韵匣母的"厚"字白读音为[dʑio¹²¹]，文读音为[io⁴²]。蟹合一泰韵匣母的"绘"字白读音为[kuø⁵⁵]，文读音[uø²²]。

2. 韵母

（1）果摄

果摄的文白异读比较复杂。"大、拖"等字的白读韵母为[əu]，文读韵母为[a]。"个、饿、河"的文读韵母为[o]，白读韵母分别为[ie]（"个、饿"）或[e]（"河"）。

（2）假摄

假开二帮组字白读韵母为[o]，文读韵母为[a]，如"把、马"。

（3）遇摄鱼韵

遇摄部分疑母字也存在文白异读，它们的白读音是鼻辅音韵母[ŋ]，文读音是元音韵母，如模韵的"吴、五、伍、午"和鱼韵的"鱼、渔"的白读音都是[ŋ]，模韵的文读音为[u]，鱼韵的文读音为[y]。见组字的白读韵母是[ie]，文读韵母是[y]，如"锯、去、渠第三人称单数"。

（4）咸开一覃韵

咸开一覃韵文读韵母为[ɛ]，白读韵母读[əŋ]，如端系"潭"；或者读[ie]，如匣影母字"含、暗"。

（5）止蟹合三见系

白读韵母为[y]，文读为[uø]，如"规"。

3. 母和韵母

主要在假摄上。假开二见系字的白读声母为舌根音，白读韵母同帮组相同；文读声母为舌面前音，文读韵母为[ia]。但是，一般情况下只读白读音。

伍　小称

儿化、小称性质的语言现象在黄岩方言中叫"变音"。"变音"是相对于"本音"而言的。

从形式构成的角度来分，包括单纯变音型和混合变音型两种。前者涉及舒声字类，只改变声调，如：锣 lou^{22}—lou^{24} | 鸡 tɕi^{32}—tɕi^{35}；后者是入声字类，有些涉及声调和韵母的双重变化，如：橘 kyeʔ^5—kyn^{53} | 粥 tsoʔ^5—tsoŋ^{53}。

从变音的规律来分，包括升变音和降变音两种。具体调值上又依声母清浊各自再分高低两类。平声字变为升变音，调值为［35］（清声母）/［24］（浊声母），如"箫［35］/桃［24］"；仄声字变为降变音，调值为［53］（清声母）/［41］（浊声母），如"鸟/桶"等，分别与阴上和阳上同调。

入声韵母与变音韵母具体对照如下：

ɐʔ—ã	iɐʔ—iã	ɜuʔ—ɜu, uã, uəŋ
øʔ—øŋ	ieʔ—ie, iɛ, iŋ	yeʔ—yø, yŋ
ɜʔ—ɜ, əŋ		
oʔ—õ, oŋ	uoʔ—uõ, oŋ	yoʔ—yoŋ

由于变音是黄岩方言的重要特征，因此很多字单念时最普通的读音往往是变音，而非本音，甚至不知道本音是什么。为了便于本音和变音的比较，以及前后保持一致，在老男和青男的单字注音上，仍然按照"本音在前，变音在后"的顺序。

第四十三节　温岭方音

壹　概况

一、调查点

1. 地理人口

温岭，地处浙江东南沿海，介于宁波和温州之间。三面环海，东濒东海，南接玉环，西邻乐清，北界台州市黄岩区、路桥区。陆域面积 926 平方公里，海岸线长 317 公里[①]。

温岭市现辖 5 个街道、11 个镇、97 个社区（居委会）、830 个行政村，人口总数为台州市九个县（市、区）之最，也是全国人口密度最高的县市之一。截至 2016 年年底，温岭市人口总户数 41.19 万，总人口数 121.53 万。

2. 历史沿革

温岭，秦时属闽中郡。成化五年（公元 1469），析黄岩南方岩、太平、繁昌三乡、管都二十一置太平县，治太平乡，因境内有太平山而得名。至乾隆六十年（1795），邑境经多次更替后较前稍展。1914 年，因与山西、安徽、四川等省太平县同名，故取县西温峤岭之别称"温岭"为县名，沿用至今。[②]1994 年 2 月，经国务院批准，撤县设市。[③]

3. 方言分布

李荣先生在《温岭方言语音分析》（1966）一文中曾提及"温岭方言内部略有差别"。《温岭县志》"方言章"中也提到"温岭话内部略有差异"。《大溪镇志》中介绍大溪方言"属吴语区台州南部方言片。语音、词汇、句法均与温岭城区基本相同，少数如走、头、蕃、踝等语音略为不同"[④]。可见，已有的研究虽都提及温

---

① 参见：温岭市人民政府网，http://www.wl.gov.cn/col/col1544465/index.html，2022 年 8 月 7 日获取。
② 温岭县志编纂委员会. 温岭县志. 杭州：浙江人民出版社，1992：1
③ 温岭市地方志编纂委员会. 温岭市志（1988—2007）. 北京：中华书局，2018：4.
④ 大溪镇志编纂委员会. 大溪镇志. 北京：中国文史出版社，2007：721.

岭方言内部差异的存在，但都认为这种差别是很小的。温岭民间对内部差异的感性认识可能比文献记录要强烈些。特别是与黄岩、路桥接壤的泽国镇，新河镇北部的背闸、东合、城北村等，都被认为带有典型的"黄岩腔"。此外，温岭石塘存在一个闽南方言岛——箬山话。

4. 地方曲艺

温岭地方曲艺主要有：（1）温岭滩簧，流传于太平街道和温峤；（2）温岭道情，流传于箬横、新河；（3）洒尺（调），流传于新河、温峤；（4）洞房经，流传于滨海。

二、方言发音人

1. 方言老男

王根土，1946年10月出生于温岭老城关，一直在本地生活和工作，记者，现已退休，初中文化程度，说温岭话和不太标准的普通话。父母均为温岭城关人，说温岭城关话。

2. 方言青男

李靖，1978年1月出生于温岭老城关，一直在本地生活和工作，工商业者，本科文化程度，说温岭话和普通话。父母均为温岭城关人，说温岭城关话。

3. 口头文化发音人

金明才，男，1944年11月出生于温岭老城关，一直在本地生活和工作，文艺工作者，初中文化程度，说温岭话和不太标准的普通话。

阮素琴，女，1971年3月出生于温岭老城关，一直在本地生活和工作，文艺工作者，高中文化程度，说温岭话和普通话。

应光远，男，1939年2月出生于温岭滨海镇，一直在温岭生活，文艺工作者，小学文化程度，说温岭话和不太标准的普通话。

王云兵，男，1972年3月出生于温岭滨海镇，一直在温岭生活，工商业者，初中文化程度，说温岭话和不太标准的普通话。

王霞，女，1986年7月出生于温岭老城关，一直在本地生活和工作，教师，大专文化程度，说温岭话和普通话。

贰　声韵调

一、声母（28个，包括零声母在内）

p 八兵	pʰ 派片	b 爬病肥	m 麦明味问	f 飞风副蜂	v 饭肥问
t 多东	tʰ 讨天	d 甜毒	n 脑南泥		l 老蓝连路
ts 资早租 　 争装纸	tsʰ 刺草寸拆 　 抄初车	dz 茶		s 丝三酸山	z 字贼坐祠 　 事床
tɕ 酒张竹 　 主九	tɕʰ 清抽春轻	dʑ 钱共	ȵ 年热软月	ɕ 想手书双响	ʑ 谢十城船 　 顺全
k 高改	kʰ 开敲	g 权	ŋ 熬瓦	h 好灰	
Ø 活县安温 　 王云用药					

说明：

（1）鼻音、边音和零声母逢阴调类带紧喉［ʔ］，阳调类带浊流［ɦ］。现统一为一套［m］［n］［ȵ］［ŋ］［l］［Ø］。

（2）细音前的［k］组声母的实际发音部位偏前。

（3）［tɕ］组声母发音时，舌面与硬腭接触的面积比普通话中的舌面前音多一些。

二、韵母（51个，包括自成音节的［m］［n］［ŋ］在内）

ɿ 猪师丝试耳木~	i 米戏飞	u 过苦	y 靴雨鬼
a 排鞋	ia 写	ua 快	
ɛ 南山	iɛ 肝奸	ɜu 关	
e 赔对	ie 开盐年肝	ue 官	
ø 半短			yø 权
ɔ 饱宝	iɔ 笑桥		
o 坐茶牙瓦			
ɤ 豆走	iɤ 狗		

ɯ 歌	iu 油	
ã 硬争	iã 响	uã 横
ɔ̃ 糖床讲	iɔ̃ 双	uɔ̃ 王
ən 问		uən 滚
	in 心深新升病星	yn 春云
øn 南寸		
əŋ 根灯		
	uŋ 东	yuŋ 兄用
	iʔ 接十急热七一直锡	yʔ 月出橘
aʔ 百	iaʔ 药	
əʔ 盒塔鸭法辣八色白	iəʔ 甲	uəʔ 活刮
øʔ 夺		
oʔ 托壳学北六绿		uoʔ 骨郭国谷　yoʔ 局
ɤʔ 黑		
m̩ 母		
n̩ 儿二		
ŋ̍ 五耳~朵		

说明：

（1）[e]在[ɪ]和[e]之间。

（2）个别字音的韵母有时近[ɛʔ]，如"白、八"，现统一为[əʔ]。

（3）有些字音的单韵母[u]前有过渡音[ə]，甚至就读成复韵母[əu]。如词汇部分中"露水"的"露"。

（4）[iʔ]有时近[ieʔ]或[iɪʔ]。

（5）[yʔ]有时近[yeʔ]或[yɪʔ]。

（6）[iu]中的[u]介于[u]和[ɯ]之间。

（7）[iɔ̃]有时发成[yɔ̃]，特别在词汇和实际口语中。新派已变化为[yɔ̃]。

（8）前鼻韵尾在语流中有时近鼻化音。

三、声调（7个）

| 阴平 | 33 | 东该灯风通开天春 |

阳平	31	门龙牛油铜皮糖红动罪近
阴上	42	懂古鬼九统苦讨草买老五有后
阴去	55	冻怪半四痛快寸去
阳去	13	卖路硬乱洞地饭树
阴入	5	谷百搭节急哭拍塔切刻
阳入	2	六麦叶月毒白盒罚

说明：

（1）阳平和阳上合并，现用阳平调名。

（2）阳平起始处略有微升，实际调值近［231］。

（3）阴上有时起点略高。

（4）阴去的实际调值不到［55］，近［44］。

（5）阳入调有时读得并不短促，近［23］。

叁　连读变调

温岭方言有七个单字调和两个变音变调。古浊平和全浊上在今单字调中已合而为一，但在连续变调中却为调类复原，呈现出分立的状态。温岭方言两字组的连读变调规律见下表。表中首列为前字本调，首行为后字本调。每一格的第一行是两字组的本调组合；第二行是连读变调，若连读调与单字调相同，则此行空白；第三行为例词。同一两字组若有两种以上的变调，则以横线分隔。具体如下。

温岭方言两字组连读变调表

后字\前字	阴平33	阳平31	阴上42	阳上31	阴去55	阳去13	阴入5	阳入2
阴平33	33 33 55 31 花 灯	33 31 35 41 亲 人	33 42 清 爽	33 31 香 皂	33 55 35 心 痛	33 13 35 44 新 旧	33 5 方 法	33 2 猪 肉
阳平31	33 31 24 头 花	31 31 24 41 头 绳	31 42 13 糖 梗	31 31 13 洋 皂	31 55 13 长 线	31 13 13 44 长 命	31 5 13 成 绩	31 2 13 成 熟
阴上42	42 33 滚 汤	42 31 55 纺 绸	42 42 省 长	42 31 小 道	42 55 宝 贝	42 13 保 佑	42 5 请 客	42 2 走 读

续表

前字＼后字	阴平 33	阳平 31	阴上 42	阳上 31	阴去 55	阳去 13	阴入 5	阳入 2
阳上 31	31　33 坐　输	31　31 44 坐　赢	31　42 道　理	31　31 道　士	31　55 被　絮	31　13 被　面	31　5 稻　谷	31　2 稻　麦
阴去 55	55　33 33 汽　车	55　31 33 气　球	55　55 33　42 汽　水	55　31 33 气　道	55　55 35 布　票	55　55 35　44 布　袋	55　5 33 气　血	55　2 33 布　幕
阳去 13	13　33 电　工	13　31 地　球	13　42 顺　手	13　31 夜　市	13　55 电　线	13　13 44 地　面	13　5 面　积	13　2 大　麦
阴入 5	5　33 3 恶　心	5　31 41 恶　人	5　42 3 黑　米	5　31 3 黑　市	5　55 3 黑　店	5　13 3 出　面	5　5 3 出　血	5　2 3 黑　白
阳入 2	2　33 月　光	2　31 41 日　头	2　42 白　酒	2　31 落　市	2　55 学　费	2　13 活　命	2　5 落　雨	2　2 毒　药

说明：

（1）阴平在阴平和阳平后，有时保持平调［33］，特别是在慢读的时候。

（2）阴上作后字时，有时候实际调值的起点略低，接近［31］。

肆　异读

一、新老异读

温岭方言的新老异读主要体现在以下方面：老派［n］［ŋ］自成音节时形成对立，新派已无对立，基本上合并为［ŋ］。

温岭方言内部新、老派的语音差异与地域差异一样，有的属于单项型差异，有的属于地域、年龄、性别等多项型差异。新老派之间在声调上无甚区别，在声母上的差异只是出现在臻摄合口的来母字上，"论仑伦沦轮"等字，老派读音与泥母相混为［n］声母，新派则受普通话的影响读边音［l］声母。除此以外，新老派之间的的显著差异主要表现在韵母以及与韵母拼合相关的个别声母上。如：［ɯ］和［iɯ］韵母；合口呼韵母［u］［uø］［uo］；鼻韵母类型；入声韵的分合。

二、文白异读

温岭方言的文白异读现象主要表现在声母、韵母以及声韵兼及方面。下文中"／"前为白读，后为文读。

1. 声母

（1）非组

白读声母为双唇音［b］或［ʔm］／［m］，文读声母为轻唇音［f］或［v］。这些字大都来源于合口三等的非组，特别是微母居多。

（2）日母

白读声母为鼻辅音［ȵ］，文读声母为浊擦音［ʑ］。有的字只有白读音，有的字只有文读音。有些字的文白异读有别于一般的日母字，如"润闰"二字音韵地位完全相同，但"润"字的白读音是［yn¹³］，文读音是［ʑyn¹³］，而"闰"则只有白读音［yn¹³］。

2. 韵母

（1）遇合三鱼韵

庄组字白读［ɿ］，文读［u］，如"梳"，温岭方言的白读音为［sɿ³³］，文读音为［su³³］。遇摄部分疑母字也存在文白异读，它们的白读音是鼻辅音韵母［ŋ］，文读音是元音韵母，如模韵的"吴、五伍午"和鱼韵的"鱼渔"的白读音都是［ŋ］，模韵的文读音为［u］，鱼韵的文读音为［y］。见组字的白读韵母是［ie］，文读韵母是［y］。如：锯、渠第三人称单数。

蟹合三的白读韵母是［y］，精组和知系字文读韵母为［e］，见系字文读韵母为［ue］，如：脆，白读［tɕʰy⁵⁵］物事～爻：东西因时间久而枯朽，文读为［tsʰe⁵⁵］清～。止合三的白读韵母与蟹合三相同，文读音有差异。止合三的文读音只出现在牙音上，读音与蟹合三同为［ue］，如：蟹合三的"桂卫"、止合三的"规毁位"等。

（2）咸开一覃韵

白读韵母为［øn］，文读韵母为［ɛ］。绝大部分咸开一覃韵字都只有文读音，只有少数白读音出现在温岭地名或老派口语中。

（3）止蟹合三见系

白读韵母为［y］，文读为［uø］或［ue］。有些字只有白读音，如"鬼季柜｜桂"等；有些字一般只读白读音，仅在正式场合读书面语音，如"胃贵～姓｜鳜"；有些字只有文读音，如"麾挥萎讳委｜奎"等；有些字则存在文白异读，例如：

例字	白读	文读
辉	$[hy^{33}]$ 光~	$[hu\emptyset^{33}]$ 人名；光~
毁	$[hy^{42}]$	$[hu\emptyset^{42}]$
伟	$[y^{42}]$ ~大	$[u\emptyset^{42}]$ 人名
危	$[y^{31}]$ 安~	$[u\emptyset^{31}]$ ~险
纬	$[hy^{33}]$ 经~线	$[u\emptyset^{13}]$ ~度
魏	$[ȵy^{13}]$ 古代人名	$[u\emptyset^{13}]$ ~国
卫	$[y^{13}]$ ~生	$[u\emptyset^{13}]$ 保~｜~生｜保家~国
惠｜慧	$[y^{13}]$	$[u\emptyset^{13}]$

3. 声母和韵母

（1）假开二

假开二帮组字只有韵母的文白异读，白读韵母为 $[o]$，文读韵母为 $[a]$。见系字的文白异读是声韵皆及，白读声母为舌根音，白读韵母同帮组相同；文读声母为舌面前音，文读韵母为 $[ia]$。但是，一般情况下只读白读音。

（2）止开三日母

白读为鼻辅音韵母，文读的声母和韵母差异很大，反映了文白异读的不同层次。个别字只有一个白读音的，如"儿"字；也有的字虽然有两个读音，但相比于旧白读层来说是文读音，而相对于新文读层次来说又是白读音，比如说"二"字的两个读音就属于这种情况。

伍　小称

本文所谓的小称音在李荣先生《温岭方言的变音》一文中，被称为"变音"，这是相对于"本音"而言的。温岭方言小称音特征和变化规律的描写基本参照李荣先生的《温岭方言的变音》。

从形式构成的角度来分，包括单纯变音型和混合变音型两种。前者只改变声调，主要发生在那些非入声的、有实在意义的词根字上，如：猫 $mɔ^{33}$—$mɔ^{15}$，鸟 $tiɔ^{42}$—$ciɔ^{51}$；后者涉及声调或声调和韵母的双重变化，主要有"词缀 + 变音"和"鼻尾、鼻化音 + 变音"，如：橘 $kyʔ^{5}$—kyn^{51}。

从变音的规律来分，包括升变音和降变音两种。由于取消了［ɦ］，因此变音在具体调值上又依声母清浊各自再分高低两类。平声字变为升变音，如"梨桃箫哥"等，调值为［15］（清声母）/［24］（浊声母），如"妖［15］/瑶［24］"等；仄声字变为降变音，如"鸟菜站雀"，调值为［51］（清声母）/［41］（浊声母），如"盏［51］/站［41］"。

入声字读变音时，韵母变得和舒声字一样了。温岭话十二个入声韵母变成了十九个舒声韵，［aʔ］［øʔ］［ɤʔ］［iaʔ］［iəʔ］五个韵母，变成［ã］［øn］［əŋ］［iã］［iɛ］，［iʔ］［yʔ］［əʔ］［oʔ］［uoʔ］［yoʔ］六个韵母则一分为二，分别变成［ie in］［yø yn］［ɛ ən］［ɔ̃ uŋ］［uɔ̃ uŋ］［iɔ̃ yuŋ］，而［uəʔ］有三个变音［uã］［uɛ］［uən］。这二十个韵母中，有个重复韵母［uŋ］。入声韵母与变音韵母具体对照如下。

aʔ—ã	iaʔ—iã		
øʔ—øn	iʔ—ie, in		yʔ—yø, yn
əʔ—ɛ, ən	iəʔ—iɛ	uəʔ—uɛ, uã, uən	
ɤʔ—əŋ			
oʔ—ɔ̃, uŋ		uoʔ—uɔ̃, uŋ	yoʔ—iɔ̃, yuŋ

由于变音是温岭方言的重要特征，因此很多字单念时最普通的读音往往是变音，而非本音，甚至不知道本音是什么。为了便于本音和变音的比较，以及前后保持一致，因此在老男和青男的单字注音上，仍然按照"本音在前，变音在后"的顺序。个别字日常生活中一般只读变音，如"鸽、夹夹子"，那就不注本音，或在单字音中标注"（无）"，而在备注中补充说明，并保留相应的音视频信息。

陆　其他音变

一、合音

温岭方言中的合音现象主要发生在末尾音节为零声母音节上，涉及助词、否定副词、代词等方面。除了有些否定副词与动词组成的合音比较固定外，其他的合音基本上属于纯粹的连音音变。助词如"爻""勿 + 语气词"；否定副词如"勿 + 用""弗 + 曾""休 + 要""弗 + 晓""弗 + 会""弗 + 好"；代词如第三人称单数前加"拨给"和"搭让；和；给"时，都会发生合音现象。

二、同化

包括顺同化和逆同化。顺同化主要发生在"鼻音韵尾 + 零声母音节"上。与前文"爻"的音变现象相同。这种语言环境中，零声母音节变成了鼻辅音声母开头的音节，如：中央[tɕyuŋ³³⁻⁵⁵ iã³³⁻³¹]，后字"央"顺同化为[ȵiã³³⁻³¹]。有时候后字读阴平并不变调。又如：同学[duŋ³¹⁻¹³ oʔ²]，后字"学"顺同化为[ŋoʔ²]。

逆同化正好与顺同化相反，指前一个音节或音素受后一个音节或音素的影响的导致的同化现象。

三、弱化

语流中弱化的现象包括轻声、轻音、声母弱化、韵母弱化等。可以说声母和韵母的弱化是轻声和轻重音的伴随结果。

温岭方言的轻声四个特点：字音的时间缩短、字调的音程变窄、失去固有调形或固有调形未详、有时候有声韵的变化。如：五斤 ≠ 五经，十斤 ≠ 席经。差别就在于量词"斤"字的音略短。除了量词"斤"字的音长略短外，还有一些伴随的音变现象，那就是"五斤"中前字"五"读成降变音[51]，后字"斤"就相对读轻音；"十斤"中后字"斤"则读降变音。

第四十四节　仙居方音

壹　概况

一、调查点

1. 地理人口

仙居县隶属浙江省台州市。地处浙江东南、台州西部，为浙江省台州地区海门港腹地。东连临海、黄岩，南接永嘉，西邻缙云，北与磐安、天台分界，东西长 63.6 公里，南北宽 57.6 公里，全县总面积为 2000 平方公里。下辖 3 街道 7 镇 10 乡，分别是：福应街道、安洲街道、南峰街道，横溪镇、白塔镇、田市镇、官路镇、下各镇、朱溪镇、埠头镇，上张乡、安岭乡、溪港乡、湫山乡、皤滩乡、淡竹乡、步路乡、广度乡、大战乡、双庙乡。[①] 截至 2019 年年底，全县共有 14.41 万户，总人口 51.96 万。[②] 绝大多数为汉族人口。

2. 历史沿革

东晋穆帝永和三年（347），仙居立县，名乐安。隋、唐间几经废置，至吴越宝正五年（930），改名永安。宋时，仙居是国内著名的宗教圣地之一。宋真宗以其"洞天名山屏蔽周卫，而多神仙之宅"，诏改今名。[③]

3. 方言分布

仙居境内的方言主要为仙居话，属吴语台州片。境内方言可分东、中、西三小片：中片以县城为为代表，分布最广；东片以下各镇为代表，带临海口音；西片以湫山乡为代表，带缙云口音。

---

① 仙居县人民政府网，http://www.zjxj.gov.cn/col/col1562632/index.html，2022 年 8 月 11 日获取。
② 参见：《2020 年浙江统计年鉴》，http://tjj.zj.gov.cn/col/col1525563/index.html，2022 年 8 月 11 日获取。
③ 仙居县志编纂委员会. 仙居县志. 杭州：浙江人民出版社，1987：1-2.

4. 地方曲艺

本地流行越剧。越剧为中国五大戏曲剧种（京剧、越剧、黄梅戏、评剧、豫剧）之一，发源于浙江省嵊县（今绍兴嵊州市），曾称小歌班、的笃班、绍兴戏剧、绍兴文戏等，主要流行于浙江、上海、江苏、福建、江西、安徽等广大南方地区，以及北京、天津等北方地区。[①] 越剧长于抒情，以唱为主，声音优美动听，表演真切动人，唯美典雅，极具江南灵秀之气，剧目多以"才子佳人"题材为主，艺术流派纷呈。

二、方言发音人

1. 方言老男

张真弟，1956 年 9 月出生于仙居城关镇，一直在本地生活和工作，农民，初中文化程度，说仙居城关话和不太标准的普通话。父亲是仙居城关镇人，说仙居城关话，母亲是金华市磐安县维新乡人，说仙居话（与仙居城关口音基本一致）。

2. 方言青男

王均吉，1987 年 11 月出生于仙居三桥乡，主要在本地生活和工作，工商业者，大专文化程度，说仙居话和普通话。父母均为仙居石卡村人，说仙居话和不太标准的普通话。

3. 口头文化发音人

吴建设，男，1967 年 2 月出生于仙居上张乡，教师，大专文化程度，说仙居话和普通话。

王燕青，女，1955 年 10 月出生于仙居东门街，教师，中专文化程度，说仙居话和普通话。

吴云香，女，1936 年 4 月出生于仙居官路镇，农民，文盲，说仙居话。

---

① 钱宏. 中国越剧大典. 杭州：浙江文艺出版社，2006：1-2.

贰　声韵调

一、声母（32个，包括零声母在内）

ɓ 八兵	pʰ 派片	b 爬病<u>肥</u>	m 麦明味问	f 飞风副蜂	v 肥饭
ɗ 多东方位	tʰ 讨天春	d 甜毒	n 脑南东~西		l 老蓝连路
ts 早租争装纸	tsʰ 刺草清抽拆初	dz 茶迟择		s 丝三酸山	z 坐祠床船十
tɕ 酒张竹主九	tɕʰ 清抽轻	dʑ 桥近柱<u>共</u>	ȵ 年泥热软月	ɕ 想双手书响	ʑ 谢顺城
c 敢贵根	cʰ 区缺肯	ɟ 跪权群	ç 血黑		
k 高狗官	kʰ 开苦客	g 厚<u>共</u>	ŋ 熬硬	h 好灰	
∅ 安温王云用药					

说明：

（1）[ɓ][ɗ]声母有时读作[p][t]。

（2）[f]声母摩擦较重。

（3）[tʰ]声母拼齐齿韵时，常带舌面色彩，近[ȶ]。

（4）[ts]组声母舌位一般略后，与[u]韵相拼时除外。

（5）[ȵ]声母拼撮口韵时舌位略后，近[ɲ]。

（6）[h]声母发音部位较前。

二、韵母（41个，包括自成音节的[m][ŋ]在内）

ɿ 猪师丝试	i 写米戏二飞	u 过苦	y 靴雨鬼
a 排鞋山	ia 响痒	ua 快官	ya 斜抓
æ 开赔对		uæ 灰回	
	ie 盐年		
o 歌坐茶牙瓦			
ø 南半短			yø 权远

ɐɯ 宝饱　　　　　　　iɐɯ 笑桥

əɯ 豆走　　　　　　　iəɯ 手油

ã 硬争

ɑ̃ 糖床讲　　　　　　　　　　　　　uã 梗横~竖

　　　　　　　　　　　　　　　　　uɑ̃ 光王　　　　　yɑ̃ 撞双

en 心深新寸　　　　　in 根灯升病星　　uen 滚温　　　yen 春云

oŋ 公风　　　　　　　ioŋ 兄用

aʔ 盒白　　　　　　　iaʔ 接贴热节

ɑʔ 塔鸭法八托壳学　　　　　　　　　　uɑʔ 活刮　　　　yɑʔ 月药

əʔ 十七北色　　　　　iəʔ 急一直尺锡　　uəʔ 骨郭国谷六绿　yəʔ 橘菊

　　　　　　　　　　　　　　　　　　　　　　　　　　yɔʔ 出局

m̩ 母老丈~

ŋ̩ 五二

说明：

（1）[y]韵字偶尔读作[ᶣy]。

（2）[a][ia][ua][ya]四韵中的[a]舌位略后，近[ʌ]。

（3）[æ]韵多有动程，实际音值为[ɜɛ]。

（4）[ie]韵中的[e]舌位略低，实际音值为[ɛ]。

（5）[o]韵唇形由圆变展，舌位由高变低。

（6）[ø]韵唇形较展，舌位较低，近[œ]。

（7）[əɯ][iəɯ]二韵中的[ə]舌位较前、较高，唇形较圆；[ɯ]舌位较前，唇形较圆。[iəɯ]韵中的[ə]不太明显。

（8）[ã][uã]二韵带有不太明显的[ŋ]尾；[ã uã]二韵中的[a]舌位略后，近[ʌ]。

（9）[ɑ̃][uɑ̃][yɑ̃][ɑʔ]四韵中的[ɑ]舌位较高，且带有圆唇色彩。

（10）[en][uen][yen]三韵中的[e]舌位较高，近[ɪ]。[yen]韵中的[n]有时很不明显。

（11）[oŋ][ioŋ]二韵中的[o]带有鼻化色彩。

（12）[aʔ][iaʔ]二韵中的[a]舌位略高略后，近[ɐ]。

（13）[iəʔ]韵中的[ə]舌位较高、较前；[uəʔ]韵中的[ə]舌位较后，且带有圆唇色彩，[uəʔ]韵中的[u]往往不太明显（与[k]组声母或零声母相拼时除外）；[yəʔ]韵中的[ə]舌位较前，且带有圆唇色彩。

（14）[ŋ]作韵尾或自成音节时，舌位一般较前，但[oŋ][ioŋ]二韵除外。

（15）合口韵、撮口韵唇形一般都较展。

三、声调（7个）

阴平	334	东该灯风通开天春
阳平	213	门龙牛油铜皮糖红动罪近
上声	324	懂古鬼九统苦讨草马买老有后
阴去	55	冻怪半四痛快寸去
阳去	24	卖路硬乱洞地饭树
阴入	5	谷搭节急哭拍塔切刻
阳入	23	六麦叶月毒白盒罚

说明：

（1）阴平[334]前头有时略降，但降幅不到一度。

（2）阳平[213]有时降得不太明显，有时则升得不太明显。

（3）上声[324]有时终点和起点一样高，近[323]或[434]。

（4）阳去[24]略低，近[13]。

（5）阴入[5]为短促调，较低，近[4]。

（6）阳入[23]为短促调。

叁　连读变调

一、两字组连读变调表

仙居方言两字组的连读变调规律见下表。表中首列为前字本调，首行为后字本调。每一格的第一行是两字组的本调组合；第二行是连读变调，若连读调与单字调相同，则此行空白；第三行为例词。同一两字组若有两种以上的变调，则以横线分隔。具体如下。

仙居方言两字组连读变调表

后字／前字	阴平 334	阳平 213	上声 324	阴去 55	阳去 24	阴入 5	阳入 23
阴平 334	334　334 33 霜　冰 334　334 33　53 中　央	334　213 53　0 清　明 334　213 53 开　门 334　213 33　353 羹　瓢	334　324 33 端　午 334　324 33　53 天　井	334　55 55 冬　至	334　24 55　55 生　病 334　24 33 天　亮	334　5 33 猪　血 334　5 33　53 钖　鑮	334　23 33 今　日
阳平 213	213　334 33 台　风 213　334 33　53 梅　花 213　334 21 棒　冰 213　334 353 轮　胎	213　213 353　0 岩　头 213　213 24　0 前　年 213　213 53　0 油　麻 213　213 21 上　坟 213　213 21　353 爷　爷 213　213 24 犁　田 213　213 33　353 上　年	213　324 33 城　里 213　324 21 稻　秆 213　324 33　53 年　底	213　55 24 油　菜 213　55 21 被　絮	213　24 24　55 上　面 213　24 33 聚　队	213　5 33 时　节 213　5 33　53 毛　竹 213　5 24　0 龙　歇	213　23 33 龙　雹 213　23 21 市　日 213　23 24　0 前　日
上声 324	324　334 31 尾　巴 324　334 31　53 五　更	324　213 31 死　人 324　213 31　353 水　泥	324　324 31 冷　水	324　55 31 瓦　片 324　55 24　0 口　燥	324　24 31 后　面	324　5 31 老　屋 324　5 31　53 喜　鹊	324　23 31 后　日 324　23 24　0 眼　热

前字＼后字	阴平 334	阳平 213	上声 324	阴去 55	阳去 24	阴入 5	阳入 23
阴去 55	55　334 33 嫁　资	55　213 53　0 酱　油	55　324 33 戒　指	55　55 絮　裤	55　24 55 气　味	55　5 33 裤　脚	55　23 33 放　学
	55　334 33　53 衬　衫	55　213 53 剃　头			55　24 0 半　夜		55　23 33　0 四　月
		55　213 33　353 对　头					
阳去 24	24　334 33 地　方	24　213 353　0 大　门	24　324 代　表	24　55 地　震	24　24 55 雾　露	24　5 33 外　国	24　23 33 树　叶
		24　213 大　旱	24　324 21 大　水			24　5 33　53 办　法	
		24　213 22　353 面　桶	24　324 33 顺　手				
阴入 5	5　334 3 杀　猪	5　213 3 屋　柱	5　324 3 粟　米	5　55 3 宿　店	5　24 3 铁　路	5　5 3 节　约	5　23 3 作　业
		5　213 3　353 角　头	5　324 3　53 屋　里				
阳入 23	23　334 热　汤	23　213 日　头	23　324 落　雨	23　55 镬　灶	23　24 月　亮	23　5 落　榔	23　23 簟　席
		23　213 353 辣　茄				23　5 53 白　色	

说明：

（1）阳平作前字时，变调［33］实际调值往往近［232］，有时则为［22］。

（2）上声作后字且表中记作［324］的，实际调值近［334］。

（3）阴去、阳去作后字且表中记作［55］的，实际有时读作［44］。

（4）阴入仍读短促调，作前字时实际调值为［32］。

（5）阳入仍读短促调，作前字时实际调值为［21］。

二、两字组连读变调规律

仙居方言两字组的语音变调有以下几个特点：

（1）前后字均变调，以前字变调为主。

（2）古浊平和全浊上字单字调合流，但连读变调表现不同。

（3）同一调类的字作前字时，其变调往往趋同。例如，阴平字、部分阳平字（指古浊平字）和阴去字作前字，多变作[33]；部分阳平字（指古全浊上字）作前字，多变作[21]；上声字作前字，多变作[31]；阴入字作前字，多变作[3]。

肆　异读

一、新老异读

仙居方言新老异读主要体现在以下几个方面。

1. 帮端母字老派读内爆音[ɓ][ɗ]声母，新派读[p][t]声母。

2. 老派[iaʔ][iəʔ]二韵分立，新派合为[ieʔ]韵；老派[uɑʔ][uəʔ]二韵分立，新派合为[uɑʔ]韵；老派[yɑʔ][yəʔ][yɔʔ]三韵分立，新派合为[yɑʔ]韵。

3. 老派上声调值为[324]，新派为[313]。

二、文白异读

仙居方言文白异读规律主要体现在以下几个方面。下文中"/"前为白读，后为文读。

（1）个别非组字白读[b][m]声母，文读[v]声母。例如：肥 bi²¹³ / vi²¹³ | 袜 maʔ²³ / | 问 men²⁴ / | 网 mɑ̃³²⁴ / | 晚 ma³²⁴ / va³²⁴。

（2）止摄开口三等日母字白读自成音节的[ŋ]韵，文读[i]韵。例如：儿 ŋ²¹³ / | 耳 ŋ³²⁴ / ȵi²⁴ | 二 ŋ²⁴ / ȵi²⁴。

（3）止摄合口三等部分字白读[y]韵，文读[uæ]韵。例如：规 cy³³⁴ / kuæ³³⁴ | 位 y²⁴ / uæ²⁴ | 围 y²¹³ / uæ²¹³ | 胃 y²⁴ / uæ²⁴。

伍 小称

仙居方言的小称用小称变调来表现，未见小称变韵现象。声调变化规律如下表所示。

仙居话的小称调

古音	今单字调	变调规律	例词
清平	阴平 334	53	虾、箫、窠
浊平	阳平 213	353	茄、桃、梨、橙柚子、虫、蚕、鱼、羊、鹅、瓶、钳
清上	上声 324	53	枣、蟢、笋、粉
次浊上			鸟
全浊上	＝阳平	353	簿、辫
清去	阴去 55	（未见例子）	
浊去	阳去 24	353	柜
清入	阴入 5	53短促	鸽、竹
浊入	阳入 23	（未见例子）	

说明：

（1）"蟹"字为古全浊上字，仙居读上声，小称调为［53］。

（2）"猫"字本调不明，只有小称调［53］。

仙居方言小称的声调变化规律有：

（1）阴平、上声变［53］调。

（2）阳平、阳去变［353］调。

（3）阴入变［53］调，但仍为短促调。

（4）阴去、阳入暂未见小称变调的例子。